OSWALD HEDERER

LEO VON KLENZE

PERSÖNLICHKEIT UND WERK

VERLAG GEORG D. W. CALLWEY MÜNCHEN

MEINER LIEBEN FRAU

CIP-Kurztitelaufnahme der Deutschen Bibliothek
Hederer, Oswald: Leo von Klenze: Persönlichkeit u. Werk
Oswald Hederer.
2. Aufl. – München: Callwey, 1981.
ISBN 3-7667-0549-0
NE: Klenze, Leo von [Ill.]

2. durchgesehene Auflage 1981
© 1964 by Verlag Georg D. W. Callwey, München
Alle Rechte vorbehalten, auch die des auszugsweisen Abdruckes, der photomechanischen Wiedergabe
und der Übersetzung
Gesamtherstellung Druckerei Schirbl, Schwabach
Printed in Germany 1981
ISBN 3 7667 0549 0

INHALT

VORWORT

BEDEUTUNG

PERSÖNLICHKEIT

LEBEN   19

Herkunft und Jugend. Studium und Reisen. Hofbaumeister in Kassel. Die Begegnung mit dem Kronprinzen Ludwig von Bayern. Die ersten Aufträge in München unter Max Joseph I. Glyptothekpläne. Kunstagent in Paris. Ernennung zum Hofbauintendanten. Die Anlage vor dem Schwabinger Tor. Genietreiben in Rom. Neue Aufträge in München. Die Reise nach Sizilien 1823/24. Die Reise nach Paestum. Bedrohungen in München. Bauten für König Ludwig I. Die griechische Mission. Die Zeit der Ungnade. Bauten in Rußland. Um den Maximilianstil. Das Pariser Gutachten. Würde und Muße.

DER ARCHITEKT   77

Von der Sendung des Architekten. Die Antike als Leitbild. Bauherr und Architekt. Klenze und der Klassizismus. Anweisung zur Architektur des Kirchenbaues. Treuhänder des Bauherrn. Baupraxis. Die großen Bauten.

DER ARCHÄOLOGE   88

Der Stand der Forschung. Die Rekonstruktion des toskanischen Tempels. Die Kampagne auf großgriechischem Boden 1823/24. Tempel des Zeus Olympios in Agrigent. Tempel Juno Lacinia. Concordiatempel. Archäologische Arbeiten in Griechenland. Der Schutz der antiken Kunststätten. Inventarisierung der antiken Denkmale Athens. Die Rettung der Akropolis. Forschungen am Parthenon. Die Begründung der deutschen Archäologie in Griechenland.

DER KUNSTHISTORIKER   117

Die Stellung zur Kunstgeschichte. Die Auseinandersetzung mit der Geschichte. Geschichte der kirchlichen Bauformen.

DER STÄDTEBAUER   125

Städtebauliche Studien in Berlin, Frankreich und Italien. Die Münchener Stadtplanung. Der Generalplan für München. Die Anlage vor dem Schwabinger Tor. Die Ludwigstraße. Weitere Pläne für München. Um die Gestalt der Maximilianstraße. Der Stadtplan von Athen. Städtebauliche Theorie. Die Akropolis. Theseusstadt. Ottostadt. Der Plan Friedrich Schinkels für die Akropolis. Städtebauliches Wirken in St. Petersburg (Leningrad). Pläne für Paris, London und Budapest. Über die Gartenkunst.

DER INGENIEUR 153

Stahlbau. Gerüstbau. Bühnentechnik. Eisenbahnbauten. Eisenbahnbau. Kanalbau. Festungsingenieur.

DER MALER 164

Die Münchener Landschafts- und Vedutenmalerei. Die Malweise und Sehweise Klenzes. Die großen Gemälde. Die Zeichnungen.

DER DIPLOMAT UND STAATSDIENER 172

Unter Königen und Kaisern. Vorstand der Obersten Baubehörde in Bayern. Die Neuorganisation des Bauwesens in Bayern. Als Diplomat am griechischen Hofe. Die griechische Mission.

WERK

BAUTEN

Das Theater Schloß Wilhelmshöhe, Kassel	183
Die Glyptothek	184
Das Leuchtenbergpalais	210
Die Ludwigstraße in München	213
Der Obelisk am Karolinenplatz	216
Das Odeon	218
Das Marstallgebäude	225
Das Hofgartentor	228
Schloß Ismaning	228
Schloß Pappenheim	232
Der Wittelsbacherplatz	234
Arco-Palais	234
Alfons-Palais	236
Die Häuser Brienner Straße Nr. 12/14	237
Das Bazargebäude	239
Konstitutionsdenkmal in Gaibach	240
Die Klosterkirche und das Schloß in Tegernsee	242
Der Wiederaufbau des Nationaltheaters	243
Das Kriegsministerium	250
Das Max-Palais	253
Das Erzgießereigebäude	262
Der Kornmarkt	262
Die alte Anatomie	262
Der Königsbau der Residenz	263
Der Festsaalbau der Residenz	274
Die Allerheiligen-Hofkirche	282
Die Hofgartenarkaden	288
Die Pinakothek	289
Die Walhalla	300
Die Festungsbauten in Ingolstadt	314
Der Monopteros im Englischen Garten	319
Die Hauptpost am Max-Josephs-Platz	323
Die Eremitage, Museum der schönen Künste in St. Petersburg	324
Dionysiusbasilika in Athen	334
Die Ruhmeshalle	336
Die Propyläen	342
Die Befreiungshalle bei Kelheim	348
Der Wittelsbacherpalast	356
Der Monopteros im Nymphenburger Park	356
Stourdzakapelle in Baden-Baden	358

Projekte

Neues Schloß für König Jèrome, Kassel	360
Inneneinrichtung Schloß Wilhelmshöhe Konzertsaal, Mausoleum, Badeanstalt, Reithalle in Kassel	
Podiumtempel	360
Befreiungsdenkmal	360
Die Festdekoration bei der Vermählung der Prinzessin Charlotte von Bayern	361
Das Denkmal für Ludwig I.	361
Die Hofgartenkaserne in München	361
Das Pantechnion für Athen	361
Der Dom in Berlin	366
Das Athenäum in München	368
Die Villa der Königin in Schloß Berg	368
Das Nationalmuseum und die Kunstakademie in Budapest	372
Das Denkmal für Max Joseph I.	373
Das Grabdenkmal der Prinzessin Maximiliana Josepha Carolina	375
Die neue Isarbrücke in München	375
Die Denkmalsentwürfe für Adolf v. Nassau und Rudolf v. Habsburg	375
Das Nationalmuseum für London	375
Das Grabdenkmal des Herzogs von Leuchtenberg in der St.-Michaels-Kirche	376
Die Apostelkirche	377
Der Glaspalast	379
Denkmalspflege	380

Die Zeichnungen	382
Die Gemälde	385
Die Schriften	386
Die Briefe	387

ANHANG 391

Der Nachlaß Klenzeana	394
Die Zeichnungen	406
Die Ölgemälde	415
Die Schriften	417
Die Briefe	418
Zeittafel	426
Literaturverzeichnis	428
Bildnachweise	432

1a Leo von Klenze

VORWORT

Die Prophezeiung Ludwigs I., »Klenze, te saxa loquuntur«, ist Wirklichkeit geworden. Seine Bauten verkünden seinen Ruhm. Klenze besaß europäisches Format. Er nahm eine beherrschende Stellung in der Bauentwicklung des 19. Jahrhunderts ein. Sein hundertster Todestag mahnt uns, seiner Verdienste zu gedenken. Eine Würdigung seines Gesamtwerkes, seiner Zeichnungen und Schriften, seines Wirkens als Architekt, Archäologe, Städtebauer, Ingenieur, Maler und Diplomat fehlte bis heute.

Persönlichkeit und Werk dieses Mannes darzustellen ist das Thema dieser Arbeit, die Ergebnisse für die Gegenwart und die Zukunft fruchtbar zu machen, ihr Ziel.

Überreichlich fließen die Quellen eines langen, in aller Öffentlichkeit geführten Lebens: Bände von Aufzeichnungen, ein über Jahrzehnte geführter Briefwechsel mit dem königlichen Bauherrn, Korrespondenzen mit den bedeutendsten Geistern seiner Zeit, theoretische Schriften und Tagebücher, auf die Darstellung der eigenen Persönlichkeit bedacht, bergen ein vielschichtiges Vermächtnis. Der Nachlaß, von seinen Erben wohlbehütet, in staatlichen und städtischen Archiven verwahrt, blieb vom Kriege verschont.

Der vorliegende Band mußte sich trotz seines Umfanges auf Wesentliches beschränken. Das Selbstzeugnis ist in den Vordergrund gestellt. Neben den Bauten und Bildern kamen die Texte Klenzes zu Wort. Verheißungsvoll schlummern weitere Aufschlüsse in den Archiven. Die heutige Stilkritik zeigt sich dem Klassizismus besonders aufgeschlossen.

Die Klenzeforschung ist Professor Hans Kiener sehr verpflichtet. Er hat als erster den Nachlaß kritisch bearbeitet und in seiner 1924 vorgelegten Preisschrift das Werk Klenzes bis zur Thronbesteigung Ludwigs I. zur Darstellung gebracht. Der Verfasser weiß Prof. Kiener allen Dank, daß er ihm die von ihm gesammelten Fotos zur Verfügung stellte.

Hier sei Professor Karl Wulzingers gedacht, der meine 1938 begonnenen Forschungen nachhaltig beeinflußte, ebenso Professor Friedrich Krauss gedankt, der nach dem Kriege meine Arbeiten unterstützte.

Dank gebührt allen, die mir die Abfassung des Klenze-Werkes ermöglichten: An erster Stelle Seiner Königlichen Hoheit Herzog Albrecht von Bayern, der mir die Benützung der privaten Archive König Ludwigs I. erlaubte. Ein sehr persönliches Wort des Dankes weiß ich Herbert von Klenze, der mir den Nachlaß seines Urgroßvaters eröffnete. Eine unschätzbare Hilfe kam mir durch Dr. Hugo Decker zu, der den Katalog der Gemälde Klenzes in monatelanger Arbeit besorgte.

Herr Professor Dr. Rall hat meine Forschungen am Geheimen Hausarchiv unterstützt. Professor Dr. Halm hat mir die großen Schätze aus den Klenzemappen der Staatlichen Graphischen Sammlung, Direktor Dr. Hörmann den in der Klenzeana-Sammlung der

Handschriftenabteilung der Bayerischen Staatsbibliothek geborgenen Nachlaß zur Verfügung gestellt. Direktor Dr. Heiß hat mir die Bestände des Stadtmuseums bereitgehalten. Herr Baudirektor Kirschenhofer gab mir Einsicht in die Bestände des Landbauamtes München und Herr Baudirektor Landschreiber in die Plansammlung der Verwaltung der bayerischen Schlösser, Seen und Gärten. Herr Ministerialrat von Petz unterstützte meine Forschungen über Klenzes Wirken an der Obersten Baubehörde. Herr Archivdirektor Dr. Schattenhofer vom Stadtarchiv München danke ich für die mir durch Jahre gewährte Hilfe.

Frau Elsa Sclavounos in Athen danke ich für ihre Hilfe bei der Beschaffung wichtiger Unterlagen aus dem griechischen archäologischen Institut.

Durch Vermittlung der Zentralen Austauschstelle wurden über die deutsche Botschaft in Moskau vom staatlichen Komitee für kulturelle Beziehungen im Ausland wichtige Unterlagen aus den Beständen der Staatlichen Inspektion zum Schutz der Denkmäler Leningrads und aus dem Zentralen Historischen Staatsarchiv der UdSSR zur Verfügung gestellt.

Professor Johannes Ludwig verdanke ich Bericht und Aufnahmen seiner Studienreise nach Leningrad von 1963.

VORWORT ZUR ZWEITEN AUFLAGE

Mit diesem Neudruck erfüllt der Verlag die vielfachen Anfragen nach der vor 16 Jahren erschienenen und inzwischen vergriffenen ersten Gesamtdarstellung von Klenzes Leben und Werk. Um ihn zu ermöglichen mußten umfangreiche Korrekturen unterbleiben, doch wurden die Ergebnisse neuerer Forschungen in den Hinweisen des erweiterten Literaturverzeichnisses aufgeführt, das jetzt auf dem neuesten Stand ist. Bereicherung hat die Klenzeforschung zuerst vor allem durch die Arbeiten von Peter Böttger über die Alte Pinakothek und von Britta Schwahn über die Glyptothek erfahren. Neues Material kam außerdem durch die Ausstellungen im Wittelsbacher-Jahr 1980 zutage: »Klassizismus in Bayern, Schwaben und Franken« im Münchner Stadtmuseum und jene zum 150jährigen Jubiläum der Glyptothek. Die Autoren und die von ihnen bearbeiteten Objekte finden sich im neuen Literaturverzeichnis.

Im Einleitungskapitel des Verfassers zum Katalog der Ausstellung der Bayerischen Akademie der Schönen Künste »Leo von Klenze als Maler und Zeichner« und in dem daraus 1979 hervorgegangenen umfangreichen Band »Leo von Klenze – Gemälde und Zeichnungen« sind nunmehr die durch die Arbeit von Norbert Lieb und Florian Hufnagl gewonnenen Ergebnisse der Klenzeforschung zusammengefaßt, so daß jetzt ein als vollständig anzusehendes Œuvre-Verzeichnis vorliegt.

BEDEUTUNG

Die Bedeutung Klenzes, Erfolg und Erfüllung seines Wirkens hat keiner höher gedeutet als Goethe, da er Weihnachten 1826 an Klenze schrieb: »Lassen Sie mich aus dem Zustande des Entsagens, worin ich mich befinde, Ihnen Glück wünschen, daß Sie die herrliche Kunst, zu welcher Ihre Natur Sie hinzog, dergestalt auszuüben Gelegenheit finden, daß durch Sie das *Ungemeine* geschieht und zugleich den verwandten erhabenen Künsten Räume bereitet werden, zu würdiger Aufbewahrung und ausgebreiteter Tätigkeit! Meine Teilnahme ist unwandelbar.« Das Ungemeine, ungewöhnlich Große, hier war es gefordert, hier wurde es erfüllt. Klenze empfing die Bestätigung mit Recht. Wie kaum einem Künstler seiner Zeit war es ihm beschieden, seine Begabung von Bau zu Bau zu verwirklichen. »Die heitere Gefährtin jedes Erfolges, die Göttin des Glücks, hat uns dieses Streben zu verwirklichen Gelegenheit gegeben, indem sie uns in die Dienste eines Königs führte, welchen sein hoher Geist den Willen, das Geschick aber die Mittel gab, etwas Großes in der Kunst zu gestalten«, gesteht er selbst.

Klenze wagte mit Ludwig I. den ersten griechischen Marmorbau, die Glyptothek, den ersten öffentlichen Museumsbau Deutschlands. In leidenschaftlichem Glauben an die Antike trug er München das klassische Gewand an: Propyläen, Ruhmeshalle, Monopteros.

Er legte den Straßenraum der Ludwigstraße in gerader und großartiger Ausfahrt vor die Residenz und errichtete die Kopfbauten an Straße und Platz als erste in Deutschland im »Neurenaissancestil«. In sechs wohlgefügten Plätzen gab er der Stadt großstädtische Maße und Geschlossenheit: Max-Joseph-Platz, Marstallplatz, Odeonsplatz, Wittelsbacherplatz, Karolinenplatz, Königsplatz. Die Residenz vollendete er mit dem Fest- und Königsbau in ihrem königlichen Anspruch. Sein Urteil hatte noch beim Bau und der Planung der Maximilianstraße Gewicht.

Dem Wunsche Ludwigs I. nach einem geheimnis- und weihevollen Kirchenraum entsprach der Innenraum der Allerheiligen-Hofkirche, dem besten Kirchenraum seiner Zeit, dem einzigen Kirchenbau Klenzes in München. Mit der Pinakothek baute er den Typ der öffentlichen Gemäldesammlung, der für Europa dieses Jahrhunderts verbindlich blieb. Die Wucht seiner Festungsbauten in Ingolstadt waren als Zweckarchitektur von hohem Kunstwert. Die Walhalla, Gesamtkunstwerk nach der hochgespannten Forderung des Wittelsbachers, der deutschen Nation geschenkt, in jahrzehntelanger Planung auf einsamer Höhe zur Vollendung gebracht, war ohne Beispiel in Deutschland.

Innere Gewißheit trug Klenze. Die Leidenschaft in der Nachfolge der Griechen enthob ihn aller Zweifel. Sein Wirken wuchs aus einem Wissen um die Geschichte und die Gesetze der Baukunst. Klenze glaubte der Größe antiker Baukunst im gleichen Geist begegnen zu können. Er dachte nicht daran, sie nachzuahmen, sondern er wollte sich mit ihr messen, glaubte, ihre Gesetze kennend, sie fortentwickeln zu können. Was bei Klenze Auseinandersetzung mit der Antike ist, wird schon bei Ziebland Nachempfindung. Die Zeichen der Zeit standen auf wissenschaftliche Genauigkeit, die Nähe am Original ist bei Klenze unübertroffen, aber ohne rein archäologische Treue.

Klenze erkannte, daß die Antike allein den neuen Zwecken seiner Zeit nicht entsprechen konnte, und griff darum zu den großen Leistungen der Renaissance. Sein Leuchtenbergpalais, das erste Bauwerk im »Neurenaissancestil« in Deutschland, lebt aber nicht vom Vorbild, sondern aus eigener Kraft. Seine Fassade ist in lebendiger Profilierung zu plastischem Leben gebracht. Dieser Bau, für die stolze und großzügige Anlage der Ludwigstraße entworfen, wurde für eine ganze Epoche vorbildlich.

Die Entwürfe Klenzes wuchsen aus einer Fülle von Einfällen. Für jede Aufgabe war Klenze ein Beispiel ähnlicher Lösung aus der Geschichte bekannt. Er überraschte König Ludwig stets mit vielseitigen und fertigen Vorschlägen. Sein Zeichentalent, dessen Stärke in einer dekorativen Begabung lag, konnte freihändig die Dekorationen in üppigem Wuchs in das Plangerüst eintragen und mühelos die weiten Flächen der königlichen Räume der Residenz oder der Decken der Glyptothek mit Ornamenten überspielen.

Seine große Begabung für gute Proportionen und die Klarheit der Grundrisse geben seinen Bauten ihre Brauchbarkeit und gefällige Anmut. Mancher Bau steht in reiner Schönheit vor uns: Hofgartentor, Kriegsministerium, Monopteros, Ruhmeshalle, Leuchtenbergpalais. Entrückt und erhaben schimmert die Fassade der Glyptothek. Die Wucht der dorischen Säulen der Propyläen gesellt dem atheniensischen Vorbild das Pästumerlebnis bei. Heiter reihen sich die Kolonnaden der Ruhmeshalle auf der Theresienhöhe, klassischen Anspruch vor die weite Landschaft der oberbayerischen Berge tragend.

Der erste moderne Galeriebau, die Pinakothek, machte seinen Namen in ganz Europa bekannt. Aufträge riefen ihn nach Athen, Paris, St. Petersburg, Berlin, Budapest und London. Sein Eingreifen rettete die Akropolis vor dem Schicksal, erneut als Festung mißbraucht zu werden. Sein Votum sicherte während seines Aufenthalts in Griechenland die Grabungsstätten der deutschen Forschung in Olympia, Delphi, Bassae, Korinth, Mykene, Epidauros und Aigina.

Durch eigene Forschungen und Messungen an den Ruinen in Selinunt und Agrigent förderte er als Archäologe die Kenntnis der Antike. Seine Vorträge riefen zum Schutz und zur Begeisterung für die hellenische Welt auf. In kunsttheoretischen Untersuchungen hat er immer wieder die Beziehung von Wissen und Form untersucht. Der Widerstreit zwischen Überlieferung und neuzeitlicher Forderung war zu lösen. Seine grundgescheiten Schriften bemühen sich um die geheimen Schönheiten der griechischen Baukunst, offenbaren in einem mehr als tausendseitigen Manuskript die Auseinandersetzungen eines Architekten mit den Stilfragen seiner Zeit. Seine Reden vor der Akademie der bayerischen Wissenschaften haben akademischen Rang. Die Großen seiner Zeit — Goethe, Schelling,

Thiersch, Rauch, Thorwaldsen und viele andere — standen mit ihm in Briefwechsel. Die Akademien von Rom, Neapel, Mailand, Paris, Wien und Berlin und zahlreiche gelehrte Gesellschaften wählten ihn zu ihrem Mitglied.

Der Ingenieur in ihm sah die Möglichkeiten neuer Baukonstruktionen, vor allem die des neuaufkommenden Stahlbaues. Im Festungsbau war er ebensosehr zu Hause wie im Kanalbau, wobei er als verantwortlicher Bauleiter den Ludwig-Donau-Main-Kanal beaufsichtigte und durch eigene Vorschläge den Brücken- und Schleusenbau förderte. Er erkannte die Zukunft der Eisenbahn und empfahl sie seinem König angelegentlich. Sein Weitblick sah, als Schüler des Nationalökonomen List, die wirtschaftliche und völkerverbindende Kraft der Verkehrswege.

Als ihn sein Amt zwang, das Bauwesen in Bayern in die Hand zu nehmen, ordnete er es so, daß sein Stand zu Ehren kam und Bayern durch seine Behörde gut beraten war. Als Chef der Obersten Baubehörde hat er das Bauwesen in Bayern reformiert und durch vierzig Jahre geleitet.

Durch zwei Jahrzehnte war er der Mittelpunkt und das Haupt der künstlerischen Entwicklung in München und hat nicht nur unter den Architekten, sondern auch bei Malern und Bildhauern deren Richtung bestimmt. Als Maler bestätigte er in seinen eigenen Bildern die Naturtreue der Münchner Landschaftsschule. Seine Sammlung war berühmt, sie bildete den Grundstock der Neuen Pinakothek, den Ludwig I. 1842 erwarb.

In geschmeidiger Klugheit ist er mit schwierigen Bauherrn umgegangen. Er hat für sieben Könige gebaut, Kaiser Nikolaus von Rußland die Eremitage errichtet und Kaiser Napoleon III. beraten. Ein Menschenalter hat er den Wittelsbachern gedient und von drei bayerischen Königen Aufträge empfangen oder sie beeinflußt. Er hat das maßlose Drängen Ludwigs I. gemäßigt und seinen vagen Vorstellungen Gestalt verliehen. Auch den verquälten Bemühungen eines Max II. gab er durch die Festigkeit seiner Anschauung Halt. Erst als König Ludwig wähnte, Klenze würde zu mächtig, und Verleumdungen erlag, entzog er ihm für kurze Zeit sein Vertrauen; Klenze wußte es bald nach Gärtners Tod wieder zu erlangen. Klenze besaß den Mut, allein zu bleiben, und hat sich auch in den ersten Jahren nirgends angebiedert. Sein Werk mußte er immer und immer wieder gegen Mißgunst, Unverstand und Intrige durchsetzen. Er war nicht beliebt. Sein Können und Wissen zwang ihn zur Distanz, seine Verpflichtung zur Arbeit ließ ihn ungemütlich erscheinen. Er nahm die Macht wahr, die ihm gegeben war, um sein Werk durchzusetzen.

Sein diplomatisches Geschick nützte König Ludwig zu Missionen an den Höfen Europas. Die gesamteuropäischen Fragen bei der Rheinregulierung oder bei der Anlage des Donau-Theiss-Kanals wurde seinem Urteil unterworfen und sein Gutachten eingeholt. Seine Verdienste ehrte das Band der Ehrenlegion, der griechische Erlöserorden, der russische St.-Annen-Orden, der dänische Danebrogorden und der preußische Adlerorden. König Ludwig erhob ihn in den erblichen Adelsstand.

Die Zeit war seinem Schaffen günstig: Friedensjahre durch ein halbes Jahrhundert und Bauaufträge nach Umfang und Anspruch von wahrhaft königlichem Format. Ludwig hat Maßloses gefordert, Klenze in Maßen erfüllt. Durch kunstgeschichtliches Wissen und bautechnische Erfahrung hat er seinen Bauherrn gelenkt. Er erwarb und besaß sein Vertrauen und konnte München in die Stadt seiner Vorstellung verwandeln. Mit der Glyptothek, den Propyläen und der Ruhmeshalle, dem Festsaal und Königsbau der Residenz, den Bauten der Ludwigstraße, dem Max-Palais und Kriegsministerium, den Bauten am Wittelsbacher- und Königsplatz hatte er dem repräsentativen Anspruch der neuen Residenz genügt und zugleich dem Ideal klassizistischer Baugesinnung entsprochen. Der südlich-klassische Anspruch der Bauten Klenzes ist in München legitim. Er ist ein integraler Bestandteil der Stadt.

Mögen Klenzes Bauten ihre Geltung nur im Raume des Klassizismus haben und seine Bedeutung einschränken, so zeitlos gültig bleibt seine Leistung im Städtebau. Der Entschiedenheit seines Planes, der sich quer über alle vorhandenen Gebäude und Vorstellungen legte, gab er die Wucht und den Wuchs seiner Durchführung. Gegen alle Hindernisse unternahm er es, am Odeonsplatz Block an Block zu setzen und die Stadtausfahrt zu ihrer rechteckigen und geschlossenen Fügung zu zwingen. Die Altstadt ist an der rechten Stelle aufgebrochen, die Neustadt in der rechten Weise angesetzt. Beide hat er ineinander verschmolzen und jede an der anderen zur schönen Entfaltung gebracht. Die im Stadtplan schlummernden Möglichkeiten sind zu ihrer Wirkung erlöst. Am Odeonsplatz und in der Ludwigstraße bekam München den Ansatz und das Maß kommender Entwicklung. Die Bauten der Residenz, der Ludwigstraße, des Wittelsbacherplatzes, der Brienner Straße und des Königsplatzes blieben in ihrer städtebaulichen Konzeption, ihrer Weiträumigkeit und Einheit der Maßstab auch für die Zukunft.

AUS DEN SCHRIFTEN KLENZES:

Zum Stil:

Erst wenn der Stil wirklich ein inneres Lebensprinzip in sich hatte, konnte er wirksam werden.

Als rein geistiges Moment, das auf die Architektur Einfluß hat, steht obenan der Geist der Zeit, in welcher die Bauwerke entstehen.

Wir leben nicht mehr in der Zeit des unbewußten, naturnotwendigen Schaffens, durch welches früher die Bauordnungen entstanden, sondern in einer Epoche des Denkens, des Forschens und der selbstbewußten Reflexion.

Bedürfnis ist's überhaupt, daß eine gute Bauschule entstehe. Dem Genius freilich kann man nicht geben, aber richtige Ansichten jedoch, wie es im Altertum war. Es ist zu arg, wie das Kleinliche, Diftelnde diesseits und jenseits der Alpen seit langer Zeit herrscht.

Deshalb ist es auch ein höchst eitles Unternehmen, jener Bauart Gesetze nach Art der griechischen suchen und finden zu wollen. Ihr einziges Gesetz war die Zeit.

Zur Geschichte:

Die Geschichte ist das Weltgericht.

Die Gesichtslosigkeit der Architektur ist Folge der Geschichtslosigkeit des Bewußtseins.

Der Mangel an geschichtlichem Sinn war es, woran bisher unsere Zeit krankte.

Das Schießpulver, welches den Lehensmann so stark als den Ritter, die Buchdrucker-Presse, welche den Laien so unterrichtet wie den Priester macht, die Dampfkraft und Mechanik, welche durch einen beispiellosen Aufschwung der Industrie in einem vielbedürfenden Zeitalter die Geldkräfte dem Tätigsten und Unterrichteten anheimgibt, endlich die Dampfschiffahrt und Eisenbahnen, welche ein Verschmelzen aller Nationen herbeigeführt haben und immer mehr herbeiführen müssen.

Die Geschichte der Kunst, so wie der Welt, geht ihren Weg stufenweise.

Ausgang der Form ist geistige Haltung.

Zur Architektur:

Architektonische Aufgabe monumentaler Art: freie Entwicklung eines poetischen Gedankens.

Das Bauwerk sei ein organisches Ganzes und der architektonische Reiz komme aus dem Innern heraus, aber nie und in keinem Punkte von außen herein.

In der Architektur dient das wesentlich Nützliche dem Äußeren als ganz charakteristische Zierde. Denn ein schönes Ganzes kann doch endlich nur aus der harmonischen Form und Anordnung der einzelnen Teile hervorgehen.

Eine scharf ausgesprochene Anforderung der Gegenwart an die Baukunst ist die Verbindung praktischer Zweckmäßigkeit mit möglichster Kostenersparnis.

Die Handhabung des Gußeisens stellt dem Architekten gleichfalls ein neues konstruktives Element zur Verfügung.

Ohne sich dabei faden, symbolischen Träumereien hinzugeben, wäre auf diesem Wege wohl eine Analyse bis ins Einzelne durchzuführen, es liegt die Vollkommenheit eines architektonischen Werkes im Gleichgewicht zwischen Kraft und Widerstand und der Art, wie der Begriff dieses Gleichgewichtes durch Form und Verhältnis schnell in die Seele gebracht wird.

Ungeheurer Aufwand ohne große Resultate, zerteilte Wirkung des Inneren, Größe ohne Großartigkeit, und ein Äußeres, wohinter das ungeschickt angeordnete Innere auf die widerwärtigste Art gleichsam Verstecken spielt, so daß die Hauptansicht in der Regel nur eine theatralische Dekoration wird.

Zum Kirchenbau:

Der allgemeine moralische und physische Zweck ist bei den Kirchen aller Konfessionen gleich und Einzelheiten sollten unberücksichtigt bleiben.

Ohne der schönen Hoffnung zu erwähnen, daß es bald nur noch eine christliche Kirche und einen Gottesdienst geben möge, finde ich nicht, daß, Katholizismus, Protestantismus und einige innere Einrichtungen ausgenommen, sogar der griechische Gottesdienst wesentliche architektonische, sondern nur mehr dekorative Verschiedenheiten in ihrem Kirchenbau bedingen.

Zum Städtebau:

Man schien bei den Stadtanlagen in neuerer Zeit gewissermaßen den Augenreiz bezweckt zu haben, welchen eine regelmäßig konstruierte, mehr oder weniger verwickelte geometrische Figur gewährt, ohne daran zu denken, daß sich eine solche Wirkung nach der Ausführung auf dem Terrain gar nicht sehen ließ.

Eine Anlage in Athen ist eine europäische Kunstangelegenheit, und man ist dafür gewissermaßen ganz Europa Rechenschaft schuldig.

Es sollte in diesem Generalplan das Bild der Zukunft sich darstellen, wie nämlich München sein sollte und nach und nach werden kann.

Zur Antiken Baukunst:

Es gab und gibt nur eine Baukunst und wird nur eine Baukunst geben, nämlich diejenige, welche in der griechischen Geschichts- und Bildungsepoche ihre Vollendung erhielt. Alle anderen Stile sind nur *Bauarten*, die Griechen allein haben die *Baukunst* besessen, auch die Renaissance ist nur eine glückliche Reue über die artistische Verwilderung des Mittelalters.

Die wahre Architektur ward ebenso wenig *erfunden* als der musikalische Dreiklang oder die rhythmischen Gesetze der Sprache, sondern alle diese werden nur *gefunden*. Daß also diese vollkommene Architektur von den Griechen gefunden ward, war zufällig oder vielmehr nur in der göttlichen Anordnung der Dinge begründet, sie gehört aber Deutschland ebensogut an wie Griechenland.

Wenn ihre (der Griechen) einzelnen Formen, als aus gleichmäßigen konstruktiven und statischen Prinzipien entsprungen, einfach sein mußten und somit der Phantasie gegen jede Ausartung und wilde Formenbilderei Grenzen vorschrieben und feststellten, so war dieser Phantasie dagegen das schöne Feld freier und mannigfaltiger architektonischer Gruppierungen eröffnet. Dieses Feld ward aber von den griechischen Architekten sowohl in der Anordnung ganzer Stadtanlagen als einzelner Gebäudeteile und Gruppen mit dem feinsten Sinne für Schönheit und Verhältnis angebaut.

Schinkel hat durch viele Angaben und Entwürfe für Werke der Bildhauerei gezeigt, wie rein und dennoch lebendig er die Plastik der Alten aufzufassen versteht, und das Glück freier artistischer Entwicklung, verbunden mit unerschöpflicher Erfindungsgabe und rein-hellenistischem Sinne, haben ihm gestattet, in mehreren seiner Gebäude und Entwürfe der Mitwelt architektonische Muster und der Nachwelt Beweise aufzustellen, daß man selbst in den Sandwüsten der Mark Brandenburg ebenso vollkommen griechisch bauen kann, wie am Ufer des Ilissos — wenn man nur freien Geistes und freien Willens ist.

Das ungeheure Übermaß von Stoff und Widerstand in den Werken der Inder und Ägypter kann im ersten Augenblick imponieren, aber nur die griechische Mäßigung und naturgerechte Anspruchslosigkeit kann vollkommen befriedigen.

Das unsterbliche Prinzip griechischer Architektur wird dadurch nur immer mehr befestigt werden, siegreich alle Teile der zivilisierten Welt beherrschen, solange unsere Weltepoche dauert, bis vielleicht eine neue Apokathastis alles, was das Menschengeschlecht geschaffen, wieder in Staub zermalmt.

Künstler hingegen, welche aus Geistesstumpfheit, Neuerungs- und Modesucht in diesem gemischten Baustile nur das Mangelhafte des Mittelalters sehen wollen und verfolgen, werden bald zur völligen Verwilderung des Mittelalters zurückkehren, und ihre Werke der strengen, aber billigen Verdammung der Nachwelt preisgeben.

Dem wahrhaft gebildeten Künstler und Architekten jedoch, welcher nicht in eklektischer Genußsucht alles dessen, was einigen Reiz darbietet, und im weichlichen Hinundherschwenken zwischen alt und neu, schwer und leicht, rund und gerade jedes klare und kräftige Urteil über Kunst und Kunstwerke eingebüßt hat, wird in diesem Übergangsstile (der Frührenaissance) stets ein doppeltes Prinzip erscheinen, welches auf seine Konzeptionen und Formbildung wirkte, nämlich die Gewohnheit des aus dem Mittelalter Überlieferten und das Streben zur Reinheit und plastischen Konsequenz der Antike.

Da die antike Kunst in Italien zuerst wiedererkannt und gewürdigt ward, so kannte man anfänglich auch nur die verderbten Formen der römischen Antike, und diese waren es, worauf neue Meister, ohne in den eigentlichen Kern des Altertums eingedrungen zu sein und seine Schönheit in ganzem Umfange erkannt zu haben, ihre Regeln gründeten.

Tüchtige Männer aller Länder haben sich an dieser Aufgabe seit einiger Zeit versucht der fabrikartigen Anwendung Vitruvischer oder gar Vignolischer Lehren, den bodenlosen Theorien moderner Kunstskribenten und der Gemeinheit derer mutig entgegenzutreten, welche in der Architektur nur ein Mittel sehen wollen, sich auf die wohlfeilste Art gegen Nässe, Hitze und Kälte zu schützen.

Die neue Zeit mit ihrer theoretischen Ängstlichkeit über die Wirkung jedes einzelnen an einem Kunstwerke würde es gewiß für eine Todsünde halten, ein Marmorrelief (Parthenonfries) an einem Orte anzubringen, wo es weder übersehen noch auch nur einigermaßen deutlich gesehen werden könnte.

So wie die Musiker eines vortrefflichen Orchesters zur vollkommenen Ausführung einer großen Symphonie gerne ihre Individualität unterordnen, so auch die Künstler des Altertums; und nur wenn man der Architektur das unbedingte Recht diese Resignation zu verlangen einräumt, können große Bauwerke den paßlichen Schmuck durch Plastik und Malerei erlangen.

Jede symbolische Tendenz muß von der architektonischen Bildung ausgeschlossen werden.

Zum Maximilianstil:

Sie wollen ihm nämlich glauben machen, er müsse eine neue Architektur erfinden. Der Gedanke, das vermöge *einer* individuellen Kenntnis und *eines* königlichen Willens zu erreichen, was bis jetzt nur ein neuer Glauben, eine ganz neue Geschichtsperiode und die Anstrengungen jahrhundertelang fortgesetzter Kunstgeschlechter erreichen konnten, wäre allerdings groß und schön, wenn er nicht vollkommen lächerlich wäre.

Zum Bauherrn:

Verzeihen königliche Hoheit, wenn ich die Bitte wage, mich von Entwürfen zu entbinden, welche ich schlecht machen würde, da ich ihn nicht begreifen kann. Was bei mir nicht aus voller Erkenntnis eines Gegenstandes hervorgeht, soll ganz wegfallen.

Ja, wahrlich, an trüben Stunden fehlt es nicht, wenn man in dem Fürsten, welchem man dient, solches Schwanken in der Kunst, solches gehalt- und bodenlose Detail-Einmischen in dieselbe bemerkt, welchem jeder Begriff von Poesie, Zweckmäßigkeit und Stil in architektonischen Dingen fehlt, und welches in dieser hohen Kunst nichts mehr als ein Mittel sieht, durch Dekoration im Sinne momentaner Ansichten und Eindrücke das Auge zu kitzeln.

So wechselte auch stets sein Geschmack in der Architektur, und statt sich wie ein Perikles mit aller Kraft seines Seins, Wollens und Könnens auf die Ausbildung und Durchführung einer mit klarem Bewußtsein als gut erkannten Richtung zu werfen, flatterte er schmetterlingsartig von einer architektonischen und artistischen Blume auf die andere.

Jedes technische Fach und eine jede Kunst kann nur durch den Menschen und nicht durch die Form gefördert werden.

PERSÖNLICHKEIT

2   Blick auf das Mittelmeer · Lavierte Federzeichnung von Klenze

Herkunft und Jugend

In einer sonnigen Mulde, vom westlichen Ausläufer des Harzgebirges sanft umschlossen, stand das Geburtshaus Leo von Klenzes. Es war nicht das Elternhaus. Im Gasthaus zu Bockelah, das von dem umgebenden Buchenwald seinen Namen hatte, kam Leo zur Welt.

»Am 28. Februar 1784 ist Franz Leopold Karl Klenze als ehelicher Sohn der katholischen Eheleute: des edlen Herrn Amtmanns Klenze und der Theresia Mair geboren und am 1. März im Hause getauft.« So lautet in Übersetzung die Kirchenbucheintragung der katholischen Kirche zu Schladen [1]. Der Vater war damals schon Amtmann im Kreise Goslar, zuerst in Schladen und dann in Liebenburg, die Mutter war die Tochter eines praktischen Arztes aus Osnabrück, Taufpate war der fürstliche Kanzler Dr. Kersting. Das Geburtshaus war das Gasthaus in Buchladen, dem ehemaligen Bockelar [2]. Die Eltern waren für den Winter hierher gezogen, da das Amts- und Wohnhaus des Vaters im Umbau war. Die Kirche war eine halbe Stunde entfernt, der Knabe wurde im Hause getauft. Die Eltern waren katholisch, wie schon der Großvater Karl Gustav, der eine Magdalena Maius geheiratet hatte.

Über den Namen Klenze wissen wir, daß er von einem Christian Klenski herrührt, der im Dreißigjährigen Kriege als Wachtmeister in Rostock zurückblieb.

Der Name soll nach Mitteilung des Ururenkels Herbert von Klenze wendischen Ursprungs sein und bedeutet »Ahorn«.

Die Familie ist weitverzweigt. Der jüngste Bruder Klenzes wurde Professor der Rechte an der Universität Berlin.

Die ersten Lebensjahre hat Leopold, umhegt von der Sorge der Mutter, im »Alten Apothekerhaus« zu Schladen verlebt. 1791 zog die Familie auf das nun erworbene Gut in Heissum. Hochgeachtet und ob seiner Rechtskenntnisse gesucht, stieg der Vater zum Hofrat und schließlich zum Tribunalrat in Halberstadt auf. Es war ein großer Haushalt, Leopold wuchs mit sechs Geschwistern, drei Brüdern und drei Schwestern, auf. Dienstboten und

Mägde, Diener und Kutscher waren zur Verfügung. Dienstgeschäfte führten den Herrn Rat viel im Lande herum; so ließ er die Kinder durch einen Hauslehrer unterrichten. Sieben glückliche Jahre verbrachte der Knabe auf dem Landgut seiner Eltern. 1798 wurde er auf das berühmte Kollegium Carolinum in Braunschweig geschickt. Dieses Kollegium, eine Zwischenanstalt zwischen Gymnasium und Universität, unterrichtete seine Zöglinge auch in praktischen Fächern, der Landwirtschaft und der Baukunst.

STUDIUM UND REISEN

Mit dem Jahre 1800 durfte Klenze, wohlversehen mit Empfehlungen, die Universität Berlin besuchen. Der Vater wünschte das »kameralistische« Studium, gute Aussichten im Verwaltungsdienst, vielleicht ihn als Nachfolger im Amt erhoffend. Die Stickluft der juristischen Vorlesungen sagte Leopold nicht zu, er brach aus und fand den Mann, der seinen Beruf bestimmen wird: Friedrich Gilly.

In die brave Bauweise der preußischen Länder, nur überhöht von einigen monumentalen Zeugnissen klassizistischer Baukunst der Gentz und Langhans, brachte Gilly den hinreißenden Schwung einer neuen Baugesinnung. Gegen die soliden Bau-Praktiken des Vaters stand eine Idealität auf, die neu war. Gillys Denkmal Friedrichs des Großen wurde zum Fanal, nicht mehr Nachfolge palladianischer Form, sondern Türmung vielschichtiger Stilelemente zu einem einzigen Denkmal, ein strahlender Tempel auf monumentalen Sockeln, umgeben von Säulen, Bögen, Obelisken und Treppen. Seine Reise von 1798 nach Paris und Frankreich brachte die frische Luft der Revolutionsarchitektur: unbedingt, klar und radikal. Da war der Zwang zu geschichtlichem Stilgewande verschwunden, die Möglichkeit ursprünglich einfacher Form gegeben, städtebauliche Visionen von großem Ausmaß, kühnen Konstruktionen, die die neuen Baustoffe, Eisen und Stahl, ermöglichten. Man spürte einen Anfang und — eine Zukunft. Um diesen Gilly scharten sich die Schüler, von ihm ward Klenze angezogen. Da waren Gleichgesinnte, Gleichbegeisterte, Wissensdurstige der Kunst verschworen, hier war Freiheit von dem politischen Druck. Leopold gehörte bald zu den Bevorzugten und durfte im Hause Gillys wohnen. Er begegnete dem zwei Jahre älteren Friedrich Schinkel; sie werden sich später Freunde nennen und gleiche Aufgaben und gleiche Stellung haben.

Dort geriet er in den Bannkreis Friedrich Gillys. Dieser frühvollendete, genialische Architekt erfüllte mit der Strahlungskraft seiner Entwürfe, Zeichnungen visionärer Kraft, die Sehnsucht seiner Generation. Den Urgründen germanischer Vergangenheit war die Spannweite seiner Ideen ebenso verbunden wie der subtilen Verfeinerung französischer Palladianer. »Das ist ein Künstler, so ein verzehrender Enthusiasmus für alte griechische Simplizität. Ein göttlicher Mensch!« So pries Wackenroder den jungen Gilly. Vollendung im einfach Großen wie bei den Griechen, kategorische Strenge in Schönheit gelöst war das

Ziel dieses preußischen Baumeisters, weite Stadtanlagen, wie sie im Gefolge napoleonischer Europapolitik in Paris Gestalt annahmen, sein Wunsch.

Mit sicherem Instinkt spürte Klenze hier den Meister und — das eigene Schicksal. Noch als Jurastudent hatte er sich dem Kreise genähert — Friedrich Gilly war in dem Jahre, da Klenze nach Berlin kam, gestorben —. Als sein Berufwechsel und zwar gerade durch die Begegnung mit Gilly gefördert, beschlossen war, zeichnete er eifrig dessen Entwürfe nach, die Rekonstruktionen zur Marienburg ebenso wie die Entwürfe zur Berliner Börse oder dem Schauspielhaus.

Vorbilder nachzuzeichnen war Klenze nicht genug. Die erfindungsreichen und sprunghaften Entwürfe Gillys waren nur im Individuellen gültig. Klenze suchte nach der Norm, der Lehre, die das Jahrhundert in die Klammer zwang, deren einer Pol die Antike war, der andere die nur geahnte Entwicklung technischer Möglichkeiten. Übermächtig stand im Vordergrund die klassische Baukunst. Darin wurde ihm Adolf Hirt Lehrer. Seine Formenlehre schien dem Suchenden in der verwirrenden Fülle historischer Stile Anleitung zu sicherer Entwicklung zu geben. Aus dem Formenschatz der Geschichte schöpfte Hirt eine frohe Folge neuer Möglichkeiten. In Klenze stieg der Gedanke auf, die griechische Form, wäre sie ihm nur erst ganz bekannt, fortzuentwickeln. »So wie Palladio durch sinnreiche Übertragung römischer Architektur auf seiner Zeit und seines Landes Bedürfnisse groß und unsterblich wurde, so möchte ich es mit der Griechen Werke versuchen; dies ist der einzig mögliche Weg, mehr als ein glatter Plagiant zu werden.« (Klenze an den Kronprinzen am 27. Dezember 1817.) Nur Gilly wußte um das Programm künftiger Architektur: Zweck und reine geometrische Form.

Nach drei Jahren war das Studium abgeschlossen, Leopold blickte nach Frankreich, wie überhaupt das Ziel der Architekten jener Zeit eher Paris als Italien war, für Fischer, für Weinbrenner und die anderen. In Paris trat er in die Architektur-Firma und Manufaktur von Percier und Fontaine ein, die das ganze Empire von Napoleons Gnaden mit Entwürfen, Möbeln und Dekorationen versorgte. Offenen Auges erlebte er die Städte Frankreichs, in Paris weltstädtischen Großraum, überall revolutionärer Aufbruch, der durch den Kaiser in feste Bahnen gebracht wurde. Die Pariser Luft sagte ihm zu, Bildung und gesellschaftliche Gewandtheit spannen die ersten Beziehungen, die ihn später tragen.

Dann durfte er nach Italien, über Südfrankreich nach Genua. Als er dort einen jener Paläste mit den Terrassengärten zeichnete, beobachtete ihn der Besitzer und sprach ihn an, lud ihn, von der frischen Art des Deutschen eingenommen, zu sich ins Haus. Klenze erfuhr später den Einfluß des Hausherrn, der ihn am Kasseler Hof empfiehlt. So erreichte ihn die Bestallung als königlicher Hofbaumeister. Klenze folgte dem Rufe gern, der ihm mehrere hundert Gulden Gehalt und eine verantwortungsvolle, aussichtsreiche Tätigkeit versprach. Der Einundzwanzigjährige brach seine Reise ab und langte im Juli 1804 in Kassel an.

Am Hofe Jérômes ging es hoch her. Musik, Feste, Jagd zogen »die Goldene Jugend« an. Man führte ein freies Leben und überließ dem großen Bruder die Sorge um die Politik. Napoleon schlug sich auf den Schlachtfeldern Europas, bis er den fatalen Zug nach Rußland unternahm.

Klenze fand in dem Hofbauintendanten Jussow einen jovialen Vorgesetzten, der ihm zuerst kleinere Arbeiten, dann das Hoftheater zur selbständigen Bearbeitung überließ. Mit Eifer warf sich Klenze auf den Entwurf für das Theater im Schloß Wilhelmshöhe. Es ist sein erster selbständiger Bau. Er sollte für französische Komödie bestimmt sein und Platz für vier- bis fünfhundert Personen geben. Klenze hielt sich nicht an konventionelle Formen, sondern stellte eigene Überlegungen an und Vergleiche mit antiken Theaterstätten. Mit dem Ergebnis konnte er sich sehen lassen, obwohl die vorgeschriebene Bausumme »gleich einem drohenden Gespenst stets im Hintergrund stand«. Man ließ ihm noch Zeit zu anderen Arbeiten: für ein Schlößchen in Katharinenthal, alles Projekte, die Ausgestaltung und Inneneinrichtung des Schlosses selbst, die Galerie der Familie, das Schlafzimmer des Königs, einen Entwurf für öffentliche Brunnen und Bäder, einen neuen Königspalast und ein Mausoleum. Doch die Verhältnisse am Kasseler Hof waren nicht erfreulich, Unordnung und Intrigen beherrschten das Feld, zweifelhafte Kreaturen hatten stets Zugang beim König, während die Staatsbeamten kein Gehör fanden. Auch Klenze kam in eine unerfreuliche Affäre, es zeigte sich, daß er sich schon hier sehr korrekt und entschieden zur Wehr setzte, die beiden Intendanten Lafliche de Keudelstein und Monparu standen ihm zur Seite und blieben ihm wohlgesinnt, auch später.

In glücklicher Stunde hatte Leo von Klenze seine Frau Felicitas Blangini aus Turin kennengelernt. Sie verband den Charme ihrer Mutter, die in Paris geboren war, mit der künstlerischen Lebendigkeit ihrer italienischen Vorfahren. Ihr Bruder war der Komponist Blangini in Turin. Nach dem Zeugnis der Enkelin Everilda von Pütz war Felicitas »schön, musikalisch, hochgebildet und ein wahrer Engel an Güte, Fröhlichkeit und Milde«. Mit dieser Frau wurde Klenze am 28. August 1813 in der Kirche St. Elisabeth zu Kassel getraut, er war 29 Jahre, sie 23 Jahre. Die Ehe wurde überaus glücklich. Felicitas erfüllte das Haus mit Heiterkeit und gab den Mühen ihres Mannes in ihrer fröhlichen Natur den rechten Ausgleich. Sie schenkte ihm drei Söhne und zwei Töchter und nahm durch einunddreißig Jahre tätig-liebenden Anteil an den Freuden und Leiden seines Berufes. Schon nach einem Jahr mußten sie Kassel verlassen.

Mit der Niederlage Napoleons war der Tanz am Kasseler Hof jäh zu Ende. Der Hofstaat zerstreute sich in alle Winde. Klenze wandte sich nach Paris. Die Fürsten Europas traten zum Wiener Kongreß zusammen. Es gab für kurz ein Europa, das in der Abwehr gegen den Korsen einig geworden war. Klenze fühlte sich in Paris nicht als Emigrant. Mitläufer der Napoleoniden gewesen zu sein war kein Vorwurf. Klenze konnte sich frei bewegen.

Seine weltmännische Art schuf ihm neue Freunde. Sein guter Geschäftssinn versorgte ihn bald mit einem beträchtlichen Vermögen, als er das Auf und Ab der Politik durch Spekulationen mit französischen Staatspapieren zu nützen wußte.

Mit einem national gestimmten Entwurf zu einem Befreiungsdenkmal glich er sich der Zeitströmung an. Ein anderes Projekt nannte er »Monument de la Pacification de l'Europe« und suchte dafür einen fürstlichen Bauherrn.

Die Begegnung mit dem Kronprinzen Ludwig von Bayern

Auf dem Wege von Paris nach Wien, wo er sich niederzulassen gedachte, war Klenze im Februar 1814 nach München gekommen. In einer Gesellschaft lernte er den Grafen Rechberg kennen, der sich einige seiner Arbeiten zeigen ließ. Zwei Tage darauf erhielt er die Einladung, mit diesen zum Kronprinzen zu fahren, es war der 26. Februar 1814.

Dramatisch war das erste Zusammentreffen: »Also doch ein Teutscher«, so rief mir der Kronprinz von Bayern, meiner blonden Haare ein Büschel ergreifend zu, »seien Sie mir herzlich willkommen!« So war die Begegnung zwischen dem Kronprinzen und Klenze eingeleitet. Damit begann jene Verbindung, die 48 Jahre währen sollte.

Der bayerische Kronprinz und Klenze trafen sich in der gemeinsamen Begeisterung für die Antike. Nach wenig Sätzen erkannte der Kronprinz die außergewöhnliche Bildung, den Elan und die brauchbaren Fähigkeiten des 31jährigen Architekten.

»Bei diesem Besuche nun war es«, so fuhr darin Klenze fort, »wo ich mit obigen Worten empfangen ward, und wo ich einen Fürsten kennen lernte welcher, was ich damals so wenig ahndete, so großen Einfluß auf mein ganzes Leben haben sollte. Während zwey Stunden blieben wir; die Arbeiten welche ich bei mir hatte, und welche nebst einigen Zeichnungen und Studien aus Italien, mehrere Entwürfe zu patriotischen, auf die damaligen Kriegsereigniße sich beziehenden Denkmalen enthielten, waren so wie diese Kriegsereigniße selbst, die Gegenstände der Unterhaltung. Wenige Stunden zuvor hatte ich kaum noch aus dem gothaischen Almanach gewußt daß ein Kronprinz von Bayern existierte und nach dieser ernsten Unterhaltung schon hatte ich den Begriff von der Bedeutsamkeit dieses Charakters gefaßt welcher sich im Verfolge der Zeit immer mehr entwickelt und befestiget hat. Durch den größten Haß gegen die soeben gestürzte Napoleonische Weltherrschaft blickte in den Äußerungen des Kronprinzen doch wieder eine gewiße Gerechtigkeitsliebe und Anerkennung hervor, welche mir bis jetzt bei keinem Fürsten von so leidenschaftlichem Charakter begegnet war, und alle Äußerungen deßelben über meine Arbeiten trugen den unverkennbaren Stempel einer Ansicht der Kunst welche so weit über den gewöhnlichen Maßstab des Tages hinausreichte, daß sie mich, welcher seit 5 Jahren in Caßel nichts als französische Kleinlichkeiten und Manier gehört und gesehen hatte, mit einem nicht geringen Begriff erfüllten.«

Nach einigen Monaten Aufenthalt in München, ohne viel mit dem Kronprinzen zusammenzukommen, reiste Klenze nach Wien zum Kongreß, »wo zwar Feste auf Feste folgten, doch meines Bleibens nicht war«. Ein heftiger Verdruß zog ihm ein Gallenleiden zu. Die Aussicht, »in der Phäakenstadt an der Donau, wo die Kunst webte und lebte«, einen Wirkungskreis zu bekommen, ist gering. Mit seiner jungen Frau und dem Kinde möchte er »die Welt verlassen und in einer schönen Einsamkeit mir selbst und der großen Erinnerung der Vorzeit leben«.

Schon war mit dem Kunsthändler Domenikus Artaria, welcher auch »nach Wien gekommen war, um bei der allgemeinen Teilung etwas zu erhaschen«, vereinbart, dessen kleine Besitzung in Blevio am Comer See zu erwerben oder eine andere in jener Gegend. Seiner Frau, die wieder von München nach Paris gezogen war, war dieser Plan mitgeteilt. Schon träumte Klenze »von unserem idyllischen Leben am Comer See«, da erhielt er eines Tages den Befehl, zum Kronprinzen in die kaiserliche Burg zu kommen. Der Kronprinz hatte die erste Begegnung nicht vergessen. Er stellte Klenze als »einen der größten lebenden Architekten, als großen Kunstkenner« dem Kaiser von Rußland, der Kaiserin von Österreich, dem Großherzog von Weimar und anderen Fürsten, die zur Beurteilung einer Kunstsammlung gekommen waren, vor. Klenze stimmte in die Lobhudeleien über eine Sammlung schlechter Kopien italienischer Bilder nicht ein, drang aber auch nicht durch.

Als Baron Gail, den Klenze von Kassel her kannte und der am Wiener Kongreß mit Herrn Lecanus Graf von Fürstenstein die Geschäfte des ehemaligen Königs von Westphalen betrieb, Klenze anbot, mit ihm nach Paris zu fahren, willigte er ein.

Nach einer Reise von acht Tagen war er am 26. Dezember 1814 wieder bei Frau und Kind in Paris. »In der thätigen und rührigen Welt von Paris, umgeben von einer geliebten Familie, alten und neuen Freunden wurden meine anachoretischen Ideen vom Idyll am Comer See bald aus der Seele verdrängt, und ich fühlte wieder Kraft und Muth in mir die Bestimmung meines Lebens zu erfüllen. Ich bekam nach und nach bedeutende Aufträge und faßte den Entschluss ganz in Paris zu bleiben. Doch plötzlich ward alles durch die unerwartete Rückkunft Napoleons unterbrochen und gestört, und ich selbst ward so sehr von dem gigantischen Schauspiel ergriffen, welches ein Mann darbot der ein Jahr zuvor, aus Frankreich hinweg geflüchtet, nun ganz allein nur seinen Nahmen als Aegide vor sich her tragend, und ohne einen Flintenschuß zu thun, dieses mächtigste Reich Europas wieder erobert, daß ich darüber leicht die zerrissenen Hoffnungen vergaß welche für mich aus dieser Katastrophe hervorgingen.

Aber sehr bald verschwanden alle diese Illusionen, und das Schauspiel des zweiten Einzuges der Bourbonen in Paris machte in seiner unbeschreiblichen Jämmerlichkeit, einen so bittren Kontrast mit dem Einzuge Napoleons, daß die Begriffe über den Werth menschlicher Dinge in den Beschauern dieser Katastrophe, wieder ins Gleichgewicht kamen.

Mit den Alliierten war nach dem Siege der bayerische Kronprinz in Paris eingezogen. Er hatte Klenze seit jener »Kunstkomödie« an der Hofburg nicht mehr gesehen, wohl aber jenen Entwurf zum Friedensdenkmal, den Klenze zur Erinnerung an die Völkerschlacht bei Leipzig entworfen hatte.

Nach wenigen Tagen lud ihn ein Billett zu dem Kronprinzen. Dieser brachte die Sprache auf den von ihm vor Jahresfrist ausgeschriebenen Wettbewerb zu einem Invalidenhaus, einem Gebäude zur Aufstellung antiker plastischer Bildwerke und einem deutschen Pantheon. Klenze wußte davon, hatte auch zum Zeitvertreib Skizzen dafür gemacht, aber nicht weiter verfolgt »in der Absicht, sich nicht in einen Konkurs einzulassen, wo nur Schülerarbeiten einlaufen und von der Unwissenheit und Parteilichkeit gerichtet werden«.

Nun forderte der Kronprinz von Bayern ihn auf, sich zu beteiligen, zerstreute seine Bedenken, daß die Arbeit »wohl der Akademie eingeschickt, von ihm aber gerichtet würde«. So umwarb der Kronprinz Klenze. Dieser wußte sich rar zu machen, wies darauf hin, daß Jérôme ihn in den Jahren 1814 bis zum März 1815 achtmal aufgefordert habe, zu ihm zurückzukehren, um bei sechstausend Gulden Gehalt und freier Wohnung auf seinen Gütern in Italien ansehnliche Arbeiten durchzuführen. Doch Klenze entschied sich für den bayerischen Kronprinzen und schrieb ihm am 21. November 1815 aus Paris folgendes: »Mein stetes Streben wird darauf gerichtet sein, dazu beizutragen, daß die königliche Hoheit in den tröstenden Freuden der Kunst für des Lebens unumgängliche Qualen einen Ersatz finden, den vielleicht nur sie in dem Maße geben können.«

Schon jetzt wurde sich Klenze über die Vorzüge und Nachteile seines Fürsten klar.

»Durch große Bizarrerien, schien doch überall ein bedeutender Wille, vieles Wissen ein Hang zum Großen und Außerordentlichen hervor, welcher mein noch jugendliches Gemüth lebhaft berührte, und es mich nicht bereuen ließ meine Existenz dieser Existenz angeknüpft zu haben. Ich brach also alle in Paris und anderswo für meine Zukunft angeknüpften Fäden frisch ab, und reisste in den ersten Tagen des Januar 1816, etwa 6 Wochen nach dem Kronprinzen nach München ab.«

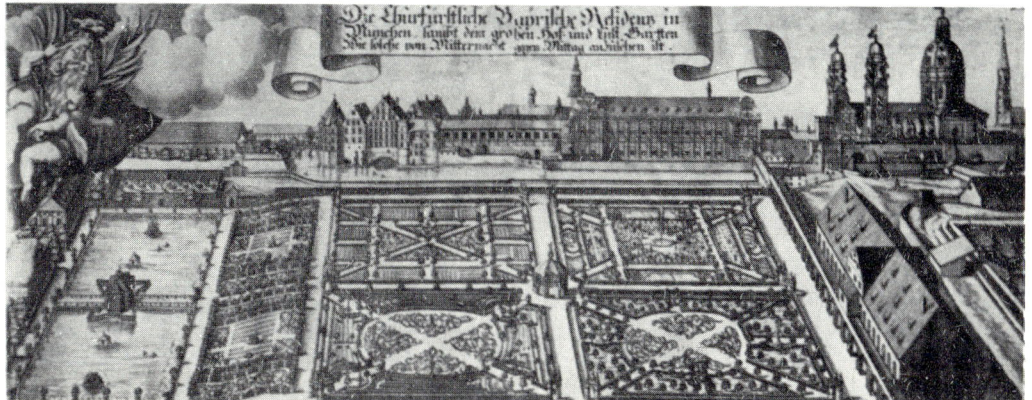

3 Hofgarten, Residenz, Theatinerkirche, Schwabinger Tor · Stich von Wening

Die ersten Aufträge in München unter Max Joseph I.

So glänzend, wie er es sich wohl in Paris vorgestellt hatte, war für Klenze die Lage in München zunächst durchaus nicht. München war eine kleine Stadt mit kaum 40 000 Einwohnern. Der Kurfürst, mit einem von Mannheim mitgeschleppten Hofstaat, war Neuerungen nicht zugetan. Auch als König überließ er seinem allmächtigen Staatsminister Graf Montgelas, dem bayerischen Tayllerand, die Staatsgeschäfte. Die Gesellschaft galt als »trocken, einförmig und ungraziös«. Fremde waren nicht gern gesehen. Die Polizei führte ein grobes Regiment. »Nur von der Verfassung wird gesprochen, im übrigen ist es Totenstille, da der ganze Hof fort ist und dieser bekanntlich allein die Einöde belebt«, so schrieb Klenze an J. M. Wagner am 15. Juli 1818.

Klenze sah sich neben dem üblichen Mißtrauen gegen den Neuen einer festgefügten Beamtenhierarchie gegenüber. In seinem Fach stand über ihm der Hofbauintendant Andreas Gärtner, ein nicht unbegabter, aber in manchem Dienst ergrauter Architekt. Neben ihm der Vorstand des städtischen Bauwesens Schedel von Greifenstein und die anderen Architekten Thurn, Pertsch, Klumpp und Vorherr, vor allem aber der vornehme und hochbegabte Karl von Fischer.

Einiges war inzwischen für die Stadtplanung geschehen. Der große Sckell hatte den Englischen Garten in einer Weite angelegt, die auch heute noch der Großstadt genügt. Die Stadterweiterung hatte an zwei Punkten bereits ein Gesicht erhalten: vor dem Karlstor und am Karolinenplatz. Karl von Fischers gepflegte Art hatte die Vorstadt nach dem heiteren Vorbild Palladios angelegt.

Glyptothekpläne

Klenze war zunächst als Privatarchitekt des Kronprinzen nach München verpflichtet. Der erste Auftrag — Bewährung und Wagnis zugleich — war die Glyptothek. Wenige Tage nach seiner Ankunft zeigte ihm Ludwig die eingegangenen Entwürfe, darunter seinen Entwurf aus Paris. Mit keinem war der Kronprinz zufrieden. Klenze wurde mit einem neuen Entwurf beauftragt, aber auch Karl v. Fischer, dem nur 18 Tage Zeit für einen eigenen Entwurf gelassen wurde. Klenze erfuhr von dem Doppelspiel und auch erstmals von der Veranlagung seines Fürsten, der, in künstlerischen Fragen unsicher — wohl eine Folge seiner falschen Erziehung in der Jugend —, stets die Meinung von zwei Seiten einholte: »Da ich unter der Hand erfuhr, daß der Kronprinz auch von dem Architekten v. Fischer Pläne machen ließ, und überhaupt sah, daß ich unter einem feindlichen Einflusse bey einem Herren stand, welcher der Erfüllung seines Willens nicht leicht ein Hindernis entgegentreten ließ, so sah ich gleich, daß es mir an Hindernissen und Verdrießlichkeiten in Bayern nicht fehlen würde, überlegte aber meine Lage wohl und entschloß mich kon-

4 Glyptothek · Längsschnitt des Entwurfes von Karl v. Fischer

sequent dem zu dienen, an welchen ich meine Existenz nun einmal geknüpft hatte, aber auch für meine Rechtfertigung alle Hauptumstände meines Verhältnisses und Zusammenlebens mit dem Kronprinzen von Zeit zu Zeit aufzuzeichnen.« Dadurch entstanden die Erinnerungsblätter, die Klenze vom Jahre 1816 bis 1862 aufzeichnete.

Der Entwurf für die Glyptothek, den Fischer dem Kronprinzen vorlegte, war so ausgezeichnet bis ins Detail durchkonstruiert und durchgerechnet, daß er ihn nicht zur Seite legen konnte. Jede Gepflogenheit mißachtend lieferte er ihn an Klenze aus, »der in einem letzten Entwurf all das aus Fischers Plänen entnahm, was den Beifall des Kronprinzen gefunden hatte«. Der Kronprinz wollte mit dem Bau noch im Jahre 1816 beginnen, der Baukommission mußten die Pläne vorgelegt werden. Eine Begegnung zwischen Klenze und Fischer war unvermeidlich. Klenze erläuterte vor der Kommission seine Pläne und bat danach, sich entfernen zu dürfen, um niemanden in seinem Urteil zu bedrängen. Man bat ihn zu bleiben. Fischer enthielt sich als Mitkonkurrent der Stimme. Einstimmig wurde, dem Kronprinzen zu Gefallen, der Entwurf Klenzes gutgeheißen »und ins Protokoll eingetragen, daß man mir Glück wünsche, in München ein Monument aufzuführen, welches allein schon hinreiche, seines Erbauers hohen Namen unsterblich zu machen«. Nun begann das Ringen um die Form mit dem Kronprinzen. Dieser hatte sehr hochgespannte, aber undeutliche Vorstellungen. Endlich begann der Bau aus dem Boden zu wachsen. Klenzes Stellung in München schien sich zu festigen. Fischer war kaum mehr im Wege; seine Krankheit war Folge oder Anlaß seiner Zurücksetzung. Hämisch freute sich der Kronprinz über den Ausfall des Konkurrenten. Vornehm und wissend, daß ein gleiches Schicksal ihn bedrohen könnte, sah Klenze den tragischen Abschied dieses hochbegabten, seltenen Menschen: »Der Kronprinz sagte mir am folgenden Tage mit freudigem Gesicht: aber Klenze, nicht wahr, das muß doch den Fischer recht ärgern, wenn er Sie vor seinen Augen täglich die Glyptothek bauen sieht und ich antwortete, daß ich dieses nicht hoffe und es mir recht leid thun würde — aber der Kronprinz schien bei dem Gedanken so recht mit Vergnügen zu verweilen. Fischer wohnte grade am Platze wo die Glyptothek gebaut ward — er war die erste architektonische Liebschaft S. K. Hoheit gewesen, hatte ihm treu und mit bestem Willen 6—8 Jahre gedient, war jetzt krank und fast sterbend, und hätte in diesem Falle eher wahres Mitleid und Schonung als diese Art von Schadenfreude verdient. O Fürsten! Fürsten!...«

Noch lange wird Klenze mit der Glyptothek und dem Königsplatz Sorge haben. Der Kronprinz wollte gegenüber der Glyptothek eine Kirche bauen lassen. Klenze schlug schon damals vor, auch den Platz auf der Seite gegen Nymphenburg mit einem Stadttor zu schließen und dieses im dorischen, die Kirche im korinthischen und die Glyptothek im ionischen Stil zu erbauen, »welches alles seiner Kgl. Hoheit sehr gefiel, und somit glaube ich, aus dem an sich so ungünstigen Platze die günstigste Partie gezogen zu haben«. Wenig später möchte der Kronprinz dort die Kadettenanstalt errichtet sehen, und er ist besorgt, ob ihre Fassade den anderen Bauten würdig sei. »Dieser Königsplatz muß der König der Plätze werden durch den Einklang, nicht Einförmigkeit, seiner schönen Gebäude.«

Kunstagent in Paris

Im Juni 1816 war Klenze wieder als Kunstagent für den Kronprinzen unterwegs. Er verließ München am 8. Juni, um rechtzeitig zur Auktion der Kunstsammlung des Kardinals Fesch in Paris zu sein. Er wohnte dort bei dem Bankier A. M. Fulchiron, Rue de Grammont 17. »Nach einer miserablen Reise, Regen vom Karlstor in München bis zur Barriere St. Martin« in Paris. Er hatte den Auftrag, hervorragende Stücke aus der Antikensammlung des Kardinals »Säulen, Vasen, Büsten, darunter eine Ciceros, Basreliefs und vier große Tischplatten« anzukaufen. Darunter waren die Büsten der Roma und Athena, die 12 Jahre zuvor an der Porta Maggiore in Rom ausgegraben und sogleich vom Kardinal erworben worden waren. Die Helme dieser Büsten waren nach der vortrefflichen Arbeit zu schließen in Paris ergänzt. Klenze standen für den Ankauf 115 000 Gulden zur Verfügung, die notfalls durch 45 000 Gulden ergänzt werden konnten. Beide Summen wurden aus den französischen Defensionsgeldern abgezweigt und vom Bayerischen Gesandten in Paris Klenze unmittelbar ausgehändigt, wodurch der Kronprinz sich hohe »Wechselspesen« sparte.

Der Verlauf der Versteigerung war stürmisch und »endete mit Schrecken«. Agenten des Kardinals suchten ausgestellte Stücke zurückzukaufen. Einige Käufer, darunter der Herzog von Wellington, ermüdet und erbost über die Verzögerung und den von den Italienern vom Zaune gebrochenen Streit, verließen die Versteigerung. Klenze jedoch hatte seine Schätze im geheimen Auftrag des Kronprinzen bereits erworben. 62 Kisten gingen am 17. Juni nach München ab. Sie waren $\frac{\text{H.V.D.}}{\text{K.B.}}$ gekennzeichnet, ihr Gesamtgewicht betrug 550 Zentner.

Ernennung zum Hofbauintendanten

Am 16. Juli kehrte Klenze nach München zurück (Brief Nr. 17 v. 20. Juli 1816). Die Pariser Mission wurde abgeschlossen und die Münchner Arbeiten aufgegriffen. Der Bau der Glyptothek war während seiner Abwesenheit fortgeführt worden, obwohl der Polier erkrankt war.

»Die Angelegenheit vor dem Schwabingertor« wurde vorbereitet. Vom Staatsminister Montgelas erhielt Klenze die Zusage, daß die Durchfahrt vom Hofgarten und dem Schwabinger Tor abgeändert wurde. Damit wurde es mit dem Generalplan für das Schwabinger Tor ernst. (25. Juli 1816 Brief Nr. 16.) Sogleich war ein Unheil abzuwenden.

Hofbaumeister Thurn hatte ein Hofgartentor entworfen, »welches das schlechteste ist, was vielleicht je in München gebaut worden«. Klenze hatte, um seine künftigen Bauten nicht beeinträchtigt zu sehen, einen eigenen Entwurf gemacht. Dieser kostete wohl um einige tausend Gulden mehr, er konnte aber nicht zulassen, »daß unmittelbar neben der Residenz etwas schlechteres als ein Scheunentor gemacht würde«. Schon darüber gab sich Klenze untröstlich und spielte schließlich auf eine andere Angelegenheit hin, die seiner Position galt. Der Minister hatte in seiner Abwesenheit »einen großen Schritt unternommen um seine Wirksamkeit zu lähmen ... Wahrlich, wenn nicht die Glyptothek wäre, so würde ich fast verzweifeln, das Ziel meines Lebens hier zu erreichen«.

Der nächste Brief (28. Juli 1816), ein Meisterwerk an Klugheit und Menschenkenntnis, griff diese Bedrohung seiner Position in München auf. Klenze spielte zwischen Kränkung und Verzicht, um einen gerechten Anspruch durchzusetzen. Es ging um die Stelle des Hofbauintendanten. Noch war sie von Andreas Gärtner besetzt, »dessen hohes Alter und Schwäche ihm alle Kraft und Einfluß benommen haben«. Nun hatte man während Klenzes Pariser Aufenthalt vom König verlangt, dem Hofbaumeister Thurn wegen seiner 30-jährigen Dienstzeit 400 Gulden Zulage und den Rang ü b e r Klenze zuzugestehen. Klenze räumte ein, daß das Zutrauen, welches Thurn genieße, er teils seiner eigenen Tätigkeit, teils der Nichtigkeit des Intendanten verdanke, übrigens »seine Stelle gut ausfülle, aber um höher zu wirken, auch nicht die mindeste Kenntnis und Eigenschaften« besäße. Die Gegenpartei wollte Thurn den Weg zur Intendantenstelle erleichtern, auf welchen Klenze nach allen Versprechungen des Kronprinzen Anspruch gehabt hätte. »Jene Partei ist am Werk, die sich hier stets allem Großen und Schönen entgegensetzt und welche in Herrn Thurn eine moralische und politische Garantie des Schlechten und Erbärmlichen findet, wie sie sich nicht leicht jemand leisten könnte. Ersteres weil es nicht möglich ist, daß seine Ideen und Angaben je Seine Majestät den König (wie sie es nennen) zum Bauen und Geldausgeben verleiten können und dann weil ein Dienst des anderen werth ist und er den seinigen nicht verweigern wird.« Jedes Wort war berechnet, um den Kronprinzen zum Eingreifen zu reizen. »Schon jetzt ist mein Einfluß geschmälert und sollte Thurn Intendant werden, so wäre meine hiesige Existenz de facto aufgehoben.« Der so Gekränkte machte den Vor-

5   Der Obelisk am Karolinenplatz · Aquarell von Heinzmann

schlag, ihm nun den bereits vom Intendanten Gärtner vorgeschlagenen Titel des Oberbaurates zu geben. Darum zu bitten habe er abgelehnt, da er »wahrlich nicht titel- und rangsüchtig sei und der einzige Vorzug um den er in der Reihe der Palladio und Vignola ringe, er trotz des Bauinspektors Thurn zu erreichen hoffe«. Der Kronprinz verstand. Er wollte Klenze weder gekränkt sehen oder gar verlieren. Nach sechs Wochen war Klenze Oberbaurat, der Weg zum Intendanten war frei.

Noch erhielt Klenze nur 2400 Gulden Jahresgehalt, weniger als das Angebot von Kassel betragen hatte. Deshalb schrieb Ludwig von Neapel an den Grafen Thürheim, um ihn zum Chef des Bauwesens zu machen, und an Klenze: »Erst wenn ich Chef der Verschönerungskommission sei, würde, so schrieb er mir, dieselbe ihre Namen verdienen.« Die Antwort Graf Thürheims: »In jedem Fall werde ich nach Kräften dazu beitragen, dem Architekten Klenze einen Wirkungskreis zu verschaffen, der den Absichten Eurer Kgl. Hoheit und seinen ausgezeichneten Talenten und Kenntnissen angemessen ist.« So geschah es. Noch im selben Jahr wurde Klenze Hofbauintendant und Nachfolger Andreas Gärtners. Man wußte in München, daß er diesen aus dem Amt gedrängt habe, der Sohn Friedrich wird ihm darob ein Leben lang zürnen. Klenze wußte dies selbst und suchte gutzumachen.

»Der Architekt Gärtner war nach London gegangen um dort die für das architektonische Werk des Reisenden Cockerell über die architektonischen Ruinen Griechenlands bestimm-

6   Der Beginn der Ludwigstraße 1822 · Federzeichnung von Gustav Kraus

ten Zeichnungen zu lithographieren, wozu er sich durch die von ihm herausgegebenen 6 Blätter sizilianischer Monumente befähigt gezeigt hatte. Da ich nun nach München berufen worden und an seines Vaters, eines braven aber im höchsten Grade unfähigen Mannes Stelle gesetzt worden war, so suchte ich dieses ihm so viel mir möglich wieder zu vergüten. Als nun im Frühjahr 1820 der Architekt v. Fischer, welcher Professor der Akademie, starb, ging ich gleich zum Könige und zu den Ministern und schlug vor Gärtner an Fischers Platz zu ernennen und aus London zurückzuberufen, welches auch geschah. Dem Kronprinzen zeigte ich was geschehen war an, ohne daß derselbe irgend einen Werth darauf zu legen schien.«

Die Anlage vor dem Schwabinger Tor

Die nächste große Aufgabe erwuchs Klenze aus seiner Mitarbeit am Generalplan. Anfänglich schien es ein nebensächlicher Planungsauftrag zu sein. Er hatte das Schönfeld-Viertel zur Bearbeitung bekommen, bisher von Fischer und Sckell am Rande liegengelassen, schwierig auch ob seiner Nähe zur Residenz, der verworrenen und erst jüngst verbauten Stadtausfahrt und den scheinbar unantastbaren Ministergärten. Klenze dehnte sein Planungsgebiet sogleich gegen die Residenz und zur Theatinerkirche hin aus und fand bei seinem Vorhaben die Unterstützung Ludwigs. »Der Kronprinz zeigte so großes Interesse an der Anlage vor dem Schwabinger Tor, so daß er mich bat, mit allen Mitteln diesen Plan vorwärtszutreiben.«

Man hatte bis zu meiner Ankunft in München mit allen neuen Stadtanlagen, Verschönerungen und Vergrößerungen ebenso läßlich als verworren verfahren. Die Stadt war in gewisse Distrikte eingeteilt, welcher die Mitglieder der Baukommission vorstanden. Jeder machte nun für seinen Teil einen Verschönerungs- und Vergrößerungsplan ohne allen Zusammenhang, und es war eine Verwirrung, welche ohnegleichen war. Dazu hatte man noch eine Art von gartenartiger Bauart gewählt, unzusammenhängend alle möglichen Arten von Häusern die ganze Straße entlang beieinander zu stellen. Ich hatte bald eingesehen, daß dies ein für das Bedürfnis, die Lebensart und das Klima Münchens ganz unpaßliches System war und behandelte meinen Entwurf als Fortsetzung der Stadt mit aneinandergeschlossenen Häusern.«

Klenze setzte den Plan in die Wirklichkeit um. Es wurde seine bedeutendste Leistung im Städtebau und von nachhaltiger Wirkung für München. Klenze machte sich zum Werkzeug der Verwirklichung. In vier Jahren wollte er die ganzen Grundstücke zwischen der Residenz, der Von-der-Tann-Straße, der Fürstenstraße und dem Hofgarten aufkaufen, die Befestigungen niederlegen, die notwendigen Bauherren finden und das ganze Stadtviertel nach einem eigenen Finanzierungsplan ausführen. Dies alles mußte insgeheim, ohne den Kronprinzen preiszugeben, vor sich gehen. Wir wissen, wie das gelang. Am Finanzminister, dem Grafen Lerchenfeld, hatte er einen schweren Stand und einen persönlichen Gegner. »Alle diese Dinge mußte ich stets bei den Ministern betreiben ohne daß der Kronprinz dabei genannt werden wollte, und besonders der Minister v. Lerchenfeld, ward mir darüber stets feindlicher gesinnt und wird gewiß kein Mittel unversucht lassen, mich es entgelten zu machen, wenn ich ihn oft zwang zu Gunsten der Wünsche des Kronprinzen sein bockbeiniges Abnegationssystem zu verlassen« und »Die Feindschaft des Ministers Lerchenfeld, welche ich durch das alles auf mich lud, ging aber um so mehr zuweilen auf den guten König Max über, als demselben stets in die Ohren geblasen wurde, ich sei es, welcher den Kronprinzen zum Schuldenmachen und zu unnützen Ausgaben verleite.«

König Max Joseph aber hatte Vertrauen zu Klenze; er suchte bei ihm Unterstützung gegen die ausgefallenen Ideen seines Sohnes. Das Verhältnis des Vaters zum Kronprinzen war nicht eben freundlich. Der Vater, praktisch und nüchtern, hat kein Verständnis für die Kunst-Begeisterung seines Sohnes. Klenze suchte oft zu vermitteln. Als der König einmal wieder die Glyptothek besuchte, lobte er die Architektur und die Dekorationen, aber »nicht begreifen könne er, was man an den schmutzigen, zerbrochenen Puppen fände«. Dabei fährt er hinter Klenzes Rücken zu seiner Umgebung fort: »Sehen Sie meinen Narren von Sohn, er ist bereit, eine Million auszugeben für Bruchstücke, während er es ablehnt, Wäsche für seinen Haushalt zu kaufen.« Klenze seinerseits hatte es nicht leicht mit dem Kronprinzen. Er sah sich überfordert, vor allem mit den ewig wachsenden Wünschen für die Wal-

7   Das Schwabinger Tor · Lavierte Federzeichnung von Dillis 1788, Ausschnitt

halla, die »die Schönheit der Propyläen in Athen mit dem konzentrierten Eindruck des Pantheon verbinden soll. Welches Resultat aber rief dieses Jagen nach Effekten hervor? Als Walhalla sollte ein Mixtum compositum, die Vereinigung der Propyläen, des römischen Pantheon und des Grabmals Hadrian dienen, welches das unglücklichste Ergebnis herbeiführen müßte. Man wird sogleich einsehen, welches die Folge eines so unmöglich zu nennenden Aggregats gewesen wäre.«

Mit Staunen sah man in München die Baustelle vor dem Schwabinger Tor in die Breite wachsen. Hier wurde unerwartet Großes geplant, Stadtmauern und Stadttor zwischen Theatinerkirche und Residenz fielen, auch die Turnierhalle am Hofgarten wurde geopfert, die Bastionen abgetragen, der Stadtgraben ausgefüllt, ein weiter Platz dehnte sich nun hier aus. Als erstes Gebäude außer dem schon begonnenen Hofgartentor erschien das Palais des Herzog von Leuchtenberg. Klenze hatte ihn als Bauherrn gewonnen. Der Neubau entstand an der Nordwestecke des neuen Odeonsplatzes. Bald folgte anschließend das Wohnhaus des Staatsrats von Kobell und die Häuser des ersten Teiles der Ludwigstraße, darunter das Wohnhaus des Grafen Mejean und I. B. Metiviers. Zäh wurde um die stadtwärts gelegenen Häuser gerungen, vor allem um das der Witwe Chedeville, die ihren stolzen Besitz nicht aufgeben wollte. — Noch gab es keine Enteignungsgesetze. —

Immer häufiger wurde Klenze auch von Privaten als Architekt gesucht, die dadurch ihre Beziehungen zum Hof und zum Kronprinzen zu festigen suchten. Immer geachteter wurde seine Stellung in der Gesellschaft; seine Frau wußte ein großes Haus zu führen. Man fand sich dort sogar zu kleinen Opernaufführungen zusammen. Sein Salon war hoffähig. Nicht nur der Kronprinz, sondern auch die Königin erschien auf seinen Empfängen. »Ein großer Herr in jedem Sinn«, so charakterisiert ihn der zeitgenössische Kunsthistoriker Pecht, »wozu sich auch seine hohe schlanke Figur mit dem rotblonden Haar, den hellblauen durchdringenden Augen, der weltmännisch sicheren Haltung, dem klugen gemessenen Wesen vortrefflich eigneten«.

Gerne trafen sich hier Prinzen, Prinzessinnen und Angehörige des Adels. Klenze schien überall Einfluß zu haben. Bald war es gefährlich, nicht sein Freund zu sein. »Er war das Faktotum ..., an den man sich wendet, um Gesuche durchzusetzen, und er ist's, der Gnadenverteilung verspricht«, äußert sein Rivale Friedrich Gärtner zu dieser Zeit. Er schien der einzige Baumeister zu sein in der wachsenden Residenzstadt, der zählte.

Unvorstellbar groß war die Arbeitslast. Besorgt schrieb der Kronprinz: »Nun Gott empfohlen mein Klenze, Arbeit gebe ich ihnen, trübe Augenblicke genug, aber auch Ruhm zu verdienen für jetzt und wenn von unserer Hülle nichts mehr bestehen dürfte!« Und Klenze darauf: »Ja wahrlich an trüben Stunden fehlt es nicht, wenn man in dem Fürsten, welchem man dient, solches Schwanken in der Kunst, solches gehalt- und bodenlose Detail-Einmischen in dieselbe bemerkt, welchem jeder Begriff von Poesie, Zweckmäßigkeit und Styl in architektonischen Dingen fehlt, und welches in dieser hohen Kunst nichts mehr als ein Mittel sieht, durch Dekoration im Sinne momentaner Ansichten und Eindrücke das Auge zu kitzeln. Ob aber für einen Architekten auf diesem Wege die mir verheißene Unsterblichkeit zu erlangen wäre, bleibt wohl sehr zweifelhaft.«

Die erste Erholung nach diesen zwei Jahren drängender Arbeit war die Einladung des Kronprinzen, ihn in Italien zu besuchen. Am 5. März 1818 stieß Klenze in Rom zu der Reisegesellschaft des Kronprinzen.

Genietreiben in Rom

»Am 26. Februar 1818 reiste ich nach Rom ab, und der sechste Abend fand mich vor der Porta del Popolo, welche ich zehn Jahre zuvor verlassen hatte. Ich stieg aus dem Wagen und ging durch die ruhigen und mondhellen Räume der Via del Babuino über die Spanische Treppe und Trinità del Monte zu der Villa di Malta, wo der Kronprinz wohnte.« Der Kronprinz war noch von seiner Krankheit angegriffen, Arzt Ringseis war um ihn bemüht, Joseph Dillis klagte über den Zustand der Überreizung, in welchen der Kronprinz hineingezogen wurde, und gab Dr. Ringseis als den Hauptführer der ganzen Intrige an. »Durch wenige Fragen und Beobachtungen in den ersten Tagen des Aufenthalts war mir alles klar

7a In der Spanischen Schenke. Gemälde von Catel.
Von links Kronprinz Ludwig, Thorwaldsen, Klenze, Wagner stehend mit Zylinder

geworden, und ich beschloß, mein Handeln dagegen einzurichten.« Das Gefolge des Kronprinzen war in zwei Lager gespalten, auf der einen Seite die nüchternen, selbstsicheren, auf eigenen Erfolgen Stehenden wie Klenze, Thorwaldsen, Dillis, Schadow — auf der anderen Seite die romantische Clique Ringseis, Cornelius, später der junge Gärtner usw.

»Im Gegenteil trat ich ihrem verderblichen Treiben und Intrigieren bei jeder Gelegenheit so offen entgegen, daß sie am Ende glaubten einen coup d'état ausführen zu müssen. Cornelius, als der Künstler welchen bis dahin der Kronprinz am meisten ausgezeichnet hatte, und welcher von der Clique bestimmt war einst in Bayern das Kunstoberhaupt zu werden welchem der Herrscher blind folgen sollte, damit nur Afilierte und Adepten der neuen Lehre wiederaufgewärmten Gothiszismus Arbeit, Ruhm und Gewinn fänden.

Cornelius ward, wozu es niemals großer Verführungskünste bedurfte, durch den Becher zu der Höhe potenziert welche man zu begeisterter Rede nötig hielt, und nun grade zum Kronprinzen geschickt. Wir waren noch am Tische als er gemeldet ward jedoch ließ ihn der Kronprinz eintreten. Ein bedeutendes Schwanken des Schrittes ließ sogleich bemerken, daß die Dosis von künstlicher Begeisterung etwas zu stark gewesen war, und als das

8   Forum in Rom · Lavierte Federzeichnung von Klenze 1806

Gleichgewicht des Körpers durch einen Lehnstuhl wieder hergestellt war, begann der Redner damit, daß er dem Kronprinzen geradezu Vorwürfe machte, weil er am Morgen einen jungen Maler von der Sekte Schnorr aus Leipzig, besuchend, diesem Vorwürfe wegen zu übertriebener Steifheit, Magerkeit und manirierter Affektation im Nachäffen alter Bilder aus der Kindheit germanischer Kunst gemacht habe. Da diese Zurechtweisung mit der größten Leidenschaftlichkeit und stammelnder Zunge hervorgebracht ward, so sah ich deutlich wie der Kronprinz ernst und nachdenklich ward, und ihm das Treiben der Partey immer klarer und deutlicher ward, er sah mich mit bedeutendem Blicke an und antwortete auf das Geschrei des Cornelius gar nichts, der nun immer tiefer in die unhaltbarsten Kunstraisonnements sich verwickelte. Diese wurden bald so ausschweifend, daß selbst der Medikaster (Ringseis) das Triumphgesicht, welches er beim ersten Erscheinen des Redners machte, einzog und still ward, und daß der Graf Seinzheim endlich einige leise Anmerkungen gegen die gar zu sklavische Nachahmung der alten Kunstwerke des Mittelalters sich erlaubte besonders in der Malerei, wo ihm doch Raffael einen höheren Standpunkt erstiegen zu haben schiene. Cornelius meinte, er wolle den Vorzug des Raffael jetzt weder leugnen noch einräumen, da selbst wenn dieser anerkannt würde, so gebe es keinen anderen Weg dahin als zuerst wie Wohlgemuth, Schön und Cranach ect. ect. zu malen und so nach und nach zur höheren Entwicklung aufzusteigen.

9   Forum in Rom · Aquarell von Leo v. Klenze 1818

Das war zu viel um zu schweigen und ich nahm das Wort und sagte: die Kunst des Alterthums hat sich wie die der neueren Zeit entwickelt; sie begann mit den Holzpuppen welche ägyptische und andere Kolonisten mit nach Griechenland brachten, diese waren die ersten Gegenstände welche griechische Künstler nachahmten, eben wie im Norden die alten Heiligengebilde des Orients, die Madonnen von Kiew und Smolensk. Ist es aber wohl denkbar, daß Praxiteles und Skopas ihren Schülern empfohlen hätten nicht nach ihren Mustern zu arbeiten und sich zu bilden. Niemals ward und wird auf diese Art die Kunst erlernt und gefördert werden, und in alter Zeit gibt es nur eine Epoche, wo man zur Nachahmung alterthümlicher Manier zurückging, dieses war unter dem faden Kunsterkünstelnden Hadrian, welcher selbst zu schwachen Geistes um die Idee einer Kunstzeit und eines Kunststyls zu fassen und auszubilden, durch die Nachahmung alles dessen was ihm auf seinen Reisen reizend vorgekommen war, nur seine durch Sinnlichkeit überreizte Seele zu kitzeln suchte, und zu dieser Spielerei sein Zeitalter und Rom gerade verderbt genug fand.

Ich sah, daß mir der Kronprinz mit der größten Aufmerksamkeit zuhörte; als ich geendet winkte er mir beifällig, stand schnell auf und ließ den weinbegeisterten Redner sitzen, welcher nun mit sehr verzogenem Gesichte am Arm seines trefflichen Freundes des Medikasters abzog. Irre ich mich nicht, so ist der Eindruck dieser Scene bleibend auf den Geist des Kronprinzen geblieben.«

Es war ein frohes, ungebundenes Treiben mit Gleichgesinnten und Gleichgestimmten, in das Klenze in Rom geriet. Die gewaltigen Bauwerke aus stolzer Vergangenheit, Freiheit unter dem ewig blauen Himmel, regte die Künstler in ihrem eigenen Schaffen an. Man dachte an Deutschland, idealisierend und reformierend, man hoffte dort sich einig zu werden, wie man es hier war, und durch die Kunst sollte alles genesen. Man trug altdeutsche Tracht, Schillerkragen und Samtspenzer, auch der Kronprinz.

Die Villa Malta am Pincio, ehemals von Humboldt bewohnt, nun vom Kronprinz erworben, war der Mittelpunkt der bayerischen Kolonie. Von dort aus durchstreifte man die Stadt und die Campagna, besuchte die offenen Weinschenken. Jeder war, was er durch sich selbst war. Der Kronprinz saß mitten unter seinen Künstlern, wie es das schöne Bild Catels bezeugt: Klenze neben dem Kronprinzen, auf dessen anderer Seite Thorwaldsen, ihm gegenüber J. M. Wagner, die Maler Schnorr, Veit und Catel, Doktor Ringseis, der Arzt, der Adjudant Baron von Gumppenberg und Graf Seinsheim.

Der Kronprinz sorgte dafür, daß über dem Genietreiben in Rom seine Baupläne in München nicht vergessen wurden. »Wenige Tage nach meiner Ankunft in Rom sagte mir der Kronprinz, daß er den Gedanken gefaßt habe, die hinteren Räume der Glyptothek als Fresko durch Cornelius ausmalen zu lassen und frug mich, ob ich diesen Künstler hierzu passend halte.« Klenze sprach sich für Cornelius aus. »So scheint es mir, daß nur wenige Menschen mit so großen Anlagen für die Malerei noch geboren werden als Cornelius, aber leider ist er während der letzten Jahre, wo das Talent des Künstlers eigentlich seine höhere Richtung nehmen und feststehen soll, in eine der unzähligen Deutschtümeleien geraten und hat sich dieser Richtung in die Arme geworfen.« An einem dieser Künstlertreffen wurden die Spannungen offenbar: Klenze verkannte aber das Können eines Cornelius nicht, und so wurde ihm durch seine Fürsprache der Auftrag für die drei hinteren Säle der Glyptothek gegeben. Cornelius bedang sich für seine Arbeit vier Jahre Zeit und 10000 Gulden aus, die ihm der Kronprinz bewilligte. Klenze hatte das Haupt der Gegenpartei eingefangen. Bei der Veranlagung des Kronprinzen, beide Parteien zu hören — auf seinen Reisen ließ er jeweils den einen oder den anderen zu sich in den Wagen steigen —, hatte Klenze oft Anlaß, sich über geheime und offene Gegenströmungen zu beklagen, die seine eigenen Pläne störten.

München drohte eine große Gefahr: Die für das Mittelalter schwärmenden Romantiker fanden, daß die Stadt gegenüber anderen wenig historischen Hintergrund böte. »Noch in Rom war der Kronprinz von der Lust besessen, dereinst die Residenz von München hinwegzunehmen, weil diese Stadt kein historischer Ort sei. Ich weiß nicht, woher diese Idee zuerst gekommen sein mochte, aber der Dr. Ringseis hob oft die Schönheit Nürnbergs mit ihren alten Kirchentürmen heraus, daß sie sich immer fester setzte. Folgende Gedichte, welche mir der Kronprinz mitteilte, waren Ergebnisse dieses Widerwillens:

»Soll ich sagen, was mir am meisten zuwider auf Erden?
Münchens Lage und Bau, Münchens Gesellschaft und Lust.«

— Klenze hat bewirkt, daß der Kronprinz den Münchener Plänen die Treue hielt, und durch seine Bauten bekam die Stadt von Jahr zu Jahr ein Gesicht, das Ludwig überzeugte. —

Die Reise nach Griechenland, im Anschluß an den Aufenthalt in Rom geplant, unterblieb. Am 26. April war eine Staffette von München nach Rom gelangt, die besagte, daß in Bayern eine Verfassung eingeführt werden sollte. Nach dem Sturze Montgelas hatten sich in München zwei Parteien gebildet: Marschall Wrede und Staatsrat Kobell auf der einen, Minister Lerchenfeld und Baron von Zentner auf der anderen Seite. Beide Parteien suchten im Namen des »guten Königs« wie vordem Montgelas zu herrschen. Im Dezember 1818 war also der Kronprinz zur Konstitutionsfeier wieder in München und reiste sehr bald nach der Staatsfeier nach Bad Brückenau.

Neue Aufträge in München

Kaum war man von Italien zurück, zwang die aufgestaute Arbeit zu erhöhter Leistung. Für das Nationaltheater, das binnen Jahresfrist im Rohbau vollendet war, war die Innenausstattung festzulegen, ebenso wie für die Glyptothek, wo Cornelius auf das Programm zu verpflichten war. An der Ludwigstraße wuchs Haus neben Haus.

An der Glyptothek wurde eifrig fortgebaut, der Grunderwerb zum Palast des Herzogs von Leuchtenberg gelang. Auch an das Haus für die neuen Stände sollte gedacht werden und neben die Glyptothek kommen. Gegen diese Lage wandte sich Klenze, da sie zu entfernt von der Stadt sei und die Massen dieser neuen Ständehäuser zu groß für die Glyptothek wären. Im Juli 1819 entwarf Klenze das Denkmal für die bayerische Armee in der Form eines Obelisken am Odeonsplatz. Der Vorschlag fand den Beifall des Marschalls Wrede und des Kronprinzen. Geldmangel verhinderte vorläufig seine Ausführung.

Ein weiteres Projekt war, den Nordwest-Pavillon der Residenz umzubauen, was bereits im Winter 1818 zur Sprache kam. Der Tod der jüngsten Tochter des Königspaares, Prinzessin Karoline, vereitelte diesen Bau. Statt dessen wurde dort eine Gedächtniskapelle eingerichtet. König Max hatte diesen Verzicht selbst mitgeteilt: »Klenze, mit dem Bau der Residenz ist es nichts. Das will ich dem Louis überlassen. Ich will aber in meiner Ruhe bleiben.« In dieser Zeit wurde viel über die Apostelkirche verhandelt, welche der Kronprinz »ganz im Stile der Antike und den Formen der Glyptothek im Äußern, im Innern aber ganz wie St. Paolo fuori le mure haben wollte.«

Als Klenze, dem Wunsche des Kronprinzen gemäß, die Apostelkirche als dreischiffige Basilika mit einem zwölfsäuligen Portikus ausgebildet hatte, war die Idee aufgetaucht, am Königsplatz ein Kadettenkorps zu errichten. Ein anderes Mal erhielt Klenze den Auftrag, für den Königsplatz Bauspekulanten zu finden. Er machte dafür zwei Pläne, um zu vermeiden, daß die Neubauten zu nahe an die vorhandene Glyptothek heranrücken würden.

»Um die Ludwigstraße zu verschönern, hatte ich den Entwurf für einen Basar an der Nordwestseite des Hofgartens gemacht.« Am 14. Januar 1822 hatte der Kronprinz den Gedanken, die Isarbrücke mit Statuen zu schmücken. In diesem Winter war es auch, wo er den Gedanken äußerte, die bemalten Fenster der Frauenkirche, welche im vorigen Jahrhundert herausgenommen worden waren, wieder einsetzen zu lassen. Der Kosten-Überschlag betrug eine halbe Million, und so mußte die Sache einstweilen aufgeschoben werden. Am 10. August 1822 teilte der Kronprinz mit, er habe an den Finanzminister von Lerchenfeld, »dessen feindliche Reaktion gegen die Sache, weil sie von mir kam, täglich mehr hervortrat, geschrieben, daß er auf das bestimmteste gegen die Vergrößerung des Galeriegebäudes ist. Seine Böswilligkeit gegen mich war noch dadurch gesteigert«.

»Der Kronprinz war sich hier wohl bewußt, wie mir sein Drängen auffiel.« Er schrieb am 18. April 1823: »Eine Sekkatura bin ich wohl, aber zwingen die Münchener nicht dazu, wenn etwas Schönes werden will?«

Klenze war bis aufs äußerste beansprucht. Kaum daß die empfindliche Spannung des Künstlers die brutalen Forderungen des Tages noch aufzunehmen vermochte. Schon bedrohte die Überlastung seine Gesundheit, da erlöste ihn die Einladung des Kronprinzen, ihn nach Italien und Sizilien zu begleiten.

Am 15. Oktober 1823 begegnete er dem Kronprinzen vor der Glyptothek, der gerade in München einfuhr, begierig, nach langer Abwesenheit den nun fertigen Bau zu genießen. Es ist heiteres Wetter. Der Kronprinz fuhr im offenen Wagen: »Er winkte mir nach der Glyptothek hin und rief mir aus dem Schlage zu: ›Trefflich, herrlich, mein Klenze!‹ und begleitete diesen Ausruf mit den freundlichsten Worten, solange er mich sehen konnte. Das ist der schönste Lohn meiner Anstrengung von sieben Jahren, welche dieser Bau gedauert hatte. Ich freue mich auf eine schöne Reise in den Süden mit einem Herrn zu beginnen, welche ich nun eine erste günstige Meinung durch ein erstbedeutendes Werk der Kunst bestätigt und bewährt habe.«

Die Reise nach Sizilien 1823/24

»Am 17. Oktober reisten wir nach Italien. In der Begleitung Seiner Hoheit war der Hofmarschall von Gumppenberg, der Dr. Ringseis und ich. Am ersten Tage fuhr der Marschall mit dem Kronprinzen und wir erreichten Innsbruck. Am zweiten mußte ich mich zu Seiner Kgl. Hoheit in den Wagen setzen, und wir verließen Innsbruck frühmorgens. Die Spuren eines längeren Unwohlseins zeigten sich deutlich sowohl in seinem Aussehen wie in seiner körperlichen Schwäche. Das Gefecht am Berge Isel, welchem der Kronprinz 1809 beiwohnte, war, da wir über das Schlachtfeld fuhren, Hauptgegenstand der Unterhaltung. In Trient wurden wir durch abgerissene Brücken einen Tag aufgehalten und hielten erst in Mantua an, um den Palazzo del Vecchio und andere Merkwürdigkeiten der Stadt zu besichtigen. Der Kronprinz war stets voll Lobes über die Herrlichkeit der vollendeten Glyptothek, wobei ich immer eine mir unerklärliche Resistenz zu bemerken glaubte, ohne sie mir erklären zu können. Vielfach war auch der Bau des neuen Schloßflügels in München besprochen, welcher, da ihn der Kronprinz erst als König beginnen und bewohnen wollte, Königsbau genannt ward. Über den Stil wurden viele automistische Ideen gesammelt, und an vielen Gebäuden wurden Einzelheiten zu allenfallsigen Nachahmungen empfohlen, welche, mehr oder weniger befolgt, eine saubere Olla podrida gegeben haben würden.« Die Mißstimmung kam in Florenz zum Ausbruch, als man sich über die Fensterbildung an den Palästen aussprach. Mit größter Wut antwortete schließlich der Kronprinz: »Römisch hin — römisch her, schlecht oder gut, wenn es mir gefällt, so wird und soll und muß es dennoch angewendet werden, wenn ich es haben will und befehle.«

In Rom wurde der Streit beigelegt und bald darauf nach dem Süden aufgebrochen.

Am 17. Dezember 1823 verließ Klenze mit dem Kronprinzen Neapel. »Das Schiff war schon außer dem Hafen, und um vier Uhr lichtete man den Anker zur Abfahrt. Bei dem Ton des Sprachrohres des Kapitäns und dem durchdringenden Pfiff der Unteroffiziere hißte man nach und nach alle Segel; ein sehr günstiger Wind führte uns rasch hinweg. Gegen Sonnenuntergang befanden wir uns an der Einfahrt des Golfs von Neapel und konnten unseren Anblick an der ungeheuren Stadt erfreuen, welche sich am Abhang des Posilipo, am Hügel von St. Elmo und des Vesuvs hinzieht. Die Nacht war sternenklar, ich ruhte auf dem Verdeck in meinen Pelzmantel gehüllt. Eine große Herde Delphine begleitete das Schiff.« Nach zwanzig Stunden war man in Palermo angekommen.

In Palermo trennte sich Klenze vom Kronprinzen, um nun die Stätten der antiken Tempel in einer eigenen Kampagne — wie sehr verdienen diese Wochen dieses Wort — zu besuchen. Unter eisigem Regen, eingequetscht in seine enge Sänfte, begleitet von einem Diener und zwei Treibern, kämpfte sich Klenze auf eigene Faust im Winter 1823 durch das unwegsame und unerschlossene Land, oft in Lebensgefahr, über Segesta und Selinunt bis nach Agrigent durch, auf Wochen von jeder Verbindung mit der Heimat abgeschnitten.

Die ersten Stationen auf seiner Reise ins Innere sind Segesta und Selinunt. »Am 22. brachen wir in aller Frühe gegen Segesta auf, welches wir auch bald erreichten. Ich brachte den Tag mit Besichtigungen und Untersuchung der prächtigen Tempel und Theaterruine zu, welche letzte namentlich durch die Ausgrabungen des Herzogs von Sera di Falco besser als bisher zugänglich gemacht worden war«, und am 26. Dezember 1823: »Gestern vor dem Morgengrauen machte ich mich auf den Weg, um die berühmte Ruine von Selinunt zu besuchen. Meine längst erprobten Augen entdeckten sie schon, ehe wir Castelvetrano verließen. Ihre Säulen, trotzdem sie mehr als 3 Meilen entfernt waren, schienen mir wie Türme, und die Trümmerhaufen, auf welchen sie sich erhoben, glichen stattlichen Bergen. Endlich erreichten wir sie und ich konnte diese herrlichen Überreste einer prachtvollen und großartigen Architektur bewundern, inmitten einer furchtbaren

Wüste, wo nichts die ewige Stille unterbricht, als das dumpfe Rauschen der Meereswellen. 6 ungeheure Tempel sind hier durch die Gewalt irgendeines Erdbebens zu Boden geschmettert worden, und beim Anblick dieser Zerstörung denkt man unwillkürlich an das Wort Hannibals: daß diese Tempel fallen mußten, weil die Götter sie verließen. In einer der Ruinen begegnete ich drei deutschen Architekten, deren einer in Paris etabliert ist. Wir machten miteinander Bekanntschaft und verspeisten unser bescheidenes Mittagsmahl inmitten der Trümmer. Am liebsten hätte ich einen Monat hier verlebt, aber da dies mir nicht möglich war, begnügte ich mich damit, mich ganz durchdringen zu lassen von dem wunderbaren Eindruck dieser Massen, einige Zeichnungen zu machen, einige Bemerkungen aufzuschreiben und dann am nächsten Morgen nach Sciacca aufzubrechen.« Die drei deutschen Architekten waren Hittorf, Zandt und Stier. Hittorf hatte an diesen Tempelspuren eine revolutionäre Entdeckung gemacht: Die Polychromie der antiken Architektur. Damit änderte sich die Vorstellung von »der weißen Antike«. 10 Jahre darauf wird 1834 Gottfried Semper mit seinem Werk über »Die Farbe in der Architektur« hervortreten. Klenze hat nach diesen Anweisungen mehrere Bauten farbig zu behandeln versucht.

»Ich bin jetzt zehn Tage hier«, schrieb er an seine Gattin aus Agrigent am 6. Januar 1824, »arbeite wie ein Neger und habe vor, noch weitere vierzehn Tage zu bleiben. Als ich die hiesigen Bauwerke erblickte, sah ich, daß alles, was wir aus englischen und französischen Werken bis jetzt darüber wußten, äußerst unvollkommen war. Ich habe mich daher entschlossen, alles selbst zu zeichnen und zu messen und habe mich bereits, unterstützt von den dazugehörigen nötigen Leuten, an diese Riesenarbeit gemacht. Da ich nicht wußte, was geschehen und mich unterbrechen könnte, war ich ungemein fleißig. Die aufgehende Sonne fand mich schon an der Arbeit, und erst die untergehende zwang mich aufzuhören. Die Abende benutzte ich dazu, die Arbeit des Tages zu ordnen, und so ist schon ein guter Teil von dem, was ich mir vorgenommen habe, bewältigt. Wenigstens ist das Gefährliche vorüber — ich hätte Dir in der Tat nicht wünschen mögen, Deinen armen Mann zu sehen, wie er, schmutzig, zerlumpt und Wasser und Blut schwitzend, an einigen schlechten Stricken und Gerüsten hoch oben an den Giebeln, Karniesen und Kapitellen der Tempelruinen hing. Aber was tut man nicht alles für diese geliebte Architektur?«

Die Ergebnisse häuften sich in seinen Mappen. Genaue Maßaufnahmen der Tempel des Jupiter Olympios, der Juno Lacinia und Concordia füllten seine Skizzenbücher. Weite Gedanken verspannten archäologisches Wissen, gingen nach Griechenland und verglichen Maße und Formen des Mutterlandes. Die Ergebnisse legte er in seinen Schriften nieder.

Die Reise nach Paestum

Nach Italien und Rom zurückgekehrt wurde die Zeit zu Streifzügen in die Umgebung benützt. Im April 1824 brach Klenze gemeinsam mit dem Kronprinzen nach Paestum auf. Noch vor Tag fuhr man an den römischen Bauten vorüber.

11 Paestum. Pronaos des Poseidontempels mit Durchblick zur Basilika
Bleistiftzeichnung mit Farbangaben von Klenze 1855

»Kaum hatten einige dunkle Straßen uns Zeit gegeben, dieses Bild in uns einzuprägen, so ward es schon wieder durch ein noch wichtigeres, des Kolosseums Trümmer, verdrängt, welche uns im verklärten Schimmer entgegentrotzten. Doch schnell flog auch dieser Eindruck vorüber. Wir näherten uns dem Lateran-Palast und gleich darauf der Kirche Urbis et Orbis des Laterans. Jetzt nahten die Torflügel der Porta St. Giovanni. Schlaftrunken überlas der Torwächter die barbarischen Namen der Reisepässe, und wir hatten Rom verlassen.

Weit dehnte sich die kampanische Straße durch die wellige Ebene welche das Albaner Gebirge begrenzt. In gestrecktem Trabe eilten die Postillons am Torre di mezza via, Albano und Genzano vorüber, wo die frohste Erinnerung früherer Zeiten und Reisen die Gegenwart verschönert. Wie anders erschien mir doch jetzt die Welt, das Leben und die Kunst als vor 18 Jahren, wo ich zum ersten Male mit Griffel und Maasstab ausgerüstet diese schönen Gegenden durchstreifte. Gebeugt begann damals das teutsche Vaterland unter schmählichem Joche zu seufzen, keine Aussicht keine Hofnung zu einem höheren Wirken in der Kunst belebte mich damals und ruhig an einer großen Vergangenheit und ihren Werken sich freuen zu können, war noch das höchste Ziel des Kunststrebens eines Teutschen. Wie ganz anders war es jetzt: rühmlich erwacht haben wir mit schnellen Schritten in wenigen Jahren schon einen ruhmvollen Platz in den Kunstbestrebungen eingenommen. Auch ich durfte mir mit Stolz sagen, daß ich nicht ganz untätig und wirkungslos bei diesem Streben war, welches der Fürst, den ich jetzt begleitete mit dem größten Eifer förderte und verfolgte.

O wie wäre es zu bedauern, wenn dieser Feuereifer, welcher vielleicht noch nie einen Fürsten in solchem Grade für die Kunst beseelte, die Folgen einer absurden Erziehung büssend, sich nicht mehr zu der Höhe eines eigentümlichen Begriffs organischer Entwicklung der Kunst erheben, und in den niederen Regionen steter Nachahmung dem Maßstab

12 Agrigent Zeustempel Südostecke · Federzeichnung 1824 (für Goethe gemalt)

13   Reiseskizze, Farnesische Gärten, Bleistiftzeichnung Klenzes 1839

gewünschter Erinnerung an gewisse Eindrücke, welche oft gar nichts mit der Kunst gemein hatten, kleben bleiben sollte!«

Wenige Tage später langte die Reisegesellschaft in Paestum an und erwartete den Morgen.

»Tausend Gedanken über Leben und Kunst, Sonst und Jetzt, Fremde und Heimat drängten sich in meiner Seele, als ich plötzlich den Himmel im Osten sich erhellen, und durch ein kleines Fenster gerade meinem Lager gegenüber, Poseidons gigantisches Heiligthum mir gegenüber sah, von einer Seite noch vom Monde, von der anderen durch Auroras ersten Rosenschimmer erleuchtet. Eine kleine Fläche und die dunkle Linie des Meeres bildeten den ernsten Hintergrund dieses majestätischen Bildes welches in demselben Augenblicke auch schon von dem Kronprinzen bemerkt und mit lautem Jubel begrüsst wurde. Schnell war nun alles bereit, und die über dem Vorgebirge von Policastro sich erhebende Sonne fand uns schon in den Säulenhallen des großen Tempels. O! schöner belohnender Augenblick, wo das nun schon wieder seit Jahren nach wahrer architektonische Schönheit sich sehnende Auge, dem Höchsten was Menschen in dieser Kunst gefunden und gebildet gegenüber sich findet! Stummes Erstaunen bewährte bei uns Allen den tiefen Eindruck einer solchen Erscheinung und geleitete uns bei der Runde welche wir nun durch die Ruinen der sogenannten Basilika, des Ceres Tempels und Amphitheaters machten ...«

14 Residenz Königsbau

BEDROHUNGEN IN MÜNCHEN

Nach München zurückgekehrt, wurden die begonnenen Bauten fortgesetzt. Das Nationaltheater wartete auf die Vollendung seiner Inneneinrichtung, für die Ludwigstraße lagen neue Aufträge vor.

Klug und schnell hatte Klenze seine Vollmachten zum Segen der Stadt genützt. Er achtete nicht die Meinung der im Neid so uneinigen Schar der Architekten und überspielte in schnellem Impuls mancher scheinbar von oben gewünschten Maßnahme den mißtrauisch-trägen Verwaltungsapparat. Er erwirkte eine Reform der Baubehörde, »wo er als Zentralpunkt alle übrigen um sich herum organisiert«. Die Reform gab ihm mehr Macht, größere Freiheit, Unabhängigkeit, vor allem vom Finanzminister, den er mit scharfer Ironie attackiert. »Lerchenfeld, der Finanzminister, hält seinen Eigensinn für Ideen, die er nicht hat.«

Man fürchtete vor allem Klenzes geistige Beweglichkeit, auch seinen Einfluß auf den König, »Argumente, die bei Monarchen wie jener (Max Joseph), der doch ein schwacher Menschenkenner ist oder gar keiner, die verderblichsten Folgen haben, er hat jenen giftigen Zement, durch ironischen Lobes mit dem letzten Druck (einer über alles erhebenden) Selbsterniedrigung angebracht«. (28. September 1818 — Gärtner an Wagner.)

Klenze war nicht beliebt, weder bei den Kollegen, noch bei den Bauunternehmern, noch bei den eingesessenen Bürgern, denen seine wenig umgängliche Art widerstrebt. Er wußte es und setzte sich herrisch darüber hinweg. »Oderint, dum metuant« mußte durch Jahre seine Devise sein.

15 Oberpostdirektion (Hauptpost)

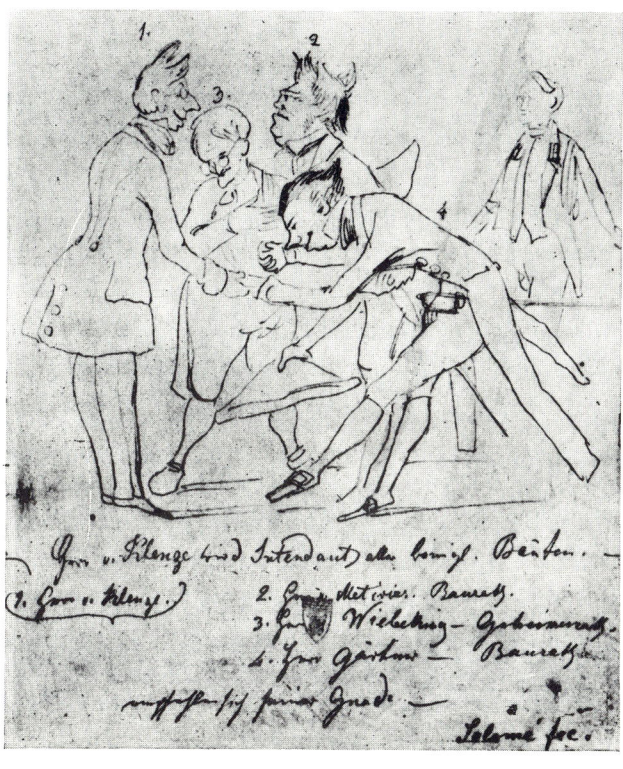

16 Klenze wird Intendant aller königlichen Bauten · Karikatur von Solomé 1818

17   München, Residenz, Festsaalbau

Die unheimliche, alles beherrschende Stellung, die ihm alle Pläne zutrug und glücklich ausführen ließ, schuf ihm Widersacher und Feinde. Eine ganze Partei scharte sich um die Unzufriedenen, die durch ihn Benachteiligten. Zu ihnen gehörten Ringseis, der Leibarzt des Kronprinzen, dessen Frau als größtes Klatschmaul Münchens galt, Cornelius, der Kunstexperte Johann Martin von Wagner, der seine Stelle als freier Bildhauer und Berater des Kronprinzen in Rom dem Akademiedirektor in München vorzog, und natürlich Friedrich Gärtner, der durch Klenze seinen Vater aus dem Amt gedrängt und sich selbst durch Jahre von jeder Betätigung in seinem Beruf ausgeschlossen sah. Verbissen verfolgte er die Bewegungen und Erfolge des so sehr Begünstigten und ist noch nach eigenen Erfolgen mißtrauisch und beunruhigt. Klenze war für ihn der Gegensatz schlechthin, »der andere, der Samiel, der Fuchs aller Füchse, die mit allen Wassern gewaschene Kanaille, das Faktotum«. Aus seinen Berichten, vor allem an den mitverschworenen Johann Martin von Wagner, »der zu der Opposition gehört, der jeder freidenkende Kerl anhängt«, ist der Glanz von Klenzes Schaffen abzulesen. Schadenfroh stellte er jede Schlappe seines Rivalen fest, so »wenn die Straßen und Plätze abgegraben werden müssen, um die zu tief liegende Glyptothek zu heben oder von ihm errichtete Bauten neben der Glyptothek unter dem Johlen der Bevölkerung wieder eingerissen werden«.

Dies alles konnte Klenze noch nichts anhaben. Im Gegenteil — je mehr er angefeindet wurde, um so gesuchter, um so mächtiger wurde er. »Alle Bauten«, so schrieb Gärtner in ohnmächtiger Wut, »sind unter seiner Botmäßigkeit, ein einziger ist's, der ihm die Zähne zeigt: Metivier.« Dieser war durch eine besondere Freundschaft mit Montgelas und als

18   Residenz, Allerheiligenhofkirche, Apothekerflügel

Königlich Bayerischer Baurat in gesicherter Position. So schrieb Gärtner noch im Juni 1825. Klenze hatte, außer den Bauten in München, dem Finanzministerium, dem Marstallgebäude, Hofgartentor und Kriegsministerium, die Schloßbauten in Irlbach, Ismaning und Pappenheim und die Konstitutionssäule in Gaibach in Auftrag.

Bauten für König Ludwig I.

Mit dem Thronwechsel bahnte sich die Änderung an. Ludwig war nicht mehr Privatmann, der seine Aufträge dem ihm am tüchtigsten Erscheinenden übertragen kann, sondern er fühlte sich als Landesvater verpflichtet, allen Wünschen gerecht zu werden. »Weder im Staatsgeschäft, noch in der Kunst, habe ich einen Günstling.« So verfügte der neue König noch im November (3. 9. 1825), daß alle Baupläne der Akademie der Künste zur Beurteilung vorzulegen seien. Ludwig suchte seine Unabhängigkeit von Klenze zu beweisen: »Monopol taugt nichts. Darum wünsche ich von Ihnen (Wagner) einen tüchtigen Architekten zu erfahren, der mit Klenze in die Schranke treten kann. Mit einem, der es nicht könnte, wäre nicht gedient«, schrieb er im Jahre darauf im Juni nach Rom. Ludwig hatte dabei noch die andere Absicht: durch die Rivalität und die Konkurrenz die Leistungen des einzelnen zu steigern. Nun war Gärtners Stunde gekommen. Der König zog ihn in seinem ewigen Mißtrauen zur Begutachtung der Klenzeschen Pläne heran, zuerst für den Königsbau und dann für die Ludwigstraße. Die Begegnung zwischen beiden Rivalen war unvermeidlich. Die Ausstellungen, die der junge Gärtner zu machen hat, sind so wohlbegründet, daß Klenze sich überwinden muß, mit ihm nach Hause zu gehen, um die Abänderungen zu besprechen.

Die Vormachtstellung Klenzes war bedroht, auch aus dem Ausland kommen vernichtende Kritiken über die Bauten Klenzes, diesem »charakterlosen Zeug, diesem Mischmasch von Monumenten aller Zeiten«, wie der Architekt Gau im Februar 1826 aus Paris schrieb und wenige Monate darauf über die Mängel beim Glyptotheksbau: »Gebäude ausführen und wieder niederreißen, diese drei- bis viermal anders, Decken, moderne in natürlicher Größe als Versuche aufstellend.« Schäden an der Glyptothek ließen auch den König aufhorchen. Eine Untersuchungskommission wurde eingesetzt. Klenze gelang, als Mitglied aufgestellt zu werden und die Vorwürfe abzubiegen. Nach der Eröffnung des Odeons kam es zum Skandal. Im Grundriß waren bei den Treppen und Toiletten offensichtlich Fehler gemacht. Der nächste Ball wurde boykottiert. »Wie kommt es, daß ein Mensch so viele Feinde haben kann«, frug der König selbst. Ein Pamphlet machte die Runde, worin die Zustände in Bayern mit einem Balkanstaat verglichen wurden. Klenze wurde vorgeworfen, daß er in die eigene Tasche arbeite, bei seinem Personal und der Weitergabe von Arbeiten Betrügereien vorkämen und er daraus seine »Promenadereisen« finanziere. Der König fühlte sich selbst angegriffen und der Artikel wurde beschlagnahmt. Das Ansehen Klenzes erreichte seinen Tiefpunkt. Viele glaubten ihn nicht mehr fürchten zu müssen. Bei der Einweihung der Glyptothek im Herbst 1830 fand sich niemand mehr, der auf den Erbauer einen Trinkspruch ausbringen wollte. Der Widerstand gegen Klenze wuchs, die Unruhen gingen ins Volk über. Man warf ihm vor, daß er als Hofbauintendant zugleich Vorstand der Obersten Baubehörde sei und damit seine eigenen Pläne zur Kontrolle und zur Genehmigung bekäme. Die Kammer versagte in ihrer Julisitzung 1831 die Genehmigung und lehnte die Ausgaben für das Odeon mit 116 gegen 8 Stimmen ab und die für die Pinakothek mit 98 gegen 26 Stimmen. Die Abgeordneten rechneten Klenze die teuren Tapeten aus dem Ausland (aus Lyon) und die Fensterscheiben aus Böhmen vor. Bald wurde sogar der Ankauf von Gemälden für die Pinakothek abgelehnt. Der Abgeordnete Rabel schlug mit einem Wortspiel auf Klenzes Namen, diesen zu treffen zu: »Überall Glanz und nichts als Glanz; diese Glänze, meine Herren, erdrücken das Volk.« Aus dem Titel des Hofbauintendanten machte der Abgeordnete Schwindel den Ausdruck »Hofbaudilettant«. Das Kesseltreiben gegen Klenze erreicht seinen Höhepunkt mit einer Schmiererei an der Universität dieses Inhalts: »Hormayer, dem Mörder unserer Söhne, 6000 Gulden. Dem Dieb Klenze 300000 Gulden als königliche Belohnung für geleistete Dienste.« — Und darunter war Klenze an einem Galgen abgebildet.

Mutig bestand Klenze all diese Kämpfe. Noch besaß er das volle Vertrauen des Königs. Unbeirrt wurde weitergebaut an der Walhalla, der Pinakothek, den Festungsbauten in Ingolstadt, dem Obelisk und den Reihenhäusern in der Ludwigstraße. Die Lage entspannte sich, als Klenze im Auftrag seines Königs nach Griechenland fuhr.

19   Athen, Ansicht der Akropolis von Norden · Bleistiftzeichnung von Klenze 1834

Die griechische Mission

Die Reise nach Griechenland hatte einen hochpolitischen Anlaß. Der Philhellene Klenze kam als Freund des griechischen Volkes. Dem Architekten wurde eine lebenslange Sehnsucht erfüllt.

Am Hofe des allzu jungen Königs Otto, der seit zwei Jahren im fremden Lande regierte, waren die Kabalen seit seiner Regierung über den Kopf gewachsen. Die Krisen und Machtkämpfe hatten sich im Frühjahr 1834 zugespitzt. Postenjägerei und Intrigen, vom Hofklatsch und den Diplomatenfrauen hochgespielt, hatten ein solches Ausmaß angenommen, daß nur von außen Hilfe kommen konnte. Man sprach von Hochverrat des Ministerpräsidenten von Armansperg. Ludwig I. griff von München aus ein und schickte Klenze in diplomatischer Mission nach Nauplia. Klenze hatte die heikle Aufgabe, den Reichsrat von Maurer und Legationsrat von Abel abzurufen. In versiegelter Order trug er die »Uriasbriefe« bei sich. Er war zum Legationsrat bei vollem Gehalt ernannt, bekam für die Hin- und Rückreise 4000 Gulden. Sein Sohn Hippolyt begleitete ihn.

Am 24. Februar 1834 schiffte sich Klenze in Brindisi ein. Nicht ohne Wagnis war die Seefahrt, Seeräuber, Seuchen, widrige Winde, schlechte Ernährung und die Ungewißheit des Ausgangs bedrohten den Fünfzigjährigen, aber ihn trug sein Auftrag und die Erfüllung eines lebenslangen Wunsches: »nie hatte ein Mann größere Gewalt über alle Kunstschätze Griechenlands, nie sind sie besser genützt worden«. Die bayerische Regentschaft beherrschte Griechenland, Klenze kam, um am Hofe Ordnung zu schaffen und zwei hohe Staatsbeamte zur Demission zu zwingen. Klug verschwieg er die Grenzen seines Auftrags, sein Ansehen war größer als sein Amt.

Schnell entledigte er sich in Nauplia seines heiklen Auftrags, um die ihm eigene Aufgabe zu beginnen: die Rettung der griechischen Altertümer und den Stadtplan für Athen zu entwerfen. Er betrat das attische Land als einer, der Macht hat. Man empfing ihn wie einen Potentaten, seine Fregatte hatte die königliche Flagge gesetzt, die Schiffe im Piräus schossen Salut. Man war auf sein Kommen vorbereitet, er wohnte in dem Hause, das auch dem König zur Verfügung stand, hatte einen italienischen Wirt und eine Wiener Köchin.

Als er sich der Stadt näherte, erfüllte sich der Wunsch dieser Reise und eines Lebens: »Starr waren meine Blicke auf den säulengekrönten Felsen der Akropolis geheftet, hinter welchem der rosige Hymettos seine in sanften Linien gezeichneten Gipfel erhob. Auf der breiten Fläche des Grundbaues einer der Themistokleischen Mauern ritt ich diesem Schauplatze des Grössten und Vollkommensten, was hochbegabte und hochgebildete Menschen in allen menschlichen Bestrebungen jemals erreichten, entgegen und als die Sonne ihre letzten Strahlen über die glühenden, doppelten Gipfel des Kithäron herabsandte, erreichte ich das zertrümmerte Tor Mora Kapesi und die elenden Erdmauern, welche den athenischen Ruinenhaufen umgeben...« »Am nächsten Morgen fanden mich die ersten Strahlen der über den Hymettos aufsteigenden Sonne schon auf dem Wege zur Akropolis, und da dieser uns bei den Hauptdenkmälern des Altertums vorbeiführte, oder sie uns doch in der Nähe sehen ließ, so konnte ich nach einer halben Stunde sagen: Gottlob, nun sind der Parthenon, die Propyläen, das Erechtheion, das Theseion und der Tempel des Zeus Olympios, die Agora, der Turm des Adronikos und die Stoa Hadrians doch keine leeren Worte mehr in meinem Geist! Zur Stadt zurückgekehrt erwarteten mich die städtischen Autoritäten, der Nomarch, der Eparch, die Demogeronten und die für den Bau der Neustadt Athen ernannte Spezialkommission, worunter die beiden Architekten Herr Schaubert aus Schlesien und Herr Kleanthes ein thessalischer Grieche waren, welche den ersten Plan für die Neustadt gemacht hatten.«

Schon in Nauplia hatte ihm der Regentschaftspräsident, Graf von Armansperg, die Begleitung des als Konservator für die Altertümer des Peloponnes angestellten Dr. Ross für seine Reise in Griechenland angeboten. Dessen klassische Bildung, vollkommene Kenntnis von ganz Griechenland, seiner Bewohner und Sprache, verbunden mit einer ansprechenden Persönlichkeit, machten Klenze diesen Begleiter höchst erwünscht und angenehm. Hätte man ihm freiere Hand gelassen, die Denkmale Griechenlands wären weniger verlassen und vernachlässigt gewesen. »Schon in Korinth, in Mykenä, Argos, Tiryns, Epidauros und Aegina hatte ich mich von der vollkommenen Vernachlässigung der antiken Ruinen in Griechenland überzeugt und in Athen wuchs diese Überzeugung zu einer Art von Wehmut an, welche in mir den Entschluss hervorrief, die günstige Lage, in welcher ich mich in Griechenland befand, nach Kräften zu benützen und diesen ebenso ehrwürdigen als verlassenen Überresten griechischer Kunst und Geschichte nach allen Kräften nützlich zu werden.« Der junge König Otto und die Regierung hatten andere Sorgen; aber Klenze mußte sie veranlassen, die Altertümer nicht länger ungeschützt und ungeschätzt preiszugeben.

Zwar war für Athen ein Konservator bestellt, der von seinem Hause aus die Ruinenstätten übersah und »mit fliegenden Rockschössen« forteilte, falls er einen Fremden dort

20   Akropolis in Athen · Federzeichnung Leo v. Klenzes 1854

erblickte. Klenze erlebte selbst, wie dieser Herr Pittakis, während er sich auf dem Parthenon befand, hilferufend zu ihm kam, weil einige Offiziere einer amerikanischen Fregatte, welche im Piräus lag, daran waren, die herrlichen Ornamente des Erechtheions abzuschlagen und mitzunehmen. Kurze Zeit vor seiner Ankunft war von einem der neu aufgefundenen herrlichen Friesstücke des Parthenons von einem Engländer eine halbe Figur zum Mitnehmen abgeschlagen worden, und als er noch in Nauplia war, hatte eine Brigg unter österreichischer Flagge die unbewohnte Insel Delos angelaufen, dreißig bis vierzig Mann ausgeschifft, die, mit Werkzeugen und Transportmitteln versehen, alles, was sie an Altertümern finden konnten, auf ihr Schiff gebracht und mit sich fortgenommen hatten.

Klenze ließ nun an die Regierung einen doppelten Antrag gelangen, den Hauptdenkmälern eine regelmäßige Aufsicht zu geben und die Restauration der alten Bauwerke in Angriff zu nehmen. Er erklärte als archäologische Zone: Athen, Ägina, Eleusis, Delphi, Rhamnus, Sunion, das Hieron des Asklepios bei Epidauros, Korinth, Mykenä, Bassä, Messene, Delos und Olympia. Für diese Orte sollten sogleich Wärter aus den Invaliden der griechischen Truppen aufgestellt werden. Am 6. September erhielt dieser Vorschlag die Zustimmung der Regentschaft und das Ministerium für Unterricht und Kultus den Auftrag, ihn zu vollziehen.

Klenzes nächste Sorge galt der Akropolis; noch war nicht entschieden, ob sie weiter Festung und damit weiteren Beschießungen ausgesetzt sein sollte. Klenze wußte die Regierung und die Militärs zu überzeugen, daß die strategische Festungsposition an dem piräischen Vorgebirge läge und erreichte den Beschluß vom 18. August, daß man nie mehr beabsichtigte, die Akropolis als Festung zu behandeln. Wie dringend diese Entscheidung war, erwies sich wenige Wochen später, als von dem Kriegsministerium und der Generalität ein Antrag einlief, die Akropolis von neuem zu befestigen und zur Hauptfestung von Athen und Attika umzuwandeln. Klenze hatte bereits die Generalität überspielt, sein Entscheid schützte die Akropolis.

Ihr Zustand war beklagenswert genug. »Die Propyläen sind bekanntlich durch eine Pulverexplosion zerstört worden, welche den ganzen Oberteil des Baues, Dach, Gesims, Decken, viele Säulenknäufe und endlich den ganzen inneren ionischen Einbau verwüstete. Während die Vorderfront, an welcher der Hauptzugang der Akropolis vorüberführt eben deshalb wohl aufgeräumt wurde und die antiken Stufen freiliegend zeigt, ist die innere Seite hin etwa zur halben Höhe der Säulen noch völlig von den Gesimsen und Deckenstützen der Gebäude bedeckt.« Zwischen die äußeren und inneren Säulen und die inneren Seitenwände des Ganzen waren von den Venezianern und Türken Kasematten mit bombenfesten Gewölben eingebaut, so daß man von diesem Innern gar nichts erkennen konnte und auf »oft mißlungene Konjekturen beschränkt blieb, deren sich besonders Stuarts und Revett schuldig machten«. Da Klenze den Wankelmut der Regierung fürchtete, ließ er zuerst in den Propyläen die Hauptbefestigung mit der Batterie niederlegen.

Tag für Tag überwachte Klenze selbst die Arbeiten. Er nützte dabei die Möglichkeit, dem Parthenon sein Baugeheimnis abzulauschen. Zug um Zug entdeckte sich seinem kunst- und handwerksverständigen Blick die Herstellung des Wunderbaues. In seinem Reisebericht wird er die einzelnen Vorgänge, so die Kunst der dichten Fugung, beschreiben.

Mit welchem Auge, mit welchem Herzen sind die Bildwerke des Frieses gesehen:

»Wie zart gehen hier im Ausdrucke ionischer Züchtigkeit die attischen Bürgerinnen, diese langgewandeten Jungfrauen ασται εγγνηται, einher! Wie glänzt auf ihrer Stirne die holde Freude dieses Tages, wo sie die stillen Räume des Gynäkeions und den Webstuhl verlassen, und ihre Schönheit so wie den echt vaterländischen Schmuck ihrer Kleider zur Schau tragen und ihre Bürgerrechte gegen die durch Tragen der Geräte als Halbsklavin bezeichnete Metöke oder gar gegen die prächtige, aber verachtete und ausgeschlossene Pallakis oder Hetäre im öffentlichen Festzuge geltend machen konnten!

Wie richtig wird dieses Verhältnis der atheniensischen Frauen hier in Anordnung und Stellung bezeichnet, so daß man glaubt, die solonische Gesetzgebung darin zu lesen!

Wie leicht, mutig und festlich sitzen diese Jünglinge in der kurzen Chlamys zu Pferde und scheinen sie wie der Okeanos des Aeschylos ohne Zügel mit dem Gedanken zu lenken!

Opferstiere mit goldenen Hörnern, von den verbündeten Städten gesendet, werden teils geduldig, teils in wildem Sprunge von langgewandeten Priestern geführt; Gymnasiarchen ordnen die jungen Epheben, Wagenlenker ihre Gespanne, und mit stolzer Freude empfängt ein junger Sieger in den Festspielen die ihm dargereichte Krone.

Mit wichtiger Miene sehen wir hier die ältlichen Hierophanten oder Mystagogen, welche die aufmerksam lauschenden Schüler in die Geheimnisse des Festes einweihen.

21 Empfang König Ottos von der Theseion in Athen 1834 · Ölgemälde von H. Hess

Alles bewegt sich in frommer, keuscher Freude, und heitere, aus dem Selbstbewußtsein innerer Kraft, Tugend und geistiger Würde entspringende Lebendigkeit scheint jede menschliche Figur, jede ihrer Bewegungen, ja die Tiergestalten selbst zu durchdringen, und sogar harmonisch in dem edlen rhythmischen Faltenwurfe wiederzuklingen! Hier ist kein Mißverständnis bloß der Poesie, der Metaphysik und Symbolik anheimfallender Gegenstände, kein widriges Streben durch plastische Form der Plastik Unerreichbares ausdrücken zu wollen, wie sie uns aus vielen Werken der neueren Kunst anekelt, zu bemerken.

Alles ist klar, plastisch und sachgerecht, weil Alles im Kreise rein menschlicher Gefühle und Verhältnisse bleibt.

So wurden in der griechischen Architektur die abstrakten Bildungen statischer, konstruktiver und usueller Notwendigkeit stets von dem mysteriösen Schönheitsgefühle geleitet. Wir sagen mysteriösen, weil es uns untunlich scheint, dieses Schönheitsgefühl als ein abstrahirtes ästhetisches Gesetz darzustellen.«

Zur Krönung seiner Tätigkeit wurde der Besuch König Ottos auf der Akropolis. Die Unternehmungen Klenzes wurden damit sanktioniert. Auf sein Betreiben wurde dieser Tag zu einem nationalen Fest. Dem Lande sollte die Bedeutung seiner archäologischen Denkmale bewußt, dem eben aus türkischem Joch zur Selbständigkeit gelangten Griechenvolk seine große Vergangenheit an seinen herrlichen Baudenkmalen gegenwärtig werden.

Bei strahlendem Wetter zog am 10. September König Otto mit seinem Hofstaat in Athen ein. Heinrich Hess hat das Ereignis in einem Bilde, Klenze in den Zeilen seines Tagebuches festgehalten:

»Die Ingenieur-Offiziere, Architekten und ich empfingen ihn an dem mittleren geöffneten und geschmückten Durchgange der Propyläen und geleiteten ihn in den mittleren Raum des Parthenon, woselbst ein Thronhimmel aus grünen Zweigen und Blumen errichtet war, neben welchem Seine Majestät Ihren Platz einnahmen. Die offene Bogenhalle der im inneren Cellaraume des Parthenon stehenden Moschee war für die atheniensischen Damen bestimmt, welche sich ebenfalls festlich geschmückt eingefunden hatten. In der Nähe des Königs und der Regentschaft standen alle anwesenden Gesandten, Konsuln und ausgezeichneten Fremden in reichen, europäischen Uniformen, und ein Quarré von griechischen ebenfalls europäisch gekleideten Truppen. Größeres Interesse aber gewährte der Anblick des Corps der unregelmäßigen hellenischen Freiheitskämpfer, welche sich in ihrem Kriegskostüme und mit allen Arten von prächtigen Waffen, der Beute ihrer Siege über die seldschukischen Henkerhaufen, geschmückt, an diese europäischen Truppen anschlossen. Eine große Anzahl geschmückter junger Mädchen unter der Anleitung des würdigen Amerikaners Hill, welcher sich hier seit Jahren einem ganz philanthropischen Unterrichte der Jugend widmet, gab einen reizenden Anblick, so wenig weibliche Schönheit auch unter dieser Jugend bemerklich war.

Den schönsten Anblick aber gewährte das Volk, in seinen malerischen Kleidungen die Trümmerhaufen bedeckend und mit tausendfach wiederholten Freudenrufen die athenische Aetherluft erschütternd, welche diese ganze Scene umgab.

Alles war tief ergriffen, und mit glänzenden Augen sprach mir der junge Monarch den Wunsch aus: O! wenn mein Vater dieses Schauspiel genießen könnte!

Nachdem die Fanfaren und Symphonieen geendigt waren, mit welchen bis jetzt das Musikcorps der englischen Fregatte Madagaskar den Festzug begleitet hatte, redete ich, tiefbewegt.«

Klenze erhielt einen hohen Orden, mußte nun aber an die Heimkehr denken.

»Ich hatte meine Geschäfte und Arbeiten in Athen so eingerichtet und eingeteilt, daß mir zu kleinen Reisen nach Rhamnus, Thorikos, Sunion und Eleusis, wohin mich der Doktor Roß begleiten wollte, hinreichende Zeit übrig geblieben wäre.

Aber leider hatte es mein böses Geschick anders beschlossen; die zu große Anstrengung und die Wirkungen der zu heftigen Glut atheniensischer Augustsonne zogen mir ein heftiges Fieber zu, welches mich die zu jenen Reisen bestimmte Zeit auf dem Krankenlager zu verlieren zwang.

Da aber das Ende meines Urlaubes herannahte, und große Geschäfte es mir auch verboten, diesen willkürlich zu verlängern, so mußte ich mich mit blutendem Herzen für dieses Mal von Athen trennen, ohne die in Attika zerstreuten Trümmer des Alterthums gesehen zu haben.

Am 15. September legte ich, obwohl zu Wagen, doch nur mit großer Mühe den kurzen Weg bis in den Piräeus zurück, von wo die englische Fregatte Madagaskar uns in Gesellschaft der Regentschafts-Mitglieder nach Nauplia zurückbringen sollte. Um 4 Uhr Abends fuhren wir zu diesem prächtigen Schiffe, welches außerhalb des inneren Hafens auf der Rhede lag, und mußten noch mehrere Stunden das Signal zum Lichten der Anker erwarten.

Auf einer Kanonenlaffette des Verdeckes sitzend, begrüßte ich zum letzten Male die von der über dem Kithäron untergehenden Sonne vergoldete Landschaft Attikas.

Durch viele körperliche Leiden geschwächt, hatte ich das Schmerzliche des Scheidens und der Rückreise weniger lebhaft gefühlt, als man es hätte glauben sollen. Aber als schon in den ersten Stunden meines Aufenthalts an Bord im Gegensatze zu so manchen herben Leiden, welche mir das Meer bei früheren Reisen verursachte, dieses Mal eine wunderbar schnelle Besserung meines Zustandes durch die Frische der Meerluft bewirkt wurde, trat auch das herbe Gefühl von diesem Orte, in dessen Geschichte und Erinnerungen alle geistigen Fibern meiner Seele wurzeln, scheiden zu müssen, mit bitterer Wehmuth hervor.

Welche Erinnerungen, welche Gefühle drängten sich da in des Philhellenen Brust und lösten sich endlich in den erneuten heißen Wunsch für dieses schönen hohen Landes Zukunft und Wohl auf!«

DIE ZEIT DER UNGNADE

Nach München zurückgekehrt, belasteten und belästigten ihn die alten Sorgen. Unbeirrt wurde an seinen Bauten weitergearbeitet, aber das Kesseltreiben um seine Person kam nicht zur Ruhe. Die alten Freunde waren wachsam; wer gehofft hatte, daß Klenze in Griechenland zurückgehalten werde, sah sich enttäuscht. Klenze kannte seine Freunde und Feinde genau. Es gab zwei Lager, die ihre Position weltanschaulich begründeten. Auf der einen Seite die Freunde, darunter Baron von Eichthal, der mächtige Finanzier, mit dem Klenze verwandt wurde. Auf der anderen Seite die Romantiker, die Maler Schnorr von Carolsfeld, Heinrich Hess, der Schwager Gärtners, Schlotthauer und der Görreskreis, vertreten durch die Zeitschrift »Eos«. Dazu Döllinger und Baader und im Hintergrund Thiersch und Schelling. Bei einem Fest kurz nach seiner Rückkehr kam es zu heftigen Auseinandersetzungen vor allem unter den Künstlern. Klenze glaubte darüberzustehen, der Verlauf, den er selbst schildert, sollte ihn aufs empfindlichste treffen:

»Als ich im Monath November aus Griechenland zurückkam hatte sich eine große Anzahl der ersten Künstler, Gelehrten und ausgezeichneten Männer aus anderen Ständen vereiniget mir entgegenzureisen und mich mit festlichem Empfange einzuholen und in die Stadt zurückzugeleiten. Da aber meine unerwartet schnelle Rückkunft dieses vereitelte, vereinigten sie sich zu einem festlichen Mahle woran 2—300 Personen Antheil nahmen, und wobei ich bekrönt, besungen und beglückwünscht ward. Großer Feind von dergleichen

Festen welche so leicht den Charakter der Trinkgelage annehmen, zog ich mich um so mehr zeitig zurück, als ich nach dem Tische Kunstgespräche leidenschaftlichen Charakters sich entspinnen hörte, welche ich bei den vom Champagner erhitzten Köpfen fürchtete.

Schon am anderen Tage kam der wahrhaft geniale aber gerade kränkliche und reizbare Maler Kaulbach zu mir und erzählte mir was vorgefallen sei. Er, Kaulbach, habe sich mehrere Male freimüthig über die großen Mängel der Bilder aus dem Nibelungenlied, und über die religiösen Darstellungen geäußert, welche Schnorr und Heinr. Hess im Königsbaue und in der Allerheiligen Capelle ausführten.«

Im kommenden Jahr 1835 verschärfte sich die Front gegen Klenze:

»Ich hörte nun von dieser Sache von Zeit zu Zeit sprechen, suchte wo ich konnte zum Frieden zu rathen, hielt mich aber stets, wie es meiner Art und meiner Stellung zusagte, außerhalb des Streits. Da sagte mir einst der Fürst Wallerstein der König sei, da er unpäßlich zu Hause bleiben mußte, mit brennendem Kopf zu ihm gekommen und habe ihn gefragt, ob er schon einen Artikel in der Zeitung für die elegante Welt gelesen habe worin nicht allein die Professoren der Akademie und ihre Werke auf eine beleidigende Art beschimpft sondern auch ich (Klenze) als der Generalbevollmächtigte des Königs in Kunstsachen genannt wäre. Der Gedanken aber, daß er der König in Kunstsachen nicht alles selbst thun und entscheiden könne und sich dazu eines Generalbevollmächtigten bedienen müsse, sei ihm so unausstehlich, daß der Minister alles aufbieten möge den Verfasser jenes schändlichen Artikels zu erfahren, um ihn exemplarisch bestrafen zu können. Wallerstein sagte mir, er habe den König nie in ähnlicher Wuth gesehen, und dieses war mir, der seine unglaubliche Eifersucht auf seine Selbständigkeit und keines Rathes bedürfende Ohnfehlbarkeit in Kunstangelegenheiten und Kunsturtheilen kennt, wohl begreiflich. Bei keiner der vielen Verläumdungsmethoden, welche man gegen mich beim König versucht hatte, war mir auch nur im geringsten bange gewesen, hier aber fühlte ich es gleich, daß man den richtigen Weg eingeschlagen hatte, denn es war gleichgültig, ob ich an dieser Äußerung schuld war oder nicht, der König mußte dahin geführt werden, alles dazu zu tragen, um zu beweisen, daß ich nicht sein Generalbevollmächtigter in Kunstsachen sei und bei der extremen Art dieses Herren zu denken und zu handeln, mußte dieses mehr oder weniger meine Beseitigung herbeiführen. Von dem Tage an auch bemerkte ich in des Königs Art gegen mich eine Zurückhaltung und Ängstlichkeit welche ich nie gesehen hatte, obwohl, wie mir Wallerstein sagte, er wohl eingesehen hätte, daß ich selbst nichts von jenem Zeitungsartikel gewußt hätte, weil ich wohl zu klug wäre und ihn den König zu gut kenne, um solch eine Rolle mir zuzuschreiben.

Die angestellten Nachforschungen zeigten, daß der Artikel von einem gewissen Dr. Romer geschrieben war, aber Wallerstein behauptete gewiß zu wissen, daß dieser dazu von meinen Feinden und zu der ungeschickten Äußerung über mich namentlich von dem Professor Gärtner instigirt worden wäre. Ich habe mir nicht die Mühe geben wollen, diesem nachzuforschen, gewiß aber ist es, daß der König mit der Existenz dieses Artikels indirekt durch ihn, und zwar auf eine Art bekannt gemacht wurde, welche die Reaktion gegen mich nur verstärken mußte. Ich überlegte was zu thun, sah aber wohl, daß ganz schweigen das Beste sein würde. Der Blitz hatte sein Ziel getroffen und verzehrt, was half da erklären und klagen und endlich — le jeu ne valoit pas la chandelle, man würde mir zugerufen haben wie Friedrich der Große seinen Soldaten bei Leuten: Wollt ihr Hunde denn ewig leben? Der König ließ nun einen Gegenartikel in die Zeitung für die elegante Welt einrücken, welcher, ohne jedoch im Mindesten beleidigend für mich zu seien, auf das Ängstlichste darzuthun suchte, daß in Bayern nur der König allein in Kunstsachen entscheide und daß unter seiner unmittelbaren Leitung auch von anderen Architekten, ganz ohne meine Mitwirkung große Gebäude ausgeführt würden. So wie dieser Artikel gefaßt war sah ich gleich sehr deutlich, daß man des Königs Absichten die Richtung zu geben gewußt hatte, der Welt eben dadurch zu beweisen, daß ich nicht sein Generalbevollmächtigter sei, daß er Vieles oder Alles von Anderen ausführen ließe, und dieses werde umsomehr entschieden, da der König sich in architektonischen Dingen so stark und unfehlbar glaubt, daß er gewissermaßen nur architektonischer Secretairs zu bedürfen glaubt, welche seine Ideen in Stein und Holz verkörpern. So hatte man denn die Ferse des Peliden gefunden und Hagens hinterlistig geschwungene Mörderlanze hatte die wunde Stelle getroffen welche das Blut des Linddrachen nicht verhornt hatte. Auch gut! und wenn der König in seiner eklektischen, bloß auf momentanen Augenkitzel berechneten Richtung der Architektur beharren will, und ich zweifle nicht mehr daran: sogar viel besser! denn diesem elenden Spiele kann ich mich doch nun einmal weder fügen noch hingeben.«

Und wenig später:

»Der König fuhr zwar fort mir freundlich zu thun aber nur zu deutlich sah ich den Zwang welchen er sich dabei anthat und den Verdruß keine Veranlassung zu haben mich fühlen zu lassen, daß seine verliebte Afektion von mir auf einen anderen übergegangen sei.

Auf meine Bitte um eine Audienz ward mir zum ersten Male in meinem Leben während 5—6 Tagen gar keine, und dann die Antwort, ich solle schriftlich sagen was ich wünschte. Dann kam mit verlegnen Mienen der Maler Heinrich Hess zu mir und sagte mir er habe den Auftrag von S. M. mir zu erklären, welche Veränderungen derselbe noch an dem Unterbaue der Walhalla haben wolle.

Dieser Auftrag war ebenso undeutlich als unsinnig und unausführbar, doch wollte ich weder dem Überbringer noch dem Sender die Freude machen auch nur die leiseste Empfindlichkeit blicken zu lassen — doch Gott weiß wie es mir im Herzen kochte! Ich setzte mich im ersten Augenblicke hin und schrieb mein Demissionsgesuch nieder, siegelte es und wollte es grade einem Bedienten zum Überbringen geben, als ich meiner guten und klugen Frau begegnete, welche mir ansah was in mir vorging, und es, so wenig ich gewohnt bin mit ihr über Geschäfte zu sprechen, durch dringendes Bitten erfuhr. Sie überredete mich einige Tage zu warten, meinte eine solch unwürdige Behandlung könne bei meinem Rufe und Namen nicht mich beleidigen, nicht mir schaden, ich würde durch meinen Zurücktritt nur eines meiner größten Werke dem Verderben, dem Verhunzen durch andere hingeben, und vielleicht gerade dem, der mich so bitter beleidigte, eine augenblickliche Freude bereiten, wenn er diese auch später bereuen würde.

Ich bezwang mich also, ging an demselben Abend auf ein großes Fest wo auch der Kronprinz und viele vom Hofe waren und suchte durch die heiterste Miene zu verbergen was in mir vorging.«

Er hatte Grund, über die Intrigen Gärtners, der Maler Hess und Dillis zu klagen: »Doch so quälen ja Fliegen, Mücken und Läuse sogar den König der Thiere, also muß ich mir dergleichen Jämmerlichkeiten wohl gefallen lassen — doch dulde ich das alles nur als Verehrer und Verfechter des klassischen Alterthums gegen die Irruption mittelalterlicher Regellosigkeit, Alfanzerei und Modekunst. Da finden sie mich nun jeden Augenblick ihnen im Wege stehen, und ich bin stolz auf die Bemühungen welche sie anwenden mich hinweg zu schaffen. Das allerscherzhafteste ist es, daß sie suchen den König auf einer Leimruthe zu fangen welche für einen Schüler zu schwach wäre. Sie wollen ihm nämlich glauben machen, er müsse eine neue Architektur erfinden welche die folgenden Jahrhunderte unter dem Namen der Clodowäischen anerkenne und nachahmen würde, er, Gärtner, wäre der Mann, welcher hierbei als Werkzeug zu gebrauchen wäre. Der Gedanke hierin das vermöge einer individuellen Kenntnis und eines königlichen Willens zu erreichen, was bis jetzt nur ein neuer Glauben, eine ganz neue Geschichtsperiode, und die Anstrengungen jahrhundertelang fortgesetzter Kunstgeschlechter erreichen konnte, wäre allerdings groß und schön, wenn er nicht vollkommen lächerlich wäre.«

»Ich habe also«, so resignierte Klenze schließlich, »alle Phasen vom Beginn der königlichen Gnade bis zum letzten Termine durchlaufen, und mein Künstlerthun mit Ludwig I. wäre demnach abgeschlossen!

Ihr habt recht gehabt feindlichen Kräfte der Mittelmäßigkeit! Ich bin vielfach beim König angefeindet worden, und habe jedesmal siegreich durch das was ich schuf geendet — habt ihr erreicht, daß ich nichts mehr schaffen kann und darf, dann glaubt ihr leicht meine Herren zu werden!«

Unbeirrt und planmäßig schritten die Arbeiten an den Bauten voran. So am Max-Joseph-Platz mit dem Königsbau, der Hauptpost und dem Denkmal Max Josephs II.

Im Englischen Garten wurde der edelgeformte Monopteros aufgerichtet, die Walhalla war bis zur Hälfte emporgewachsen. Mit Staunen vermerkte Fürst Metternich, der große Maßstäbe vom kaiserlichen Wien gewohnt war, bei seinem Besuch in München 1837: »Was man da in München sieht, übersteigt selbst die ausschweifendste Einbildungskraft. Man begreift nicht, wie ein Mann kalten Blutes die Idee fassen kann, all das zugleich zu unternehmen, was der König bauen und tun läßt ... Man baut in diesem Augenblick das Palais (die Residenz), die Bibliothek, die Universität, und vier ungeheure Kirchen. Dabei sind das nicht etwa kleine Unternehmungen, alles ist gewaltig groß.« (Metternich, Nachgelassenen Papiere VI/195)

22 St. Petersburg, Isaakskathedrale · Zeichnung Leo v. Klenzes für den Innenraum

BAUTEN IN RUSSLAND

Bald darauf kam der Kaiser von Rußland zu Besuch. Die Leistungen Klenzes stehen ihm vor Augen. Im Dezember 1838 ließ Mme. v. Krudener durch ihren Bruder, den Grafen Lerchenfeld, den Bayerischen Gesandten in Petersburg, Klenze mitteilen, wie sehr der Kaiser von Rußland wünsche, ihn bei sich zu haben und mit ihm verschiedene Bauprojekte, darunter die Wiederherstellung des Winterpalais zu besprechen. Nachdem Klenze von Ludwig Urlaub erhalten hatte und ihm eine zeitweise Entfernung aus München nicht unlieb war, wurde die Reise am 16. Mai 1839 angetreten. Klenze wird von seinem Sohn Hippolyt begleitet. Die Reise ging über Ingolstadt, Ansbach, Würzburg, Fulda nach Kassel. Dort zeigte er dem Sohne die Stätten seines ersten Wirkens und hatte dabei »meist angenehme Erinnerungen aus der ersten Zeit«. Über Hannover gelangte man nach Lübeck, wo man mit dem Maler Heinrich Hess zusammentraf. In Travemünde wurde ein neues Dampfschiff bestiegen, das eben erst seine zweite Reise antrat und in vier Stunden 11 Seemeilen mit seinen 200 Pferdekräften zurücklegte. Man fuhr an Livland und Finnland vorbei und war in fünf Tagen in Kronstadt.

Am 21. Mai kamen beide in St. Petersburg an. Das Ehepaar v. Krudener empfing Klenze herzlich. Dem Kaiser war seine Ankunft bereits durch den Telegraphen mitgeteilt worden. In der gleichen Woche wurde er von Alexander in Zarskoje Selo empfangen und ehrenvoll und liebenswürdig aufgenommen und sogleich die ihm zugedachten Projekte besprochen: Die Errichtung eines Museums nach seinem Erfolg mit der Pinakothek und die Innenausstattung der Isaaks-Kathedrale. Fürst Wolkonsky, der Staatsminister, hatte zwar Bedenken geäußert, da Klenze den griechischen Ritus nicht kenne. Der Kaiser aber hatte darüber zu Stillschweigen verpflichtet. Man war mit dem von Montferrand vorgelegten Plan für die Isaaks-Kathedrale nicht einverstanden und erwartete für die Innenräume neue Vorschläge von Klenze.

Klenze wurde als Ehrengast behandelt. Man zeigte ihm die Sehenswürdigkeiten der Stadt und des Landes. Empfänge und Spazierfahrten lösten einander ab. — Der Sohn hat darüber Tagebuch geführt. — Mit Staunen sah Klenze die großen, unvergleichlichen Maßstäbe der Stadt und richtete sich darauf ein.

Mit dem ihm eigenen Fleiß ging Klenze daran, den Auftrag für das Museum der Schönen Künste zu erfüllen. Die Platzfrage löste ein Machtwort des Zaren, der das Areal zwischen Newa-Quai und Millionenstraße in unmittelbarer Nähe zur Eremitage anwies.

Klenze bereinigte die städtebauliche Situation und legte dem Zaren großartige Pläne vor, der sofort seine Zustimmung gab. Der Bau wurde noch im gleichen Jahre begonnen. Nach München zurückgekehrt, arbeitete er die Einzelheiten bis ins Detail aus. — Die schönen Blätter der Innenräume befinden sich heute in der Graphischen Sammlung. — Münchner Kunsthandwerker arbeiteten für den Bau in St. Petersburg. Klenze fuhr noch sechsmal nach Rußland, bis der Bau vollendet war. Der Zar wußte schließlich seine Zufriedenheit mit einem hohen Orden zu bestätigen. Im Sommer 1852 nahm Klenze von Petersburg Abschied.

Er sah seinen Auftrag am russischen Hof erfüllt. Der Kaiser bat ihn zuletzt, von Militärparaden und Festen die Tage über in Anspruch genommen, abends zu sich ins Theater. Er gestand ihm nach der Vorstellung, durch die Repräsentationspflichten und die Hitze der letzten Tage an Migräne zu leiden. Klenze mahnt ihn, Sorge auf seine Gesundheit zu haben. Die kaiserliche Antwort war: »Auf meinem Platz und an meiner Stelle muß man mit sich selbst zahlen ›il faut, payer de sa personne‹.« Zum Abschied umarmte ihn der Kaiser und stellte ihm seine Dampfbarkasse zur Verfügung. Es war zwei Uhr morgens. »Am nächsten Tage schiffte ich mich nach Stettin ein. Bald nach meiner Zurückkunft in München ging ich zur Weltausstellung nach London und brachte den schönen Teil des Herbstes in Südtirol zu. Erst Anfang November kehrte ich endlich nach München zurück, um im tätigen Leben und harter Arbeit endlich Heilung der tiefen Wunde zu finden, welche ich am 20. April in Venedig (durch den Tod des Sohnes) erhalten hatte.«

In jenen Jahren trug Friedrich Gärtner die Hauptlast der Aufträge für König Ludwig, neben ihm Ziebland und Ohlmüller. Aber die Walhalla ging nach Klenzes Plänen ihrer Vollendung entgegen, und als Gärtner starb, wurde Klenze, dessen Begabung der König nie verkennen konnte, mit der Vollendung seiner Bauten betraut.

Der Wirbel um Lola Montez, in den Ludwig verstrickt wurde, berührte Klenze nur von ferne. Sein Sohn geriet zwar in den Verdacht eines Kontaktes, aber eine eidesstattliche Erklärung versichert dem Vater, daß an dem Gerücht kein wahres Wort sei.

Wie gespannt die Atmosphäre war, beweist jener Zwischenfall, da eines Tages Klenzes Sohn am Hofgartentor die Vorfahrt der Gräfin Landsfeld nicht beachtete und voranritt. Erzürnt brüskierte darauf der König beim Hofball am Abend Klenze mit den Worten: Was er hier zu suchen habe. Darauf antwortete der Hofbauintendant ruhig: Wenn er nicht eingeladen sei, wäre er nicht hier. Ludwig entschuldigte sich. Bald darauf überstürzen sich die Ereignisse, am 20. März 1848 entsagte König Ludwig dem Throne.

Um den Maximiliansstil

Auch nach der Abdankung Ludwigs I. 1848 blieb der vierundsechzigjährige Klenze im Amt. Als Chef der Obersten Baubehörde, als bevorzugter Baumeister Ludwigs I. Ein Hauptpunkt der Abdankungsurkunde waren jene Bauten, deren Fortführung und Finanzierung Ludwig sich ausbedungen hat: die Propyläen, das Siegestor, die Ruhmeshalle und die Befreiungshalle. Im Briefwechsel zwischen Ludwig und Klenze ist in diesem Jahr eine Lücke, aber schon im August geht die Diskussion wieder um die Bauten. Geldnot zwang zu langsamem Fortschritt, es kam zu einem kleinen Zerwürfnis zwischen Ludwig und Klenze, der glaubte alte Forderungen geltend machen zu müssen. Er präsentierte jetzt seinem königlichen Bauherrn die Rechnung für die sogenannten privaten Bauten. Es war nicht viel; für die Walhalla z. B. in einundzwanzigjähriger Bauzeit nur $1^{1/2}$% der Bausumme mit 27485 Gulden oder für die Pinakothek 8919 Gulden, die Allerheiligen-Hofkirche 2711 Gulden, oder für den Obelisk nur 322 Gulden. Ludwig verwies auf die Vereinbarung vom Jahre 1816, wonach Klenze versprochen habe, alle Ausgaben seiner Bauten unentgeltlich anzufertigen. Klenze bestand auf seiner Forderung und unterstellte sich einem Schiedsgericht. König Ludwig replizierte scharf am 15. Januar 1849, daß er seine Bauten als abgeglichen ansehe. Schließlich sagte der König:

»Aber warum schreibt mir denn Klenze jetzt nur noch über Geschäfte? weßhalb kommt er gar nicht mehr, um mündlich mit mir zu verhandeln wie ehemals, was mir doch stets so angenehm war?« »Ich glaubte, nun nicht länger eine gerechte Mißlaune bewahren zu dürfen ging zu ihm und sprach ihn nach 8—9 Monathen zum erstenmale wieder, wobei er ungemein freundlich und vertraulich war. Von dem, was vorgefallen, war keine Rede und das ehemalige gute Verhältnis wieder hergestellt.«

23 Reiseskizze · Bleistiftzeichnung Leo v. Klenzes. Klenzeana IX

Wegen der Bauten und ihrer Abfindung kam es zwischen Ludwig I. und Maximilian II. zu heftigen Auseinandersetzungen.

»Es gab nun stete Konflikte zwischen Vater und Sohn in welchen ich, wenn dieselben näher oder ferner mit Bau und Kunstgegenständen zusammenhingen, den Vermittler machen mußte und dieses auch stets in der Absicht that alle unangenehmen Berührungen und ihre Folgen zu vermeiden und auszugleichen, und mit dem Erfolge mir die Gnaden und das Vertrauen beider Könige zu erhalten.«

Es kam soweit, daß Maximilian sich weigerte, er werde für die »Werke aus der Regierungsepoche seines Vaters jemals auch nur einen Kreutzer bewilligen und verwenden«.

»Was habe ich davon? war stets der Refrain und die endliche Antwort auf meine Frage« (die Klenze dem König 1855 stellte), »was denn aus diesen Sammlungen werden solle: ›Das ist mir vollkommen gleichgültig: man soll sie verkaufen, versteigern, verschenken ich will nun einmal Nichts davon wissen! Ich denke an meine Schöpfungen und habe mich um andere nicht zu kümmern, viel weniger irgend Opfer dafür zu bringen!‹

Einem solchen Entschlusse, welchen ich dem Könige Ludwig crade et nude mitzutheilen den Befehl erhielt, war Nichts mehr entgegenzusetzen.«

Maximilian war gleich seinem Vater von der Bauleidenschaft besessen, griff den Gedanken einer neuen Prachtstraße nach dem Vorbild der Ludwigstraße auf, hatte aber den

24 Stadttor von St. Gimignano · Federzeichnung Leo v. Klenzes 1852

Ehrgeiz, einen neuen Baustil zu erfinden. Dazu wurde ein Wettbewerb ausgeschrieben, an dessen Formulierung und Entscheidung Klenze wesentlich beteiligt war.

Im Wettbewerb trug Bürcklein den Sieg davon. Sein Plan ist eine städtebauliche Leistung von hohem Rang. Er zog die Isaranlagen durch das Forum bis an den Kern der Altstadt heran. Mit weiten Armen nahm München diese schöne landschaftliche Gegebenheit seiner Lage endlich wahr. Krönend steht im Straßenprospekt das Maximilianeum, zu dem in steigendem Schwung die Brücke hinführt. Der Anschluß der neuen Prachtstraße fand am Max-Joseph-Platz eine gute Stelle. Die Südfront des Nationaltheaters wurde von Bürcklein bereinigt und gab Richtung und Maß. Klenze hatte in seiner offenen Halle des Hauptpostgebäudes die Anlage vorbereitet.

Noch einmal beteiligte sich Klenze an einer großen städtebaulichen Planung. Der Entwurf zum Athenäum, einer großen Sport- und Schulanlage am Haidhauser Feld, überrascht durch seine riesigen Ausmaße. Die Fassaden sind ein schöner Beweis des gepflegten Spätstiles von Klenze. Zur Ausführung kam es nicht.

Von Mal zu Mal suchte König Maximilian II. den erfahrenen Rat des bewährten Baumeisters seines Vaters. Er wollte mit der Maximilianstraße einen neuen Stil schaffen. Das Programm, »das Beste aus allen Stilen in einem zu vereinen«, bewies die Naivität, wie wenig man vom Geheimnis, von dem organischen Wuchs eines Stiles wußte.

Das Ergebnis zeigte sich bald, bei einem Hofdiner, Klenze saß neben dem König, der mit ihm während des ganzen Banketts über Kunstgegenstände und über das Entstehen der Maximilianstraße sprach. Klenzes Antwort war der Wunsch, »daß die Realität einstens auch dem Phantasiebilde entsprechen möge«. »Das«, antwortete der König, »mein bester Herr Geheimrat, ist auch mein lebhafter Wunsch, aber das, was man bis jetzt in der Maximilianstraße gebaut hat, ist das Abscheulichste, was ich kenne.« Das Taubstummeninstitut z. B. wurde, »obwohl die architektonische Kunstposaune des Malerskribenten Pecht dasselbe als das herrlichste Meisterwerk moderner Baukunst verherrlichte, zum Wiederabbruch verdammt, um einem neuen Bauprojekt Platz zu machen«. Klenze stellte hier und bei einer späteren Begegnung mit Maximilian II. in Südfrankreich nochmal die Antike als Leitbild hin. Er konnte nicht mehr verstanden werden. — Wo nähme diese Zeit die Ursprünglichkeit, die Bescheidenheit, die Geduld, bei den Uranfängen zu beginnen. Man gab sich mit »Attrappen« zufrieden.

»Im Laufe des Winters nun hatte ich mit dem Könige wieder mehrere Discussionen über die Möglichkeit einen ganz neuen Baustyl zu erfinden und als ich im Monath April einen Urlaub begehrte, um eine Reise nach Spanien anzutreten, erfolgten solche Discussionen mehrere Abende hintereinander. Nach stets stundenlangem Hin- und Widerreden, Zeichnen, Erklären, war das Resultat stets dasselbe, nämlich die Erklärung des Königs, daß ich Recht hätte und die Sache unthunlich erscheine. Aber schon in der nächsten Zusammenkunft war diese Überzeugung wieder umgestoßen und begann mit den Worten: ›Aber bester Herr Geheimrath, man hat mir gesagt, oder ich habe bei näherem Nachdenken gefunden, daß es doch thunlich wäre einen neuen, volksthümlichen Baustyl zu erfinden, wenn man‹ — es kam nun eine Deduktion welche im Beginne sich um einige allgemeine, ganz unfruchtbare Gemeinplätze über das Thema: ›Aus allen Zeiten das Schönste auswählen‹ drehte, dann bald so verwirrt ward, daß der König mit der Aufforderung schloß: ich solle nun (zum hundertstenmale) meine Ansicht sagen, welche dann endlich wieder als ganz richtig anerkannt wurde, um am nächsten Tage wieder in Frage gestellt zu werden. Nach einer solchen Unterredung am 15. April 1852 nahm ich vom Könige Abschied, weil ich am 17. über Paris nach Spanien abreisen wollte, und hoffte nun endlich einmal Ruhe in Beziehung auf diesen unfruchtbaren architektonischen Wortkampf zu haben.«

Doch immer wieder kam Maximilian II. auf seine Idee zurück, einen Stil künstlich zu schaffen, »das beste aus mehreren Perioden in einem zu vereinen«.

»Aber mit diesen klassischen, massigen, keuschen, möchte ich sagen, und wesentlich auf horizontale Entwicklung angewiesenen antiken Baustylen, möchte ich das sich erhebende, phantastische, gegen den Himmel anstrebende der gothischen Dome vereinigen und was nun das Ornament anbelangt, bestimmt diese verschiedenen Bauarten zu schmücken und zu verherrlichen, so kann es keiner Frage unterworfen werden, daß die maurische Architektur von Granada und Cordova, uns die reichsten, schönsten und passendsten Muster dafür darbietet!!!«

25 Reiseskizze Leo v. Klenzes

26 Avignon · Federzeichnung mit Farbangabe Leo v. Klenzes

»Ich gestehe, daß ich wie versteinert stand und endlich mich nicht enthalten konnte dem Könige zu sagen ich zweifle nicht daß sich in unserer so wesentlich eklektischen Zeit Architekten finden würden nach einem solchen Programme zu bauen, daß ich mich aber vollkommen unfähig dazu fühle mit aller Achtung vor der Ansicht S. Majestät mich doch nicht enthalten könne diesen Architekten die paraphrasierte Stelle aus Goethes Faust zuzurufen:

›Sitzt ihr nur immer! leimt zusammen,
braut ein Ragout aus andrer Schmaus,
und blast die kümmerlichen Flammen
aus eurem Aschenhäufchen h'raus!
Bewunderung von Kindern (oder Kön'gen sagte ich in mich hinein) und Affen,
wenn euch darnach der Gaumen steht;
doch in der Baukunst wird das Schöne niemals schaffen,
wer auf Befehl zur Jagd nach Neuem geht!‹

Ich hatte so eifrig gesprochen, daß mich der König verwundert ansah, zwar antwortete: ›Nein, ein Ragout eine olla podrida will ich allerdings nicht haben, glaube aber doch, daß es möglich ist auf dem von mir bezeichneten Wege ein Ursprüngliches und Organisches zu schaffen.‹ Ich antwortete: ich wünsche es muß aber noch einmal erklären, daß ich mich dazu durchaus und entschieden unfähig erachte.

Hiemit war meine eigentlich architektonische Thätigkeit gegenüber des Königs Maximilian geschlossen, und obwohl mir derselbe stets gleich gnädig und gewogen blieb, so ward ich doch nie mehr als Koch des bezeichneten architektonischen Sammelsuriums berufen, worüber ich im Verlauf der Zeiten stets mehr Veranlassung erhielt herzlich froh zu sein.« (April 1852)

DAS PARISER GUTACHTEN

Klenze sah sich jetzt in München durch die jüngeren Architekten Friedrich Bürcklein, Riedel, Ziebland, Kreuther, Lange, Voit beiseite geschoben. Er wollte nun nach Spanien und reiste über Paris. Dort erfuhr man von seiner Anwesenheit, und Graf Sponti bat ihn, länger zu bleiben, da der »Held des 2. Dezember 1852« (Napoleon III.) dies wünsche.

Nach einer Gesellschaft lud ihn der Präsident der gestürzten Republik zu längerem Bleiben ein, führte ihn in ein Kabinett, wo viele Pläne über den Ausbau des Louvre und der Tuilerien ausgebreitet lagen. Klenze sprach sich für die Pläne des Antonio Visconti aus, die leider nach dessen Tode in die Hände eines »Faiseurs«, des Herrn Doulon, geraten waren.

In zwei Punkten mußte er den Viscontischen Plänen widersprechen und die Gedanken des Präsidenten bekämpfen. Der eine war die Absicht, den Triumphbogen Carroussel zu versetzen und der andere die Verbauung der Hoffassade des Louvre. Man wollte den Triumphbogen auf die Achse des Louvre-Mitteltores ausgerichtet sehen, und außerdem erschien er dem Präsidenten für den Platz zu klein zu sein. Klenze wandte sich gegen die

27/28 Avignon · Federzeichnung Leo v. Klenzes

schachbrettartige akademische Regelmäßigkeit und Winkelgerechtigkeit der neueren Stadtbaukunst und verwies auf die malerische Gruppierung vor allem italienischer Städte. Der Präsident war nicht zu überzeugen. Als Klenze 1857 wieder nach Paris kam, überreichte ihm der Minister jedoch eine lithographierte Ansicht des nach seinen Plänen abgeänderten Platzes mit dem Bemerken, der Kaiser habe sich von der Richtigkeit seiner Ansichten wegen der Louvre-Fassade überzeugt, während gegen den Triumphbogen das Vorurteil fortbestünde. Erst später erfuhr Klenze, daß das Bestehen des Triumphbogens beschlossen sei und der Kaiser gesagt habe: »Monsier de Klenze, m'a partout bien conseillé.«

Die Spanienreise unterblieb nach diesem Aufenthalt. Klenze entschädigte sich durch die Provence und die Toscana und kehrte im Spätsommer nach München zurück.

WÜRDE UND MUSSE

Klenze war Halt geboten. Im November 1852 stellte der Hausarzt Dr. Schanzenbach »Kongestionen und krankhafte Erregungen der Gehirnnerven« fest, »welche durch das bewegte Geschäftsleben hervorgerufen seien«. Er empfahl dringend, »alle Arbeit die eine körperliche Ermüdung oder Gemütsattraktionen hervorrufen zu vermeiden«. Der königl. bayerische Medizinalrat Dr. Hastreiter bestätigte diesen Befund am 6. November 1852. Im

Mai 1853 bat Klenze nach sechsunddreißigjährigem Dienst im königl. bayerischen Hofbauwesen und im Hause Wittelsbach um Geschäftsentlastung. Er trachtete die unergiebigen Arbeiten mit dem Gebäudeunterhalt und dem Hofbrunnenwesen abzustoßen, hielt aber am Intendanten fest. Von einer plötzlichen Dienstenthebung kann nicht die Rede sein, sondern Schritt für Schritt wurde Klenze entpflichtet, war gehalten, jeweils um Urlaub zu bitten, so von 1856 sechs Monate, um durch einen Aufenthalt im südlichen Klima seine Augen zu kurieren. Der König entsprach ihm im November 1856 und Januar 1857 und gewährte ihm allgemeinen Urlaub, sooft ihn seine Gesundheit oder private Interessen dazu veranlaßten, ohne speziell Urlaub von ihm zu verlangen. Im Mai 1859 erfolgte weitgehende Entpflichtung und Vertretung im Amt.

In diesen Jahren suchte Klenze Erholung auf Reisen zu finden. Sein Herz blieb aufgeschlossen, wie der Eintrag im Tagebuch der Schweizer Reise von 1853 enthüllte. Die Reise ging über Baden, Basel, Bern, Thurn nach dem Berner Oberland, »Interlaken ist ein herrliches Stückchen Schöpfung. Die Engländer haben sehr recht sich hier zu etablieren« (27. Januar 1853). Immer wieder zog es ihn nach dem Süden. Zum Aufenthalt wünschte er sich einen Ort, der mit einem milden Klima seiner Gesundheit zuträglich, andererseits nicht zu weit von seiner Familie entfernt sei. Der Bodensee schien ihm der rechte Ort, dort hatte er in Fünfstetten auf dem Gut seines Schwiegersohnes Graf Otting Wochen der Entspannung zugebracht.

Würde um Würde, Auszeichnungen und Ehren überhäuften ihn seit Jahren, sein Name galt in Europa, als Architekt wie als Archäologe, manchen Stern am Ordensbande dankte er seinem diplomatischen Geschick. Höchste Orden waren ihm in Preußen, Rußland, Portugal, Griechenland zuerkannt, er war Ritter der Ehrenlegion und Kommandeur des Danebrog-Ordens. Die großen Akademien hatten ihn zum Mitglied gewählt, so die Akademie San Luca in Rom, die Akademie der Bildenden Künste in Berlin, die Akademien von Paris, Stockholm und Neapel waren gefolgt. Er war Mitglied der kaiserlichen Akademie in Mailand, der Gesellschaft zur Erforschung der Altertümer in Leipzig und der British Institutes of architects in London. Er stand in Briefwechsel mit den bedeutendsten Männern seiner Zeit, den Architekten Hittdorf in Paris, Schinkel in Berlin und Stühler, den Malern Dillis, Cornelius und Rottmann, den Bildhauern Rauch und Wagner, den Gelehrten Alexander von Humboldt, Friedrich Thiersch und Justus von Liebig, den Dichtern Prosper Merimée, Schnorr von Carolsfeld, auch Goethe zählte dazu, mit Fürstenhäusern, so Prinz Wilhelm von Baden, Maximilian von Bayern, Otto von Griechenland, Herzog Maximilian von Bayern, dem Herzog von Leuchtenberg.

Die Sorge seines Herzens galt seiner Familie, dem Fortkommen seiner Söhne, dem Wohlergehen seiner Töchter. Wie aufgebracht war er, als durch Verschulden des Schwiegersohnes Graf Otting durch schlechten Zustand des Fideikommißgutes Schulden entstanden waren: »Wie meine Tochter Ihre Frau, ist von Auspfändung bedroht?« schrieb er empört und deckte die Schuld.

Im Dezember 1849 starb seine Tochter Sophie, Gräfin von Otting-Fünfstetten, neunundzwanzig Jahre alt, im April 1851 sein Sohn Ludwig, königl. bayerischer Kammerjunker und Gesandtschaftsattaché in Venedig. Um Klenze wurde es einsam. »Das Schlimmste«, schrieb er zwei Monate später am 16. Juli 1854, »ist immer allein und ohne jemand zu sein, den ich liebe und der mich liebt: Unter Larven die einzig fühlende Brust, und das bißchen Ruhe, was ist das mit siebzig Jahren. Goethe hat wohl recht, wenn er sagt, »Was man in der Jugend begehrt, hat man im Alter die Fülle«.

Klenzes Alter prägte eine zähe Lebendigkeit. Mit einundsiebzig Jahren unternahm er eine Reise wie diese: Von München per Bahn nach Lindau, dann im Wagen nach Collico am Comer See, von Como mit der Eisenbahn nach Mailand, mit dem Wagen nach Novi, mit der Eisenbahn nach Como und dann über das Meer nach Neapel, über das Land und Rom zurück nach Marseille und mit der Eisenbahn nach Paris. Er genoß auf einer späteren Reise nach Nizza im April 1860 nochmal die Sonne des Südens und zeichnete mit seinem feinen Strich die grotesken, stacheligen Blätter einer Agave. »Ich habe meine Abreise um einen Tag verschoben, um in diesem Paradies so lange, wie möglich zu bleiben.« Noch hatte er Aufträge zu Hause, die Propyläen sind eben fertig geworden, aber noch nicht abgerechnet, die Befreiungshalle bei Kelheim war unvollendet, der Monopteros in Nymphenburg, das Denkmal für Ludwig I. am Odeonsplatz warten auf seine Pläne. Er hatte gute Mitarbeiter, die seine Absichten ausführten und verstanden.

»Bis in sein hohes Alter«, so berichtet die Enkelin Everilda, »blieb Klenze frisch, jugendlich, leistungsfähig. Täglich stand er um 5 Uhr morgens auf, brachte viele Stunden am Schreibtisch und vor der Staffelei zu, machte lange Spaziergänge. Bei den Mahlzeiten war er von äußerster Mäßigkeit, er haßte das Rauchen und Biertrinken.«

Er träumte von einem kleinen Besitztum am Bodensee. »Große Summen kann ich nicht aufwenden, aber ich wünsche mir einen Garten und Buchsbäume, Erdbeeren und gutes Obst zu pflanzen und ziehen zu können, wäre alles was ich bedürfe, selbst einen Neubau würde ich nicht fürchten. Über den Eingang möchte ich den Satz setzen: $\lambda\alpha\vartheta\varepsilon\ \beta\iota\omega\sigma\alpha\varsigma$ ›Lebe verborgen‹.«

Klenze ist angelangt: Die große Reise seines Lebens geht zu Ende. So sah er es selbst in einem Gedicht seines Nachlasses:

>»Nur der Jahre lange Reise
>und der Fremde wilde Freuden
>ließen mich von allem scheiden.
>Neuem folgte stets das Neue
>bis im Hafen edler Leere
>ich mich find und mich bekehre.«

Weithin glänzte sein Werk und sein Ruhm. Seine Bauten standen in ganz Europa. Enkel und Enkelkinder tragen seinen Namen und bewahrten sein Erbe. Klenze zeichnete

29 Die Gattin Klenzes, Felicitas

bis zuletzt. Seine beiden letzten Werke waren Totenmale: Die Grabkapelle des Fürsten Stourdza in Baden-Baden und das Grabmal der Großherzogin von Hessen.

In stolzem und innigem Familiensinn sah Klenze Söhne und Töchter heranwachsen. Der älteste Sohn, Hippolyt, geboren 1814, Offizier des bayerischen Heeres, der seinen Vater auf seinen griechischen und russischen Reisen begleitete, war mit der Engländerin Georgia Farmer verheiratet. Von ihren acht Kindern war ihm die Enkelin Everilda Klenze die liebste. Sie war bei ihm bis zuletzt und hat, literarisch begabt, auch die Briefe Klenzes an seine Gattin herausgegeben. Klenzes Sohn Louis, 1825 geboren, bayerischer Kammerjunker, starb 1851 in Venedig. Die Tochter Sophia Olympia, 1822 geboren, heiratete Graf Otting-Fünfstetten, der nach ihrem Tod ihre 6 Jahre jüngere Schwester Athenais ehelichte. Ein Töchterchen starb Klenze während seiner Reise in Sizilien 1824. Hippolyt baute 1864 am Starnberger See den schönen Besitz Buchensee, der in fröhlichen Jahren Mitglieder des bayerischen Königshauses und des bayerischen Adels oft mehrere Wochen zu Besuch hatte. Zur Familie gehörten bald der Maler Angelo Graf Courten und der Architekt Ludwigs II. Georg von Dollmann, Karl von Pütz, Sophie von Maffei und Ellison van Bockelen.

Im Winter 1863/64 versäumte er in den Süden zu gehen. Nach einem Konzert erkältete er sich und mußte zu Bett. Zu seiner Lieblingsenkelin Everilda sagte er: »Il faut mourir.« —

30 Das Familienbild von Ludwig Schwanthaler

Noch das Sterben war ihm Aufgabe —. Am 27. Januar starb er an einer Lungenentzündung. »Sein reger Geist blieb bis zum letzten Augenblicke ganz klar, er starb fest in seinem Glauben, den er selbst wissenschaftlich und theologisch geprüft, als den allein seelig machenden erkannt hatte.« Seltsam zu berichten, daß im Augenblick seines Todes, wie Augenzeugen bestätigen, die großen ehernen Tore der Walhalla sich von selbst öffneten. Der größte Baumeister seiner Generation nach Schinkel hatte im Januar 1864 geendet.

Klenze wurde zuerst in der Erbgrabstätte der Familie Eichthal bestattet, ehe er in einer eigenen Grabstätte auf dem südlichen Friedhof an der Thalkirchener Straße zur Ruhe gelegt wurde.

NACHWEISE

Akten: Hauptstaatsarchiv, Adelsmatrikel

Briefe und Tagebücher
Geheim. Hausarchiv:
  36 Ia, Briefe Klenzes an Ludwig I. Bd. 1—6 (1816—64)
  Auszüge im Anhang/Personalakt/Briefe Ludwig I. an Klenze, erworben von Major von Klenze durch die Bayer. Akademie der Wissenschaften

Staatsbibliothek, Handschriftenabteilung, Klenzeana
  I. 1—7 Tagebücher 1816—1864
     10—13 Zusätze
  II. 11, Briefe an die Gattin, 9, Loliana
      12, 13 Personalia
      19 Briefe an Europ. Persönlichkeiten, u. a. Stüler, Rauch, Schelling

 III. 19 Briefe aus der Lombardei
   21 Denkschrift über die Regentschaft in Griechenland 1834
 IV. Dokumente, u. a. von Abel, Beyer, Döhling, Metternich, Öttingen-Wallerstein, v. d. Pfordten, Pückler, Rauch, Schrenk, Schelling, Schinkel, Thiersch usw.
 XIII. 1 Tagebuchunterlagen
   2 Briefe Klenzes an Ludwig I.
   3 Briefentwürfe, u. a. an Armannsperg, Cornelius, Kaulbach, Thiersch, Thorwaldsen
 XIV. Briefe Ludwigs I. an Klenze von 1816—1864 (581 Briefe und 9 Handzettel)
 XV. Briefe, u. a. von König Maximilian I., Eugen Beauharnais, Cornelius, Dillis, Goethe, Humboldt, Liebig, Reich, Rottmann, Schinkel
 XXI. Brief an Graf Otting 1850—1860

Joh.-Martin-von-Wagner-Stiftung der Universität Würzburg
 Fasc. V. Brief an J. M. Wagner von 1816—1823

Stadtbibliothek München, Monacensiasammlung
 Briefe Klenzes an den Sohn Hippolyt, die Enkelin Everilda und Eugenie

Herbert von Klenze, Ellenberg/Schlei
 Brief Klenzes an den Sohn Hippolyt vom 18. März 1847
 Brief Klenzes an Sohn Ludwig vom 23. Juni 1845
 Brief Klenzes an Sohn Ludwig (wegen Lola Montez) vom 6. Dezember 1846 und Ehrenerklärung des Sohnes vom 9. Dezember 1846
 Schreiben Klenzes an Ludwig I. wegen der Verleumdung der Lola Montez vom 21. Dezember 1847
 Brief Carl Klenzes (Bruder) an Leo vom 1. September 1812
 Letztwillige Verfügung Klenzes (Testament) ohne Datum, gez. euer treuer Vater, mit versiegeltem Umschlag: gleich nach dem Tode zu öffnen
 Ordensverleihung des Griechischen Erlöserordens vom 28. August/9. September 1851
 Manuskript Carl von Lützow, Leo von Klenze und sein Verhältnis zum Kirchenbau, 1865
 Isab. Held, Münchens erste große Neugestaltung zum 75. Todestag M. N. N. 12. Januar 1939
 Gedächtnisausstellung im Historischen Stadtmuseum (Dr. Fr. Hofmann) V. B. 28. Februar 1934
 Leo von Klenze zum 150. Wiederkehr des Geburtstages von Dr. Franz Hofmann V. B. 28. Februar 1934

Sammlung Gerhard Kommossa, Berchtesgaden
 Tagebücher der Enkelin Everilda von Pütz 1860—1871
 Familienbuch vom Landsitz Buchensee (Starnberger See) 1864—1868
 Stammbaum der Familie Klenze s. a. W. Koopmann
 Einige Urkunden, Erinnerungen und Briefe
 Federzeichnung Porta S. Gallo, Florenz

Im Besitz des Verfassers
 Brief Klenzes an den Direktor der Bayerischen Staatsbibliothek, Georg Lichtenthaler, über den Titel des Werkes von Edward Dodwell »Pelasgic Remains in Greece and Italy«, Anfrage vom 17. November 1836

Portraits

Stadtmuseum
 Mai.Slg. 1615 von Köckel 1839
     1616 von Conter
     1617 dass. gest. von Duncan

Bayerische Staatsgemäldesammlung
 Ölbild, Geschenk der Gräfin von Courten 1963

Staatliche Graphische Sammlung
 Bleistiftzeichnung von W. Kaulbach

Schriften Klenzes

ungedruckt:

Reise nach Rußland 1839

Briefe aus der Lombardei 1848

Zum neuen Baustil König Maximilians I. 1852

Denkschrift über die Regentschaft in Griechenland 1834

gedruckt:

Briefe aus Italien an seine Frau 1823/24

Reise in Sizilien, Tübingen 1824

Aphoristische Bemerkungen, gesammelt auf einer Reise in Griechenland, Berlin 1838

Literatur

Adalbert, Prinz von Bayern, Max Joseph, München 1956

Doeberl M., Entwicklungsgeschichte Bayerns Bd. III, 1928

Kobell L., Unter den 4 ersten Königen Bayerns, München 1894

Pölnitz W., Ludwig I. und sein Kunstexperte Joh. M. von Wagner, München

Ringseis N., Erinnerungen 4. Band, Regensburg 1886

Söltl J. M., Die bildende Kunst in München, München 1842

u. d. m. siehe Literaturverzeichnis unter Franz, Fürst, Hahn, Heigel, Holland, Lützow, Neezer, Regnet, Reber, Reidelbach, Sepp.

Anmerkung:
[1] Taufbucheintragung der kath. Kirche Schladen
[2] Bisher wurde fälschlich Bockenem bei Hildesheim als Geburtsort angegeben.

DER ARCHITEKT

Von der Sendung des Architekten

»Denn das ist es ja, was den größten Philosophen aller Zeiten, Plato, sagen ließ, daß ein vollkommener Architekt, wenn es einen gäbe, die höchste Stufe der Menschheit sei; weil dieser abwechselnd beides, Erfinder der freien Art und Phantasie des Künstlers und das abstrakte Wirken des Mathematikers und Finanziers in sich vereinigen muß. Die erste Stufe aber sucht uns, während wir die zweite suchen müssen. Deshalb ist Gott der Herr unsere Idee, die Zeit und Umstände aber nur Herr unserer Berechnung.« Unter solchem Anspruch stellte sich Klenze in einem Brief an Kronprinz Ludwig vom 26. Juni 1820. Als Architekt nahm er die ganze Spannung auf sich, die zwischen dem Künstler, der sich dem Höchsten verpflichtet sieht, und dem Handwerker, der die banalsten Forderungen erfüllen muß, besteht.

An ihn war die Anforderung gestellt, über Baustoffe, Putzfeuchte, Akustik, Feuerschutz, Kosteneinsparung genauso Bescheid zu wissen, wie den Anspruch seines Bauherrn zu erfüllen, es den großen Baumeistern der Antike und der Renaissance gleichzutun. Er forderte von ihm nichts weniger als ein »Urwerk« (oeuvre originale). Klenze besaß die geistige Kapazität und Bildung, die seine Zeit forderte, technischen Verstand und das diplomatische Geschick, seinem Bauherrn die rechten Entschlüsse abzuringen. Eine schon reflektierende Begabung hat er durch Fleiß zu künstlerischer Vollendung getrieben. Ihm half allein ein wohlentwickeltes Selbstbewußtsein.

»Ist der Architekt von dem vollen Inhalt seiner Aufgabe, von der Idee des Bauwerkes, das er zu schaffen hat, und dessen Zweckbestimmung ganz erfüllt und durchdrungen, und versteht er es, die technischen Grundbedingungen eines architektonischen Schaffens, nämlich dem von dem Raumbedürfnis abhängigen und die gesamte Raumanlage bestimmenden Grundland und die von der Örtlichkeit, dem Klima und Bautenmaterial bedingte, auf die Gesamtgliederung und die ornamentale Einzelgestaltung des Bauwerkes rückwirkende Konstruktion mit den höheren Anforderungen jene Ideen in lebendigen Einklang zu bringen, weiß er den Charakter praktischer Zweckmäßigkeit und heiterer Behaglichkeit mit dem der Einfachheit und Schönheit zu verbinden; so kann es nicht fehlen, daß das Gebäude ein in sich vollendetes, ausdrucksvolles und schönes Ganze in dem angedeuteten Sinne bilden werde.«

Klenze lebte in einer Zeit, die nicht mehr aus dem Ursprünglichen schaffen konnte. Er war sich dessen bewußt: »Wir leben nicht mehr in der Zeit des unbewußten naturnotwendigen Schaffens, durch welches früher die Bauordnungen entstanden, sondern in einer Epoche des Denkens, des Forschens und der selbstbewußten Reflektion. Zur Lösung der

31 Mittelknauf und Dachornament auf dem Lysikratesdenkmal in Athen

Aufgaben wird es notwendig sein, auf die Monumente hinzudeuten, welche auf die Architektur der verschiedenen Länder hingewirkt haben und noch hinwirken. Der heutigen Architektur steht überdies noch die ganze Errungenschaft der Vergangenheit an Vorbildern und Technik zur Verfügung. Ein geschickter Baumeister wird sich der vorhandenen Bauformen der klassischen sowohl als der romantischen, der geraden Linie, des Rund- und Spitzbogens mit ihrer Ornamentik in voller Freiheit zur Befriedigung der Gegenwart bedienen und sie zu einem originellen, schönen, organischen Ganzen verbinden. Sollte es nicht gelingen, wie seinerzeit sich der Renaissancestil aus dem damals bekannten Stil entwickelte, so auch jetzt eine neue Bauart zu finden?«

Die Antike als Leitbild

Zu Beginn seines Schaffens war der Blick Deutschlands und der Kunstbegeisterten nach Griechenland gerichtet. Dort hatte sich eine hohe Erwartung erfüllt. Die Antike war der Weg zum Ursprung, die griechische Baukunst war die »Natur der Baukunst«. »Es gab und gibt nur eine Baukunst und wird nur eine Baukunst geben, nämlich diejenige, welche in der griechischen Geschichts- und Bildungsepoche ihre Vollendung erhielt. Ehe diese Vollendung aber erreicht war, mußten manche Versuche vorausgehen, nachdem sie durch Zeit und Barbarei verwirrt und vernichtet wurden, manche Nachklänge des Trefflichen hervortreten, und so entstanden manche Bauarten, vor und nach der Baukunst. Allgemein zweckmäßig, charakteristisch und schön ist nur die Baukunst, welche den griechischen Grundsätzen entspricht; reizend und von bedingtem Wert jede Bauart, welche wirklich zu einer religiösen, nationalen und technischen Entwicklung gelangt ist.«

Der Tempel war ihm die Übereinstimmung von hohem geistigem Gehalt und technischer Vollendung. Der Typ des dorischen Tempels hatte sich von Stufe zu Stufe entwickelt. Klenze hielt ihn für so entwicklungs- und wandlungsfähig, daß er ihn auch den modernen neuen Forderungen anpassen zu können glaubte, in jener »dem griechischen Tempelbau inhärenten Freiheit artistischer Entwicklung«. Klenze meinte »die freie Entwicklung eines poetischen Gedankens« vom griechischen ποιειν = machen, dichten, verdichten, also im Machen sich fördernd, im Herstellungsprozeß sich verbessernd und im Vollzug sich vollendend. Die Antike war die Erfüllung gewesen und die Renaissance nach »der Verwilderung des Mittelalters« die Rückkehr zum Ursprung.

Klenze an König Ludwig am 12. September 1817 Nr. 41:

»Die Architektur der Griechen teilt dem Beobachter, der nicht nur mit den Augen, sondern mit der Seele sieht in zwei Teile; der erste, gewissermaßen die Ursache liegt in der hohen Zweckmäßigkeit ihrer Anordnungen, in der Sparsamkeit ihrer Mittel, in dem Prinzip der Festigkeit ihrer Konstruktion. Diesen wesentlichen Eigenschaften ist der zweite Teil, die Schönheit der Formen als ganz natürliche Wirkung entsprungen. Wer sich also nur streng und fest an die ersten Bedingnisse griechischer Kunst hält, der wird hellenisch sein und bleiben ohne streng nachzuahmen.

Religion, Sitte, Staatsverfassung, Klima und bis ins Unendliche vervielfachtes Bedürfnis zwingen uns Gebäude und Erfindungen ab, die sich nicht in zwei oder drei Vorbilder, welche uns die Griechen übrig gelassen, zwängen lassen.«

»Die Antike ist zuerst in Mißkredit gekommen«, schrieb Schelling an Klenze am 15. März 1836, »wegen der geistlosen bloß äußerlichen und formellen Nachahmung, die man bequemer gefunden hatte, anstatt in die geistige Methode selbst einzudringen, durch die solche Werke entstanden ... Mir aber scheint, daß es um die christliche Kunst ganz anders stehen würde, wenn sie die Tiefe vorerst nur zu erkennen suchte, in welche die griechische mit ihren Gegenständen hinabgestiegen ist.«

Bauherr und Architekt

Einen Mann von solchen Graden brauchte Kronprinz Ludwig von Bayern, der seit Jahren einen fähigen, den »fähigsten Architekten Deutschlands« für seine großen Bauvorhaben suchte. Geist, Bildung, Begabung und Bereitschaft vereinigte Klenze in seltenem Maße. Die Münchener Architekten konnten Ludwig nicht genügen: Der Hofbaumeister seines Vaters, Andreas Gärtner, der Vater Friedrich Gärtners, war überaltert, der Stadtbaumeister Schedel von Greifenstein in kleinlichem Zopfstil befangen, Pertsch, Lechner, Thurn, Vorherr und die anderen den hohen Zielen des antikisch gesinnten Kronprinzen nicht aufgeschlossen genug. Keiner besaß die Begabung, um den hochfliegenden Ideen des Kronprinzen folgen und Form geben zu können, außer: Karl von Fischer. Aber der war mit den Aufträgen für König Max Joseph belastet und zudem krank. So kam der Bund mit Klenze zustande, zuerst auf Probe, aber bald hatte er Vertrauen und Aufträge auf Jahre erworben.

Ludwig gab ihm dreißig große Bauten in Auftrag. Das Verhältnis war bei aller Distanz, die der Kronprinz und der spätere König hielt und die Klenze zu wahren wußte, vertraulich. Den Gedankenaustausch, zwischen dem Bauherrn und Baumeister täglich und auf vielen Reisen geführt, kennen wir gut, da ihn Klenze in seinen Tagebüchern niederlegte. Der Briefwechsel, pausenlos durch Jahre ausgetauscht, oft mit zwanzig Fragen und mehr befrachtet, gibt Aufschluß über die Ziele eines Bauherrn, der wie kein anderer von der Leidenschaft, sich im Bauen zu bestätigen, besessen war, und über seinen Architekten, der diesen Wünschen Wirklichkeit gab.

Die ganze Spannung zwischen dem Bauherrn und dem Architekten, zwischen Ludwig und Klenze, offenbaren die Briefe.

»So geht es den unglücklichen Architekten, sie haben mit allen Hindernissen der Welt zu kämpfen, das mächtigste aber bleibt doch der Einfluß der Bauherren selbst, deren beständiges Einreden der ewige Stein des Anstoßes in dieser Kunst ist, und diesen Stein des Anstoßes hinwegzuräumen muß man oft mehr Mühe anwenden als das Werk selbst zu vollenden erfordert ...«

»In demselben Briefe war ebenfalls das Äußere der Glyptothek, die berüchtigte Säulenhalle, wieder vorgenommen, und ich fange an zu bemerken, daß es schwer ist, einem Fürsten zu dienen, welcher nur eine vage Idee von der Perfektibilität der Wirkung und des äußeren Anblicks als Richtschnur hat, statt sich durch feste Grundsätze oder festes Vertrauen in einen Künstler leiten zu lassen. Doch das ist nun einmal das Schicksal dieser Architekten und der Fluch dieser Kunst, und ich will nicht über meine Geschicke klagen, denn dem Kronprinzen ist wenigstens nicht großer Sinn und große Liebe abzusprechen, und zum Ende darf ich nicht verzweifeln, wenn auch mit Kämpfen und Mühe, danach endlich etwas Großes zustandezubringen.« Jahre danach: »So wechselte auch stets sein Geschmack in der Architektur und statt sich wie ein Perikles mit aller Kraft seines Seins, Wollens und Könnens auf die Ausbildung und Durchführung einer mit klarem Bewußtsein als gut erkannten Richtung zu werfen, flatterte er schmetterlingsartig von einer architektonischen und artistischen Blume auf die andere ...

Ich erhielt gewöhnlich zur Antwort: ›ja! ja! das ist alles recht gut aber der Effekt, die Wirkung mein bester Klenze, das ist doch die Hauptsache‹, und dieses unselige Axioma ward stets mit einer Gestikulation der Hand und einem Ausdruck des Auges begleitet, welcher die ganze Gefühlsweise des Herrn in der Kunst als eine rein sinnliche und materielle auf das Treffendste bezeichnete!«

Neben Ludwig fanden sich zu Beginn noch andere Bauherrn, König Max Joseph selbst für den Marstall und das Hofgartentor, der Herzog von Leuchtenberg mit seinem Palais, dem ersten Bau am Odeonsplatz, Graf Moy mit dem Palais neben der Theatinerkirche, der Caféwirt Tambosi und Baurat Himbsel mit dem Basargebäude, Staatssekretär von Kobell mit dem Haus Ecke Odeonsplatz-Ludwigstraße, Graf Mejean oder Schlossermeister Riedl mit dem Haus im ersten Teil der Ludwigstraße, oder Graf Arco mit seinem Palais am Wittelsbacher Platz, später König Otto von Griechenland, der Kaiser von Rußland, der König von Preußen und schließlich König Max II. von Bayern. Stets aber stand an erster Stelle König Ludwig I., auch nach seiner Abdankung.

Ludwigs Aufträge begannen mit der Glyptothek, Klenzes schwerstem, des Kronprinzen eigentlichstem Bau, Bild eines reinen Griechentraums im Äußeren, Reichtum um die Bildwerke im Innern. Es folgten die »maßgebenden« Bauten der Anlage vor dem Schwabinger Tor: Leuchtenberg-Palais, Hofgartentor, Beginn und Fortsetzung der Ludwigstraße vom Basar bis zum Kriegsministerium, vom Moy- bis zum Max-Palais, der Wittelsbacher Platz mit Arco- und Alfons-Palais, nach der Thronbesteigung Ludwigs I. Königs- und Festsaalbau der Residenz, Allerheiligen-Hofkirche, die Bauten in antikisierendem Stil, Walhalla und Ruhmeshalle, und zuletzt die Propyläen; klassische Leistungen im klassizistischen Raum.

Das architektonische Vermögen Klenzes ist am reinsten zu beurteilen, wo es klassizistischer Bedingtheit enthoben ist: in Lösungen reiner Raumordnung bei komplexen Grundrissen wie der Residenz oder in städtebaulichen Aufgaben. Diese zeitlose Meisterschaft, wie er die Strukturgesetze der bis zu seinen Tagen geschichtlich gewachsenen Stadt beachtet, ihre Geschichte und die Zukunft vorausplant! Er weiß die Altstadt an der richtigen Stelle zu öffnen, ihren Verkehrsstrom dem neuen Stadtteil mitzuteilen, die Maxvorstadt anzuschließen und der Stadtanlage Ludwigs I. mit der Ludwigstraße einen Stadtraum von verpflichtender Schönheit und Größe zu geben. Die Vielzahl der Achsen und Straßen, die Massen von Theatinerkirche, Residenz, der offene Hofgarten, der Knotenpunkt vor der Residenz, Brienner Straße und Ludwigstraße mit den Blöcken am Odeonsplatz sind zu einer beruhigten Harmonie gebracht. Der alte Stadtkern ist in einer Weise, die kaum die ehemalige Begrenzung durch die Stadtmauer ahnen läßt, in die neue Form der Residenzstadt übergeführt. Klassizistische Form war der Einheit besonders förderlich: kubische Hausform, in gleicher Höhe herumgeführte Gesimse, gleiche Stockwerkshöhen, gleiche Fassadenbilder, flache Dächer, wenig betonte Achsen, kantige, aber nicht stark hervortretende Profilierung und gedämpfte Farben. Ein anderes Meisterwerk architektonischer Komposition sind seine Pläne für die Residenz, wo er für den Festsaalbau und den Königsbau die Vielzahl der neuen Gemächer mit dem alten Baukomplex verbindet und gegenseitig steigert.

Klenze und der Klassizismus

Klenze hatte die Vorstellung geschlossener Stadträume der italienischen Stadtstaaten vor Augen. Nicht die von Grün durchsetzte, in Gartenprospekte englischen Stils aufgelöste Vorstadt Fischerscher Prägung, wie dieser sie in heiterster Weise am Karolinenplatz verwirklicht hatte, sondern blockartige Geschlossenheit, rechteckige gerade Fügungen wie am Odeonsplatz, dem Wittelsbacher Platz oder dem Marstallplatz. Auch die Ludwigstraße ist trotz ihrer Weite noch geschlossener Saalplatz. Die architektonische Konzeption war vor allem da. Alle Stilform ordnet sich dem ein, Monumentalität fordert diese Unterordnung. Klassizistische Stilformen kamen dem sehr entgegen: viereckige geschlossene Baublöcke, flache Dächer, glatte Wände, zurückhaltende Profilierung. Aber die Fassaden Klenzes werden nicht leer, er wußte zu modellieren. Die Fensterumrahmungen des Leuchtenberg-Palais und Odeons finden für jedes Stockwerk eine eigene Ädikula, die Arkaden des Kriegsministeriums, die Loggia des Festsaalbaues und die herrlichen Portale des Marstallgebäudes. Jedes Bauwerk hat einen eigenen Stand, ist dem anderen beigeordnet.

»Forensisches verlangt Weite und kennt kein Behagen (H. Karlinger).« Wie Klenze die Renaissance begriff, zeigen die mächtigen Einzelbauten wie etwa die Pinakothek in ihrer breiten Lagerung in weitem Raum, oder in machtvoller Ausdehnung auch der Königsbau oder der massige Block des Marstallgebäudes. Nur solche Massen konnten den weitgesetzten Achsen des Stadtgedankens eines Ludwig Widerhalt geben. In der Fassadenzeichnung und

Wandteilung erwies Klenze die große Stärke seiner Proportionskunst. Trotz kleinster Profilierung, minuziösen Ornamenten eine heroische Architektur in antikischer Reinheit.

Seine Meisterschaft bewährte Klenze in der Verteilung der Massen, in der Modellierung der Fassaden, Wandflächen mit Lisenen, Halbsäulen, Fußprofilen und Deckenfriesen zu verspannen. Im Äußeren vorbildlich geübt, an der Pinakothek, im Innern an den Sälen des Königsbaus »Proportion aus Proportion zu entwickeln«, wie Heinrich Wölfflin von Klenzes Architektur zu sagen weiß.

Man hat Klenze vorgeworfen, daß er um der Fassade willen den Grundriß vernachlässigt habe. Der Fassade hat das Experiment seines Lebens gegolten, ob ein neuer Baustil möglich sei. »In dem in Frage stehenden Gebäude müßte ein gewisser Schwung und der dem Zweck desselben entsprechende Charakter liegen, darum alles Frostige, Schwerfällige, Strenge hierbei vermieden werden. Nötig ist, daß eine Grundform (wie der Rhythmus eines Gedichts) gefunden werde, die sich als die schönste und zweckmäßigste erweist, um in dem betreffenden Gebäude durchgeführt zu werden und vorherrschend hervorzutreten.«

Anweisung zur Architektur des Kirchenbaus

Im Kirchenbau forderte Klenze, und damit mündete die Theorie in die Praxis, einen einfachen Grundplan, möglichst frei im Innern, akustisch und so angeordnet, daß man von allen Plätzen des inneren Raumes auf das Presbyterium oder den Hauptaltar hinsehen kann. »In architektonischer Rücksicht scheint es uns immer wünschenswert, daß die große Menge von Altären und Kapellen, welche das oben erwähnte Schema der Pfeiler- und Pilasterkirchen gestattet und sich namentlich im katholischen Kirchendienst eingeführt hat, nicht bei neu zu erbauenden Kirchen befolgt werden möge.«

»Die Beleuchtung der Kirche ist eine Sache, deren Schwierigkeit viele Nachteile in deren Bauart hervorgebracht hat. Als normal erscheint dabei angenommen werden zu müssen, daß das Licht soviel wie möglich von oben einfalle, sei es durch die Mauern oder durch die Decke. Obwohl es sich nun wohl etwas Näheres hierüber sagen läßt, so sollen doch selbst in den kleinsten Kirchen die Fenster nicht niedriger als etwas über der vollen Mannshöhe anfangen, um eine Störung zu vermeiden. Die Masse des einfallenden Lichtes soll mäßig und nicht übertrieben sein. Zur Dunkelheit, wie sie die byzantinischen Gebäude absichtlich, die hierarchischen Dome mehr zufällig durch die bemalten Fensterscheiben zeigen, finden wir keinen Grund. Unser Heiland empfahl zwar zum Beten die Einsamkeit, aber nie die Dunkelheit und sollte der Sinn, in welchem jene Stelle des Neuen Testaments zu deuten ist auf das Innere einer Kirche angewendet werden, so müßte sie nicht düster, sondern vollkommen finster genannt werden, damit die Frömmigkeit der einen von den andern nicht gesehen werden könne.

Was die übrigen Teile des inneren Baues anbelangt, so beschränkt sich das was sich im allgemeinen darüber sagen läßt, auf die Vermeidung zweckloser architektonischer Zierden,

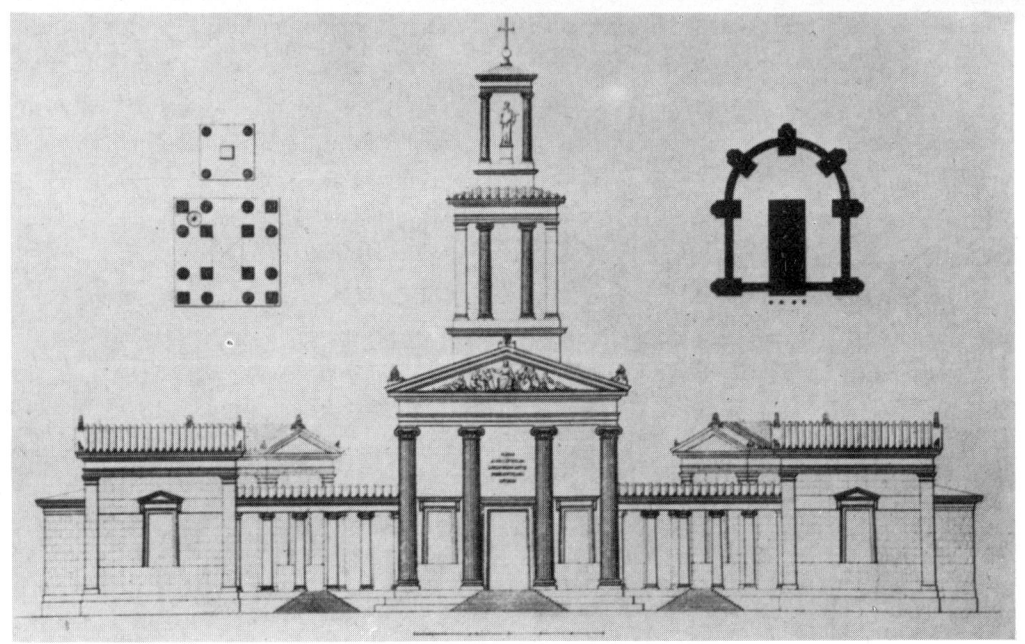

32 Entwurf einer Kirchenanlage · Musterblatt aus der »Anweisung zur Architektur des christlichen Kultus«

den vorsichtigen Gebrauch großer Gesimse und die Befolgung der architektonischen Grundsätze und Regeln im allgemeinen.«

Klenze wußte, was ein Profil auszudrücken vermag. In den Mappen finden sich diese vorzüglich gezeichnet für jedes Bauwerk in stets neuer Stufung und neuer Spannung. Die Zeichnung Klenzes verrät den Entwurfsvorgang. Nicht in wildem Wurf wird die Bauform in saftigen Strichen umrissen, sondern fein säuberlich erarbeitet, allmählich von Stufe zu Stufe geschliffen, abgewogen, ausgemittelt, zum Teil sogar errechnet. Die Zeichnung ist mit feinen dünnen Linien aus spitzer Feder auf glattes Papier aufgetragen. Bei farbigen Blättern ist die Kontur peinlich ausgemalt. Die flotte Handskizze fehlt fast ganz.

Auch in der Bauausführung bewährte sich Klenze als Treuhänder seines fürstlichen Bauherrn. Dessen weitgespanntes, im Verhältnis zu der Kabinettskasse und den Mitteln des bayerischen Staates ungeheures Bauprogramm war nur durch Planung und Sparsamkeit zu vollenden. Man weiß, wie Ludwig auf Jahrzehnte hinaus die Finanzierung seiner Bauten einteilte. Keines seiner Vorhaben blieb unvollendet, Klenze half dabei. Die Briefe sind voll von Voranschlägen Klenzes und Finanzierungsfragen des Königs.

»Eine scharf ausgesprochene Anforderung der Gegenwart an die Baukunst ist die Verbindung praktischer Zweckmäßigkeit mit möglichster Kostenersparnis: praktische Zweckmäßigkeit, Komfort des Lebens, Einfachheit und Schönheit nach der gegenwärtigen Ausbildung der Technik, verbunden mit dem möglichsten Haushalt und den Mitteln.«

33 Entwurf einer runder Kapelle · Musterblatt aus der »Anweisung zur Architektur des christlichen Kultus«

Ludwig bestätigte ihm, über die für ihn geübte Sparsamkeit erleichtert: »Das heißt gute Geschäfte gemacht! Lebhaften Dank für den mir von Ihnen gewordenen trefflichen Erwerb um solchen Preis«, schrieb Kronprinz Ludwig aus Aschaffenburg am 3. Juli 1816, und ein Jahr später: »Nicht nur als trefflicher Baukünstler, sondern auch gleichfalls als trefflicher Geschäftsführer haben Sie sich bewiesen und beweisen Sie sich als solcher in der Vorstadtgeschichte (Odeonsplatz) für mich.«

Zuweilen litt Klenze unter diesem Druck seines Bauherrn: »Wie schon gesagt, eigentlich geizig, geldgierig ist der König Ludwig nicht, aber er übertreibt oft das Bestreben, ein Geld nur für ihm gerade zusagende und wenn auch gewöhnlich gute und edle Zwecke zu verwenden, bis zum äußersten Grade der Härte, Ungerechtigkeit und unwürdigen Ersparungsmanie.«

Klenze war bei den Bauunternehmern ob seiner peinlichen Genauigkeit nicht beliebt, aber wegen der großen Aufträge, die er zu vergeben hatte, umworben. Er hatte im Gegensatz zu den vor ihm auf Gutmütigkeit und treuen Glauben vergebenen Bauten eine genaue Vorvergabe mit Kostenvoranschlägen und Zuteilung an den wenigst Nehmenden eingeführt. Die Baupreise waren unter ihm um ein Drittel bis zur Hälfte gesunken.

Auf der Baustelle war Klenze gefürchtet. Er wußte Bescheid und konnte den Handwerkern auf die Finger sehen. Darob bekam er den Namen »der Palier«, wie man Ludwig ob seines häufigen Erscheinens auf der Baustelle den »Oberpalier« nannte.

In seiner Preispolitik im Baugewerbe war Klenze streng. Als beim Bau der Walhalla unter den Steinmetzen ein Streik ausbrach, riet er dem König, ihn niederzuschlagen. »Die Steinhauer-Rebellion bei der Walhalla, welche den dortigen Aufseher zu einer höchst unbilligen und übertriebenen Erhöhung des Arbeitspreises zwingen wollten, da man ihm aber nicht nachgab, haben alle den Bau verlassen. Nachgeben glaube ich aus langer Erfahrung nicht zu dürfen.« (März 1837.)

BAUPRAXIS

In jahrelanger Erfahrung hatte er sich eine große Materialkenntnis erworben. Er besaß die Leidenschaft des Architekten für den Naturstein, war leider nur zu oft gezwungen, aus Geldmangel seine Zuflucht zu Gips und angestrichenem Blech zu nehmen. Manche alte Technik lebte wieder auf. Der Erzguß und die Glasmalerei kamen zur Blüte. Klenze wußte über die Scajola-Technik genauso Bescheid wie über ein von den Franzosen neu entwickeltes Verfahren, der enkaustischen Malerei. Die Freude an neuen Konstruktionen, vor allem den in Frankreich und England entwickelten Formen des Stahl- und Eisenbaues, teilte er mit seiner Zeit. Mit dem Architekten Thurn und dem Ingenieur Mannhart entwickelte er ein eigenes Trag- und Stützsystem bei der Walhalla oder beim National-theater. Mit Recht betitelt ihn Ludwig als seinen »Polymechanos«, womit der Name des »Architektus« ergänzt wird. So hat er, um dem Naturstein für den Residenzbau die Bruchfeuchte zu nehmen, eine Trockenanlage erfunden. Die Gerüstkonstruktion für die Walhalla war so vorzüglich, daß sie nach Griechenland für den Parthenon exportiert werden sollte. Die Portalkonstruktion für das Nationaltheater war von einer für die damalige Zeit genialen Verteilung der Druck- und Zugspannungen auf Stein und Stahl. Mit Schinkel in Berlin wurde ein Gedankenaustausch über Akustikfragen, die Klenze für das Odeon erwog, geführt.

DIE GROSSEN BAUTEN

Klenze hat München sein Maß gegeben. Er beherrscht die Stadt damit noch heute.

Die Lebens- und Arbeitsleistung Klenzes ist ein Phänomen. Es sind 30 große Bauten, die er allein für König Ludwig errichtete. Darunter Glyptothek, Leuchtenberg-Palais, Marstall, Finanzministerium, Ludwigstraße, Königsbau der Residenz, Odeon, Pinakothek, Allerheiligen-Hofkirche, Herzog-Max-Palais, Monopteros, Walhalla, Festsaalbau der Residenz, Ruhmeshalle, Propyläen, Befreiungshalle.

NACHWEISE

Bauten

Das Gesamtwerk, siehe chronologisches Verzeichnis

Pläne

Graphische Sammlung, siehe alphabetisches Verzeichnis im Anhang
Klenzeana IX/1, 11, 12, siehe Anhang
Stadtmuseum, Maillingersammlung, Bd. VIII und IX
Stadtmuseum, Langsammlung, I—VI siehe Verzeichnis Anhang
Landbauamt München, Mappe XXVII, Pinakothek, Mappe XXVIII Odeon, Decke Original, farbig
Kriegsarchiv, München, Mappe M 2 b 1 (blau und rot)
Kriegsministerium, Mappe M 2 b 2 (gelb) Kriegsministerium
Verwaltung der Staatlichen Schlösser, Seen und Gärten / Bauleitung Residenz: Mappe I, Festsaal und Königsbau, Mappe II, Königsbau, Mappe III, Festsaalbau
Bauamt Schloß Nymphenburg:
Schleißheim, Schloßfassade Westen, sign. Klenze 1819
Mappe C I a/1 Denkmal für L. v. Sckell, sign. Klenze 19. 6. 1823
Mappe C I a/4 Ruhebank Engl. Garten, sign. Klenze
Mappe C I a/2 Werneckdenkmal, sign. Klenze
Mappe A XIV d/1—11 Ständehaus

Briefe

Geheim. Hausarchiv, Klenze an Ludwig I. 1816—1864
Klenzeana XIV, Briefe Ludwigs I. an Klenze 1816—1864
Joh.-Martin-von-Wagner-Stiftung, Universität Würzburg, Briefe Klenzes an Wagner

Tagebücher

Klenzeana I/1—7, Memorabilien I—VII
Klenzeana II/7, Venezianisches Tagebuch 1824

Akten

Klenzeana, II/17, Arbeiten in Kassel, Schreiben Baudirektor Jussof
Klenzeana, II/18, Architektonische Aufzeichnungen Hallerstein
Klenzeana, III/22/24, Dokumente zu den Bauten in Athen und St. Petersburg
Klenzeana, III/18, Schriften zum Akademiebau Budapest
Klenzeana, III/6, zur Glyptothek
Klenzeana, III/7, zum Maxpalais
Klenzeana, III/8, Odeon

Schriften

Handschriftlich

Klenzeana I/9 Architektonische Erwiderungen und Erörterungen über Griechisches und Nichtgriechisches von einem Architekten, darunter u. a. über
Der zweckmäßige Baustil
Symbolik in der Architektur
Religiöser Wert und historischer Wert
Einfluß der geistlichen und kirchlichen Zustände auf die Architektur
Geschichtliche Verwandlung alter Tempel in christliche Kirchen
Bauwerke in Dalmatien und Venetien
Karolingische Bauwerke
Arabische Baukunst
Berechtigung des modernen Stiles für unsere Zeit
Analogie nordischer und italienischer Skulptur
Klenzeana I./11
Excerpte zur Widerlegung G. Sempers
Kleinasiatische Tempel und assyrische Architektur mit Zeichnungen
Kreta, phönikische Kunst, Pelasger
Um das Grabmal Absalons in Palästina
Gedruckte Schriften:
Der Tempel des olympischen Jupiter von Agrigent, Stuttgart und Tübingen 1827
Sammlung architektonischer Entwürfe, I. Ausgabe Heft 1—8. München 1830. II. Ausgabe München 1850 (V. Heft der II. Ausgabe = 9. und 10. Heft der I. Ausg.)
Anweisung zur Architektur des christlichen Kultus. München 1833
und L. Schorn, Beschreibung der Glyptothek S. M. König Ludwigs I. von Bayern. München 1837
Aphoristische Bemerkungen, gesammelt auf einer Reise nach Griechenland. Mit Atlas. Berlin 1838
Die Dekoration der inneren Räume des Königsbaues zu München. Wien 1842. (Besonderer Abdruck aus der Allgemeinen Bauzeitung mit 21 zinkographischen Tafeln in Plane)
Die Walhalla in artistischer und technischer Beziehung. München 1843
Das deutsche Befreiungsdenkmal. München 1863

Literatur

Beenken H., Das allgemeine Gestaltungsproblem in der Baukunst des Klassizismus
Bulle H., Zur Geschichte des Königsplatzes
Hahn G., Der Maximilianstil
Klopfer P., Von Palladio bis Schinkel
Weitere Titel im Anhang, u. a. Kiener, Lieb, Leitenstorfer, Oncken, Schmidt, Semper, Streiter, Wiebeking

34 Zeichnung des Heroon bei Agrigent · Aus dem Skizzenbuch der Sizilianischen Reise

DER ARCHÄOLOGE

»Herr von Klenze, welcher gleich ausgezeichnet als Architekt wie als Archäologe«, schrieb kein Geringerer als Friedrich Thiersch, »hat im Jahre 1823 und 24 dieses Land im Gefolge seiner Majestät besucht und in Sizilien mehrere Monate der Untersuchung der großen Ruinen von Agrigent und Selinunt gewidmet.«

Und Friedrich Schinkel schrieb an Klenze am 20. November 1834:
»Hochgeschätzter Herr und Freund!
Ihnen will das Schicksal wohl, indem Sie nach örtlichem Genuß in beständiger fruchtbringender Verbindung mit Athen bleiben. Wir glauben nun schon einmal, daß die Gelegenheit für die interessantesten Entdeckungen in Griechenland niemals wie jetzt dagewesen sei und besonders für uns Deutsche und hoffen deshalb durch Ihren Einfluß und Ihre unmittelbare Einwirkung bald die außerordentlichsten Aufschlüsse zu erfahren, neue Erscheinungen als Vervollständigung unserer Kenntnisse des griechischen Altertums aufnehmen und hieraus wieder unseren Wirkungskreis aufs mannigfaltigste erweitern

zu sehen. Ihr kurzer Aufenthalt in Athen hat bereits soviel Veranlassung gefördert, daß es nun nicht mehr fehlen kann, auf dem eingeleiteten Wege die schönste Ausbeute zu gewinnen.«

Als klassizistischer Architekt stand Klenze im Schnittpunkt der klassischen Bautradition und der Forderungen seiner Zeit und seines Bauherrn. Die Antike weiterentwickeln zu können, war sein Glaube und der seiner Zeit. Dazu mußte er sie kennen. Der Weg dahin war die Archäologie. Es war nicht genug, die Formen zu kennen, sondern es war für ihn notwendig, sie zu erforschen, wie sie entstanden, sich entwickelt haben und handwerklich zustande kamen.

Klenze war sich der Bedeutung seines archäologischen Wissens bewußt. Er betrieb die Archäologie um ihrer selbst willen und als Grundlage für seine eigenen Arbeiten. In einem Brief an König Ludwig bezeichnete er sein archäologisches Wissen als umfassend.

Die stehenden Fachausdrücke sind zum Teil in der Bedeutung von Vitruv übernommen, zum Teil aus neueren Schriftstellern, zum Teil in der von Ludwig I. versuchten Eindeutschung wie »gerinnte Säule« statt kannelierte Säule. Vielfach hat Klenze auch auf den Fachausdruck verzichtet und nur den Vorgang beschrieben wie bei der Anathyrose, deren Vorgang er ausführlich bei der Fugung des Parthenons beschrieb. Die geläufigsten Ausdrücke blieben ihm Aedicula, Akroter, Anathyrose, Antefix, Entasis, Epistyl, Heroon, Hypäthraltempel, Kanneluren, Koren, Krepidoma, Metopen, Naos, Narthex, Opisthodom, Orthostat, Peripteros, Peristasis, Peristyl, Pronaos, Prostylos, Sima, Stereobat, Stylobat, Triglyphen.

DER STAND DER FORSCHUNG

Der antike Formenschatz seiner Zeit, erst seit wenigen Jahren beachtet, an den Denkmälern in Südfrankreich und Italien beobachtet oder nach den Schriften Vignolas rekonstruiert, konnte ihm nicht genügen. Die Aufsätze Winckelmanns, die Schriften Guarnaccis, Peloutiers, Stuart und Revett waren die Einleitung. Klenze suchte das Gesetz, das den antiken Tempel so vielseitig und doch ähnlich hervorgebracht hatte, den geistigen Hintergrund, die geschichtliche Entwicklung, den handwerklichen Untergrund.

Schon als Student in Paris hatte er die Theoretiker studiert, die diese junge Wissenschaft aus den alten Klassikern der drängend fragenden Gegenwart mit den Ausgrabungen und Entdeckungen der letzten Jahre nahebrachten. Bald drängte es ihn, auf Studienreisen die erreichbaren Ruinen in Südfrankreich und Italien aufzusuchen, an einigen Tempeln Messungen vorzunehmen und Vergleiche auszuführen, später an der Akropolis die Grabungen zu leiten und danach aus der Anschauung und der Erfahrung eine eigene Theorie zu entwickeln. Am Ende dieses gründlichen Weges steht, im antiken Geist und der antiken Bauweise ein Modell darzustellen, naturgroß und mit selbstentwickelten Zutaten: die Ruhmeshalle oder die Walhalla — was uns heute als Vermessenheit erscheint, war damals gläubige Befangenheit —.

35 Musterblatt der Römischen Baukunst I

Drei Jahre war Klenze Schüler des großen Archäologen Hirt in Berlin. In Paris erfuhr er von den Ergebnissen der ersten ionischen Mission unter Leitung von Stuart und Revett.

In Nîmes und Arles, Rom und Paestum begegnete der junge Architekt erstmals antiken Denkmalen. In einer Winterkampagne 1823/24 vermaß er die Tempel in Sizilien; bei den Ausgrabungen am Parthenon 1834 versenkte er sich Tag für Tag und Stück für Stück in das Geheimnis dieses Bauleibes, bis er aus den Bruchstücken ablesen konnte, wie er entstand.

Herrliches Neuland lag vor ihm. Jeder Schritt schenkte dem scharf Sehenden und Denkenden eine Entdeckung. Noch war wenig erforscht. Es gab noch keine Fachliteratur. Mit Leidenschaft hatten sich Dilettanten — die angesehenste archäologische Vereinigung war die Society of dilettanti in London — auf dieses Gebiet gestürzt. Klenze war kein Dilettant. Die solide Ausbildung des Architekten sicherte vor jeder Spekulation. Jeder

36 Musterblatt der Römischen Baukunst II

Strich, jede Kombination war technisch geprüft. Er verschaffte sich aus der üppig sprießenden Forschung den Überblick über die zahlreichen Tempel und gewann das Bild des griechischen Tempels und seiner Entstehung. Seine Darstellung der Antike war stets aus dem baulichen Vorgang rekonstruiert. Doch sein Streben ging über bloße Archäologie hinaus:

So unbefangen er sich den gegebenen Denkmalen näherte, er suchte, was dahinterstand, ließ sich in die Tiefe leiten und gab sich in einem fruchtbaren Akt dem Staunen hin. Der Vierzigjährige lernte Homer, um durch ihn das Wesen der Griechen zu erfahren. Man mag heute über den Versuch, den klassischen antiken Tempel nachzubauen, lächeln. Die Methode, die in diesem Geist die Antike durchforschte, leistete Gültiges. Klenze wurde ob seiner archäologischen Forschungen und Verdienste von den europäischen Akademien und wissenschaftlichen Gesellschaften zum Mitglied ernannt.

Die Rekonstruktion des toskanischen Tempels

In seiner wahrhaft akademischen Rede vor der Bayerischen Akademie der Wissenschaften vom 3. März 1821 weist sich Klenze als archäologischer Forscher aus. Er referiert über den Stand der Forschung, über die Bemühungen Quatremères, Kreutzers, Hirts, Thierschs, Böttigers, Schorns, William Gells, der von der zweiten ionischen Mission nach Samos, Sardes, Hierapolis zurückgekommen war, ebenso über die Grabungen des vielversprechenden jungen bayerischen Archäologen Haller von Hallerstein auf Aegina und seiner Teilnahme an den Grabungen in Phigalia zusammen mit Gropius, Cockerell, Linkh, Stackelberg, Brönstedt, Koes und Forster. In erstaunlicher Belesenheit verbindet Klenze in seinem Vortrag die ethnologischen Angaben eines Dionys von Halikarnass, Livius, Plinius, Tacitus, Varro, Strabo, Herodot und verbindet sie mit den neuen Forschungen seiner Zeit eines Wachsmuth, Hormayer, Niebuhr und Tschudi. Ja, er geht auch auf die Spekulationen der Geschichtsanschauung eines Friedrich Schlegel, Görres, Kanne, Jones und Langless ein.

Nachdem die ersten Formen der griechischen Baugeschichte, die sogenannten troglodytischen (Schatzhaus des Atreus, Tiryns, Nauplia), vorgetragen sind, versucht Klenze, seine Rekonstruktion des sogenannten toskanischen Tempels darzulegen. Bei der Rekonstruktion dieser Tempel beginnt er mit dem Tempel in Delphi und dem Poseidontempel in Mantinea nach den Angaben Pausanias. Es ist eine höchst lesenswerte Entwicklung der Steinform aus der Holzform des griechischen Tempels. Heute mag die Abhandlung über die Antenmauern durch neuere Forschungen überholt sein. Aber bei dem Rekonstruktionsversuch, den er in sieben Kupfertafeln darlegt, begnügt er sich nicht, seine Bauten nach vagen Angaben und schematischen Vorlagen zu gestalten, sondern er will unmittelbar und präzise wissen und am vorliegenden antiken Werkstück aufzeigen. Allein bei der Darstellung der Dachzone, den Verklammerungen der Tragbalken, dem Geison, den Sparren bis zu den Dachziegeln und Antefixen sieht man jede Angabe aus der handwerklichen Herstellung abgeleitet.

Drei Wochen später folgte vor derselben Gelehrten-Gesellschaft ein Bericht über den Stand der Ausgrabungen und der Bergung der antiken Kunstschätze in Griechenland. Die archäologischen Bemühungen standen damals noch sehr unter dem Zeichen, die plastischen Monumente Griechenlands auszuführen und zu entführen. Die uns heute fremde Einstellung war damals gerechtfertigt unter der einheimischen Mißachtung, die unter Umständen die antiken Ruinen als Kalkgrube mißbrauchte. So wurde die »Bemühung« Lord Elgins — heute als Raubzug bezeichnet — begreiflich und von Klenze vorsichtig entschuldigt. Klenze zeigt sich über die Geschichte der Spoliationen genau unterrichtet.

Die Absicht seiner großen Rede vom 31. März 1821 war, die deutsche Öffentlichkeit auf die Möglichkeiten, die sich in Griechenland darboten, hinzuweisen und zu beteiligen.

Die Kampagne auf grossgriechischem Boden 1823/24

Bei dieser Einstellung sah Klenze mit Sehnsucht dem Tag entgegen, an dem er die Tempel selbst sehen durfte. In seinen Briefen drang dieser Wunsch wiederholt an den Kronprinzen. Da ergab sich im Winter 1823/24 die Möglichkeit, mit Ludwig Sizilien zu besuchen. Mitten aus der überreichen Tätigkeit in München, wo die Glyptothek Stein für Stein nach der sorgenden Hand des Meisters verlangte, ebenso sechs andere große Baustellen an der Ludwigstraße und dem Nationaltheater, riß er sich los, um mit dem Kronprinzen nach Sizilien zu gehen.

Das Ergebnis sind Mappen voller Zeichnungen, genaue Maßaufnahmen der Tempel Juno Lacinia, Concordia, des Herkules und des olympischen Jupiter, Zeichnungen von einer Genauigkeit und Überlegtheit, die auch heutigen strengen und entwickelten Methoden gerecht werden. Klenze wollte nicht nur ein Bild des Tempels haben und eine Maßaufnahme, sondern aus Zahl- und Maßvergleichungen den Gesetzen des dorischen Tempels nachspüren. Einige heikle Punkte sind wiederholt gemessen. So kamen diese Grund- und Aufrisse, Schnitte und Steinlagen, Detailaufnahmen der Säulen und Kapitele zustande. Wenige Grabungen am Stylobat des Concordiatempels, Zusammenfügungen unter den Trümmern des Zeustempels, Rekonstruktionsversuche bei Juno Lacinia ergänzen diese Arbeit. Klenze hat sich auf diese drei Tempel konzentriert und nur wenige Skizzen vom Heiligtum der chthonischen Gottheiten und des Tempels des Vulkan, Ceres-Proserpina, Castor und Pollux und des Heroon gemacht. Die antiken Stufen unter Maria dei Greci schrieb er dem Jupitertempel zu, während wir sie heute als Überreste des Athenatempels des Theron erkennen.

Tempel des Zeus Olympios in Agrigent

Der ersten Überwältigung durch die ungeheuren Maße des Tempels des Zeus Olympios in Agrigent wurde Klenze Herr, indem er die Reste des gewaltigen Baues durch Maß und Zahl einzufangen suchte. Hier stand er mit Goethe im Gespräch und wollte durch wissenschaftliche Feststellung der Überwältigung des empfindenden Künstlers begegnen. Goethe hatte 1787 geschrieben: »Der Jupitertempel ... liegt weit gestreckt, wie die Knochenmasse eines Riesengerippes ... Alles Gebildete ist aus diesen Schutthaufen verschwunden, außer einem ungeheueren Triglyph und einem Stück einer demselben proportionirten Halbsäule. Jenen maß ich mit ausgespannten Armen und konnte ihn nicht erklaftern, von der Cannelirung der Säule hingegen kann dies einen Begriff geben, daß ich, darin stehend, dieselbe als eine kleine Nische ausfüllte, mit beiden Schultern anstoßend. Zweiundzwanzig Männer, im Kreise nebeneinander gestellt, würden ungefähr die Peripherie einer solchen Säule bilden. Wir schieden mit dem unangenehmen Gefühle, daß hier für den Zeichner gar nichts zu thun sey.«

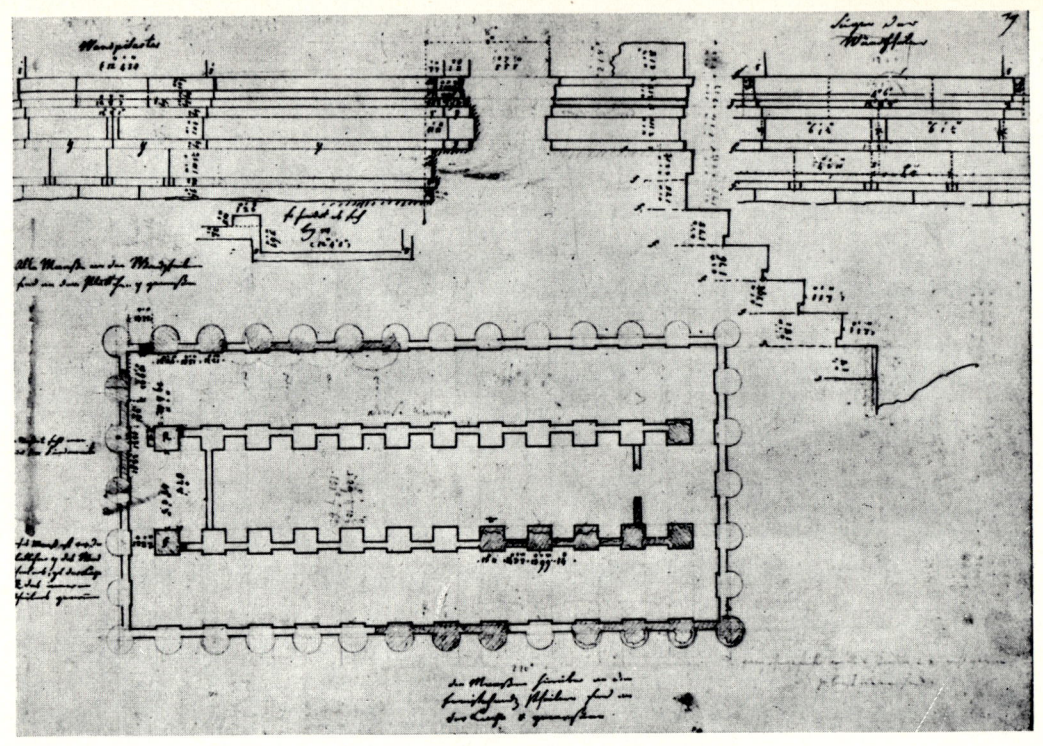

37 Maßaufnahme des Olympieions bei Agrigent
Aus dem Skizzenbuch der Sizilianischen Reise 1823/24

Klenze aber zeichnete und rekonstruierte und begegnete dem unbefriedigenden Abwenden des Dichters. 1825 schickte er sein Gemälde des Jupitertempels von Agrigent nach Weimar. Goethe ist von dieser Einfühlung des Münchener Baumeisters ergriffen und dankt ihm in dem schönen Brief vom 26. Dezember 1825.

Goethe hatte im Zeustempel etwas gesucht, was nicht zu finden war. Hier waren die Maße des Griechischen gesprengt. Dieser größte dorische Tempel, den Tempel G in Selinunt, den Klenze sechs Wochen zuvor vermessen hatte, übertreffend, war im ganzen ungriechisch. Die Megalomanie, die auf dem Boden Großgriechenlands wuchs, suchte hier Genüge. Der Bedeutung des Tempels widmete Klenze eine eigene Veröffentlichung. Klenze maß den Umfang der Fundamente: ein Rechteck von 360 × 680 Fuß (nach heutigen Messungen 56,3 m × 113,5 m). (Zeichnung Blatt I/12, Skizzenbuch der sizilischen Reise 1823/1824.) Die Grundrißzeichnung gibt Aufschluß über die Anordnung der 14 Halbsäulen, die in die Wand gebunden sind und auf der Innenseite Pilastern entsprechen, dazwischen um die Spannweite von über 8 m von Säulenmitte zu Säulenmitte gemessen durch 8 m hohe Atlanten gestützt ist. Diesen Atlanten galt Klenzes größtes Interesse. Sorgfältig zeichnete er den heute noch liegenden Jünglingskörper, der aus zwölf Steinlagen zusammengesetzt ist, als aufgerichtete Figur auf die Cellawand des Jupitertempels.

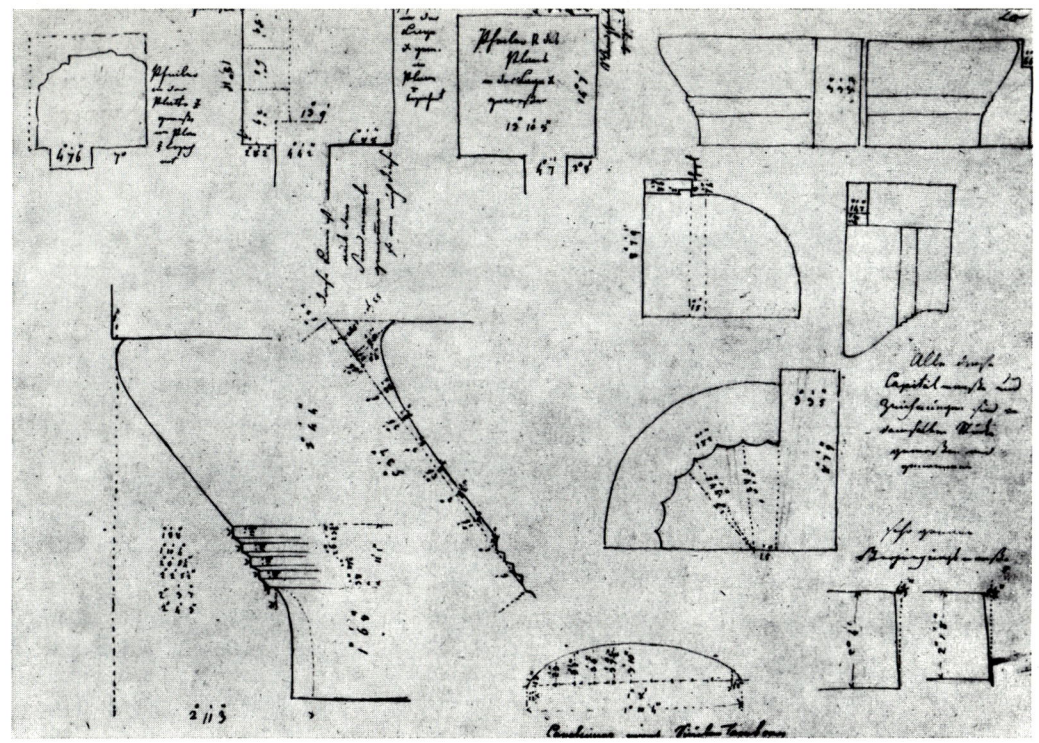

38 Maßaufnahme des Kapitells vom Olympieion bei Agrigent
Aus dem Skizzenbuch der Sizilianischen Reise 1823/24 K/A

Tempel Juno Lacinia

Nicht weniger zog Klenze jener Tempel an, der auf der Spitze des Felsrückens gegen Osten zu lag und unter dem Namen Juno Lacinia bekannt war, heute als Tempel D bezeichnet. Klenze gab ihm aber stets seinen wohltönenden Namen. In diesem Tempel schienen die Einwohner von Agrigent nach der Ausschweifung des Jupitertempels zu den Maßen des Mutterlandes zurückgekehrt. An den wohlerhaltenen Resten rekonstruiert Klenze die ursprüngliche Form, er vermerkt die vier Stufen statt der üblichen drei der Krepis, begeistert sich an den erhaltenen Säulen der West- und Nordseite mit dem noch aufruhenden Gebälk (Blatt I/27). Direkt wird von ihm an einer Stoßstelle die Einkerbung für die Seilschlaufe bemerkt, womit die schweren Steinbalken hochgezogen worden waren. Dieses Bild ist in seiner Zeichnung, die den Blick aus der Cella auf die nördliche Peristasis von Südosten wiedergibt, gesehen.

Immer sucht und sieht Klenze über dem Einzelbau den Typ, sucht das kanonische Maß der dorischen Normalform. Vergleichende Zahlen zwischen den Kannelurentiefen der Tempel in Bassae, Phigalia, Olympia, Missene geben darüber Aufschluß, wie er sich um den Kanon bemüht, der ihm für die eigenen Bauten Weisung geben soll.

39 Der Concordiatempel bei Agrigent
Aus dem Skizzenbuch der Sizilianischen Reise 1823/24 K/A

Concordiatempel

Darum mußte ihm der mittlere Tempel auf dem Hügel von Agrigent am meisten entsprechen. Bei ihm waren die Prinzipien im Vergleich zum Junotempel verfeinert, die Präzision hatte zugenommen. Von der offenbaren Gesetzhaftigkeit des Concordiatempels fühlte er sich am stärksten angezogen. Die geradezu ausgeklügelte Weise der Eckkontraktion zeichnete er genau und unterbaute er durch vielfache Messungen. Das Übermaß der Ecktriglyphe ist nicht im letzten Interkolumnium eingezogen, sondern über die ganzen Felder und Säulenabstände verteilt. Der von seiner weiten Kenntnis gelenkte Spürsinn fand am Concordiatempel wesentliche Merkmale, suchte nach den Spuren des antiken Altars, fand und zeichnete die Veränderungen für die mittelalterliche Adaption einer christlichen Kirche.

Reich beladen kam Klenze nach Hause. Da war nicht jemand, der billig Vorlagen für eigene Bauten suchte, sondern ein Forscher, der um Erkenntnisse bemüht war. Daß diesem der Künstler und Architekt zuweilen Gedanken und Feder führte, ist ein Vorteil. Die Intuition wies ihm neue Zusammenhänge und leitete ihn, wo Zusammenfügungen möglich oder gegeben waren. Blatt für Blatt, Maß für Maß wurde zu Hause geprüft. Man

40 Ostansicht des Tempels der Juno Lacinia bei Agrigent
Aus dem Skizzenbuch der Sizilianischen Reise 1823/24 K/A

41 Der Concordiatempel

42 Der Tempel der Juno Lacinia

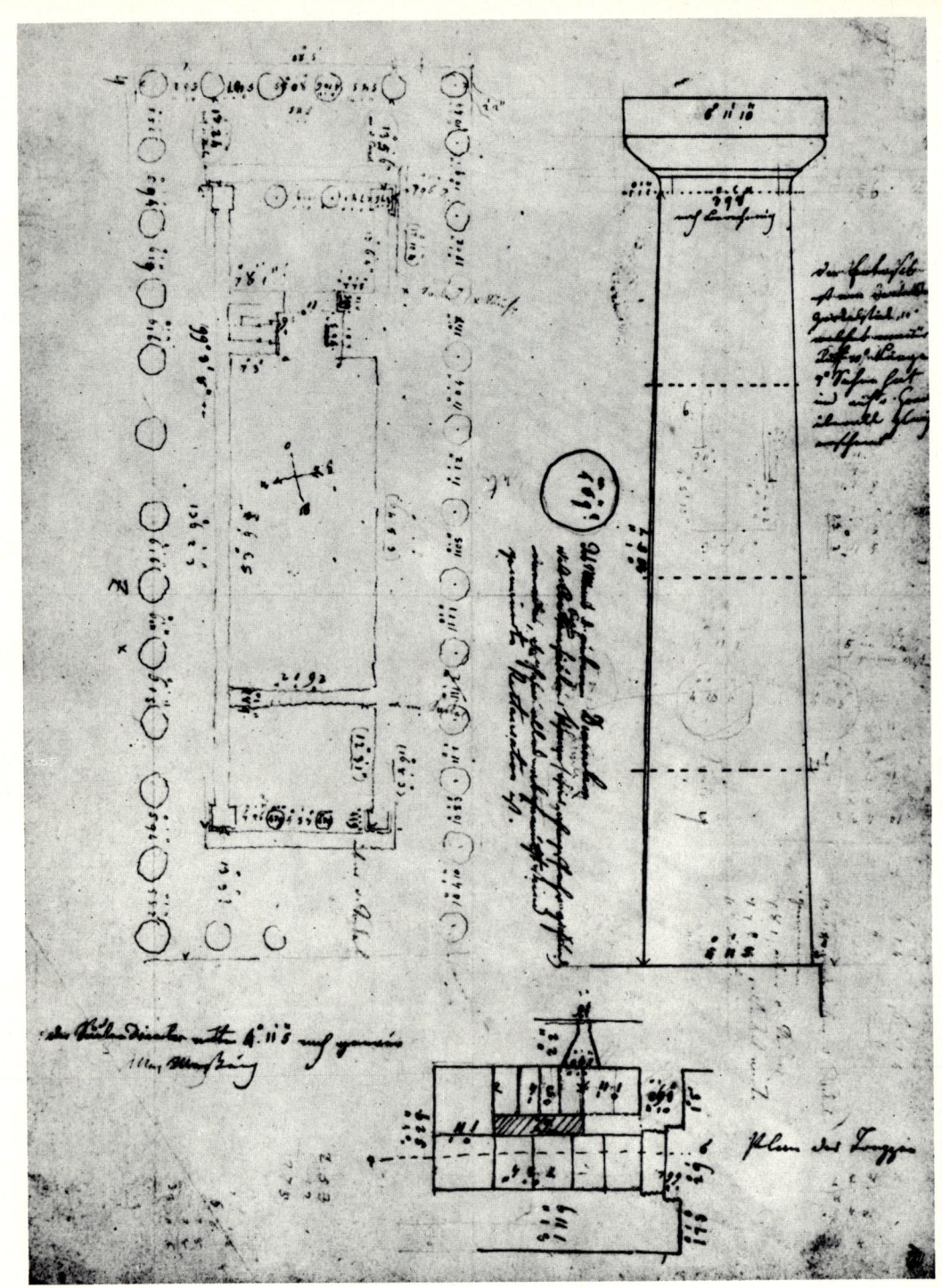

43 Maßaufnahme des Concordiatempels bei Agrigent
Aus dem Skizzenbuch der Sizilianischen Reise 1823/24 K/A

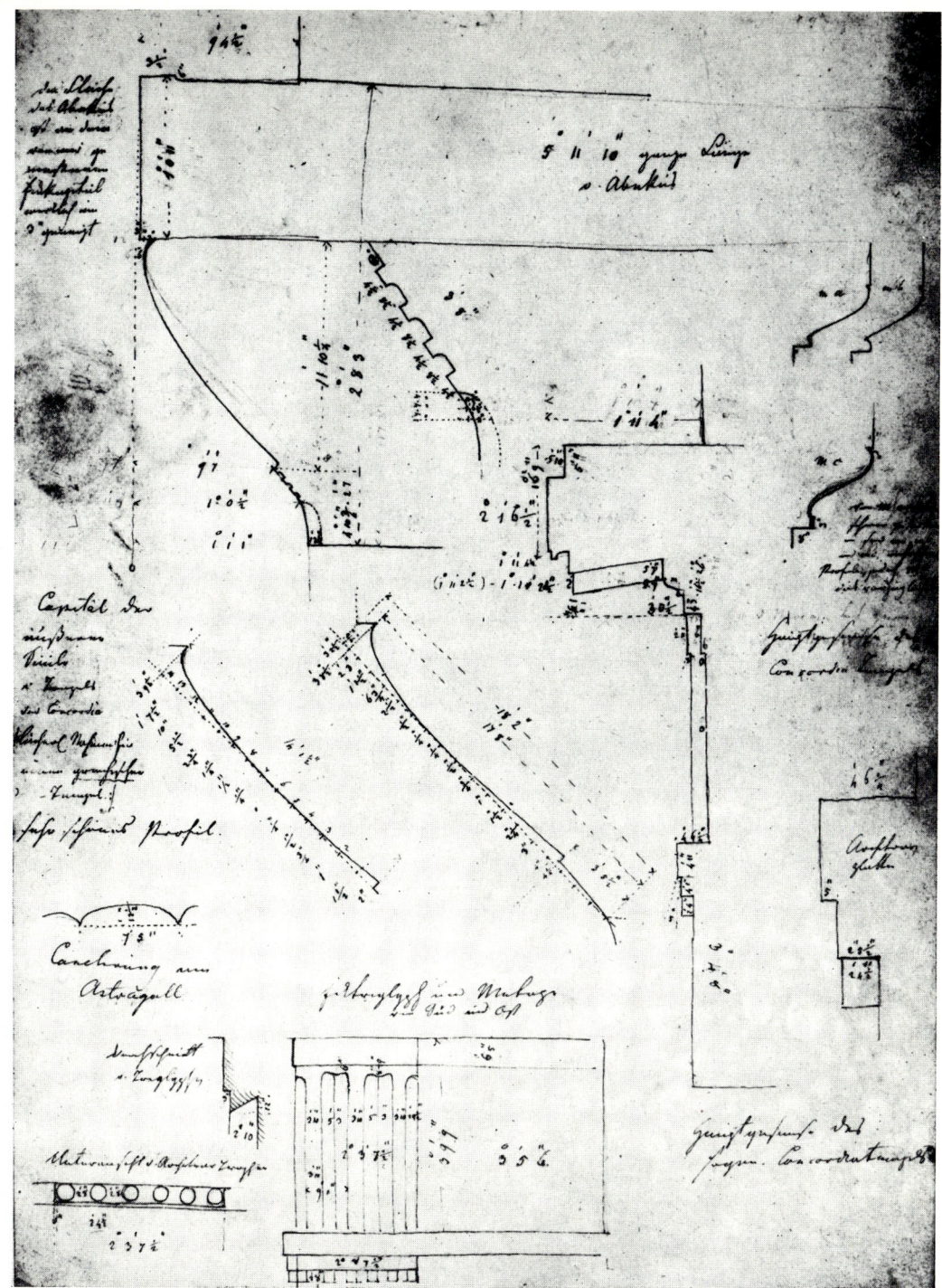

44 Maßaufnahme von Kapitell, Triglyphe und Gesims am Concordiatempel bei Agrigent
Aus dem Skizzenbuch der Sizilianischen Reise 1823/24 K/A

sehe allein die Vergleichstabelle der Kannelurentiefe, die Klenze über alle bekannten Tempel ausdehnt.

Alles aber wird durch den lebendigen Prozeß der Übernahme der antiken Bauteile in den Kanon der eigenen Bauten verwandelt. Er seziert in einer Untersuchung, die an wissenschaftlicher Genauigkeit und Akribie nichts zu wünschen übrigläßt, beispielsweise die Schwellungslinie, die Entasis der Säulen der Walhalla. Jeder Bauteil dieses Denkmals wird aus der Antike geholt und für die neue Bestimmung umgedacht. Nur an ganz wenigen Stellen finden wir Vergewaltigungen, die durch Unkenntnis entstanden sind.

Archäologische Arbeiten in Griechenland

Der Höhepunkt solcher Bemühung mußte die Begegnung mit den Tempeln in Griechenland selbst sein. Eine solche Reise war bereits 1818 geplant, mußte aber durch die Verkündigung der Konstitution verschoben werden. Erst 1834, mit 50 Jahren darf Klenze in diplomatischer Mission griechischen Boden betreten. Mit Vollmachten versehen und da, wo sie fehlten, sein eigenes Ansehen nutzend, gelangen ihm drei große Taten:
1. der staatliche Schutz der archäologischen Stätten in Griechenland,
2. die Inventarisierung der athenischen Denkmale,
3. die Wiederherstellung des Parthenons in den grundlegenden Maßnahmen.

In den zwei Jahren seiner Regierung hatte König Otto trotz der ihm von seinem Vater mitgegebenen Instruktionen noch wenig für die klassischen Kunststätten tun können. Noch immer waren sie unprüfbaren Beutezügen ausgesetzt. Klenze erwirkte nach zwei Monaten, daß diese Bezirke, als archäologische Zonen erklärt, unter dem Schutz der Regierung stehen und bewacht werden:

Der Schutz der antiken Kunststätten

»Wahrhaft rührend war es mir, in Athen die Sorgfalt zu beobachten, mit welcher der dortige Aufseher, Herr Pittakis, ein Athenienser und wahrscheinlich Sprößling jener alten Primaten-Familie, welche Dodwell erwähnt, und welcher während der Revolution selbst mitgefochten, aber stets sein Lieblingsstudium, die vaterländische Archäologie, so gut wie möglich fortgesetzt und verfolgt hatte, seine Altertümer zu schützen suchte. Seine Wohnung war in einer Lage, welche die Aussicht auf Akropolis, Theseion usw. gewährte.

Mit der größten Unruhe beobachtete er vom frühen Morgen an von dort aus die Zugänge zu diesen Heiligtümern mit einem schlechten Perspektiv. Sah er nun zum Beispiel jemand sich der Akropolis nähern, so lief er augenblicklich dahin, um seine schutzbefohlenen Altertümer vor Schaden zu wahren, welches ihn jedoch nicht hinderte, auch von dort aus noch stets ein wachsames Auge auf seine anderen Schützlinge, das Theseion, das Monument des Andronikos, die Agora usw., zu haben.

Sah er nun diesen Jemand sich nähern, so stürzte er mit der ängstlichen Besorgnis auf dem nächsten Wege über Stock und Stein dahin, wo die größte Gefahr zu drohen schien, um auch hier schützend aufzutreten. Nur die größte Liebe zur Sache und ein Enthusiasmus, wie dieser wahrhaft interessante Mann ihn bewährte, konnte ein so mühselig zu verwaltendes Amt ertragen lassen, um so mehr, da die täglichen Vorfälle das Ungenügende seiner Bemühungen bewiesen. Wie sehr dies der Fall war, sah ich oft selbst. Kurze Zeit vor meiner Ankunft war von einem der neu aufgefundenen herrlichen Friesstücke des Parthenons gleichsam unter Herrn Pittakis' Augen, von einem Engländer eine halbe Figur zum Mitnehmen abgeschlagen worden; und als ich selbst einst in diesem Parthenon mich befand, kam Herr Pittakis hilferufend und suchend zu mir, weil einige Offiziere einer amerikanischen Fregatte, welche im Piräus lag, daran waren, die herrlichen Ornamente des Erechtheions abzuschlagen und mit sich fortzunehmen. Die Spuren dieses Zustandes waren leider nur zu deutlich und in beängstigender Progression an diesen herrlichen Denkmalen zu sehen, so daß dieselben gewiß dadurch einem baldigen völligen Verschwinden aller ihrer plastischen Form zugeführt worden wären. Aber so sehr Herr Pittakis, Roß und ich diesen Zustand beklagten, so wenig schien er mehrere der eingewanderten Machthaber zu beunruhigen. Einer derselben erzählte mir schon in Nauplia als eine höchst ergötzliche Tagesneuigkeit, es habe kürzlich eine Brigg unter österreichischer Flagge an die bekanntlich jetzt ganz unbewohnte Insel Delos angelegt, dreißig bis vierzig Mann ausgeschifft, welche, mit den nötigen Werkzeugen und Transportmitteln versehen, alles was sie nur von Altertümern hätten finden können auf ihr Schiff gebracht und mit sich fortgenommen hätten.

Dieses alles erweckte in mir den Gedanken, für diese Denkmale etwas zu tun, was sie für die Zukunft sichern und Europa bewahren könnte, daß der junge König und die Regierung Griechenlands mehr Interesse an ihnen nähmen, als es die unpäßliche Gestion mancher Beamten glauben ließ. In Athen angelangt, machte ich der Regentschaft den doppelten Antrag, den Hauptdenkmalen Griechenlands eine regelmäßige Aufsicht zu gewähren und die faktische Restauration dieser alten Bauwerke, insofern sie möglich und paßlich erschiene, mit denen der Akropolis zu beginnen. Was den Monumenten fehlte, war offenbar eine tüchtige Leitung der ganzen antiquarischen Administration und eine unmittelbare ununterbrochene topische Beaufsichtigung eines jeden Denkmals. Ich bezeichnete Athen, Aigina, Eleusis, Delphoi, Rhamnus, Sunion, das Hieron des Asklepios bei Epidauros, Korinth, Mykenai, Bassai, Messene, Delos und Olympia als die Orte, wo sogleich Wächter aus den Invaliden der regelmäßigen oder auch der unregelmäßigen griechischen Truppen aufgestellt werden müßten. Am 6. September erhielt dieser Vorschlag die völlige Zustimmung der Regentschaft.«

Inventarisierung der antiken Denkmale Athens

Bei seiner Einwirkung auf die Gestaltung des Athener Stadtplans stellte er jenen Katalog auf, der die ihm wichtig erscheinenden antiken Denkmäler beschreibt und ihre Bedeutung festgestellt.

»1. Theseustempel

2. Erechtusfragment

3. Gymnasion

4. Portikus der Agora

5. Reste der Wasserleitung

6. Horologium des Andronikos

Obwohl die Arbeit sowohl der architektonischen Teile als der Plastik dieses Denkmals roh ist, so ist das Ganze doch aus der Idee hoher Zweckmäßigkeit hervorgegangen, welche den griechischen Werken innewohnt, und der Anblick des Ganzen mit seinen einfachen unteren Teilen, den wenigstens trefflich gedachten und angebrachten Figuren der acht Hauptwinde und der ebenso zweckmäßigen als zierlich geformten Bedachung ist noch jetzt von großem Reize.

7. Ionischer tetrastyler Säulenportikus,

einem nicht bekannten Denkmale angehörig.

8. Stoa des Hadrian

Vor Spon und Wheler für den Tempel des Zeus Olympios, von Stuart für die Poikile gehalten.

Die Beschreibung, welche Pausanias von der großen Stoa gibt, die Hadrian in Athen errichtet, enthält nichts, was der aus der Analogie des Baustyls fließenden Annahme, daß diese Ruinen jenem Gebäude angehören, zuwider spräche.

Die leere Pracht der an eine geschlossene Mauer zwecklos gestellten Säulen gehört offenbar der römischen Zeit an.

9. Prytanneion

10. Propyläen

11. Parthenon

Die Form ist ungefähr bekannt, wenn auch Stuarts Nachbildungen und Vermessungen viel zu wünschen übrig lassen. Weiteres über die Vollkommenheit dieses Gebäudes zu sagen ist überflüssig.

12. Das Erechtheion

Mit Jammer sieht man, in welchem schrecklichen Grade die Zerstörung dieses herrlichen Werkes griechischer Architektur in der letzten Revolution zugenommen hat, wenn man seinen jetzigen mit dem Zustande vergleicht, in welchem Stuart dasselbe noch sah.

Außer dem, was Lord Elgin davon hinwegschleppte, und was die Kanonenkugeln bei zwei Belagerungen verwüsteten, ist besonders der Einsturz der Ecksäulen des Portals am Poliastempel, sowie dessen ganze Marmordecke, zu bedauern.

Um dieses Portals inneren Raum, welchen der letzte Kommandant Gouras zur Wohnung für sich und seine Familie gewählt hatte, bombenfest zu machen, ließ er auf die Marmordecke eine solche Masse von Schutt und Erde häufen, daß dieselbe, nachdem die nördliche Ecksäule hinausgedrückt worden, endlich einstürzte und eilf Personen unter ihren Trümmern begrub.

Die höchst barbarische Liebe zu den Werken des Alterthums, welche Lord Elgin auf so großartige Weise beurkundet hatte, wurde nun um so bequemer von des Schottländers Landsleuten und Anderen an den herabgestürzten Säulenknaufen, Balken und Lakunarien der Decke geübt.

13. Überbleibsel des runden Piedestals oder Tempels des Augustus und der Roma
14. Das Thor des Hadrian

Elende Architektur; Alles, was Hadrian in Athen gebaut hat, erscheint weit schlechter, als was wir aus seiner Zeit in Rom sehen. Die geringen Spuren griechischer Kunst, welche im Style des Ornaments erscheinen, sind gespenster- und fratzenhaft. In Rom ist wenigstens Alles rein römisch ausgebildet.

15. Der Tempel des Zeus Olympios

Diese riesenhaften Marmorsäulen, die Wälder von Statuen und Kolossen, welche nach Pausanias rings um denselben standen, der ungeheure Peribolos, welcher den Tempelplatz umgab, müssen bei völliger Vollendung und Erhaltung des Ganzen eine Pracht des Anblicks gewährt haben, von welcher sich unsere ärmliche Zeit keinen klaren Begriff mehr machen kann.

16. Brücke über den Ilissos,

zu dem Stadion führend, woran man aber nur geringe Überreste der Grundmauern sieht. Sie wurde bei Gelegenheit des Baues der neuen Stadtmauern von Athen zerstört.

17. Antike Trümmer,

wahrscheinlich Spuren des Denkmals, welches dem Herodes Attikos hier errichtet wurde.

18. Spuren,

wahrscheinlich des Tempels der Tyche.

19. Substruktionen,

welche dem schönen ionischen Tempel des Triptolemos angehörten, welchen Stuart hier noch aufrecht stehen sah und darstellte.

20. Aquäduct des Hadrian,

von welchem zu Stuarts Zeit ebenfalls noch mehrere schlecht geformte ionische Säulen standen. Er wurde aber, als bei Gelegenheit des Aufstandes in dem Jahre 1770 Athen schnell gegen die einbrechenden Albanesen oder nach anderen Angaben im

Jahre 1780 gegen die Seeräuber und Arnautenhorden befestigt werden mußte, völlig zerstört, und man sieht noch eine diesem Aquädukte angehörige Inschrift zu der barbarischen Konstruktion des Thores von Mesoghia verwendet.

21. Korinthische Säule

von euboiischem Marmor und unbedeutendem Styl. Sie scheint eine Denksäule aus später Zeit zu sein.

22. Odeion der Regilla,

von Pausanias und Philostratos erwähnt und beschrieben.

23. Platz, welchen das Theater des Bakchos einnahm, von welchem jedoch außer einer ziemlich verwischten Höhlung des Bergabhanges nicht die kleinste Spur mehr übrig ist.

24. Choragisches Denkmal des Thrasyllos

Im letzten Kriege vollkommen verwüstet; nur noch einige Trümmer der Konstruktionsstücke liegen an der Stelle, wo dieses schöne Denkmal stand.

25. Choragisches Denkmal des Lysikrates.

Es hat durch die Verwüstungen des Revolutionskrieges wenig gelitten, und ist von dem Gebäude, in welches es eingebauet war, befreit worden. Es ist ein wahrer Diamant der Ornamentarchitektur und unfehlbarer Probierstein richtigen Urtheils über dieselbe; wer dessen kanonische Schönheit nicht fühlt, wäre wahrlich zu bedauern!

26. Die Pnyx

Da hier die türkische Batterie stand, welche im letzten Befreiungskriege die Akropolis verwüstete, so hat dieses Bauwerk selbst sehr gelitten und geht seinem völligen Untergange entgegen. Die Kunst würde dabei nur eines der Mittelglieder der Kette architektonischen Verderbens einbüßen, welche das hellenische Alterthum mit der byzantinischen und den anderen romantischen Bauarten verbindet.

27. Das Denkmal des Syriers Philopappos

28. Höhle des Apollon und Pan

29. Das panathenäische Stadion des Herodes, Sohnes des Attikos

Ein Kalkofen in der Tiefe der Rennbahn zeigt uns deutlich, wodurch und wie die ungeheuren Massen pentelischen Marmors, mit welchen Herodes dieses Denkmal zierte, bis auf die letzte Spur verschwunden sind.

30. An den mit der Ziffer 30 bezeichneten Orten findet man Spuren alter Bauwerke, welchen man nicht wohl mit einiger Wahrscheinlichkeit Namen aus den alten Schriftstellern beilegen kann.

Die Bezeichnung der Stellen, an welchen das Palladion, das Eleusinion, die Tempel der Eukleia, der Artemis Agrotera und die Stoa Eumenia standen, beruhen auf sehr wahrscheinlichen Konjekturen nach den Angaben des Pausanias; da ich aber nicht gesonnen bin, hier eine antiquarische Topographie von Athen zu schreiben, so genüge die Andeutung im Plane.«

Die Rettung der Akropolis

Als wertvollsten Auftrag sah Klenze die Rettung der Akropolis an. In kluger Weise überspielte er die Generalität, erreichte als erstes den Beschluß vom 18. August, daß der Burgberg entfestigt würde. Um Tatsachen zu schaffen, ließ er sogleich die Kasematten abbrechen und an den Propyläen die Batterie für den Hauptzugang zur Akropolis niederlegen.

»Die allererste Arbeit wäre die Entfernung der Festungsmauern, welche kein archäologisches, konstruktives oder malerisches Interesse gewähren, und durch ihren höchst ruinösen Zustand gefahrdrohend sind, wie dieses namentlich gerade am Haupteingange vor den Propyläen der Fall ist.«

»Zuerst würde dann der Parthenon aufgedeckt und restauriert werden, zu welchem Zwecke, wie mir schon mitgetheilt wurde, die von mir berechneten Kosten und Geldmittel, auf drei Jahre vertheilt, wirklich angewiesen sind. Die dort am Parthenon begonnene Ausgrabung würde in einer Breite von 20 Fuß um die Stufen des Tempels zuerst an der Nordseite, dann an der westlichen, an der südlichen und endlich an der Ostseite fortgesetzt und vollendet, und dieses theils um die Restauration, theils um den Transport des Schuttes und der wegzuschaffenden Steine, welcher nur nach der Westseite stattfinden kann, zu erleichtern. Jedoch könnte es auch Vortheile gewähren, wenn man für die Hinwegtransportierung des Schuttes erst an der nordwestlichen Ecke eine bedeutende Abräumung vorangehen ließe.«

»Was sich bei dieser Ausgrabung an plastischen Kunstwerken findet, würde sogleich dem Konservator übergeben und einstweilen in die noch stehende Moschee, sobald diese von den Soldaten der Festungs-Garnison verlassen sein wird, gebracht. Das Theseion würde ebenfalls sehr geeignet zur vorläufigen Aufnahme solcher Trümmer antiker Plastik sein. Alle zur wirklichen Restauration nöthigen und noch tauglichen Stücke würden bei der Ausgrabung so viel wie möglich sogleich an den Ort oder demselben so nahe wie möglich gebracht, wo sie aufgestellt und verwendet werden sollen. Alle Stücke, welche zu diesem Zwecke nicht mehr dienlich sind, müßten, wenn sie durch Erhaltung architektonischer Formen, Profile, Gesimse, Ornamente plastischer Arbeiten oder Malereien noch einiges Interesse gewähren, ebenfalls aufbewahrt und auf zweckmäßige und malerische Art in und um die Ruine gruppirt und aufbewahrt werden, damit diese den ihr von der Zeit aufgedrückten und unvermeidlichen Charakter einer malerischen Ruine nicht verliere. Alle Stein- und Marmorstücke, welche außer diesen drei Kategorien fallen, würden von der Burg hinab und dahin geschafft, woselbst man sie als Baumaterial am vortheilhaftesten verwenden könnte, oder sie würden an die Meistbietenden verkauft. Der eigentliche Schutt könnte, wie ich glaube, am vortheilhaftesten über die Mauern oder Felsenwände gegen den Areiospagos hinabgeworfen und von dort auf Wagen zum Anfüllen der Schloßterrassen geschafft werden, wodurch ein doppelter Zweck mit einfachen Kosten erreicht würde.«

»Die Restauration würde in der Art stattfinden, daß man fürs erste alle Säulentambours verwendet, um die Säulen des Peribolos der Nordseite des Tempels ganz aufzustellen, da diese von der Stadt und dem Schlosse, also von den Hauptseiten aus, gesehen wird. Sollte, um eine Säule ganz aufstellen zu können, ein oder zwei Stücke fehlen, so würden diese aus dem vorhandenen Marmor neu gemacht, jedoch ohne diese Restauration gerade mit Affektation verstecken und unkenntlich machen zu wollen. Was von erhaltenen Architrav-, Triglyphen-, Metopen- und Gesimsstücken gefunden wird, müßte, so viel es möglich ist, auf malerische dem Charakter der Ruine entsprechende Weise wieder auf die Säulen aufgestellt, und so um den ganzen Bau fortgefahren werden, indem man ebenfalls die Cellamauern, so weit es die vorhandenen Stücke gestatten, wieder aufrichtete. An der Südseite werden wahrscheinlich einige Säulen fehlen, und ohne Schaden für die Wirkung des Ganzen hinweggelassen werden können; übrigens ist sie wie die Nordseite zu behandeln. Die an der Westseite zwischen den Anten und Antensäulen eingebaute Wendeltreppe muß entfernt werden, und kann, da es wünschenswerth ist, auf die Höhe des Tempels gelangen zu können, durch ein leichtes Treppchen im Innern der Cella ersetzt werden.«

»Zu dem Aufziehen der Steine sind Gerüste und Maschinen nöthig, welche theils schon gemacht, theils von mir den Architekten angegeben worden sind. Starke Flaschenzüge, Steinglocken u. a. wäre es vielleicht rathsam und nöthig in Teutschland machen zu lassen, und ich würde dieses auf Begehren sehr gerne besorgen.«

»Nach dem Parthenon würde dann das Plateau des Felsens gegen Westen, wohin das Museum gebaut werden soll, dann das Erechtheion und endlich die Propyläen mit ihren Umgebungen ab- und ausgeräumt und in der obenangeführten Art restaurirt werden.«

»Daß bei allen diesen Arbeiten der antike Boden, so wie man ihn findet, mit allen Absätzen, Terrassen, Piedestalen und Substruktionsresten vollkommen erhalten werden muß, versteht sich wohl von selbst.«

FORSCHUNGEN AM PARTHENON

In aufregenden Tagen förderte er die ersten Bruchstücke aus dem Schutt. Wie fachmännisch er aus den Gegebenheiten Wuchs und Werk des Tempels ablas, schildert er selbst.

»Dasjenige, was aber an diesen Gebäuden in konstruktiver Hinsicht am meisten bewundert werden muß, ist die Bearbeitung der Fugen. In jeder Lage, bei allen Stücken und nach allen Richtungen sind diese Fugen in einer Art zusammen- und auf einander geschliffen, daß eine mathematische Genauigkeit des Aufeinanderliegens und des Aneinanderschließens erreicht wurde. Dieses ist aber eben sowohl bei den Grundmauern (welche in neuester Zeit auf eine Tiefe von 25 Fuß untersucht und in 15 Lagen aus Muscheltuffsteinen von Munychia konstruirt gefunden wurden), als bei den Stücken des Tempels der Fall. Sowohl die Stücke der Stufen des Fußbodens und die kleinen Blöcke, aus welchen die

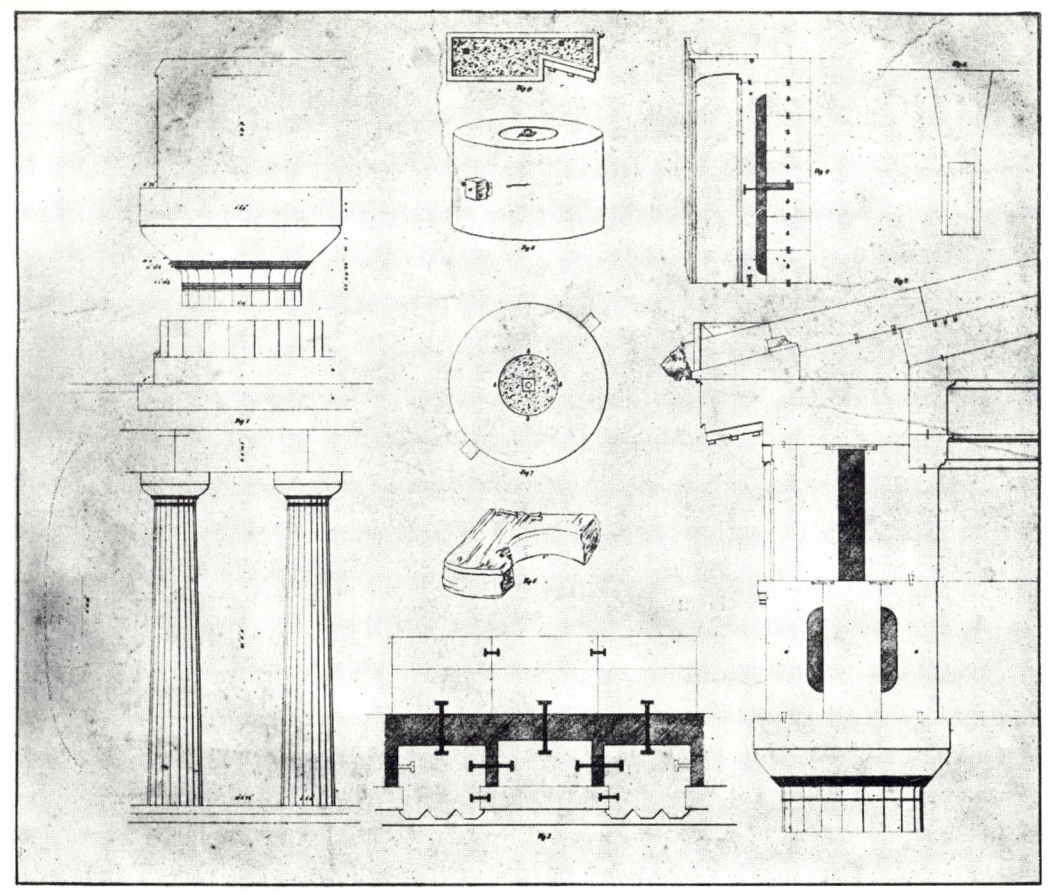

45 Zeichnung zum Bericht über seine Arbeiten am Parthenon in Athen

Cellamauern zusammengesetzt sind, als die ungeheuren Blöcke, welche die Überlage der Türen bilden, zeigen sich nach allen sechs Seiten in gleicher Vollkommenheit zusammenschließend.

Wenn aber die Art, wie eine Lagerfuge mäßig großer Stücke auf die Fläche des darunter liegenden Stückes geschliffen wurde, leicht erklärt werden kann, so bleibt ein vollkommen gleichmäßiges Auf- und Aneinanderschleifen nach allen sechs Seiten der Quader, welche die Cellamauer in ihrer ganzen Stärke bilden, und jener riesenhaften Türstürze fast unerklärlich.

Die Stücke, aus welchen die Säulen zusammengesetzt sind, zeigen sich eben so vollkommen auf einander gefügt. Während der letzten Belagerung haben mehrere Kanonenkugeln gerade die Fugen solcher Säulenstücke getroffen und fußtiefe Aussprengungen veranlaßt. Man kann hiedurch die unglaubliche Genauigkeit dieser Fugen bis in das Innere erkennen, und sie ist so vollkommen, daß gerade in diesen frisch abgesprengten Stellen das schärfste Auge nicht im Stande ist den Ort der Zusammenfügung zu erkennen. Ja, von den herumliegenden Splittern hangen mehrere, obwohl sie zwei Lagen angehören, theils durch die Trefflichkeit der Fugung, theils durch den dreiundzwanzighundertjährigen Druck, so fest zusammen, daß sie durch die Gewalt des Kugelstoßes nicht getrennt worden sind und noch immer ein Stück bilden.

Es ist durch eine solche Fugung erreicht was man erreichen wollte, der ganze Bau ist zu einem homogenen Stücke geworden, und jeder andere als der Druck, mit welchem die ganze Masse mit ihrem spezifischen Gewichte in vertikaler Richtung und mithin gegen das Zentrum des Erdballs drückt, ist vollkommen aufgehoben.

Trotz dem finden wir eine sehr ausgedehnte und mit der höchsten Sorgfalt angeordnete und ausgeführte Eisenverklammerung der einzelnen Stücke unter einander. Die Figuren 2, 3, 4 und 5 der ersten Kupfertafel (Abb.) stellen diese dar; und man muß mit Recht fragen, wozu dienten diese zahlreichen Klammern, die nur bei einem Seitendrucke Dienste leisten konnten, welcher bei diesen Denkmalen durchaus nicht stattfindet? Nur die Erdbeben, welchen diese Länder oft unterworfen sind, und welche man fürchtete, treten hier erklärend ein, und es läßt sich denken, daß das Klammersystem, welches wir hier angewendet finden, gegen die horizontalen Oscillationen des Bodens gute Dienste leisten konnte.

Man hatte schon früher die Existenz von hölzernen Dübeln bemerkt, welche zwischen den Blöcken der Säulen im Zentrum ihres Umkreises angebracht waren, und hatte diese ebenfalls als Mittel einer besseren Verbindung dieser Säulentrommeln unter einander oder, was noch weit widersinniger war, als ein Mittel erklärt, die Kannelirungen der einzelnen Marmorblöcke genauer auf einander zu passen*). Allein es war dieses weder an und für sich wahrscheinlich, noch durch die Natur des verwendeten Holzes und durch seine Lage bestätigt. Das Holz, von welchem man Spuren fand, war nämlich nur weiches, harziges Holz von Fichten, Cedern oder Cypressen, und die Lage der Stücke war so, daß ihre Fasern mit den Fugen der Säulentrommeln wagerecht fortliefen.

Man muß nun fragen, welche Stärke konnte, als Dübel betrachtet, ein so weiches Holz, in dieser Lage verwendet, darbieten? Das Aufräumen der Blöcke, welche vor dem inneren Eingange der Propyläen geschichtet lagen, gewährte mir eine Erklärung dieser Sache.

Man fand nämlich bei dem Abheben zweier herabgestürzter Säulenstücke, noch in seiner Vertiefung steckend, ein so bedeutendes Fragment eines solchen Holzdübels, daß sich eine unbezweifelte Erklärung seines Zwecks und Gebrauchs daraus geben läßt.

Das Stück, wie es Tab. I fig. 6 und 7 dargestellt erscheint, ist $4^{1/3}$ Zoll im Quadrat, zeigt an der einen Seite die künstlich bearbeitete Fläche, an der anderen, welche in unserer Zeichnung als die Oberseite erscheint, aber deutliche Spuren der Absprengung, so daß die Dicke auf $1^{1/4}$ Zoll vermindert worden ist.

In der Mitte ist ein völlig zirkelrundes Loch, an dessen Seitenwänden man die unbezweifelten Spuren der Reibung an einem anderen, nicht eben harten Körper erkennt; in diesem Loche fand man noch die Trümmer eines Zapfens von demselben Holze.

*) Dodwell, Tour through Greece, Vol. I. p. 315.

Um die viereckige Öffnung, in welcher dieser Dübel mittelst Platten von gewalztem oder geschlagenem Blei eingefügt worden war, wie es noch erhaltene Fragmente beweisen, ist in die Lagerfuge der Säulentrommel eine zirkelrunde Vertiefung von etwa 1 Linie tief eingehauen, deren vertiefte Fläche rauh bearbeitet ist.

Dieses Alles nun scheint sowohl den Zweck der hölzernen Dübel, als auch die Art, wie man die Fugen der Säulentrommeln auf einander schliff, deutlich zu erklären. Gleiche Dübel wurden in das untere und obere Säulenstück fest eingelassen, und beide waren genau in der Mitte mit einem Loche von ungefähr zwei Zoll Durchmesser versehen, in welche ein gleich großer Zapfen von demselben weichen und harzigen Holze eingesetzt war. Es wurden nun die Lagerfugen der Säulentrommeln genau bearbeitet, ihre äußere Fläche aber nur roh und in der Art behauen, daß sie ein verhältnismäßig großes Übermaß erhielten.

Es wurden nun die beiden Trommeln auf einander gesetzt und so lange gegen einander geschliffen, bis eine vollkommene Fugung erreicht war, welche die in allen Punkten gleiche Aufeinanderlage der Stücke gewährte. War diese erreicht, so ließ man das Holz nicht als Dübel, sondern deshalb zwischen den Säulenstücken zurück, weil seine Anwesenheit der Solidität nichts schadete, seine Entfernung aber große Arbeit erfordert hätte.

Das Schleifen selbst geschah wohl ohne Zweifel durch Steinklötze, aa fig. 7 und 8, welche man an den Säulentrommeln in gegenüberstehender Richtung stehen ließ, und an welche man, nachdem sie wahrscheinlich auch zum Aufziehen der Stücke gedient hatten, zwei Zugseile befestigte, welche, in verkehrter Richtung um die Säulentrommel gewunden, bei wechselndem Anziehen des einen oder des anderen eine Rotation bewirkten, welche die Flächen der Fugen gegen einander rieb, bis jene völlige Ausgleichung aller Unebenheiten erzielt war.

Der feine Steinschlick, welcher sich hierbei bilden mußte, konnte theils an der Außenseite, theils in die kleine Vertiefung bb abfließen, welche, wie gesagt, im Centrum der Fugenfläche eingehauen war.

Indem nun hiedurch eine Genauigkeit der Fugung erreicht werden konnte, welche nichts mehr zu wünschen übrig ließ, so entstand doch daraus die nothwendige Folge, daß man das Äußere der Säulen, Mauerflächen und Gesimse vor der Aufstellung nicht ganz genau bearbeiten durfte. Es mußte nämlich an allen Steinblöcken etwas Übermaß für die Abweichungen gelassen werden, welche in der Richtung und Lage dieser Stücke durch die nicht genau vorher zu berechnende Veränderung der Fugen beim Aufeinanderschleifen entstehen konnte.

Die Säulen des unvollendeten Tempels von Segesta beweisen und zeigen uns dieses genau und unwiderleglich. Die Fugen der Trommeln sind, obwohl dazu dort nicht Marmor, sondern nur ein ziemlich roher Muschel-Tuffstein verwendet ist, auf das Vollkommenste zusammengeschliffen, während die äußere Zirkelfläche noch ganz roh ist und die der Trommeln weder ganz nach der Verjüngungslinie laufen, noch genau auf einander treffen.

Überall steht noch so viel Übermaß, daß es einer genauen Bearbeitung vorbehalten blieb, der Säule erst die bestimmte Form zu geben. An vielen Stücken sind auch die Steinklötze stehen geblieben, welche zum Aufheben und Fugenschleifen dienten. Eben so bemerkt man noch kleine Vorsprünge an den Ecken der Knaufplatten und an den Ecken, welche die Fugen mit den äußeren Flächen bilden, und deren Zweck offenbar nur der vorübergehende war, diese Ecken gegen Beschädigungen während des Baues zu sichern. Auch die an dem untersten Säulenstücke und an dem Halse des Knaufs etwas eingearbeitete Bezeichnung des genauen Umkreises der Säulen beweist, daß hier noch eine Bearbeitung des Ganzen nach vollendetem Aufbaue beabsichtigt war.

Es scheint nun erwiesen, daß eine Vollkommenheit der Flächen, Linien, Gesimse und Kannelirungen, wie sie die Denkmale der Akropolis zeigen, nur durch eine solche Bearbeitung des Ganzen nach vollendetem Baue erreicht werden konnte, und die bekannte Inschrift des Erechtheions sagt uns auch auf das Bestimmteste, daß diese Konstruktionsart in Griechenland in den schönsten Kunstzeiten üblich war. Aber es erscheint dabei als Vorbedingung, namentlich bei so hartem Materiale wie der pentelische Marmor, daß der ganze Bau keine Fugen in dem Sinne von Zwischenräumen habe, welche mit einer weicheren Masse als der Marmor selbst ausgefüllt sind. Wäre dieses der Fall und mithin der ganze Bau bei der Bearbeitung nicht als eine homogene Masse zu betrachten, so müßten bei derselben die widrigsten Aussprengungen bei jeder Fuge entstehen, wie es jedem Techniker leicht begreiflich sein wird.

Da das Auf- und Aneinanderschleifen aller Fugen jedoch eine außerordentlich schwierige Arbeit war, so suchte man dasselbe in den attischen Denkmalen mit weiser Mäßigung zu erleichtern und zu beschränken, wo es der Dauerhaftigkeit unbeschadet geschehen konnte. In diesem Sinne sind die Lagerfugen stets der ganzen Fläche, oder doch, wie wir bei den Säulentrommeln nachwiesen, bei weitem dem größten Theil nach, auf einander passend, weil der Widerstand gegen den Vertikaldruck dieses verlangte.

Bei den Stoßfugen jedoch erstreckt sich das völlige Aneinanderschließen nur auf eine geringe Breite rings um die Begrenzungsflächen, wie dieses Tab. I. fig. 9 zeigt. Hier findet das Aneinanderschleifen zur Erleichterung der Arbeit nur auf die Tiefe statt, welche zur Vollkommenheit der Fuge und zur sicheren Bearbeitung der äußeren Gesimsfläche nöthig erachtet wurde. Alles Übrige ist etwas vertieft und nur rauh gearbeitet.

In welchem Grade trotz dieser weisen Ersparung unnöthiger Arbeiten der Preis der attischen Denkmale durch diese Art von Ausführung, durch Aufeinanderschleifen aller Fugen und durch die so schwierige Bearbeitung aller äußeren Formen nach vollendeter Konstruktion gesteigert werden mußte, wird jedem Architekten einleuchtend sein.

Die ungeheuren Summen, welche nach Thukydides, Suidas und Anderer Angaben die Denkmale des Perikles und namentlich die Propyläen kosteten, müssen gewiß großentheils durch diese Vollendung und Konstruktionsart erklärt werden, und würden ohne dieses durchaus als Übertreibungen erscheinen.

Da Thukydides' Angabe über diese Summen nicht deutlich und mit einem nicht festzusetzenden Betrage für die begonnene Belagerung von Potidea vermischt ist, so wissen wir nur aus Suidas, daß die Propyläen 2012 Talente, also nach ungefährer Schätzung eilf Millionen Franken unseres Geldes gekostet hatten. Bedenkt man aber, daß es sich hier nur von einem durchaus nicht riesenhaften höchst einfachen Baue auf festem Felsengrunde, nur von Marmor konstruirt, welcher auf zwei bis drei Stunden Entfernung gebrochen wurde, handelt; daß gar keine innere kostbare Zierde dabei angewendet war, und die Errichtung einem Volke und einer Zeit angehört, wo man über die Kräfte vieler Sklavenhände zu gebieten hatte, so erscheint jene Summe ungeheuer hoch.«

Um die Fortführung der Grabungen und die Wiederherstellung am Parthenon in seinem Sinne, auch nach seiner Abreise, sicherzustellen, wurde der ausgezeichnete Dr. Ludwig Ross angeleitet und angestellt. Seine aufschlußreichen Berichte gehen in den kommenden Jahren nach München.

»Seit heute«, so schrieb er dies freudig unterm 4. Januar 1835 an Klenze, »darf kein Ungeweihter ohne meine Erlaubnis unser Heiligtum mehr betreten und 80 Mann arbeiten gleichzeitig an der Demolition der türkischen Mauern und der Aufräumung des Schuttes um den Parthenon.

Schon während der Anwesenheit des Herrn von Klenze in Athen, im August 1834, wurden die Ausgrabungen und Restaurationsarbeiten auf der Akropolis eingeleitet und bei dem Besuche des Königs im September durch eine passende kleine Feierlichkeit unter den ehrwürdigen Hallen des Parthenon eröffnet. Die fernere Leitung wurde fortan mir übertragen, ich wurde zum Oberkonservator ernannt.

Dabei war die Akropolis aber immer militärisch besetzt. In der großen türkischen Moschee, welche damals noch in der Mitte des Parthenon stand, in den Seitengebäuden der Propyläen, die den Türken als Kriegsmagazine gedient hatten, und in den sonstigen noch bewohnbaren Überresten der früheren Baracken lag eine Kompanie Bayern mit einigen Kanonen.

Wir brachen nun zunächst die byzantinisch-fränkisch-türkischen Mauern und Befestigungen vor den Propyläen ab, aus denen vor allem die Überreste des abgebrochenen kleinen Tempels der Nike Apteros hervorgingen, so daß wir diesen schon in den folgenden Monaten auf seiner alten Stelle wieder aufrichten konnten. Auch ließ ich die Moschee im Parthenon so bald wie möglich abbrechen, um diesen Zankapfel aus dem Wege zu räumen und eine neue Kasernierung von Soldaten auf der Akropolis unmöglich zu machen. Die Arbeiten wurden mit Eifer bis in den Sommer des Jahres 1836 fortgesetzt.«

Die gelehrte Welt hat Klenze als Forscher anerkannt. Er wurde Mitglied der bedeutendsten Akademien Europas und archäologischen Gesellschaften in Leipzig, London, Mailand, Madrid und Paris.

Die Begründung der deutschen Archäologie in Griechenland

Der Stand der archäologischen Bemühungen stand damals noch sehr unter dem Zeichen, die plastischen Monumente Griechenlands aufzufinden und — zu entführen. Die uns heute fremde Einstellung war damals gerechtfertigt unter der einheimischen Mißachtung, die die antiken Ruinen zum Teil als Kalkgruben mißbrauchte. So wurden die »Bemühungen« Lord Elgins, heute als Raubzüge bezeichnet, begreiflich und von Klenze vorsichtig, aber nicht ganz entschuldigt.

Die Absicht seiner großen Rede vor der Bayerischen Akademie der Wissenschaften vom 3. März 1821 war, die deutsche Öffentlichkeit auf die Möglichkeiten, die sich in Griechenland boten, hinzuweisen und zu beteiligen.

Er schickt voraus, was damals anderen Nationen, vor allem England, inzwischen gelungen, und gibt eine Inventur der bloßgelegten, bloßliegenden oder wohl noch zu entdeckenden Fundstätten und führt schließlich jene Namen auf, die sich um die Bergung bemühen.

Nachdem Frankreich schon seit Ludwig XIV. häufig versucht hatte, von der ottomanischen Pforte die Erlaubnis zu erhalten, die Monumente Griechenlands zur Vermehrung seiner Kunstlaunen zu benützen und spolieren zu dürfen, erhielt diese endlich der Gesandte Choiseul-Gouffier. Man ging dabei so unvorsichtig zu Werke, daß die Metopen des Parthenons beim Herabnehmen zerbrachen und nur ein kleines Stück des Frieses nach Paris gelangte. Auf den Rat des Architekten Harrison nahm sich nun der für Konstantinopel bestimmte englische Gesandte, der Schottländer Lord Elgin, dieses Gedankens an und verband sich, nachdem er die englische Regierung nicht dafür gewinnen konnte, mit dem italienischen Landschaftsmaler Lusieri, den Architekten Balästra und Itter und dem Zeichner Feodor, um dieses Unternehmen anzugehen. Nach vielen und, wie es fast schien, unüberwindlichen Schwierigkeiten verschafften ihnen endlich die Siege der Engländer über die Franzosen in Ägypten einen solchen Einfluß im Diwan, daß die Erlaubnis, alle griechischen Monumente ungehindert zu sehen, unterzeichnet und, was man wollte, davon hinwegzunehmen, in vollem Umfange erfolgte. Als im Jahre 1801 Lord Elgin und seine Begleiter anfingen, diese Erlaubnis zu benützen, wurde ihnen immer deutlicher, welch dringender Gefahr völliger Zerstörung diese Werke ausgesetzt waren. Das traurigste Beispiel war der Tempel des Panops am Ibyssos, welchen Stuart wenige Jahre zuvor noch völlig erhalten vorgefunden hatte, sowie eine andere Tempelruine in Olympia, die nun schon völlig spurlos verschwunden war. Die Statuen des Parthenon waren das Ziel barbarischen Mutwillens und ihr einziger Wert der, welchen sie als Kalksteine zum Bau der Festungsmauer hatten. Lord Elgin entschloß sich, seine Spoliation so weit wie möglich auszudehnen, und englisches Gold setzte Hunderte von griechischen Händen in Bewegung.

Riesenhaft nennt Klenze den Erfolg von Lord Elgins Unternehmen, wenn man die Verzeichnisse alles dessen liest, was er fand und nahm. Darunter waren vom Parthenon die Statuen des östlichen Giebelfeldes, die Viktoria, Zeus, Poseidon und Hephästos. Aus dem westlichen Giebel, wo die Geburt der Athene dargestellt war, erhielt er bedeutende Bruchstücke, das schöne Theseusbild, die Frauengruppe und jenen unnachahmlichen Pferdekopf. Vom großen Fries, der die Panathenäen darstellte, gingen 51 Stücke nach England. Auch die Metopen, worauf die Kämpfe der »Zentauren und Lapithen« abgebildet waren, und das Opisthodom des Tempels mußten ihm die Trümmer ihres Reichtums zollen.

»So erhielt er«, fährt Klenze weiter, »aus den Ruinen der Propyläen und namentlich denen des daranstoßenden Tempels der Nike Apderos, von Marathon, Salamis und Plataä reiche Beute, mehrere Friesbilder, die Kämpfe der Hellenen und Amazonen darstellend. Aus dem Tempel des Poseidon Erechteus, der Nymphe Pandroses nahm Lord Elgin architektonische Fragmente und von dem choragischen Monument des Trasyllos eine treffliche Statue, der eines bekleideten Bacchus, mit nach England. Leider versenkte ein heftiger Sturm das Schiff Mentor, welches einen Teil dieser Schätze nach England bringen sollte. Gegen diesen begünstigten und reichen Gesandten einer mächtigen Nation, der gleichsam als Eroberer die Werke griechischer Kunst dem heimischen Boden entführte, fand sich nun auch eine Gruppe von Forschern, deren Eifer und Liebe zur Sache Ansprüche hierauf geltend machte. Im Jahre 1807 bildete sich in Rom eine Gesellschaft, die Griechenland durchreisen und aus seinem kunstreichen Boden vergrabene Werke der Plastik hervorsuchen wollte. Der Bayer Freiherr von Hallerstein, der Württemberger Linkh, der Engländer Cockerell, der Livländer von Stakelberg und die beiden Dänen von Brönstedt und Coes waren es, welche sich zu dieser Wallfahrt vereinigten, und das alte Phigalia in Peloponnes sowie die Insel Aegina im myrthoischen Meere belohnten ihre Bemühungen durch eine reiche Ausbeute ... Ein glückliches Ungefähr ließ sie ein Stück Marmor-Relief entdecken, welches ihnen mit Gewißheit eine noch größere Ausbeute versprach.« Die englische Regierung fand sich sehr bald bereit, für 15 000 Pfund Sterling den phigaleischen Fries den glücklichen Findern abzukaufen, eher noch wie die Sammlung Lord Elgins, die sie erst 1816 um 35 000 Pfund Sterling erwarb und diese auch nur, nachdem in Erfahrung gebracht war, daß ein deutscher Fürst den Erwerb dieser trefflichen Werke suchte. Auf Aegina war diese Forschungsgruppe von gleichem oder noch größerem Glück begünstigt, da ihnen im Jahre 1809 die Aufdeckung der beiden Giebelfelder gelang. Sie wurden, wie bekannt, durch den Kronprinzen Ludwig durch die Vermittlung seines Kunstexperten Johann Martin v. Wagner erworben, und zwar durch geschickte Verhandlung um einen so geringen Preis, daß die Engländer dagegen für die einzige Statue des Laomedon schon den Preis der ganzen Sammlung erlegen mußten. Die Aegineten fanden, wie bekannt, in einem eigenen Saale der Glyptothek Aufstellung und wurden »durch Thorwaldsen auf eine Art ergänzt, welche archäologische Rigoristen wegen zu großer Täuschung frevelhaft schön genannt haben«.

Klenze suchte nach den Erfolgen der Engländer und dem schönen Beispiel des bayerischen Kronprinzen Deutschland auf die Möglichkeiten in Olympia hinzuweisen. Der deutsche Archäologe C. R. Dr. Sickler aus Hildburghausen hatte Olympia als den Ort bezeichnet, wo man, eine Lieblingsidee Winckelmanns erfüllend, reiche Schätze der Plastik heben könnte. Die Tempel des Zeus Olympios, der Juno, Ceres und Elythia, die Schatzhäuser von Sikyon, Epidamnus, Selinus, Athen und Megara, das Pelopäum, Hippodamaion und die Altäre fast aller Gottheiten waren hier nach Pausanias von unzähligen Werken der Plastiken von Göttern und Heroenbildern aller Art umgeben. Auf die Eigenart des hier durchfließenden Alphaios, der mit seinen Schlammassen die Bauwerke bedeckt und vor Plünderung geschützt hat, hatten schon Dodwell, Fauwell und Pokewill hingewiesen. Das Stadion, das Hippodrom, das hadrianische Amphitheater und die Thermen, die Schatzhäuser, das Theater, die arkadischen Gräber, das Gymnasium und die meisten anderen Gebäude waren mehr von dem Schlamm des trüben Wassers bedeckt als zerstört. Auf dieses weite Grabungsfeld weist Klenze die deutsche Archäologie hin. Er schließt: »Mit freudiger Erwartung sehen wir schon dem Augenblick entgegen, wo deutsche Forscher diese Entdeckungsfahrt nach dem geheiligten Boden Olympias antreten. Wenn bei dem Unternehmen nur die Wünschelrute der Archäologen aus historischer Wissenschaft Schätze hellenischer Welt in Olympia ahnen und entdecken konnte, so ist es doch nur die Kunst, die diesen Schätzen innewohnt, welche den Wert jener Entdeckung bestimmt.«

Klenze als klassizistischer Architekt begnügte sich nicht, seine Bauten nach vagen Angaben der Schriftsteller und schematischen Vorlagen zu gestalten, sondern er wollte unmittelbar und präzise wissen und am vorliegenden antiken Werkstück lernen. Solche Überlieferung war durch handwerkliche eigene Kunde zu ergänzen. Er nannte es einen »Versuch der Wiederherstellung des toskanischen Tempels nach seinen historischen und technischen Analogien«. Sein Bestreben war, die beschränkte Auffassung, die ziemlich kritiklos die Angaben der Schriftsteller übernahm, durch die neuesten Forschungsergebnisse zu korrigieren. »Da die antike Kunst in Italien zuerst wiedererkannt und gewürdigt ward, so kannte man anfänglich auch nur die verderbten Formen der römischen Antike, und diese waren es, worauf neue Meister, ohne in den eigentlichen Kern des Altertums eingedrungen zu sein und seine Schönheit in ganzem Umfange erkannt zu haben, ihre Regeln gründeten. Diesen zufolge aber war die ganze Architektur auf die Formen beschränkt, welche Zirkel und Richtscheit gaben, und was darüber war — war vom Bösen. So bestanden Vignolas Säulenordnungen noch immer als architektonisches Evangelium, nachdem Leroi, Stuart, Revett und Chandler schon lange an der griechischen Quelle echter Architektur geschöpft und die Resultate ihrer Wahrnehmungen bekanntgemacht hatten.« Zu den neueren Forschern zählte Klenze vor allem Quatremère, Kreutzer, Hirt, Thiersch, Böttiger, Schorn, William Gell, Cockerell, Haller von Hallerstein, Wagner u. a. Klenze unternahm es, die Nachrichten Vitruvs mit den neueren Forschungen Hirts zu konfrontieren, mit eigenen Ergebnissen zu ergänzen und zu berichtigen.

Klenze konnte es nicht genug sein, am Rande der Wissenschaft zu bleiben. Er wies sich als solcher Kenner aus, daß die Akademien nicht anstehen, ihn als Mitglied aufzunehmen. Klenze entwickelte eine erstaunliche Belesenheit und beginnt mit den ethnologischen

Untersuchungen über die Grundlagen der antiken Baukunst. Er zieht dabei die antiken Schriftsteller Dionys von Halikarnass, Livius, Plinius, Tacitus, Varro, Strabo und Herodot an und stellt ihnen die Anschauungen der neueren Geschichtsforscher eines Winckelmann, Quarnaci, Micali, Cataneo, Peloutier, Bardetti, Freret und eines Wachsmuth, des bayerischen Geschichtsforschers von Hormayer, Niebuhr und des schweizerischen Geschichtsschreibers Tschudi gegenüber. Er zieht noch die Geschichtsphilosophen seiner Zeit, wie die physiologischen Analogien und Sprachverwandtschaften bei Friedrich Schlegel, einen W. Jones, Langless, Johann v. Müller, Kreutzer, Görres und Kanne an. Klenze stellte dann in einem sehr weiten Umfange die ersten Darstellungen des sogenannten troglodytischen Baues, die ihm im Schatzhaus des Atreus zu Mykene, in den Grotten von Nauplia, in den Mauern von Tiryns entgegentraten, und die ersten Tempelformen zu Delphi oder des Poseidontempels zu Mantinea, die sehr lesenswerte Entwicklung der Steinform aus der Holzform entgegen, geht dabei zu Einzelheiten über, wobei er die Antenmauer untersucht, wobei er die Hypothesen von Galleani, Piranesi und Newton den anderen von Perrault, Hirt und Genelli gegenüberstellt und an vielen Einzelheiten — das Ganze umfaßt 86 Seiten — dann an einzelnen Teilen, dem Hypotrachelium, den Mutuli, den Sparren, den Säulenknäufen, den Firstbalken, den Dachpfetten und den Sparren, den Unterbalken und vielen anderen Details eine schlüssige und handwerklich darstellbare Form des Tempels zu geben sucht. Nie übernahm er trotz der großen Fülle der literarischen Berichte etwas von seinem Vorgänger, sondern prüfte alles auf die technische Ausführbarkeit, z.B. über die zusammengesetzten Unterbalken, »was die Art ihrer Verklammerung anbelangt, welche Vitruv mit den Worten ›et ita sint compactae subcudibus et securiclis‹ beschreibt.« So ist es wahrscheinlich, daß unter den securiclis, abgeleitet von securis = Beil, doppelte Schwalbenschwanzklammern zu verstehen sind, welche den Oberteil der gekuppelten Unterbalken zusammenhielten, die subcudes aber, welche von unten beschlagen andeutet, die am Unterteile jener Balken angebrachten Klammern bezeichnet. Gewiß ist es den Regeln der Technik angemessen, solche Zimmerstücke sowohl von unten als von oben zusammenzuverbinden, um das Werfen und Verdrehen derselben zu verhindern. So gelang Klenze, indem er stets die literarischen Berichte der technischen Ausführung gegenüberstellte, eine Rekonstruktion des toskanischen Tempels bis zum letzten Firstziegel oder den Antefixen an der Dachrinne. Seine Konstruktion ist auf acht beigegebenen Kupfertafeln dargestellt.

Die hintergründige Absicht Klenzes aber war, und damit mündet seine Darstellung wieder auf den Architekten, die geistige und handwerkliche Koinzidenz der griechischen Tempelform darzustellen. »Möchte doch auch bei uns die schöne Zeit wiederkehren, wo, wie im klassischen Altertum, ein allgemein feststehender Begriff höchster Zweckmäßigkeit und Charakteristik den Typus des Göttlichen, Heroischen und Menschlichen Pathos und Ethos in Formen der Architektur feststellte und erkennen lehrte.«

Drei Wochen später folgt vor derselben Gelehrten-Gesellschaft der Bericht über den Stand der Ausgrabungen und Bergungen der Antiken in Griechenland.

Zeichnungen: Maßaufnahmen der Winterkampagne
   1823/24 II 1—3
   Klenzeana I, II, III und Zeichenmappen
   Reiseskizzen und Maßaufnahmen Kl IX z. B.
   Mykene Löwentor (28. Sept. 1834)
   Rom Forum (4. Okt. 1845)
   Paestum Poseidontempel (15. Mai 1855)
   Reisestudien 1806—1860 (siehe Verzeichnis im Anhang)
   Gr. S. z. B. Forum Rom 27628
   Paestum Stadttor 27635
   Pompeji Forum 27811
   Ornamentzeichnungen in 8 Heften gest. 1825
   Schaubert Original des Stadtplanes von Athen im Griech. Archäologischen Institut Athen
   Ornamentzeichnungen im Deutschen Archäologischen Institut Athen

Akten
   Erinnerungsbücher I—VII, Kl I/1—7
   Architektonische Erwiederungen und Erörterungen Kl I/9—13
   Briefe Klenzes an seine Gattin   Kl II/11
   Briefe Klenzes zur Reise nach Griechenland   Kl III/21
   Briefe Klenzes an Ludwig I./v. a. über die Glyptothek 1816—32
   Walhalla 1824—26, Propyläen 1846—54, G. H.
   Die architektonischen Aufzeichnungen Baron v. Hallersteins Kl II/18
   Ross L. Entwurf zu Arbeiten auf der Akropolis Kl XVIII/1
   Belege zum Neubau der Stadt Athen von Kobell, Heidecker usw. Kl III/22
   Dokumente zur Reise nach Griechenland Kl III/21
   Antike Fragmente Kl VIII/43

Schriften
   Über das Hinwegführen plastischer Kunstwerke aus Griechenland und die neuesten Unternehmungen dieser Art, München 1821 (Eine Vorlesung gehalten in der öffentlichen Versammlung der K. B. Akademie der Wissenschaften am 31. 3. 1821)
   Versuch einer Wiederherstellung des toskanischen Tempels nach seiner historischen und technischen Analogie, München 1822
   Die schönsten Überbleibsel griechischer Ornamentik, der Glyptik, der Plastik und Malerei. 8 Hefte, München 1823
   Reise in Sizilien, in: Kunstblatt (v. L. Schorn) Stuttgart und Tübingen 1824 Nr. 36
   Thiersch, L. Schorn, W. Gerhardt, Reisen in Italien, 1. Teil, Leipzig 1826
   Der Tempel des olympischen Jupiter von Agrigent, Stuttgart und Tübingen 1827
   Aphoristische Bemerkungen, gesammelt auf einer Reise nach Griechenland, mit Atlas, Berlin 1838

Literatur

Die Klenze bekannten antiken und Renaissanceschriftsteller waren Vitruv, Plinius, Pausanias u. a.
Die seiner Zeit waren: Winckelmann, Stuart und Revett, Ross, Schaubert und Hansen
Neuere und neueste Forschungen:
Bühlmann J.: The architecture of classical antiquity Berlin 1892
Curtius R.: Die antike Kunst, Potsdam 1938
Dinsmoor W. B.: The architecture of ancient Greece, London 1950 (dort die ausführliche Bibliographie bis 1949)
Durm J.: Handbuch der Architektur, Leipzig 1910
Furtwängler A., Fiechter E., Thiersch H.: Aegina. Das Heiligtum der Aphaia, München 1906
Gerkan A. von: Der dorische Tempel. Jahrbuch des Deutschen Archäologischen Instituts 63/64, 1958/49 ff.
Gruben G.: Die Architektur der griechischen Tempel und Heiligtümer, München 1962/in Berve/Gruben
Kirsten-Kraiker: Griechenlandkunde, Heidelberg 1957
Krauss Fr.: Paestum, Die griechischen Tempel, Berlin 1941
Krauss Fr.: Die Säulen des Zeustempels von Olympia, Tübingen 1957
Krauss Fr.: Der Athenatempel/Paestum, Berlin 1959
Krischen F.: Die griechische Stadt, Berlin 1938
Kunze E.: Olympia in der Antike, 1960
Noack F.: Baukunst des Altertums, Berlin 1910
Riehl H.: Griechische Baukunst, München 1932
Rodenwaldt G.: Griechische Tempel, München/Berlin 1951
Rodenwaldt G.: Die Akropolis, Berlin 1935

DER KUNSTHISTORIKER

Die Stellung zur Kunstgeschichte

»Allgemeine Kunstbetrachtung« war für Klenze eine innere Notwendigkeit wie die Archäologie. Die Vergewisserung in der Geschichte war dem klassizistischen Architekten Bedürfnis, seitdem der Verlust des ursprünglichen Vermögens durch Reflexion ersetzt wurde. Klenze wußte dies selbst. »Wir leben nicht mehr in der Zeit des unbewußten, naturnotwendigen Schaffens, durch welches früher die Bauordnungen entstanden, sondern in einer Epoche des Denkens, des Forschens und der selbstbewußten Reflexion.« Am Anfang stand geschichtlich zu denken.

Klenze hatte wie in der Archäologie Neuland vor sich. Kunstgeschichte als Disziplin gab es noch nicht. Klenze hat als einer der ersten die Stilepochen an Hand ihrer Erscheinungsformen im modernen Sinne klassifiziert, angefangen bei »altindischen, nubischen, ägyptischen, persischen und griechischen Lehren«. Merkmal seiner Methode war, nicht allein die Phänomene und Formen aufzusuchen, sondern die geistigen, religiösen, politischen Motive bis zu den handwerklichen zu finden, die diese Formen hervorgebracht und gebildet haben.

Mühsam hatte sich Klenze die Grundlagen aus ausländischen Werken erarbeitet. Die ersten enzyklopädischen Versuche über »Geschichte und Regeln der Architektur« liegen in den Jahren 1809, während seiner Tätigkeit in Kassel, Früchte seines Studiums in Paris. Eine Köstlichkeit ist das »Venezianische Tagebuch« von 1823, aufschlußreich über Klenzes Kenntnisse der venezianischen Renaissance.

Unerschöpflich ist das über 900 Seiten starke Manuskript »Architektonische Erörterungen über Griechisches und Nichtgriechisches eines Architekten«, eine ausführliche und über viele Jahre geführte Selbstvergewisserung des schaffenden Architekten an den Erfahrungen und Erkenntnissen seiner geschichtlichen Forschung.

In vielen Briefen an Ludwig I. finden sich seitenlange Erörterungen über kunstgeschichtliche Zusammenhänge eingestreut. Klenze benützt sie mitunter, um seine eigenen Arbeiten zu bestätigen.

Eine Wertung des zeitgenössischen Gartenbaues geht der Untersuchung über den französischen und italienischen Gartenstil voran, und dieser Aufsatz über die Gartenanlage in Pratolino enthält zugleich eine vernichtende Kritik des Englischen Gartens.

Eine großangelegte Zusammenfassung stilgeschichtlicher Entwicklung ist sein Traktat über »Die Architektur des christlichen Kultus«, mit dem er eigene Entwürfe für neue Kirchenbauten einleitet.

Den Veröffentlichungen seiner Bauten stellte Klenze in den Vorworten ausführliche kunstgeschichtliche Betrachtungen voran, so in der Mappe über die Walhalla, die Glyptothek und zu den anderen Sammlungen architektonischer Entwürfe. Weite und Genauigkeit eignen Klenzes Kunstbetrachtungen. Sie greifen weit hinaus und weit zurück. Babylonien, Assyrien, Persien, Abessinien, Nubien, Arabien erscheinen zuerst, liebevoll verharrt er bei Nahen und Bekannten, bei den Bauten Albertis und Brunelleschis.

Die Auseinandersetzung mit der Geschichte

Mit großem Schwung umfährt er die Zeit. Es donnert hinter seinen Sätzen: Weltgeschichte als Weltgericht. Schon damals sagte Klenze: »Die Geschichte muß hier so wie überall entscheiden, sie ist das Weltgericht des letzten unwiderruflichen Urteils«, und folgert für seine Zeit: daß »die Gesichtslosigkeit der Architektur Folge der Geschichtslosigkeit des Bewußtseins« sei. Denn die Geschichte, besonders in ihrer heroischen Epoche, ist der Stützpunkt aller Kunst und alles Kunsturteils und, wie Johannes Müller mit Recht sagt: ›Der Mangel an geschichtlichem Sinn war es, woran bisher unsere Zeit krankte.‹«

Klenze hat eine genaue Geschichtstheorie: »Ausgang der Form ist geistige Haltung, erst wenn der Stil wirklich ein inneres Lebensprinzip in sich hatte und nicht bloß auf Mode oder gar auf individuellem Geschmack einiger Machthaber beruhte, konnte er wirksam werden. Nur in Priesterstaaten, Königreichen und Republiken, welchen die höchste Gewalt anvertraut war, konnten die technischen und artistischen Kräfte und Fähigkeiten auf eine Art in Bewegung gesetzt werden, welche den plastischen Typus einer Zeit zu bilden im Stande war.«

Der Stil wird bei Klenze durch die Konstruktion geprüft und umgekehrt, der Theoretiker wird durch den Praktiker geleitet, die Entwicklungstheorie wird vom schöpferischen Architekten gelenkt und korrigiert. Seine Untersuchungen haben ein Ziel: die feste Basis des eigenen Schaffens zu finden. Die Erscheinungsformen der Stile werden nicht aufgezählt und beschrieben, sondern untersucht durch die Prüfung, ob sie praktikabel sind. Unter solcher Befragung werden die unschuldigen Formen früherer Stile zuweilen vergewaltigt: Man kennt seine starre Verherrlichung der Antike, seine mißtrauische Anerkennung der Gotik, seine zornige Ablehnung des Barock.

Geschichte der kirchlichen Bauformen

So geht es in dem Traktat »Anweisungen zur Architektur des christlichen Kultus« über Zeilen und Seiten, die von den früheren Zeiten die Kunstform als Darstellung einer geistigen Haltung fordern.

Seine Untersuchung beginnt mit einem Bekenntnis, seine Betrachtungen sind dem Glauben verpflichtet.

»Durch den göttlichen Hauch auf das erschaffene Körperliche ward mit dem Leben zugleich die Erkenntnis Gottes vielleicht in allem Lebendigen erweckt; gewiß aber in allen menschlichen Wesen, deutlicher oder verworrener, mit mehr oder weniger klarem Bewußtsein, nachdem der Grad der Intelligenz und der Ausbildung in ihnen entwickelt war ... Das Erscheinen des Heilandes, seine Worte und Offenbarungen, sein Leiden und Tod, ja selbst die Äußerlichkeiten seiner Zeit und der Örtlichkeiten, welche ihn umgaben, sind fortan der feste, oft näher oder ferner stehende Punkt für alle geistigen und plastischen Bildungen der christlichen Welt, in Erkenntnis, Glauben und Religion ...

Mag man nun Zeiten und Nationen vor der Erscheinung des Heilands sich in unmittelbarer historischer Verknüpfung mit seiner göttlichen Sendung oder in scheinbarer Absonderung davon denken; mag man annehmen, daß die altindischen, nubischen, ägyptischen, persischen und griechischen Lehren als Zweige einer religiösen Weltbildung angesehen werden müssen, welche später durch das Christentum ihre Erfüllung und Vollendung erhielt und daß nur Zeit und Lücken in der Geschichte die Bande zerrissen und verwirrt haben, welche sie verknüpften; oder mag man glauben, daß jene Religionssysteme wirklich historisch unabhängig voneinander ihren Rang in der Weltgeschichte einnehmen; so sind doch die geistigen Bande und die innere Analogie mit den Lehren des Christentums so mannigfaltig und deutlich, daß ein Hinwirken der ganzen Vor- und Mitwelt auf den Moment der Erlösung, wenn auch vielen Völkern bewußtlos, dennoch nicht zu verkennen ist. Es fehlte dem ganzen nur noch der Schlußstein der Offenbarung, die Erkenntnis des Mysteriums, welche in sich aufzunehmen die Welt durch jene ersten Religionen gleichsam vorbereitet werden mußte.«

Nach solchem Beginn ist es nicht verwunderlich, daß Klenze, nachdem er Blatt um Blatt der stürmischen Geschichte des christlichen Abendlandes umgewendet hat, in eine Vision der Ökumene mündet: »Ohne der schönen Hoffnung zu erwähnen, daß es bald nur noch eine christliche Kirche und einen Gottesdienst geben möge, finde ich nicht, daß Katholizismus, Protestantismus und einige innere Einrichtungen angenommen sogar der griechische Gottesdienst wesentliche architektonische, sondern nur mehr dekorative Verschiedenheiten in ihrem Kirchenbau bedingen. Der allgemeine moralische und physische Zweck ist bei den Kirchen aller Konfessionen gleich und Einzelheiten sollten unberücksichtigt bleiben.

Der Heiland selbst zwar hielt sich, die Lehre seiner Erlösung auf den Grund des mosaischen Gesetzes bauend, von allem Heidnischen fern, jedoch ist dieses für uns die Lage welche allein die Festsetzung eines christlichen Kunsttypus beabsichtigt, weniger entscheidend wichtig, denn alles Äußerliche lag dem Sohne Gottes, welcher hinieden nur seine göttliche Sendung zu erfüllen gekommen war, ferne; so, aber nicht auch uns, den Menschen welche menschlicher Mittel bedürfen, um höhere Zwecke zu erreichen. Deshalb tritt für Kunst und Gottesdienst die historisch bewiesene Art der Umgebung des Heilands und seiner Zeit in ihre vollen Rechte.

Waren diese Äußerlichkeiten aber, wie gesagt, während der Sendung des Heilands in Judäa sowie in der ganzen damaligen Welt ganz griechisch und römisch, so erhielt sich dasselbe Verhältnis auch während der ganzen Zeit aufrecht wo das Christentum noch im Kampf gegen die damaligen Weltbeherrscher begriffen war, und diese Zeit ist die heroische Epoche unseres Glaubens, welche, wenn auch nicht einzig doch vorzüglich der christlichen Kunst zum Vorwurfe dienen muß.

Griechische und römische Häuser, Tempel und Basiliken waren es, welche die Christen zuerst zu ihrem Gottesdienst wählten, wenn sie diesen öffentlich halten durften und besonders bildete sich dieser Gottesdienst sogar ganz der letzten Art von Gebäuden gemäß und diese wieder so ganz nach der christlichen Liturgik, so daß die Basilika ihrer Hauptposition nach für alle Zeiten den wahren und einzigen Typus christlicher Kirchen bildete.«

In einer großartigen Darstellung entwickelt Klenze die Stilperioden vom römischen Basilika-Typ bis zur Renaissance und prüft gleichzeitig die Geltung und Brauchbarkeit der einzelnen Stilformen für seine Zeit. Darin liegt die Besonderheit dieser Untersuchung, daß nicht einfach eine historische Abfolge gegeben ist, sondern die Formen auf ihre derzeitige Wirkungskraft abgefragt werden. Einige Stilepochen haben durch Klenze erstmals einen Namen bekommen. Große Überlegenheit und Weitblick beweist Klenze, wie er die einzelnen Stile und Epochen gegenseitig in Beziehung bringt.« Dem Plane nach sind diese Gebäude trefflich: die zerstörte, aber uns vollkommen bekannte Basilika Vaticana Lateranensis, San Paolo fuori della mura, San Martino ai monti, San Pietro in vincoli, San Clemente, die Basilika von Bethlehem und die etwas später entstandene Kirche San Miniato dei Tedesci in Florenz.

Neben diesen reinen Basilika-Kirchen im Okzident des römischen Reiches aber bildete sich im Orient desselben und namentlich in Konstantinopel ein anderes Schema, nämlich das der gewölbten Kuppelkirchen aus.

Es lag aber wohl zunächst in dem politischen Übergewichte, welches Byzanz und auch das lombardische Oberitalien, sowie das handelnde Venedig (wo San Marco in mancher Beziehung als Nachahmung der Musterkirche zu Konstantinopel der Hagia Sophia erscheinend sich erhob), und das versunkene Rom hatten, daß Karl der Große und seine Zeit mehr den byzantinischen als den römischen Baustil, wenn es damals einen solchen gab, und selbst byzantinische oder nach ihnen gebildete lombardische Bauten nachahmten.

Wollte man also die Bauart, welche vor dem 12. Jahrhundert im ganzen nördlichen und südlichen und westlichen Europa geübt ward, nicht byzantinisch nennen, welches doch dem historischen Standpunkte am angemessensten scheint, so wäre lombardisch der richtige Name. Vorgotisch und Vorgermanisch ist aber ganz unpaßlich und unbestimmt.

Wirklich ist der Name gotisch falsch: romantisch ist zu allgemein; germanisch, teutsch, sächsisch etc. teils ohne erwiesenen historischen Grund, teils zu sehr spezialisiert und es wäre vielleicht das Beste, diese wundersame Bauart den mittelalterlichen Basilika-Stil zu taufen.

Ohne sich dabei faden, symbolischen Träumereien hinzugeben, wäre auf diesem Wege wohl eine Analyse bis ins einzelne durchzuführen; man muß dabei als Grundform, hier natürlich die antike Basilika, jedes einzelne sich aus der Zeit und ihren Triebfedern selbst hervorbilden lassen. Für unsern Zweck aber müssen die gegebenen allgemeinen Andeutungen genügen, denen zufolge wir der ganzen Bauart den Namen der christlich hierarchischen geben möchten, um sie ihrem innern Wesen nach zu bezeichnen.

Nach dem was wir nämlich schon oben über das architektonische Grundprinzip beigebracht haben, liegt die Vollkommenheit eines architektonischen Werkes im Gleichgewicht zwischen Kraft und Widerstand, und der Art, wie der Begriff dieses Gleichgewichtes durch Form und Verhältnis schnell in die Seele gebracht wird. Nur dieses Gleichgewicht kann den unverdorbenen und durch die ewigen Gesetze der Zweckmäßigkeit gebildeten Sinn befriedigen und ihm wahrhaft schön erscheinen. Wirkung, Effekt, Überraschung, Reiz sogar, kann auch ohne dasselbe hervorgebracht werden, aber wahre Schönheit der Architektur nie. So kann uns das ungeheure Übermaß von Stoff und Widerstand in den Werken der Inder und Ägypter im ersten Augenblick imponieren; das scheinbar wenigstens so geringe Verhältnis dieses Stoffs und Widerstand gegen die Kraft in den christlich hierarchischen Werken überraschen und reizen, aber nur die griechische Mäßigung und naturgerechte Anspruchslosigkeit vollkommen befriedigen.

Nach dieser Idee von scheinbarer Leichtigkeit und Kühnheit einer künstlichen aber nicht kunstgerechten Konstruktion ist wirklich in der gotischen Bauart alles vom größten bis zum kleinsten gebildet. Aber alles Staunen darüber weicht der näheren Kritik und Untersuchung, welche uns zeigt, daß die künstlichen Mittel und Bande, durch welche diese scheinbare Leichtigkeit erzeugt wird, oft größer und ausgedehnter sind, als die größte positive Festigkeit es nur immer erfordern würde, und daß dieselben dazu gewöhnlich noch ganz über die Grenzen der wahren Konstruktion hinausgehen.

So glaubt man beim ersten Anblicke oft die Kühnheit und Leichtigkeit der Türme, unzähligen Säulchen, Tabernakel, Nischen und Giebel anstaunen zu müssen, welche gleichsam in der Luft zu schweben scheinen; wenn man aber die eisernen Anker, Schlüssel, Schleudern und Bänder sieht, wodurch das alles mühsam zusammen- und aufrechtgehalten wird, so kann man sich kaum enthalten, die blinden Bewunderer solcher Künsteleien zu fragen, ob ihnen auch ein Grotesk-Tänzer, welcher sich und die Glieder seines Körpers durch Drähte und Stricke in den wunderbarsten, kühnsten Stellungen, Verdrehungen erhalten läßt, besser als ein griechischer Mime gefallen würde, der zu seinen Darstellungen nur die innewohnende eigene Kraft, Grazie und Gewandtheit anwendet.

Überhaupt ist Willkür bei nur scheinbaren Gesetzen der Hauptcharakter dieser Bauwerke sowie ihrer Zeit und im Gegensatze mit dem strengen Stile der Griechen, wo alles nach unumstößlichen, unleugbaren Gesetzen der Natur und Kunstphilosophie sich bildet. Deshalb ist es auch ein höchst eitles Unternehmen jeder Bauart, Gesetze nach Art der griechischen suchen und finden zu wollen. Ihr einziges Gesetz war ihre Zeit.«

Und nun zur Renaissance:

»Aber wie gesagt, waren es nicht diese Bauten, worauf die sogenannte Wiedergeburt der Künste in Italien sich gründete, sondern diese folgte unmittelbar auf die Gebäude, welche aus dem byzantinischen Style hervorgingen, und wovon uns z. B. Santa Sophia in Constantinopel, die Dome von Venedig, Torcello, Padua, Ravenna, Pavia, Lucca, Toscanella; der Dom, das Campo Santo, und der hängende Thurm in Pisa; der Dom und das Baptisterium zu Parma usw. die bedeutendsten und oft antikem Sinne und antiker Consequenz sich annähernde Muster darbieten. Zwischen die byzantinisch-lombardischen Bauten aber und die eigentliche Wiederaufnahme der antiken Baukunst, welche L. B. Alberti und der große Philippo de Ser Brunelleschi bewirkten, trat als Mittelglied ein schon mehr gereinigter Baustyl, wovon uns das reizende Oratorium von Orsanmichele, die Loggia dei Lanzi, Santa Maria novella, der Dom und Glockenthurm in Florenz, und mehrere oft viel ältere Kirchen in Italien bedeutende Muster darbieten.

Es ist diesen Werken bedeutender architektonischer Wert eben so wenig als ein Princip innerer Bildsamkeit abzusprechen, welche demselben in neuer Zeit lebhafte Vertheidiger und Bewunderer gewonnen haben, zu welchen auch wir uns gern bekennen. Dem wahrhaft gebildeten Künstler und Architekten jedoch, welcher nicht in eklektischer Genußsucht alles dessen, was einigen Reiz darbietet, und im weichlichen Hinundherschwanken zwischen alt und neu, schwer und leicht, rund und gerade, jedes klare und kräftige Urtheil über Kunst und Kunstwerke eingebüßt hat, wird in diesem Übergangsstyle stets ein doppeltes Princip erscheinen, welches auf seine Konceptionen und Formbildung wirkte: nämlich die Gewohnheit des aus dem Mittelalter Überlieferten und das Streben zur Reinheit und plastischen Consequenz der Antike.

Wer nun Unterscheidungs- und Geisteskraft genug hat, um genau die Scheidelinie dieser Doppelwirkung zu erkennen, und diesen Baustyl im Sinne der Antike behandelt, der wird nicht allein schöne Bildungen daraus hervorrufen, sondern er wird endlich sogar, so wie das fünfzehnte und sechzehnte Jahrhundert selbst, wieder zur Antike zurückgeführt werden.

Künstler hingegen, welche aus Geistesstumpfheit, Neuerungs- und Modesucht in diesem gemischten Baustyle nur das Mangelhafte des Mittelalters sehen wollen und verfolgen, werden bald zur völligen Verwilderung des Mittelalters zurückkehren, und ihre Werke der strengen aber billigen Verdammung der Nachwelt preisgeben.

Die ursprüngliche Entwicklung dieser florentinischen Bauart im Sinne der Antike Santo Spirito sowie San Lorenzo in Florenz müssen als die ersten höchst schätzenswerthen Anfänge des Kirchenbaues mit antiken Formen genannt werden, welcher jenen Gebäuden der Übergangsperiode folgte; aber ehe sich dieses System nur irgend ausbilden konnte, erschien in dem Entwurfe von Sanct Peter in Rom, das während der langen Dauer des Baues stets noch verschlimmerte Vorbild einer großen Anzahl späterer Kirchen, welche durch ungeheure Pfeiler des Inneren, gewölbte Decken, das reine griechische oder römische

Kreuzschema des Planes, und die Kuppel über den Durchschnittspunkt sich characterisieren lassen. Wir gestehen, daß wir dieses Schema für das Schlechteste von allen halten, und wenigstens der ganzen Conception nach dem Sinne des strengen antiken Styls, von welchem die einzelnen Formen desselben entlehnt wurden, diametral entgegengesetzt glauben. Ungeheurer Aufwand ohne große Resultate, zertheilte Wirkung des Inneren, Größe ohne Großartigkeit, und ein Äußeres, wohinter das ungeschickt angeordnete Innere auf die widerwärtigste Art gleichsam Verstecken spielt, so daß die Hauptansicht in der Regel nur eine theatralische Dekoration wird, welche mit dem Rest des Gebäudes gar nichts zu thun hat und gewöhnlich erst viel später angesetzt ward; Kuppeln, welche sowohl innen als außen von keinem Standpunkte aus in gehöriger Verbindung mit dem ganzen Gebäude gesehen werden konnten, schwerfällige, trockene, unbedeutende und oft ganz unpassende Pilaster-Ordnungen und Hauptgesimse im Inneren, das sind die Gebrechen, welche man diesen Kirchen vorwerfen muß, und welche schon Militia auf eine treffende Art gerügt hat.

Trotz des verführerischen Beispiels von St. Peter in Rom, worin ein riesenhafter Maßstab einige der vielen Fehler positiv so weit vom Beschauer entfernt, daß sie ihm nach und nach verschwinden, während der höchste Grad von Pracht und Reichthum die anderen versteckt, hat man doch nach und nach die Unvollkommenheit dieser Bauart so allgemein gefühlt, daß man seit einem halben Jahrhunderte etwa vielfach versucht hat, etwas Besseres an ihre Stelle zu setzen. In dieser Absicht entfernte schon Sufflot die ungeheuren Pfeiler aus St. Geneviève, und ersetzte sie durch Säulengruppen gleich dem Bruneleschi in Santo Spirito. In dieser Absicht versuchte man häufig z. B. in Berlin, Dresden, Carlsruhe, sogar den Rundbau des Pantheons, welches aber nur zufällig und wider alle Zweckmäßigkeitsgesetze zur Kirche geworden, für den christlichen Gottesdienst zu benützen. So adaptierte man die reine äußere Form antiker Tempel für Kirchen, wovon St. Madelaine in Paris das größte Beispiel giebt, und näherte sich endlich, wie z. B. in der neuen Kirche von Kopenhagen, in St. Philippe du Roule von Paris, und in der protestantischen Kirche von Carlsruhe wieder dem Basilikastyle. Obwohl nun mehrere dieser Versuche sehr verdienstlich sind, so erscheinen uns doch in keinem derselben noch alle wahren Erfordernisse einer christlichen Kirche erfüllt zu seyn, wie wir jetzt versuchen wollen sie festzustellen, und nur der treffliche Schinkel scheint uns in einigen seiner Kirchenentwürfe ganz den richtigen Weg neueren Kirchenbaues, mit eben so viel Geist als Erfindungsgabe betreten zu haben.«

Gegen Ende wandte sich Klenze den Bemühungen der Gegenwart zu — und der Zukunft:

»Wo die ersten nur der Neuerungssucht huldigten, scheinen die letzten sogar zu glauben, das, was immer nur eine Zeit in ihrem religiösen, politischen und intelektuellen Zusammenhang zu wirken vermochte: einen Baustil zu erfinden und zu bilden, auf dem Wege von Broschüren, Deklamationen und Zeitungsartikeln erreichen zu können. Aber welchen Wechselfällen das unsterbliche Prinzip griechischer Architektur, auch noch hingegen sein mag, es wird dadurch nur immer mehr befestigt werden, und siegreich alle Teile der zivilisierten Welt beherrschen, solange unsere Weltepoche dauert, bis vielleicht eine neue Apokathastasis alles, was das Menschengeschlecht geschaffen, wieder in Staub zermalmt.« Eine Vision unserer Zeit.

NACHWEISE

Handschriftlich

Theoretische Auseinandersetzung in den Briefen an Ludwig I., Den Memorabilien der Klenzeana I./1—7
Klenzeana I/9 Architektonische Erwiederungen, Manuskript von ca. 1200 Seiten
Klenzeana II/4 Studien über Entstehung der Architektur
Klenzeana II/8 Aufzeichnungen zur Philosophie
Druckschriften
Anweisungen zur Architektur des christlichen Kultus
Sammlung architektonischer Entwürfe
Vorwort zur Glyptothek
Vorwort zur Walhalla

Literatur

Beenken, Escher, Gurlitt, Kiener, Karlinger, Lieb, Reber, Rose, Schmidt, Söltl, Weese, Wölfflin.

46 Die von Klenze gestalteten Plätze: Max-Joseph-Platz, Marstall-, Odeons-, Wittelsbacher-, Karolinen- und Königsplatz · Modell Nationalmuseum, München

DER STÄDTEBAUER

Zu den vornehmsten Aufgaben und den schwierigsten, nach eigenem Zeugnis, gehörte für Klenze der Städtebau. Noch waren die Fachgebiete nicht getrennt. Stadtbau oder Schloßentwurf wurden aus derselben Quelle gespeist, eine Idealvorstellung, die an der Antike sich maß. Der Städtebau hatte den Vorzug, nicht im Schatten der klassizistischen Stilisierung zu stehen und zeitlos gültig zu sein. So blieb er von nachhaltiger Geltung. Der Blick Klenzes erkannte die im Grundriß liegenden Möglichkeiten einer Stadt und brachte sie zur Entfaltung. So empfing München durch ihn ihr großstädtisches Gepräge, der die Stadt bis heute verpflichtet blieb.

»Es sollte in diesem Generalplan das Bild der Zukunft sich darstellen, wie nämlich München sein sollte und nach und nach werden kann.« So formulierte er den Leitsatz für sein städtebauliches Wirken in München. Durch ihn wurden die in der Stadtanlage schlummernden Möglichkeiten zu sich selbst erweckt, der alte Kern sowohl belassen wie aufgeschlossen und die künftige Entwicklung in ihrer Geräumigkeit und Schönheit auf Jahrzehnte vorausgeplant. Wo Klenze wirkte, gewann München weltstädtische Maße. Bei ihm stand die Idee vor der Wirklichkeit, sein Planen ging den Tatsachen voraus, war nicht gezwungen, hinter ihnen herzulaufen. In seinem künstlerischen Konzept war das Notwendige eingeschlossen und dem Möglichen ein Spielraum gegeben — ein Raum, den die Entwicklung erst in hundert Jahren ausfüllen sollte. — Die künftige Stadt war so in seiner Vorstellung, zuerst Utopie, Wunschbild eines Idealisten, dann von Strecke zu Strecke Erfüllung. Niemand ahnte, daß die weitgesteckten Flächen je ausgefüllt würden. Bei einer Einwohnerzahl von 45 000 wurde für das Sechs- bis Achtfache vorausgeplant. Der Spott verfolgte alle Maßnahmen. Die Glyptothek war »Das närrische Kronprinzenhaus«, die Pinakothek wurde ob ihrer Entlegenheit als »Dachauer Gemäldegalerie« bezeichnet. König Max Joseph tituliert seinen Sohn ob seiner Pläne als Narren und stellte ihn sogar bei einer Besichtigung der Glyptothek bloß.

Zwei wesentliche und fernwirkende Entscheidungen hat Klenze durchgesetzt: Die gerade Ausfahrt nach Norden und die geschlossene, weiträumige, großstädtische Bebauung. Die Schwierigkeiten waren naturgemäß ungeheuer, die Entscheidungen ungewohnt, ohne Unterstützung und gegen den obligaten Zopf durchzuführen, ohne die Bereitschaft, wie sie heute vorhanden ist. Nur einen Vorteil besaß er. Damals konnte ein Mann, wenn er seine Energie durch Klugheit leitete, wie es Klenze tat, etwas so Großes noch ganz allein bewirken. Und Klenze war allein. Wir werden es kennenlernen.

STÄDTEBAULICHE STUDIEN IN BERLIN, FRANKREICH UND ITALIEN

Schon früh war sein Sinn dem Städtebau, dieser schönsten und schwersten Aufgabe des Architekten, erschlossen. Wohl hatte Gilly in Berlin, der den Anbruch der neuen Zeit auch hier sah, mit herrlichen Ideen von seiner Frankreichreise zurückgekommen, den Sinn in seinem Architektur-Studenten geweckt. Das wirkte nach.

Als Klenze sich selbst auf den Weg nach Frankreich begab, zeichnete er seine Beobachtungen in französischen Städten in einem eigenen Heft auf. Er erfaßte die geschichtliche Wende, die nicht erst mit der Französischen Revolution, sondern schon früher und auf anderen Gebieten die Beziehungen der menschlichen Gesellschaft zu ändern begonnen hatte. Auf dieser Reise begriff er, daß der Städtebau neben der künstlerischen auch politische Verantwortung trug. In Paris wurde ihm bewußt, wie Le Nôtre durch die Avenue de Vincennes, Richelieu mit seinem Plâce Royal, Napoleon mit der 24 Meter breiten Rue de Rivoli die Stadt und ihre Einwohner geformt hatten. Er sah, wie am Körper der Altstadt Chirurgie notwendig war, wie man für die Außengebiete vorausplanen mußte.

»Die Rue de Rivoli vom Place Louis XV bis zu den Tuilerien über 1200 Schritte lang ist eine der besten Konzeptionen, welche eine der schönsten Straßen der Welt werden wird.« Er vermerkte die großen städtebaulichen Konzeptionen in Paris, den Straßendurchbruch nach St. Cloud, den Triumphbogen am Carousselplatz, die Umgebung des Louvre, den Place de la Bastille, Place d'Arsenal, Grande Colonne (Vendôme), Museum Napoleon.

47 Der Odeonsplatz · Bleistiftzeichnung

Die tausend schönen Beispiele seiner Italienreise lehrten ihn, wie in Straßen und Plätzen die Geschichte der Länder und Städte beschlossen war. Seine Tätigkeit in Kassel brachte ihm an schönen, im ganzen unerfüllten Aufgaben vor Augen, wie ein kleines Königreich nach Repräsentation drängte. Sein Aufenthalt in Wien zeigte, wie das kaiserliche Barock zu planen wagte.

In seinen beiden wichtigsten Wirkungsorten, Athen und München, sollte Klenze solchen Aufgaben gegenüberstehen. In beiden Städten war ein wertvoller historischer Kern zu bewahren, die Repräsentation einer neuen Residenzstadt zu planen und der wachsenden Bürgerschaft Raum zu geben.

Münchner Stadtplanung

In München hatte man lange gezögert, die notwendige Stadterweiterung festzulegen. Der Wettbewerb von 1808 hatte zwar übereinstimmend die Erschließung der Hochfläche im Westen vor dem Schwabinger, Karls- und Sendlinger Tor vorbereitet, die Ausführung jedoch ließ auf sich warten. Selbst der Kronprinz hatte gezögert und die Pläne mit folgendem Signat bedacht: »Des Unterzeichneten Meinung ist noch ungewiß. Ludwig. Kronprinz.« — Er besaß wohl eine andere Vorstellung von der künftigen Stadtentwicklung, die ihm erst Klenze erfüllen sollte.

Der Generalplan für München

Klenze kam 1816 nach München. Der Generalplan war 1812 verbeschieden. Mit ihm mußte er sich nun zunächst auseinandersetzen. Für den Generalplan hatte man gefordert: »eine großzügige Idee und daß die alte Stadt mit dem äußeren Stadtteil harmonisch verbunden werde, damit ein Ganzes herauskäme«. Es ging um die Bewahrung, wie um die Auflockerung der Altstadt, um den Anschluß wie die Aufschließung der Neubaugebiete. Die Barockzeit, die weitausstrahlende Achsen liebte, sie auch in Nymphenburg und Schleißheim verwirklichte, hatte München selbst unberührt gelassen.

Nun sollte die Stadt den Festungs-Charakter verlieren, vorhandene Bastionen und Stadtgräben beseitigt, »die planlose wilde Bebauung außerhalb der Stadt beendigt und der höheren Baukunst der Residenzstadt das gebührende Ansehen verschafft werden«. Der von Sckell und Fischer instruierte Generalplan von 1812 hatte die in Jahrhunderten gewachsene Gestalt der Altstadt nicht angetastet, ihr die Geschlossenheit bewahrt und gegen Nordwesten einen Ring angesetzt, der zwischen der bisherigen Enge und den neuen großflächigen, mit Grünanlagen durchsetzten Gebieten vermittelte. Die Bastionen, die sich vom Schwabinger Tor über das Karlstor zum Sendlinger Tor hinzogen, sollten in einen Grüngürtel verwandelt und mit einer breiten sechsreihigen Allee bepflanzt werden. In diesem Ring sollte zugleich das Gelenk für die neu anzusetzenden Straßen entwickelt werden. Das ganze davorliegende Gebiet wurde nun in große schachbrettartige Quadrate aufgeteilt in einer Straßenlänge von 223 zu 198 m und mit einer Straßenbreite von 29 Metern. Als Hauptachsen wurden die vorhandenen Ausfallstraßen, die vom Sendlinger, Karls- und Schwabinger Tor ausstrahlten, zugrunde gelegt. Man verzichtete in München darauf, neue Radialstraßen anzusetzen. Die Max-Joseph-Straße, die einzige, die im System vorbereitet war, wurde am Karolinenplatz wieder kassiert. Man hätte durch eine Drehung um 45 Grad an jeder Öffnung der Stadtmauer Radialstraße gewonnen, aber an der späteren Ludwigstraße hätten sich schiefwinklige Anschnitte ergeben und die Brienner Straße wäre nicht möglich gewesen. So verläuft das Straßennetz parallel zu der bisherigen alten Ost-West-Achse der Innenstadt und trifft senkrecht auf die Residenz.

Als Bebauungsform war das offene Pavillonsystem gewählt, wie es Fischer am Karolinenplatz, dem Borgo Nuovo seiner Vorstadt, nach dem Vorbild Palladios in Vicenza angelegt hatte. So war die ganze Wallstraße zwischen Karls- und Sendlinger Tor, der Maximiliansplatz und die heutige Sonnenstraße bebaut worden. Unverbindlich, locker, von Gärten durchsetzt, leuchtete aus dem satten Grün der Bäume die helle Architektur der heiteren Villen.

Davon ging nun Klenze ab. Er griff zur geschlossenen städtischen Bebauung, aneinandergefügte schwere Häuserblöcke in rechtwinkliger, weiträumiger Ordnung, römischen Stadtpalästen gleich, in wohlgeordnetem Gefüge. Er gab den neuen Stadtteilen ihre klaren Hauptachsen: Brienner und Ludwigstraße.

Die Anlage vor dem Schwabinger Tor

Klenze kam in München gerade zurecht, um noch auf den Generalplan Einfluß zu nehmen und in der Folge die ganze Stadterweiterung gegen Norden und Westen in die Hand zu bekommen. Zunächst hatte man ihm nur das Gebiet am Rande der bisherigen Planung zugewiesen: das Schönfeldviertel. Klenze suchte sogleich seinen Planungsauftrag gegen die Residenz hin zu erweitern. Hier stieß er auf bereits vorhandene Projekte Ludwig von Sckells. Es ging um die neue Stadtausfahrt vor dem Schwabinger Tor — die Anlage der Ludwigstraße, die ausführliche Geschichte dieser Planung ist an anderer Stelle beschrieben. — Es gab drei Möglichkeiten: Die neue Hauptstraße, den Hauptzug zur Stadt von Norden, als Achse auf die Mitte der Nordfassade der Residenz zu führen, wie es schon Kurfürst Karl Theodor geplant hatte. Dieser Zug hätte durch die Mitte des Hofgartens nach Norden auf die heutige Kaulbachstraße gewiesen. Die andere Möglichkeit hatte Ludwig von Sckell gewählt, als er von der Stadtausfahrt am Schwabinger Tor mit einem quergelegten Platz den Anschluß an die westlich auslaufende Schwabinger Landstraße suchte. Damit konnte die neue Achse, von Sckell bereits im Jahre 1804 in ganzer Länge bis zur Veterinärstraße geplant, nur auf die Nordseite der Theatinerkirche treffen und den Anschluß an die beiden stadtaus führenden Schwabinger Gassen nur mit einem Knick erreichen. Klenze wählte die dritte, die schwerste, aber uns heute allein selbstverständliche Trasse: die gerade Stadtausfahrt zwischen Theatinerkirche und Residenz nach Norden.

Unvorstellbar waren die Schwierigkeiten für die Durchführung dieses Planes. Noch war die Stadt hier in ihrem mittelalterlichen Gefüge geschlossen. Ein breites Stadttor mit Hauptturm und zwei Barbakanen von dem Ausmaß des heutigen Isartors mit Anbauten und Wachhäusern spannte sich zwischen Theatinerkirche und Residenz. Davor lag der Stadtgraben mit dem Stadtbach und die Wallbefestigung mit einer breiten hochaufgeschütteten Bastion, die sich bis zur Von-der-Tann-Straße hinzog. Daneben das alte Turniergebäude, der größte Saalbau Münchens, mit einem Fassungsvermögen zwischen sechs- und zehntausend Personen. An den bevorzugten und sonnigen Stellen des Vorgeländes waren auf der Wallkrone, die vor kurzem errichteten Wohnhäuser einflußreicher Staatsbeamter, darunter des Staatssekretärs von Kobell, angesiedelt. Darüber hinaus waren an der eben angelegten Fürstenstraße 14 neue Häuser abzubrechen oder in die Hinterhöfe der kommenden Neubauten zu verweisen. Durchzuführen war dies alles gegen das Beharrungsvermögen einer Verwaltungsbürokratie, die unter Montgelas besonders eingeschworen war und sich in trägen Widerstand gegen das Ungewohnte sträubte. Zu überwinden war die Abwehr der Bevölkerung gegen alles Neue und die offene Gegnerschaft gegen den Preußen und Eindringling Klenze. Schließlich mußte alles insgeheim betrieben werden und sich selbst finanzieren. Zwar besaß Klenze die Unterstützung des Kronprinzen, aber nur von ferne. Sein Name durfte vor König Max Joseph nicht erwähnt werden. Im Falle des Mißlingens hätte sich der Kronprinz von Klenze distanziert.

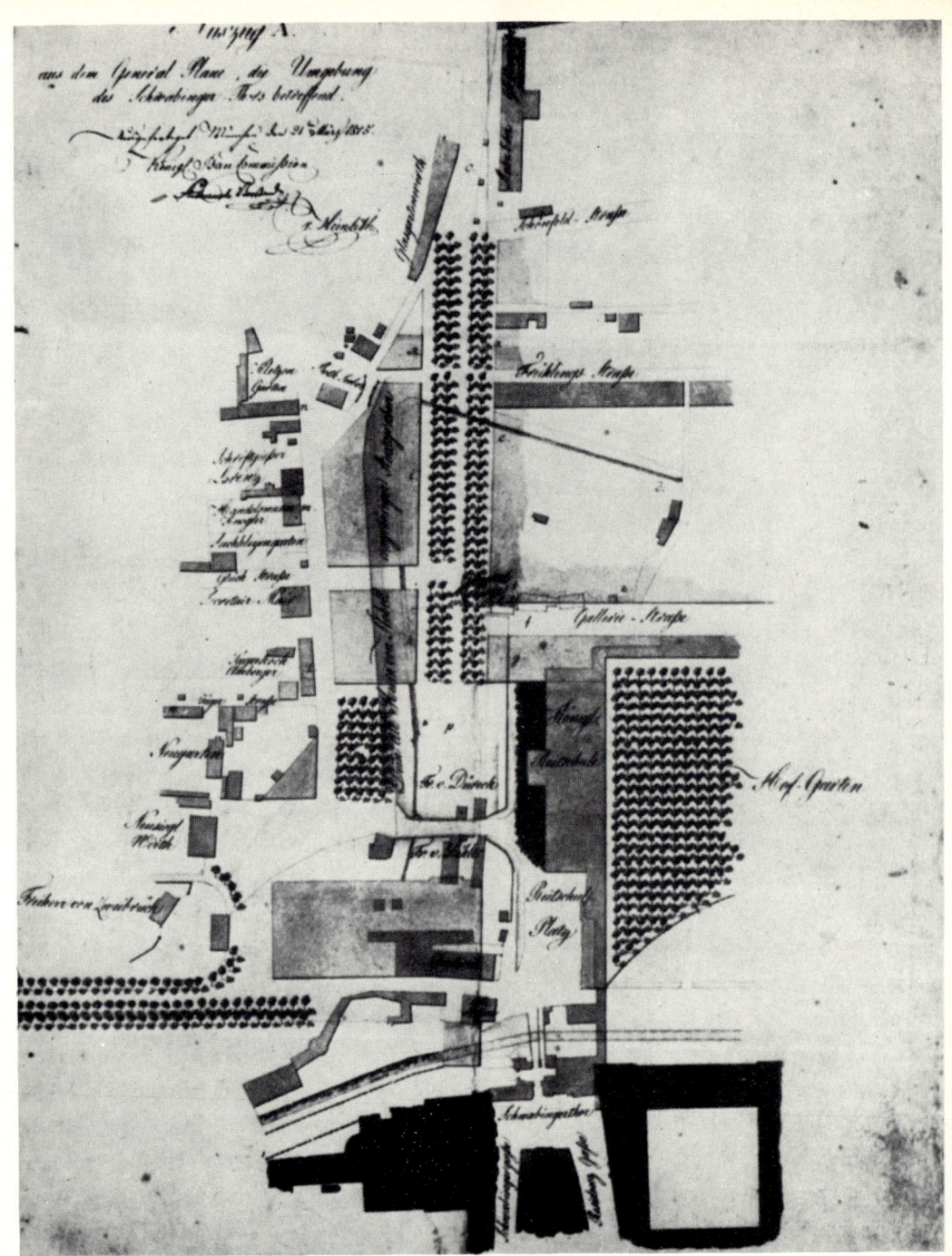
48 Der Plan Ludwig von Sckells für die Anlage vor dem Schwabinger Tor 1815

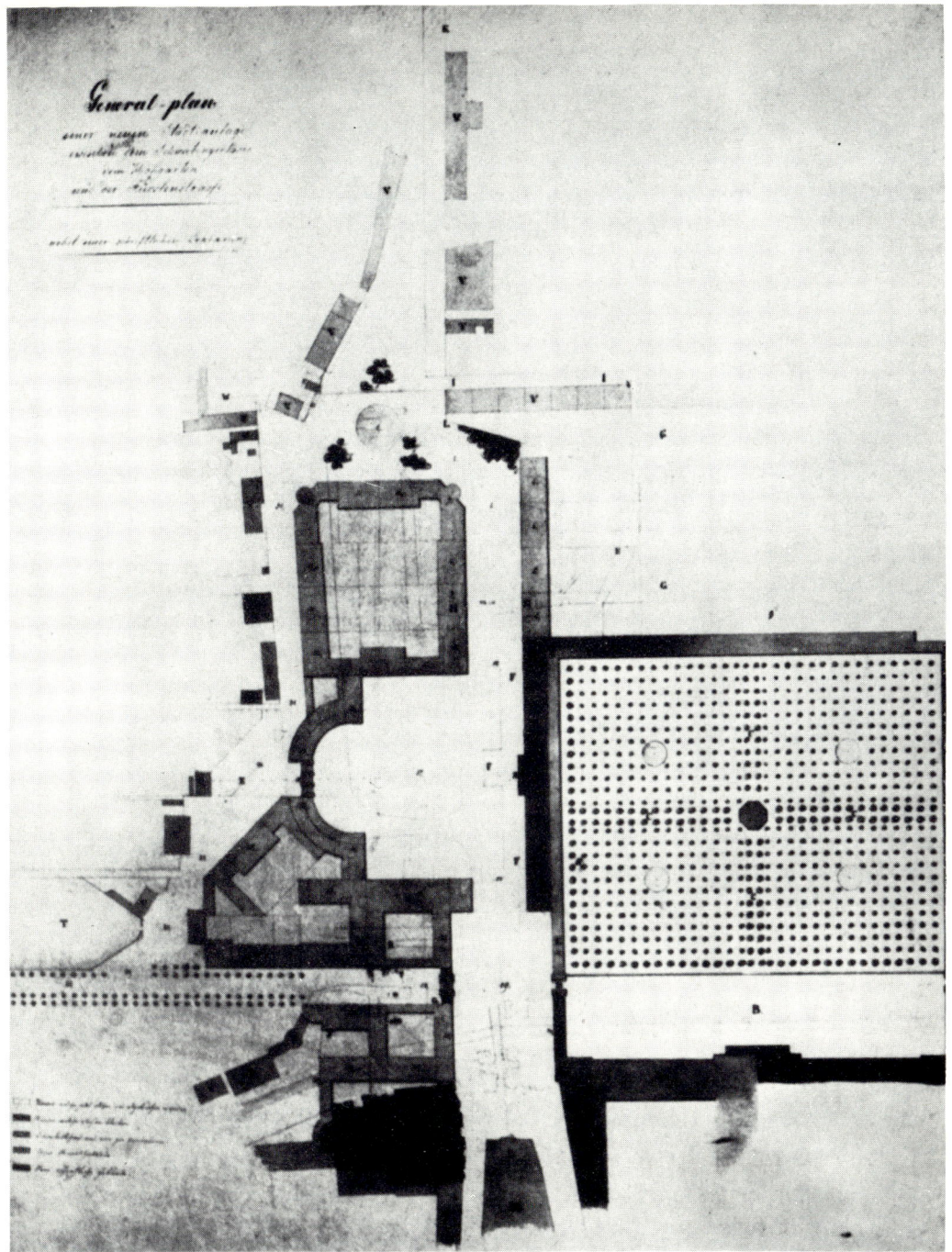
49 Der Plan Klenzes für die Anlage vor dem Schwabinger Tor 1816

Doch ihm gelang alles. Er hatte sich mit seinem Vorhaben identifiziert, machte sich zum Werkzeug eines städtegeschichtlichen Prozesses. Das Geheimnis der Altstadt war ihm in wenigen Monaten so zu eigen wie seine Vorstellung von einer neuen Residenzstadt. Beider Möglichkeiten hatte er ineinander verschmolzen und jede an der anderen zur schönen Entfaltung gebracht. Klenze hat dies alles in vier Jahren geleistet, geplant, genehmigen lassen und finanziert: Mit dem Ertrag der umgelegten Grundstücke wurden die ganzen Kosten für ihre Ablösung und die umfangreichen Erdbewegungen gedeckt.

Der Plan Klenzes für die Gestaltung der Anlage vor dem Schwabinger Tor überzeugt durch seine Klarheit und Konsequenz. Die städtebauliche Aufgabe war: eine neue Lösung für das Schwabinger Tor zu finden, Theatinerkirche und Residenz freizulegen, die tragende Achse für den künftigen Stadtteil durchzusetzen, die Brienner Straße vor die Residenz zu führen und hier eine dieser würdige großartige Stadtausfahrt anzulegen.

Klenze brach das alte Schwabinger Tor mit allen Anbauten ab, legte die Residenz und die Theatinerkirche, die durch das alte Wirtshaus zum Bauerngirgl halb verdeckt war, in ihrer ganzen Breite frei, führte die beiden Schwabinger Gassen auf einem kleinen Platz zusammen, auf den er die Brienner Straße durch ein Tor einmünden ließ, schloß den Hofgarten durch ein weiteres Tor und eine Mauer ab, beseitigte das Turniergebäude und führte eine gerade, über einen Kilometer lange Straße nach Norden. Ihre Achse war auf die Mitte zwischen die Theatinerkirche und Residenz gerichtet. Zu ihrem Beginn erweiterte er diese breite Straße noch einmal mit einer platzartigen Anlage, die sich gegen die Fürstenstraße öffnete: dem Odeonsplatz.

Klenze hatte damit die Fesseln der überkommenen Vorstellungen gesprengt, er hatte den Mut, die eben neu gebauten Häuser an der Schwabinger Landstraße abzureißen oder beiseitezuschieben, das Kriegsministerium auf den von ihm gewählten Platz zu verweisen, den vermöglichen und einflußreichen Staatssekretär von Kobell nicht nur von seinem Grund und Boden zu verdrängen, sondern für die neue Anlage zu gewinnen, ebenso dreizehn kapitalkräftige und einflußreiche Grundstückseigentümer auf die wertvollsten Plätze einzuweisen und vor mächtigen Erdbewegungen nicht zurückzuschrecken. All dies um die alte, bisher eingefahrene Trasse zu verlassen und die gerade Einführung der Ausfallstraße Münchens nach Norden durchzusetzen und ihre Achse auf die rechte Stelle zu führen.

Die Komposition des Odeonsplatzes und der beginnenden Ludwigstraße faßte die Vielfalt der Achsen und Straßen zu einer vielverspannten, aber beruhigten Einheit zusammen. In schönem Gleichgewicht stehen der Platz vor der Residenz, der eigentliche Odeonsplatz und die heranflutende Ludwigstraße. Das Gewicht der Residenz, die breite Entfaltung der Fassade der Theatinerkirche, die Abgeschlossenheit des Hofgartens, die Einleitung der Brienner Straße, die Vereinigung der beiden Schwabinger Gassen hinein in die sich breit öffnende Ludwigstraße, die Zurückdrängung der Fürstenstraße, all diese Gegebenheiten werden in der Konzeption Klenzes zu ihrer Wirksamkeit erlöst.

Das zierliche Hofgartentor mit der mäßig hohen Hofgartenmauer ergab die Steigerung zur Residenz. Das Bazargebäude mit seiner zurückgenommenen Fassade förderte das Entlanggleiten der Straße. Der Rücksprung gegen das Odeon ergab noch einmal einen Punkt der Ruhe. Es ist das Geheimnis rechtwinkliger Fügung, die auch über den entfernten Winkel uns nicht im unklaren läßt, die jeden umfängt, der diese Stadträume betritt und ihm Geborgenheit schenkt.

Bei der Genehmigung durch das Ministerium erhielt der Plan förderliche Korrekturen. Der Vorsprung an der Einmündung der Brienner Straße wurde abgestrichen, die Front ging nun von der Theatinerkirche in einer Flucht durch, die Ludwigstraße gewann dadurch ihre Weite. Der von Klenze vorgesehene halbkreisförmige Abschluß gegen die Fürstenstraße wurde durch eine gerade Fügung ersetzt, die diagonale Straßenführung an der Rückseite der Anlage gegen Westen durch eine rechtwinkelige ergänzt: die Möglichkeit des Wittelsbacherplatzes war gegeben.

Klenze führte alle Verhandlungen auch mit den neuen Bauherren vorsichtig und selbständig, niemand durfte den Kronprinzen dahinter vermuten. Am 5. Mai 1817 erhielten die Pläne ihre Genehmigung. Klenze bekam alle Bauwerke an dieser Stelle Münchens in Auftrag: Hofgartentor, Bazargebäude, Leuchtenbergpalais, Odeon, die Ludwigstraße Haus 1 bis 7, die gegenüberliegenden Häuser zwischen Galerie- und Schönfeldstraße, Maxpalais, Kriegsministerium, die Kopfbauten der Residenz, das an die Theatinerkirche anschließende Moypalais und alle Bauten am Wittelsbacherplatz.

Klenze wußte schließlich um die Pflicht jeden Städtebauers, der sich nicht mit dem schönen Plan begnügt, sondern ihn in genauer Sorge bis ans Ende und bis ins letzte Detail durchführt. Er bestimmte Abstände und Höhen der Gebäude, ihre Dachneigung, die Fassadengestaltung bis zur Farbe des Putzes.

Die Farben für die Ludwigstraße wurden von Klenze genau festgelegt und jeder Hauseigentümer, so die Gebrüder Riezler, Himbsel, Hoss, Gsellhofer, Trautmann, Haslauer, von Wolff, von Greiner, Gampenrieder usw. mit Unterschrift auf die Einhaltung des festgelegten Farbtones verpflichtet. Eine Musterkarte dieser Farben ist noch heute dem Akt beigeheftet. (St O R 1474/232.)

Mit dem Odeonsplatz und der Ludwigstraße hatte er die Möglichkeiten der gegebenen Situation erfaßt und mit den Stilformen der Zeit zu einem Kunstwerk gesteigert, ein Ereignis der klassizistischen Stadtbaukunst. — Man denke an die unentwickelten Situationen vor den anderen Toren, in anderen Städten. —

Ein guter Anfang war gemacht, München war gezeigt, wie eine weiträumige, geschlossene und großstädtische Bebauung auszusehen hatte. Mit der Ludwigstraße erhielten der neue Stadtteil und die Stadterweiterung ihr Rückgrat. Bis zu ihrer Vollendung wird es noch Jahrzehnte dauern, Gärtner sollte nach zehn Jahren die Konzeption Klenzes fortführen. Leider war das Verständnis für die Größe dieses Unternehmens gering, die Widerstände zuweilen unüberwindlich. Nur in Abschnitten durfte der Plan bekanntgegeben werden. An den Schulden z. B. für die Ludwigskirche zahlte die Stadt fünfunddreißig Jahre. Das Ergebnis aber blieb die großartige Stadtzufahrt, ein prachtvoller Straßenraum von saalartiger Geschlossenheit, eine der schönsten Straßen Deutschlands.

Der beherrschenden Bedeutung der Ludwigstraße unterstellte Klenze die anliegenden Planungen. Er verzichtete darauf, dem Schönfeld einen anderen Charakter als den von ihm vorgefundenen einer Gartenstadt zu geben. Diese vom Englischen Garten her abgeschirmte Lage war eben recht, die Ludwigstraße vor Durchbrüchen zu schützen. Nur an der Schönfeldstraße sprengte er vor dem Generalkommando ein Forum ein, indem er den Bau des Kriegsministeriums an der Ludwigstraße vorzog und mit dem vorhandenen Altbau durch eine Galerie verband.

Alle Querstraßen an der Ludwigstraße wurden in ihrer Bedeutung herabgedrückt und zum Teil so eng, daß es wie am Maxpalais zu einem schluchtartigen Querschnitt führte. Die Galeriestraße sollte nach seiner Absicht kassiert werden. Die Von-der-Tann-, Schönfeld-, Rheinberger-, Finken- und Fürstenstraße blieben schmale Querstraßen. Nur der Zug der Ludwigstraße sollte gelten. Die Verbreiterung der Von-der-Tann-Straße 1938 hat gegen dieses Gesetz verstoßen und einen falschen Verkehrsstrom eingeleitet. Hier zu korrigieren wird zur Aufgabe unserer Zeit.

Dem Hofgarten hat Klenze seine rechtwinklige Geschlossenheit bewahrt. Einen Einbruch von seiten des Odeonsplatzes ließ er nicht zu — wie nahe lag eine symmetrische Erweiterung, wie sie dann in unserer Zeit gedroht hat. — Auch eine halbzirkelförmige Abteilung vor der Nordfassade der Residenz, wie sie Ludwig Sckell vorgeschlagen hatte, strich er ab und führte die Hofgartenstraße der Residenzfassade entlang. Der Umschließung gegen Norden und Westen fügte er die Arkaden ein, die Rottmann mit seinen heroischen griechisch-römischen Landschaften schmückte und Hiltensperger mit den Fresken aus dem Befreiungskampfe Griechenlands.

Der Marstallplatz erhielt durch Klenze jene Platzgestalt, die er 20 Jahre später mit dem Ostflügel des Hofgartentraktes, dem Apothekertrakt, und der Allerheiligen-Hofkirche vollenden wird. Wir kennen ein herrliches Projekt für diese Stelle von dem älteren Cuvilliés von 1748, erfahren von der Umgestaltung durch Karl von Fischer und wissen heute durch den Wettbewerb, der sich im Zusammenhang mit dem Wiederaufbau des Nationaltheaters ergab, welche Vielzahl von städtebaulichen Gesichtspunkten an diesem Platz ansteht.

In unmittelbarem Zusammenhang mit den Anlagen der Ludwigstraße stand der Wittelsbacherplatz. Er ergab sich scheinbar von selbst. Die tangentiale Lage an der Brienner Straße gab ihm Ruhe. Durch die Gebäude, die Klenze um diesen Platz errichtete, ihre Abstände und ihre Höhe wurde ihm eine Harmonie, die diesen Platz zu einem der schönsten Stadträume Münchens werden läßt. Das Denkmal Maximilians I. von Thorwaldsen gibt den Maßstab. Das Arco-Palais, in sich ruhend, breitgelagert und wohlproportioniert, wurde nach dem Kriege nach Klenzes Plänen wieder aufgebaut.

50 Die Ludwigstraße · Ausschnitt aus dem Modell von L. Seitz. Nationalmuseum, München

Bei seinen Bauten in der Brienner Straße entschied sich Klenze, die von Karl von Fischer für diesen Straßenzug vorgeschlagene offene Bebauung nicht fortzusetzen, sondern mit den beiden Miethausblöcken Nr. 10 und 12 breite, massige Blöcke gegen die offene Entwicklung des Maximiliansplatzes zu setzen.

Den Karolinenplatz mit seinen schönen Villen aus Fischers Hand hat Klenze mit der Aufstellung des Obelisken zentriert.

Der Königsplatz ist Gegenstand langjähriger Auseinandersetzungen zwischen Ludwig I. und Klenze. Seine Umrisse waren bei der Ankunft Klenzes in München festgelegt. Die Glyptothek stand zunächst isoliert an seiner Nordseite, ehe mit der Verlegung der Propyläen an seine Westseite begonnen wurde. Klenze hatte versucht, den Platz fester durch niedrige Flügelbauten zu schließen. Mit den Aussparungen für ein Tor im Erdgeschoß an der Nord- und Südseite der Propyläen ließ er sich diese Möglichkeit offen. Sehr genau waren Straßenniveau und -bepflanzung bedacht.

Das Ausstellungsgebäude an der Südwand wurde mit Ziebland genau besprochen. Die Fassade beweist, daß es hier um Nachahmung geht, während es bei Klenze um Auseinandersetzung mit der Antike ging. 1818 hatte Klenze für diese Stelle die Apostelkirche geplant.

Durch die Belegung des Platzes mit Platten ging der achsenbezogene Halt der Bauten verloren. Sie schwimmen auf »dem Plattensee«, außerdem haben sie an Höhe verloren. Wegen des Gefälles mußte die Plattenfläche so hoch gelegt werden, daß die unterste Stufe der Glyptothek zur Hälfte verschwand.

Mit den Propyläen erhielt die Stadterweiterung Ludwigs I. einen Abschluß, der mit einer imaginären Stadtmauer, die sich zum Siegestor zieht, die Grenze dieser Neugründung bezeichnet.

Weitere Pläne für München

Vor der Stadt hat Klenze bei der Errichtung der Ruhmeshalle die Situation der Theresienhöhe genützt und mit Bauwerk und Denkmal München an dieser ehemaligen Isarstufe, die früher zur weiten Landschaft vor den bayerischen Bergen überleitete, einen klassisch gestimmten Akzent gegeben.

Den Süden und Osten der Stadt vor dem Sendlinger und Isartor hat Klenze vernachlässigt. Der ganze III. und IV. Abschnitt des Generalplans, den Fischer nicht mehr durchführen konnte, der die Erschließung der gegen die Isar gelegenen Stadtteile gebracht hätte, unterblieb. Es unterblieb die Verbindung der neuen Stadtteile untereinander, die sich in der Fortsetzung des Ringes von der Sonnenstraße her angeboten hätte. Es unterblieb eine den anderen Stadtteilen gemäße Gestaltung der Müllerstraße, eine Tangente am Viktualienmarkt und die von dort aus möglichen Radialstraßen zu den Isarbrücken. — Bürklein hat später bei der Anlage der Maximilianstraße versucht, von seinem Forum aus den

51 Die Ludwigstraße nach Süden

Anschluß nach dem Nordwesten zum Prinz-Carl-Palais und der Bogenhauser Brücke einerseits und zum Isartor und Viktualienmarkt andererseits herzustellen. Leider besaß man nicht den Weitblick, auf diese Vorschläge einzugehen. —

Es war Klenze, der den König abhielt, den Osten der Stadt einzubeziehen und die Isarhöhen zu bebauen, da er besorgte, Ludwigs Interesse könne sich verzetteln und von seinen bisherigen Bauten abwenden.

Im Zusammenhang mit der neuen steinernen Isarbrücke, die auf beiden Seiten mit kolossalen Statuen geziert werden sollte, dachte Ludwig daran, die Propyläen auf die Höhe des Gasteigberges zu setzen. Die ganze Gegend hätte damit einen gehobenen Charakter, den anderen Stadtanlagen Münchens würdig, bekommen. Klenze hat dies verhindert, ebenso wie die Durchführung des Vorherrschen Planes (Abb. 53), der isarabwärts der bestehenden Ludwigsbrücke eine neue großartige Stadtzufahrt mit einem Forum und einem neuen Tor in Form eines Triumphbogens geplant hatte, das anstelle des Isartores getreten wäre. Vorherr hat auch die Höhe des Gasteigs in seinen Plan einbezogen.

52 Entwurf Fr. Bürckleins für die Maximilianstraße mit den Querachsen Prinz-Karl-Palais — Ludwigsbrücke, Isartor — Bogenhauser Brücke

Um die Gestalt der Maximilianstrasse

Am Max-Joseph-Platz bekam Klenze den Königsbau, das Max-Joseph-Denkmal, die Hauptpost und nach dem Brande von 1823 das Nationaltheater zur Gestaltung überantwortet.

Ihm war die Neuordnung des Platzes in die Hand gegeben. Das Theater mußte aus Sicherheitsgründen freigestellt werden. Klenze ließ den Anbau gegen die Residenz niederreißen und den geplanten Flügel gegen die Münze mit dem Redoutensaal wegfallen. Der Ansatzstutzen dieser Flügel an der Südseite wurde beseitigt und die Front glatt durchgeführt. Mit diesem Entschluß wurde der Redoutensaal mit seinen zahlreichen Foyerräumen aufgegeben — der dem Nationaltheater immer fehlen sollte —, dafür aber Richtung und Ansatzpunkt der späteren Maximilianstraße gegeben. Damit wurde auch die von Fischer geplante Breitlagerung des Nationaltheaters in der Nord-Süd-Richtung zugunsten der Tiefenentwicklung nach Osten verändert. Das Theater als Dominante des Platzes erzwingt seine Ost-West-Achse; die Doppelgiebelung des Theaters bestätigt dies ebenso wie die Richtung des Max-Joseph-Denkmals, das nach Osten und nicht gegen die Stadtmitte auf den Marienplatz zeigt. Klenze ordnete später den Königsbau der Residenz dieser Dominante unter, ebenso wie die von ihm entworfene Fassade der Hauptpost, die gleichfalls auf die spätere Maximilianstraße hinführt. Dabei mag verwundern, daß Klenze die hier angebotene Möglichkeit, von der Stadtmitte und der Residenz zur Isar und ihrem

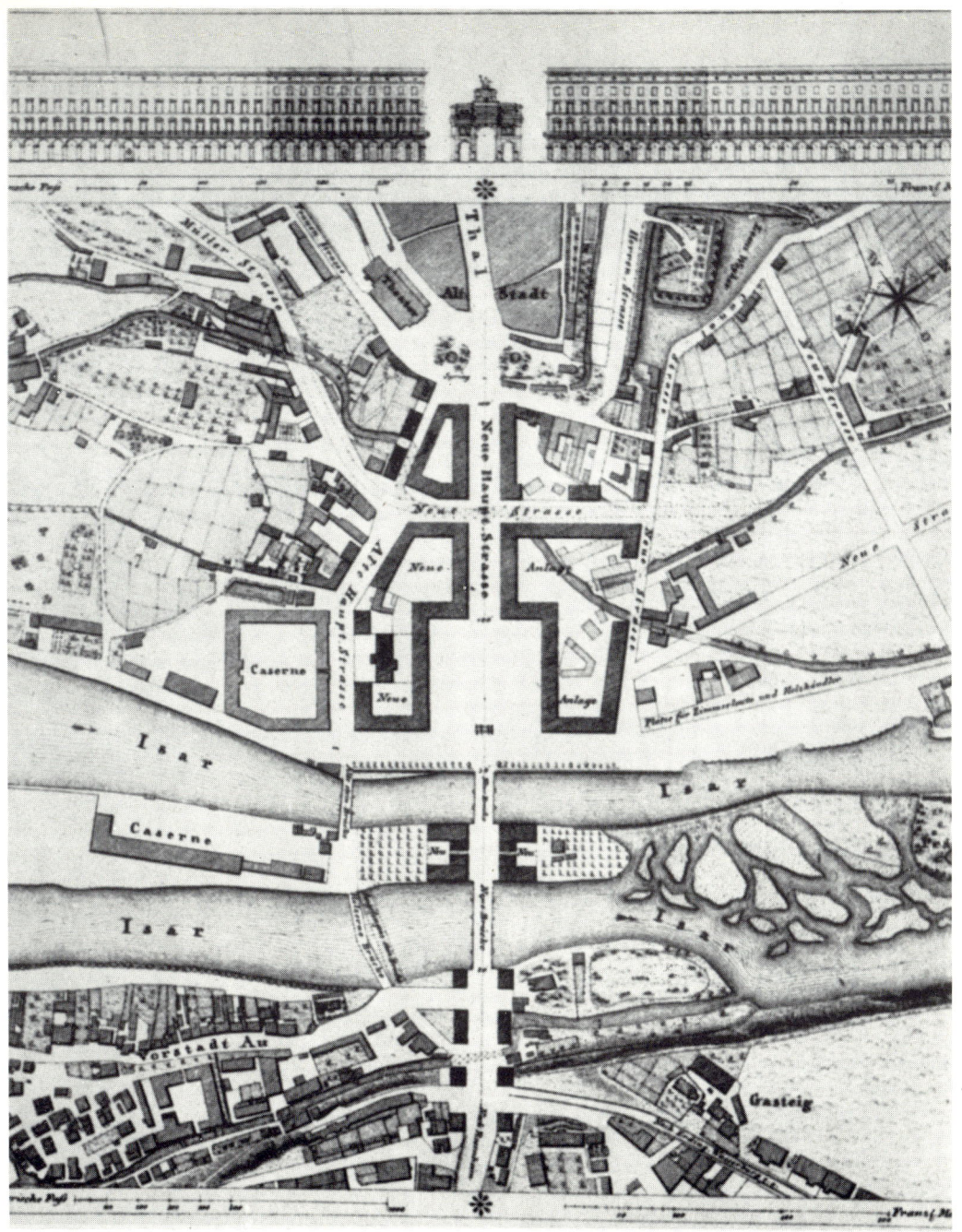

53 Plan für eine neue Stadtzufahrt vom Gasteig · Zeichnung von Vorherr, 1820

Hochufer vorzustoßen, nicht wahrgenommen hätte. Tatsächlich bestätigt ein Brief, daß Klenze 25 Jahre vor der Projektierung durch Maximilian König Ludwig auf die Ausweitung des Stadtplanes in die östliche Richtung, ja, ihn zur Verlegung der Residenz auf das Areal des heutigen Regierungsgebäudes hingewiesen habe. Ludwig verzichtete damals darauf, da er aus Traditionsgründen den Stammsitz seiner Ahnen nicht verlassen wollte.

Später, als dann 1852 die Straße durch Bürklein angelegt wurde, zog König Max II. Klenze wiederholt und eindringlich zu Rate. Bei dem dem Monarchen angeborenen Zweifel hatte dieser Sorge um den Stil und die Gestalt des Stadtviertels, das seinen Namen tragen sollte. Klenze war es durch seine bestimmte und stets so geschichtlich begründete Ansicht möglich, entscheidend einzuwirken. Manches hat er verhindert. Die schwächliche Architektur des Maximilianstils griff der siebzigjährige Klenze an; die städtebauliche Leistung Bürkleins mußte er bestehen lassen.

Einen letzten großen Plan, der an Weite und Fülle die Planungen Klenzes seiner ersten Periode an der Ludwigstraße übertroffen hätte, sollte das Projekt für das Athenäum in München durchführen. Dieses Pädagogium mit 42 großen Bauten, Plätzen, Stadien und Foren hätte eine neue Stadtanlage gebracht. Das Haidhauser Feld, das durch die Errichtung des Maximilianeums in eine rückseitige Lage kam, hätte damit städtebauliche Maße bekommen, die den Schöpfungen Ludwigs I. gleichgekommen wären. König Max und Klenze war es nicht vergönnt, dies auszuführen. So blieben allein die ersten Schöpfungen in München an der Ludwigstraße, am Odeonsplatz, Karolinenplatz und Königsplatz die Zeugnisse der städtebaulichen Gestaltungskraft Klenzes von fortwirkender Bedeutung. »Ein Plan zu einer Anlage, welche über Jahrhunderte bestimmt. Wäre dieses befolgt worden, hätten wir oft große Summen, ja ungeheuer weniger ausgegeben.« (Ludwig an Klenze 1857.)

Der Stadtplan von Athen

Die gleiche Aufgabe wie in München, aber in ungleich schwierigerer Situation, fand Klenze in Athen vor: Eine neue Bürgerstadt, Errichtung einer Residenz und Schutz eines alten, ehrwürdigen Kerns. Nur stand Athen mit der Akropolis im Blickpunkt der Welt. »Eine Anlage in Athen ist eine europäische Kunstangelegenheit und man ist dafür gewissermaßen ganz Europa Rechenschaft schuldig.« Neben diesem unberührbaren Punkt der Akropolis war der Boden um den Burgfelsen mit antiken Stätten reich durchsetzt. Es gab kaum eine feste politische und wirtschaftliche Basis in dem eben befreiten Griechenland, und für die Bearbeitung blieben Klenze kurze vier Monate. Dafür aber war er gereift und besaß diesmal das Gewicht einer Autorität.

Wie vor 18 Jahren in München, da ihm nur ein Teil des Generalplans, der letzte am Rande, zugestanden war, so besaß er auch hier keinen namentlichen Auftrag, den Stadtplan

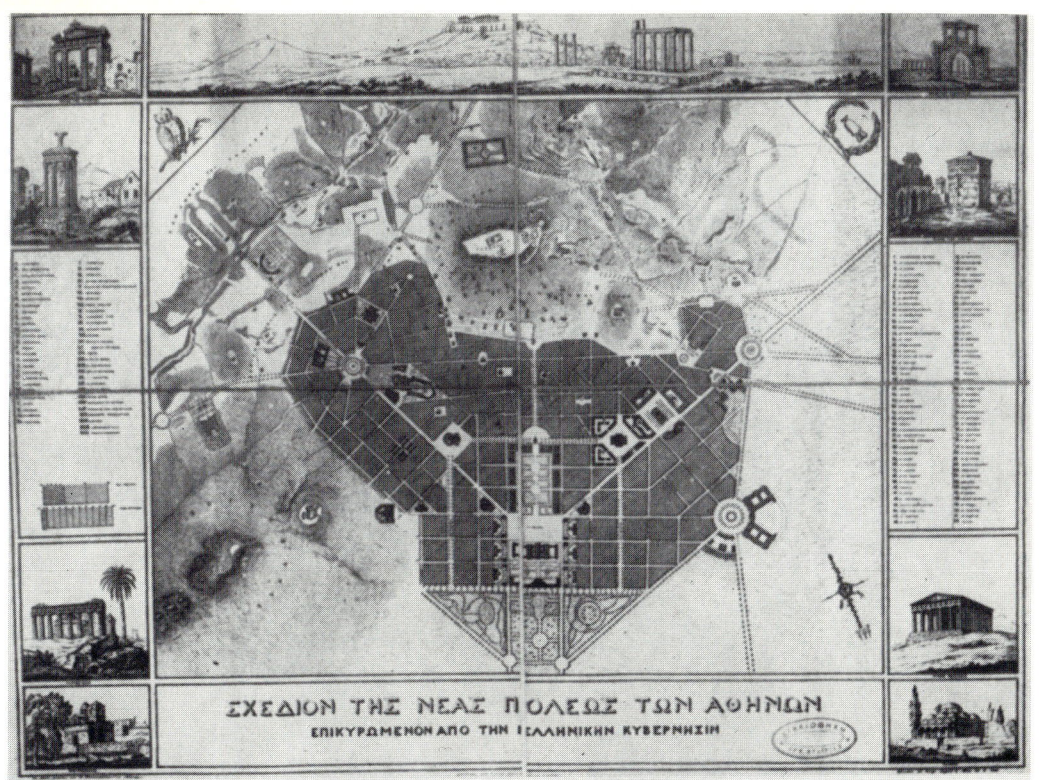

54 Der Stadtplan von Athen nach dem Vorschlag von Schaubert 1834

von Athen auszuarbeiten (9. Juli 1834 Reskript des Königs). Er sollte nur seine griechische Reise 1834 benützen, den bereits bestehenden Plan zu prüfen und Gegenvorschläge zu machen. Durch einige Schachzüge bekam er die Projektierung in die Hand. Er spielte zunächst den Schwierigen und lockte: »Ich finde mich nicht bewogen, einen solchen Plan ohne spezielle Aufforderung anzulegen, obwohl der Hauptgedanke dazu leicht und klar aus den bestehenden Umständen entwickelt werden könnte.« Durch seine Maßnahmen versprach er, »die Ausgrabung und Restauration der Altertümer mit der Wiederherstellung des Parthenons als des Hauptdenkmals von Athen zu beginnen und diese Handlung mit der Würde und der Äußerlichkeit zu bekleiden, welche durch die Umstände und das lebendige und sinnlicher Eindrücke bedürfende griechische Volk bedingt zu werden scheinen. Ein solcher Akt während meiner Anwesenheit in Athen, vorgenommen durch die Regentschaft oder die Majestät des Königs selbst, müßte auf inländische und besonders auf die ausländischen Bauliebhaber den günstigsten Eindruck machen, während die Opfer jährlich nur eine mäßige Summe erfordern müßten«. Die Regierung, froh, in den souveränen Worten des erfahrenen Mannes Festigkeit zu finden, gab ihm den Auftrag, Revision und Rektifikation des Stadtplanes vorzunehmen.

Nur darum konnte es sich handeln. Es bestand bereits ein Plan von den beiden in Athen ansässigen Architekten Kleanthes und Schaubert, beide wie Klenze in Berlin unter Gilly ausgebildet. Methodisch ging Klenze vor, nachdem er sich »durch den Monarchen und andere unterrichtete Einwohner alle nötigen Nachweisungen über die Verhältnisse und Eigentümlichkeiten des Lebens der Bewohner und durch oftmaliges und genaues Durchforschen der Gegend und ihrer Umgebung die nötigen Lokalkenntnisse verschafft hatte«.

Die Situation stellte sich Klenze folgendermaßen dar: »Wie schon gesagt, ist die Gegend, worauf die alte Stadt Athen lag und worauf auch die Neustadt erbaut werden sollte, ein teils felsig und bergig, teils wellenförmig gestaltetes Terrain.

Der Felsen der Akropolis steht ringsherum frei und ist von den an seinen südwestlichen und westlichen Seiten ihn umgebenden Felsenhöhen des Museions, der Pnyx, des Areiopag und der gegen den Theseustempel und das Thor Dipylon auslaufenden Felsenhöhen (welche man, offenbar falsch, früher Lykabettos nannte, und jetzt, ziemlich unbestimmt, den Nymphenhügel getauft hat), so wie diese wieder unter sich durch kleine Täler getrennt, welche ehemals den Stadtteil Melite, genannt die Koile, den inneren Kerameikos und die piräische Straße enthielten.«

Städtebauliche Theorie

Auf diese Situation wandte Klenze seine städtebauliche Theorie an. »Man schien bei den Stadtanlagen in neuerer Zeit gewissermaßen den Augenreiz bezweckt zu haben, welchen eine regelmäßig konstruierte mehr oder weniger verwickelte geometrische Figur gewährt, ohne daran zu denken, daß sich eine solche Wirkung nach der Ausführung auf dem Terrain gar nicht sehen ließ.

Vergleichen wir in dieser Beziehung die Art, wie in Pompeji die Straßen, Plätze und Gebäude angeordnet sind, und das Wenige, was uns die Fragmente des Planes selbst der alten Weltstadt Rom zeigen, welche auf dem Kapitole bewahrt werden, so müssen wir auch daraus den Beweis ziehen, daß die Städte der Alten, selbst wenn sie, wie Pompeji, in der Fläche, oder wie Rom, auf nur wenig hügeligem Terrain lagen, sehr von der geradlinigen Regelmäßigkeit unserer sogenannten schönen Stadtanlagen wie Turin, Nancy, Petersburg, Mannheim, Karlsruhe usw. abweichen.

Was sind aber für ein gesundes und für malerischen Reiz empfängliches Auge die durch Monotonie ermüdenden Effekte dieser Städte, ihre geradlinigen Phalangen langweiliger grauer Façaden, was ihre unbedeutenden Points de vue, ihre architektonischen Prachtstücke, gegen die reichen und malerischen Gruppen ohne alle geometrische Regel an- und übereinandergesetzter, ja man kann sagen, gehäufter antiker Gebäude?

Diesen Wahrnehmungen über die Eigentümlichkeiten des Raumes, welcher für den Wiederaufbau von Athen gegeben war, und diesen Ansichten über architektonische Schönheit gemäß wäre es mein inniger Wunsch gewesen, den neuen Stadtanlagen die Höhen am westlichen und südlichen Teile der Akropolis, so wie die höher gelegene und dem freien Zutritte des Meerwindes hingegebene Gegend anzuweisen, welche sich vom Museion bis zur Kalirrhoe und von dort zum Lykabettos hindehnt.

Aber leider war ich hierin nicht mehr frei!

Ein — ich gestehe es — meinen Ansichten über die Schönheit von Stadtanlagen diametral entgegenstehender Geschmack der Verfasser des genehmigten Planes für die neue Stadt Athen hatte nur einen Teil der hohen Gegend am Fuße des Lykabettos benutzend der Neustadt ihre Stelle gerade in den tiefsten und flachsten Gegenden um das ehemalige acharnische Tor, den äußeren Kerameikos und gegen das Tor Dipylon zu angewiesen. Fast ohne alle Rücksicht auf die Terrain-Beschaffenheit, dessen Höhen und Vertiefungen, ja oft im diametralen Gegensatze damit, waren übermäßig breite sehr lange Straßen, große Plätze und Bauanlagen entworfen worden, welche außer allem Verhältnisse mit den Bedürfnissen der neuen Stadt zu stehen schienen.«

Für Athen war Klenze der geschichtliche Komplex das Leitbild seiner Anlage: »Die Auffassung des Planes dem historischen und poetischen Gedanken nach soll sowohl der früheren als der jetzigen geschichtlichen Entfaltung der hehren Stadt Athen angemessen erscheinen. Vier große Epochen hat diese aufzuzählen, und die müssen sich auch in der Stadt und ihrer künftigen Einteilung aussprechen.«

»Zuerst kommt die Akropolis auf der Höhe des Felsens, dann ihr zunächst die Theseopolis am südlichen und westlichen Abhange desselben, etwas tiefer noch östlich die Hadrianopolis, und endlich eine neue jetzt zu beginnende Bildung unserer Zeit, Ottonopolis. Welche Erinnerungen, welche Massen von Ruhm, Pracht und Hoffnungen bietet ein jeder Name dieser Stadtteile dar und das Alles umfaßt der eine Name Athen!«

Mit solchen thematischen Formulierungen war Klenze allen braven und bemühten Plänen überlegen. In dieser erhabenen Distanz ergab sich ihm auch eine wahre, durch ihre Einfachheit und Schlüssigkeit überzeugende Lösung: In drei Zonen legen sich die geschichtlichen Schichten der Theseus-, Hadrians- und Ottostadt sichelförmig um die Akropolis.

Die Akropolis

Die Burgstadt hatte der Schaubertsche Plan nicht behandelt. Klenze schlug vor: Der Berg wird nie mehr als Festung benützt und von allen schlechten Bauten der barbarischen Zeit befreit. Alle antiken Mauern bleiben verschont und auch einige malerische Teile der neuen Festungswerke, so der Turm des Florentiners Aciajoli und die venezianische Bastion neben den Propyläen. Die anderen Mauern, die nur der Befestigung gedient hatten, werden abgerissen, wobei die Bausteine dem Wiederaufbau der Stadt dienlich sein können.

Die formlosen Mauertrümmer, welche beim Abräumen des ursprünglichen Bodens gewonnen werden, könnten für den künftigen Schloßbau verwendet werden. Für die Anlage und Restaurierung der Akropolis rechnete Klenze fünf bis sechs Jahre. Zwei weitere Jahre möchten dafür hinreichen, um die Propyläen und die unschätzbaren Trümmer des Erechtheions wiederherzustellen. Außerdem schlug Klenze damals schon vor, auf der Akropolis ein Museum einzurichten, ein Gedanke, der später durch das Akropolismuseum Wirklichkeit wurde, nur daß Klenze die Westseite damals vorgeschlagen hatte: »Ein paar geschlossene Säle wären für Münzen, Gemmen, Bronzen, Vasen und andere Antikaglien bestimmt, während die Schönheit des griechischen Himmels erlaubt, die meisten Marmorwerke in offenen Säulenhallen aufzustellen, wo sie zur Erhöhung ihres Reizes in Verbindung mit der schönen Natur gesehen würden. Der Gedanke, hier auf diesem seit mehr als drei Jahrtausenden geheiligten Felsen neben den Trümmern der hellenischen Baukunst auch die Überreste hellenischer Plastik zu sehen, ist so unabweisbar, daß ich glaube, den Vorschlag zu seiner Verwirklichung machen zu müssen.«

THESEUSSTADT

Im nahen Umkreise der Akropolis, besonders an ihrem nordwestlichen, westlichen und südlichen Hang, waren die Hauptdenkmale der alten klassischen Zeit zusammengedrängt, von denen einige sich hier noch als Zeugen der ehemaligen Herrlichkeit erheben. Sie waren teilweise in einem oft 18 Fuß hoch angeschütteten Boden vergraben. Für diese Zone, die sich über die Stoa des Hadrian bis zum Choragischen Monument des Lysikrates in der Tripodenstraße erstreckt, war ein Freilichtmuseum vorgeschlagen. Dabei sollten alle modernen Gebäude bis auf einige merkwürdige Kirchen und Moscheen entfernt und keine neuen Bauten mehr gestattet werden. Klenze hatte dagegen das Bedenken, daß es notwendig wäre, alles sogleich zu kaufen und in drei Monaten bar zu bezahlen, wozu eine Summe von 1 563 000 Drachmen notwendig gewesen wäre. Klenze macht sich damit die Erfahrungen der letzten Jahre in Athen zunutze. Es war ursprünglich geplant, diese ganze Zone als archäologisches Grabungsgebiet auszuweisen. Die Entschädigungssummen hatten aber solches Ausmaß angenommen, daß die Regierung wegen ihrer Finanzlage davon absehen mußte, was dazu führte, daß die Bauspekulation, die schon eingesetzt hatte, einen starken Rückschlag erhielt. So schlug Klenze nun vor, diese Altstadt mit ihren krummen Gassen und Gäßchen zu erhalten, da die Neustadt ohnedies viele gerade Straßen bekommen würde. »Hier nur einige gerade Straßenlinien durchzuführen, den Hodos-Hermu und Hodos-Äolu, nur nicht eben die fast rücksichtslose gerade Leitung aller Straßen, kann ich der großen Opfer und selbst der Gefahr einer weniger malerischen Monotonie der Wirkung wegen anraten.«

Im Plan vom 27. September 1834 fand dies seinen Niederschlag.

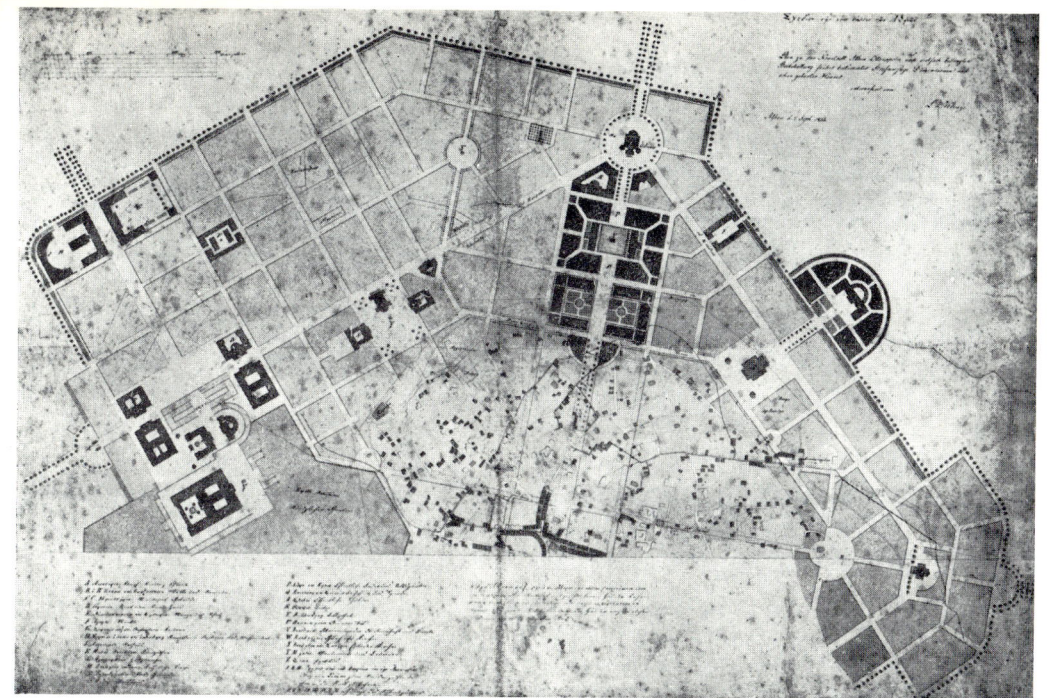

55 Gegenvorschlag Klenzes für den Stadtplan von Athen 1834

OTTOSTADT

Für die Ottostadt warnte Klenze nochmals vor den schematischen Stadtanlagen mit ihrer Reißbrettarchitektur.

»Große geradlinige, breite und regelmäßige Straßen und Plätze von etwas gleichartigen und gleich hohen oder nach gewissen Regeln gruppierten Häusern und Palästen gebildet; Straßen und Plätze, wie wir sie in den Städten des Nordens, in St. Petersburg, Berlin, Nancy, Karlsruhe und Mannheim, und selbst in Turin und dem römischen Corso usw. sehen, haben allerdings den mathematisch bewiesenen Vorteil, zwischen zwei Punkten die kürzeste Verbindungs-Linie darzubieten, die Beleuchtung, Reinigung und leichte Zirkulation, wenigstens der Fuhrwerke, zu befördern. Ihre Wirkung kann auch prächtig und imposant sein, wenn eine vollkommen oder doch fast ebene Lage, wie bei allen oben angeführten Beispielen der Fall ist, ihr zur Seite steht. Jedoch ist es eine längst und oft gemachte Bemerkung, daß man des Anblickes solcher ganz regelmäßigen Stadtanlagen bald überdrüssig wird.«

Klenze war in Athen 1834 an die durch Schaubert begonnenen Straßen gebunden. Die Neubauten und Terrainverkäufe waren nicht mehr rückgängig zu machen. So mußte er sich an das vorhandene Plangerüst halten. Es war ein gleichseitiges Dreieck mit der

Hermesstraße als Basis, auf die in einer Senkrechten die Hauptachse der Athener Straße führte. Die beiden Seiten dieses Dreiecks waren von der Piräus- und der Stadionstraße gebildet, die sich auf dem Ottoplatze trafen. Klenze macht diese beiden Straßen wie die Ludwigstraße in München zur Hauptachse. Es gelang ihm, die große Zahl spitzwinkliger Formen der Stadtteile von 40 auf fünf zurückzubringen, wobei drei auf die bereits angelegte Piräusstraße trafen. Der Haupteingriff an dem vorhandenen Plan war die Verlegung des Regierungssitzes, des Schlosses und der Ministerien von der Spitze des Dreiecks, dem Ottoplatz, auf die Straße gegen Daphne zu am Hügel des heiligen Athanasius. Für diese Stelle versprach sich Klenze die schönste Aussicht auf Akropolis und Theseion. Die erhöhte Lage des Terrains nützte Klenze, um mit terrassenförmigen Absätzen durch Rampen und Auffahrten dem Schloß ein architektonisches Gefüge zu geben. Gegen die Stadt zu wird der Platz durch zwei Ministerialgebäude begrenzt und ein Schloßgarten angelegt. »So genießt dieses Schloß die doppelte Annehmlichkeit in der Stadt und in einem Garten zugleich zu liegen. Es ist leicht zu beweisen, daß keine Hauptstadt Europas ähnliche Vorteile und Schönheiten für die Lage eines Königsschlosses darbietet. Man sieht hier nicht allein die Stadt mit ihren bedeutendsten Ruinen von der allergünstigsten Seite, sondern hat auch ringsherum über das Meer, das munychische Vorgebirge und den Piräus, sowie über den schönen Olivenwald, die drei attischen Hauptgebirge, die ägialischen, korydalischen und daphnischen Hügel, den Brilessos und Lykabettos, eine ganz freie panoramatische Aussicht.«

Auf dem Ottoplatz aber, wo bisher das Schloß geplant war, will Klenze die Erlöserkirche errichtet wissen, »weil der Platz, wie oben schon erläutert wurde, nicht die Aussicht wie ein Schloß braucht, aber mit einer hohen Kirche bebaut eine schöne Ansicht am Ende der drei Hauptstraßen gewährt«.

Wie es seine Art ist, kümmert sich Klenze auch um die Details dieses Planes. »Die Gebäude sollen großstädtischen Charakter haben, keinesfalls niedriger als zwei Stockwerke sein. Der Baustil soll den klaren offenen freien und malerischen Charakter, wie er in Italien uns so sehr anspricht, haben.« Wichtig war, in dem hügeligen Gelände auf das Niveau der Straßen zu achten. Einer Lokalbaukommission sollte die Bearbeitung der Pläne in die Hand gelegt werden.

Sehr am Herzen gelegen waren dem Archäologen Klenze die antiken Baudenkmäler. Deshalb führt er sie als Bestandteil seines Planes auf.

Der Plan Friedrich Schinkels für die Akropolis

Es hatte zwei Möglichkeiten für die Neuanlage und Erhaltung Athens gegeben: Distanz zu den antiken Bauten zu halten oder sie einzubeziehen. Schinkel hat letztere in seinem großartigen Vorschlag ergriffen. Sein Plan verlegt die neue Königsresidenz auf die

Akropolis selbst, nistet sich in die alten Bauwerke ein, stellt seine Bauwerke daneben und hinein. Das Vorhaben mag als Beweis gelten, wie unbefangen und selbstbewußt diese Zeit war. Der Plan ist vorzüglich und man möchte versucht sein, seine Ausführung zu wünschen. Natürlich hätte der Eingriff den griechischen Bauten ihre archäologische Unschuld, ihre in der Geschichte wohlerworbene Würde und die Distanz geraubt. Der Gedanke Schinkels zeigt so viel verständige Anpassung, hohe Qualität, eigene originelle Idee, eine hervorragende, bis heute noch nicht gewagte Wiederherstellung, freilich darin auch Vergewaltigung und endgültige Fixierung des Parthenons. Klenze bekam diese Pläne 1834 zu Gesicht, und während Schinkel vergeblich auf eine Beurteilung wartet, äußert der Münchner Architekt sich darüber: »Möge es mir vergönnt sein, bei dieser Veranlassung dem großen Künstler, welcher jenen Entwurf machte, den Tribut unbeschränkter Bewunderung zu zollen. Dieser Entwurf war ein herrlich reizender Sommernachtstraum eines großen Architekten.

Aber leider konnte die ganz antike Auffassung des Planes den Bedürfnissen eines nur nach neu-europäischen Begriffen eingerichteten Hofes nicht genügen, und man wollte wohl auch nicht ohne Grund den auf dem Felsen der Akropolis gewählten Bauplatz unzuläßlich finden, und so sah sich Seine Majestät der König Otto gezwungen, diesen an sich unübertrefflichen Entwurf unausgeführt zu lassen.

Schinkel hat durch viele Angaben und Entwürfe für Werke der Bildhauerei gezeigt, wie rein und dennoch lebendig er die Plastik der Alten aufzufassen versteht, und das Glück freier artistischer Entwicklung, verbunden mit unerschöpflicher Erfindungsgabe und rein-hellenischem Sinne, haben ihm gestattet, in mehreren seiner Gebäude und Entwürfe der Mitwelt architektonische Muster und der Nachwelt Beweise aufzustellen, daß man selbst in den Sandwüsten der Mark Brandenburg ebenso vollkommen griechisch bauen kann, wie am Ufer des Ilissos — wenn man nur freien Geistes und freien Willens ist!«

So blieb Klenze wieder einmal Sieger, und die griechische Regierung bestätigt ihm, er habe seinen Auftrag »mit gewohnter Umsicht und Genialität ausgeführt«.

Die Pläne dieser Zeit für Athen von Schaubert, Kleanthes, Klenze, Gärtner, Hansen sind von hohem Idealismus getragen, suchten das große Erbe der griechischen Hauptstadt ehrfurchtsvoll zu bewahren und im eigenen Bestreben den Geist der hellenischen Vergangenheit nicht zu verletzen. Sie suchten den Gesetzen der Alten nachzuspüren und haben Neues geschaffen, das der Athener Neustadt auf lange Gesicht und Prägung gab. Diese Zeit stellte den Anspruch der Geschichte über jede Spekulation. Klenze hat damals voreiligen Spekulanten, die die Erhebung Athens zur Hauptstadt des neuen Königreiches rücksichtslos zu nutzen dachten, einen Strich durch die Rechnung gemacht und dem athenischen Städtebau Achtung vor der Geschichte und den Maßen der Antike abgezwungen. Noch war die Forderung nach der Idealstadt möglich und angesichts des großen Beispiels in Athen wirksam.

Ein weites Feld städtebaulichen Wirkens erwartete Klenze in St. Petersburg. Die Kaiserstadt Peters des Großen im Delta der Newa hatte unerhörte Flächen dem Sumpf abgetrotzt und in Stadträume verwandelt. Hier gab es Weiten und Distanzen, Palastfronten und Prospekte wie in keiner Stadt Europas. 66 Flüsse und Kanäle mit über 100 Inseln waren durch 620 Brücken zu einer Lagunenstadt zusammengefaßt, die die Schwesterstadt Venedig an Umfang und Größe übertraf. Französische, italienische und deutsche Architekten, ein Trezzini, Rastrelli, Quarenghi, Thomon, Montferrand und Tischbein hatten ihre Ideen in weitestem Ausmaß ausführen können. Zuletzt noch der Neapolitaner Carlo Rossi, der die Stadt erst auf ihren Höhepunkt brachte.

Gegen München waren diese Dimensionen um ein Vielfaches gewachsen. Der Newski-Prospekt übertraf die Ludwigstraße an fünffacher Länge. In solchen Maßstäben galt es Klenze zu denken, als er 1839 im Auftrag Kaiser Nikolaus' die Eremitage zu bauen hatte. Die Versuchung lag nahe, wie er selbst schreibt, »daß eine ganz freie durch keine Nebenrücksichten und Umstände beschränkte Lage dem Architekten ein günstiges Feld großartiger Konzeptionen gewähren würde«. Der Kaiser aber hatte entschieden, »einen Raum zu wählen, welcher in der unmittelbaren Nähe des Winterpalastes gelegen war«. Klenze, darauf in die vorhandene Stadtsituation an hervorragender Stelle eingreifend, legte sich durch Niederreißen des Palastes Schipelow, mehrerer Wohngebäude, der kaiserlichen Ställe, der Reitbahn, der Kaserne, der Palastgärten, der Bibliothek und der Schatzkammer sowie einiger Flügel der Eremitagegebäude seinen neuen Bauplatz frei. Im schönsten und belebtesten Stadtteil gewann er einen Bauraum, der nach Westen gegen den Newa-Quai, nach Norden an dem Moika-Kanal, nach Osten in der großen Millionstraße und nach Süden gegen den Winterpalast gelegen war. Er hatte damit die Möglichkeit, den Neubau architektonisch mit der Kaiserwohnung in Verbindung zu bringen.

Gegen Westen suchte Klenze gegen den prachtvollen Quai an der Newa vorzustoßen, dort aber stand noch der aus den Zeiten Kaiserin Katharinas gebaute Flügel der Gemäldesammlung, der bis zur Übersiedlung 1849 bestehen bleiben mußte. Gegen die Nordseite fand er Anschluß an die breite Kanalstraße. Hier war die von Quarenghi erbaute Galerie, die nach den Logen Raffaels im Vatikan nachgebildet war, vorgelagert. Auf diesem ausgezeichneten, ausgedehnten Areal konnte nun Klenze seinen prachtvollen Museumsbau entwickeln.

Bei dem persönlichen, geradezu herzlichen und freundschaftlichen Umgang mit dem Kaiser und der großen Achtung, die die russischen Behörden der Autorität Klenzes entgegenbrachten, sind noch andere Anregungen Klenzes anzunehmen. Durch ihr Ausmaß und ihre Prachtentfaltung sollte Klenzes Eremitage würdig neben den anderen Bauten der Stadt eines Quarenghi, Tischbein, Thomon und Rossi und denen der einheimischen Architekten Hokorin, Tokoloff und Volkoff stehen.

Die städtebaulichen Fragen, die Klenze in Paris von allerhöchster Stelle angetragen wurden, waren ganz nach seinem Geschmack. Im Herzen der Stadt, von Sachverständigen heftig umstritten, bestand Unklarheit über den Place du Caroussel und den Triumphbogen, der damals noch nicht freigestellt, sondern im Häusergewirr zwischen Seine und dem Ostflügel der Tuilerien eingezwängt war. Der Rat, den Klenze dem Präsidenten gab, den Triumphbogen zu belassen und freizulegen, fand nach weiteren Beratungen solche Beachtung, daß ihn der Kaiser zwei Jahre später dafür auszeichnete.

In London und Budapest hat Klenze jeweils durch den Entwurf eines Nationalmuseums, in Berlin und Baden-Baden durch seine Entwürfe für einen Kirchenbau Einfluß auf die nähere Umgebung der Bauplätze genommen. Der Hauptort aber seines städtebaulichen Wirkens blieb München, zu dem er immer wieder zurückkehrte.

ÜBER DIE GARTENKUNST

Eine Köstlichkeit in ihrem gelehrsamen Reiz ist der Aufsatz über »Pratolino, oder Lehrbriefe über die Gartenkunst«. In poetischer Fülle drängen sich Klenze herrliche Bilder seiner Erinnerungen in die Feder. Hier ist er nicht gezwungen, strenge Thesen vorzutragen, unfertige Meinungen zu bekämpfen, archäologisches Zunftwissen zu erweitern oder seinen königlichen Herrn bestimmt und stetig zu belehren. Diesmal darf er frei die Freude eines Kunstgenusses besingen, darf die herrliche Gartenschöpfung des Pratolino und was ihm geschah schildern, ihm besonders lieb, kann er doch Geschichtswissen und Architektur zusammenbringen.

Er setzt die Strophe des Horaz voran: »Qua deserta et inhospita credis, amoena vocat, mecum qui sentit et odit qua tu pulchra putas.« (Horaz Epigr. 1/14.)

Viermal beginnt, dreimal verbessert Klenze den Anfang, um den Leser recht auf das Geheimnis der Liebe hinzuführen, mit dem Francesco Medici, Großherzog von Florenz, die angebetete Bianca Capelli umgeben hatte und in einer Gartenschöpfung zu bergen suchte, wozu Bernardo Buontalenti beauftragt wurde.

»Am westlichen Abhange des Berges Genario«, so führt uns Klenze ein, »rechts abgelegen von der großen Straße, die über Cavigliajo, dem von Michelozzo erbauten Stammschloß der Mediceer, über Giogio nach Bologna führt, war ein mit dichtem Wald von immergrünen Eichen, Lorbeer und Zypressen bewachsenes Terrain gewählt, welches einerseits von freundlichen Höhen die lachendste Aussicht nach dem fernen Florenz und andererseits den Blick in die wilden einsamen Täler des Appenins darbietet und dessen tiefe einsame Gründe das Gemüt wieder zu sich selbst und zu seinen nächsten Freunden zurückführen. Dieser weite Raum prangte mit allem Reichtum, den Flora und der

Frühling erzeugen, und ihre Kinder mit tausendfachem Reiz der Formen, Farben und des Wohlgeruchs ausgestattet, umgaben hier in geregelten schön umschriebenen Maßen Bassins, Ruheplätze und Marmorstatuen. Hier war es, wo über einem breiten Gange aus schönen Marmorbalustraden, welche ihn einfaßten, zu beiden Seiten in bogenförmiger Richtung tausendfache Strahlen von Kristallwassern sprangen und eine Regenbogendecke bildeten, gleichsam, als ob Juno, den liebenden Besitzern günstig, der Iris befohlen, ihren Schleier über sie zu breiten, um sie vor den Blicken des neidischen Sonnengottes zu verbergen.« Der Renaissancegarten um den Palast mit seinem Koloß, der großen Allee, dem Labyrinth und den Ruheplätzen auf der einen Seite und den Berg hinab mit den Kaskaden, Terrassen, Blumenbeeten wird sorgfältig begeistert beschrieben. »Kunst und Natur schienen sich vereinigt zu haben, um die Seligkeit eines liebenden Paares zu verherrlichen.« So stand Klenze der »Pratolino« in Erinnerung, wie er ihn vor 10 Jahren noch gesehen hatte. »Hier war es einem großen Geist gelungen, ein künstlerisches Ganzes aufzuführen, in dem er die Formen und Kräfte einer willigen üppigen Natur beherrschte, ohne sie zu verderben und sie seinen Zwecken dienstbar machte, ohne ihnen den Anstand und die Würde eines inneren freieren Lebens zu berauben.« Das war Klenzes Leitbild vom Gartenbau im Vergleich mit anderen Gartenschöpfungen: »Die Pinienwälder der Villa Pamphilia, der kunstbelebte Hain der Villa Borghese, die Marmorgärten Albani, die schattigen einsamen Wege der Villa Ludovisi, die Grotten von Aldobrandini, die herrlichen Aussichten von Taverna und Mondragone; der in der Natur verschönerte Raum der Villa Canti, über allem aber der Garten von Pratolino neben den Zaubergärten von Boboli, Poggio Imperiale, der Isola Bella und des Belvedere.«

Was war nun geschehen? Zum Entsetzen Klenzes hatte man begonnen, den Garten Pratolino in einen Englischen Garten zu verwandeln. »Und hier gerade auf dem Platze, wo die Gartenkunst zum erstenmal ihren Gipfel erreicht hatte, hier muß das Unwesen anfangen.« Voll Unmut ließ sich Klenze über diese Form des Englischen Gartens aus: »Da fehlt es denn nicht an allen Erfordernissen eines solchen Englischen Gartens, nicht an krummen Wegen, um möglichst langsam an einen Ort zu gelangen, den man bald erreichen möchte, nicht an einem Rasenplatz, genannt Bowling Green, auf welchem zu gehen bei schwerer Strafe verboten ist, nicht an einem See, der außerhalb des Gartenbezirks Pfütze heißen würde und nicht an Bosquets von wenigen Quadratfuß, auf welchen die Stauden und Bäume aller fünf Weltteile vor Schrecken und Verwunderung, sich so nahe beisammenzufinden, blaß und gelb werden. Daß dies alles mit einer gehörigen Anzahl von Brünnchen mit einigen Tempelchen und Kiosken und einer Einsiedelei verunziert war, versteht sich.« Das Kolleg Klenzes über den Gartenbau fährt fort, dessen Geschichte darzulegen. Nach den Abgeschmacktheiten Frankreichs im Zeitalter Ludwigs XV. kommt er auf den Englischen Garten. Die Schöpfungen von Kent, Chambers, Home und Longly vergleicht er mit den Ideen von Münchhausen und Hirschfeld. »Die Idee sei, das Ganze der Natur zu zerlegen, die einzelnen Teile nach Zweck und Absicht zu bearbeiten und zu verändern, um gleichsam, wie nach einem Apothekerrezept wieder zusammenzusetzen. Insofern als ein Garten zu einem Gebäude gehört, ist er Nachklang gefesselter Harmonie im Pathos der Natur zu nennen.« In einem Garten muß der Mensch als Herr, aber nicht als Tyrann der Natur erscheinen. »Willig reicht sie ihm dann Bäume, Blumen und Steine und Quellen nach seinem ordnenden Sinn, spricht lebendig und reizend in den schönen Gärten Italiens sich aus und erst die französische Übertreibung verkrüppelte despotisch die Natur. Wollte man, statt sie nur zu ordnen, diesem Fehler aber durch Anwendung des chinesischen oder englischen Geschmacks entgehen, so fiel man vielleicht noch tiefer zurück.« So sah Klenze die Verwandlung des Pratolino in einen Garten nach englischem Muster durch einen böhmischen Gartenarchitekten als Verwüstung. Er klagte:

>»Traurig sitzt Appenin, Ströme von Tränen vergießend,
Über der Umwälzung Greuel, die er allein überlebt.«

»Die Zeit hat«, so schließt Klenze seinen Bericht, »dieses schöne Bild zerstört und verwischt; doch sie hat geruht, um zu neuen Geburten Kräfte zu empfangen.«

Klenze war in seiner Vorstellung des Klassischen befangen. Sie wehrte sich gegen jede Auflösung im Romantischen. Diese Starrheit hinderte ihn auch künftige Möglichkeiten zu sehen. Seine städtebauliche Konzeption aber traf auf München zu.

NACHWEISE

Pläne

Graphische Sammlung und Klenzeana siehe Anhang
Stadtmuseum Maillingersammlung IX/II 1628, Plan zur Neustadt Athen (Ottonopolis)
Griechisches Archäologisches Institut Athen, Plan Schaubert und Kleanthes für Athen, 1834

Akten

Zur Stadtbaugeschichte Münchens
Stadtarchiv, Baulinien Maxvorstadt
Kreisarchiv, G. L. Fasc. 2781/1136
    R. A. Fasc. 123/1260
    R. A. Fasc. 1555/47
    R. A. Fasc. 1556/53
Hauptstaatsarchiv, M. A. O. B. 237/18, Akt Hofbauintendanz
Klenzeana III/20, Denkschrift über die Regentschaft in Griechenland

Klenzeana III/21, Dokumente zur Reise nach Griechenland
Klenzeana III/22, Artistische Belege zum Neubau der Stadt Athen
Klenzeana III/24, Aufzeichnungen zu Klenzes Bauten in St. Petersburg

Schriften

Bericht über Befestigungsanlagen Ingolstadt 1836
Aphoristische Bemerkungen, gesammelt auf einer Reise nach Griechenland 1838

Literatur

Biri Kosta D., Die ersten Bauten der Athener, 1933
Hallbaum Fr., Der Landschaftsgarten München 1927
Travlos J., Baugeschichtliche Entwicklung von Athen 1860
Wiedenhofer, Bauliche Entwicklung Münchens u. a. wie Brinkmann, Stadtbaukunst 1920. Pius Dirr u. a.

Theatinerkirche   Haus Chedeville   Häuser 1—7 Ludwigstraße   Alte Reithalle Café Tambosi Hofgartentor

55 a   Die Situation vor dem Schwabinger Tor mit den ersten Bauten Klenzes für Odeonsplatz und Ludwigstraße

DER INGENIEUR

Die zaghaften Anfänge der Technik und ihr Fortschritt im 19. Jahrhundert fanden in Klenze einen aufmerksamen und eifrigen Förderer. Mit der Leidenschaft seines erfindungsreichen, auf das Neue bedachten Ingeniums näherte er sich den Erscheinungen, die die Möglichkeiten dieses Jahrhunderts erweiterten. Er betrieb sogleich die Entwicklung neuer Eisenkonstruktionen für Brücken- und Hochbauten, der Dampfmaschine und Gasbeleuchtung, des Wasserstraßen-, Eisenbahn- und Festungbaues. Als Chef der obersten Baubehörde konnte er viel für die Entfaltung der zunächst so bescheiden auftauchenden Erfindungen tun. Klenze besaß den Pioniergeist, der den bayerischen Staatsbehörden fehlte. »Bayern war«, so schrieb er 1835, »in seiner Entwicklung auf technischem Gebiet so gehemmt, daß es in den letzten 8 bis 10 Jahren unter anderen Ländern so zurückblieb, daß unser ganzes Königreich noch nicht eine Dampfmaschine, keine Drahtbrücke (gemeint sind die in Frankreich und England entwickelten Stahlbrücken), keine Eisenbahn gebaut wurde. Alle Anträge blieben bis heute liegen.«

Stahlbau

Im Ingenieurbau lag die Möglichkeit, die innere Form äußere Gestalt werden zu lassen, statische Notwendigkeit und materialbedingte Möglichkeit sichtbar darzustellen. Neue Werkstoffe boten neue Möglichkeiten. Es sind vor allem die aus England und Frankreich kommenden Stahl- und Eisenkonstruktionen. Die wachen Köpfe unter den Architekten, Gilly, Karl von Fischer, der mit großer Faszination von den neuen Eisenbrücken in Paris in seinem Tagebuch spricht, waren es, die sich der Gestaltungsimpulse, die in diesen neuen Materialien liegen, annahmen. Wo immer es ging, finden wir Klenze diese Möglichkeiten ergreifen. Schon beim Wiederaufbau des Münchner Nattionaltheaters verwandte er einen selbsttragenden Stahlrost für die Decke des Musiksaales.

Bei der Walhalla gab ihm das Schmiedeeisen die Möglichkeit, auf Gewölbe zu verzichten, einen großen Lichteinfall zu bekommen und doch feuersicher zu bauen. Ausführlich und mit Liebe beschreibt er die Konstruktionen der Walhalla: »Figur acht (Abb. 56) stellt eines der Haupthängewerke über den horizontalen Erzbalken in größerem Maßstabe dar, dessen Sehne an den Enden geschlossene Gehäuse hat, wodurch der aus Keilen bestehende Bolzen geht, an den sich der Bogen anstemmt. Der Bogen ist von einer Hängesäule zur anderen in ein Polygon geteilt, an dessen Winkeln sich jedesmal ein Ansatz befindet, wodurch die Hängesäulen in ihrer Richtung gehalten werden. Die Hängesäulen bestehen aus doppelten Flacheisenstäben, oben und unten mit Buchsen versehen, durch welche die Sehnen- und Bogenstücke sich ziehen und durch Schlußkeile gespannt sind. Auch sind über diesen Hängesäulen die Stützen zur Auflage der Dachlatten oder Sparrenträger angebracht.

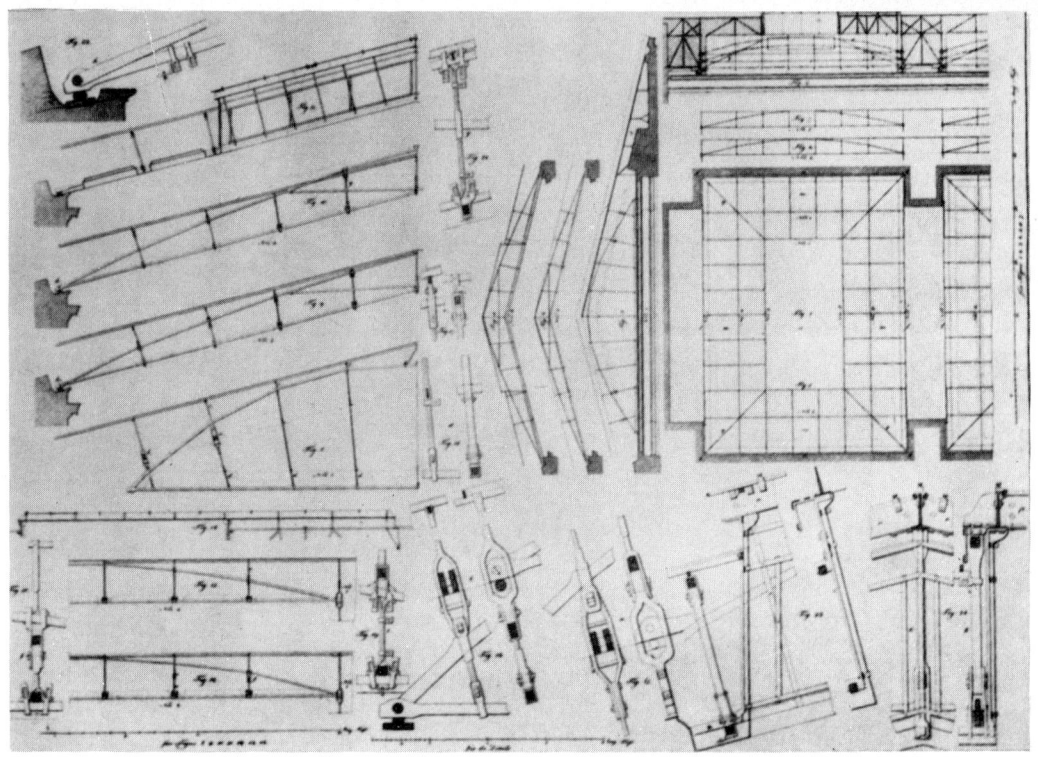

56 Konstruktionszeichnung des eisernen Dachstuhles der Walhalla

Die Hängesäulen sind mit geschlitzten Gehäusen versehen, in welchen sich die Auflagepunkte der Hängewerke befinden. Die Unterlagen, worauf sämtliche Hängewerke ruhen, bestehen aus gußeisernen Platten von $6^{1/2}$ Zoll, welche in den Mauerteilen über den inneren Hauptgesimsen eingelassen sind; auf diesen Platten liegen die schwachen Walzen, gleichfalls aus Gußeisen, auf welchen sich die Hängewerke bei eintretender Dilatation durch Temperaturwechsel frei bewegen können. Die Diagonalstreben stemmen sich nach unten in die Ecke eines geschlossenen Kranzes, welcher daselbst auf Walzen ruht, an den oberen Enden aber an die der Laterne zunächst liegenden Hängewerke und sind damit verbunden. Der Kranz selbst ist jedesmal in der Mitte, sowohl an den Sehnen der Haupthängewerke, über dem Erzbalken, als auch an den Längenmauern durch Bolzen verbunden und durch Keilschlüsse gespannt. Durch diese Diagonalstreben wird der Druck, den das Dach und Deckenwerk auf die Haupthängewerke äußert, bedeutend erleichtert und fällt daher größtenteils auf den vollen Mauerkörper in den Ecken.

Diejenigen Teile des Dachstuhles, welche über den Kassetten und Simswerken des Tempels laufen, bestehen aus ganz einfachen, auf die hohe Kante gelegten Flacheisenstäben welche die Pfetten des Tempels fortbilden und durch einfache und gespaltene Stützen aus vierkantigen Stäben getragen werden. Auf diesen Pfetten sind die Sparrenstäbe aufgelegt und mit denselben durch Gabelschrauben verbunden.

Diese Eisenverbindung, von dem Architekten angegeben, ward in ihren Einzelheiten bei stetem gemeinschaftlichem Benehmen mit dem leider zu früh verstorbenen Hofbauinspektor Meier bearbeitet und ausgebildet, und von dem sehr geschickten Mechanikus Mannhardt in der Maschinenfabrik zu Gmund am Tegernsee ausgeführt.«

Die Klarheit und Anschaulichkeit der Sprache verrät die gedankliche Zucht, die dem Ingenieur Klenze eigen ist.

GERÜSTBAU

Durch Klenze werden die Konstruktionen, die mitunter Kombinationen von Holz und Eisen sind, im ganzen Lande bekannt. Der Chef der obersten Baubehörde hatte die Möglichkeiten, die neuen Techniken überall zu fördern. Es mag sein, daß die Begabung zum Bauingenieur Klenze in besonderem Maße eigen war und er darin seine Kollegen in Europa übertraf. Jedenfalls wird sein Arbeitsgerüst für die Walhalla bekannt »mit seinem stufenweisen Vortrieb, den peinlich ausgeklügelten Zugmaschinen, durch welche die Marmorblöcke aufgezogen und an Ort und Stelle gebracht werden könnten, ohne daß sie, was fast nie ohne Gefahr für die Erhaltung ihrer geraden und scharfen Kanten geschehen kann, unmittelbar berührt zu werden brauchen«. Es trug ihm die Anfrage der griechischen Regierung ein, ob man zur Wiederaufrichtung der Akropolis sein Gerüst der Walhalla benützen dürfe.

BÜHNENTECHNIK

Die aufsteigende Freude an der Technik dieses Jahrhunderts ist auch bei Klenze von Mal zu Mal zu spüren; die maschinellen und hydraulischen Einrichtungen am Nationaltheater, die vorzüglich der Feuerbekämpfung dienen sollten, nahmen die Entwicklung der Theater- und Bühnentechnik vorweg. Mit Stolz zeigte er das Röhren- und Pumpensystem, die schwenkbaren Hydranten und schweren Stahlrohre, die jeden Winkel der Kulisse und des Schnürbodens bestreichen könnten.

EISENBAHNBAUTEN

Die technischen Möglichkeiten haben eine solche Anziehungskraft, daß er als Chef der Obersten Baubehörde, der nach der Eröffnung der ersten Eisenbahn 1835 auch das Eisenbahnbauwesen unterstand, nicht verabscheute in arbeitsstiller Zeit seine Beschäftigung dem Bau von Bahnhöfen, so in Bamberg, Engelthal, Kirchheim-Bolanden (1841) zu widmen. — Schon im Jahre 1829 hatte er die Versuche Josef von Baaders mit einer Eisenbahn, allerdings noch ohne Dampfbetrieb, in Nymphenburg zu begutachten.

57 Die Eisenbahn München—Augsburg, 1840

Eisenbahnbau

Klenze schloß sich in seinem Weitblick dem Nationalökonomen List an und suchte den König von der Zukunft der Eisenbahnlinien zu überzeugen. Er sandte Ludwig die Denkschrift von Dr. Hansemann zurück und drang in seinem Brief vom 16. März 1837 in den Monarchen: »... diese große nützliche und höchst zeit- und fachgemäße Erfindung in den weiten Kreis der Verbesserungen aufzunehmen, deren Bayern unter des Königs Zepter sich erfreut. Ein längeres Zögern würde Bayern der doppelt großen Gefahr aussetzen, von anderen Nachbarstaaten umgangen und überflügelt zu werden, und wenn es endlich zur Ausführung des Spätbeschlossenen kommen sollte, alle seine Geldkräfte den Eisenbahnunternehmungen in anderen Ländern zugewendet zu sehen.«

Und wenig später: »Die Eisenbahnlust erreicht einen unglaublichen Grad. Welch tiefen moralischen und politischen (militärischen) Einfluß diese unglaublich schnellen Kommuni-

58 Das Dampfschiff auf der Donau bei Regensburg, 1840

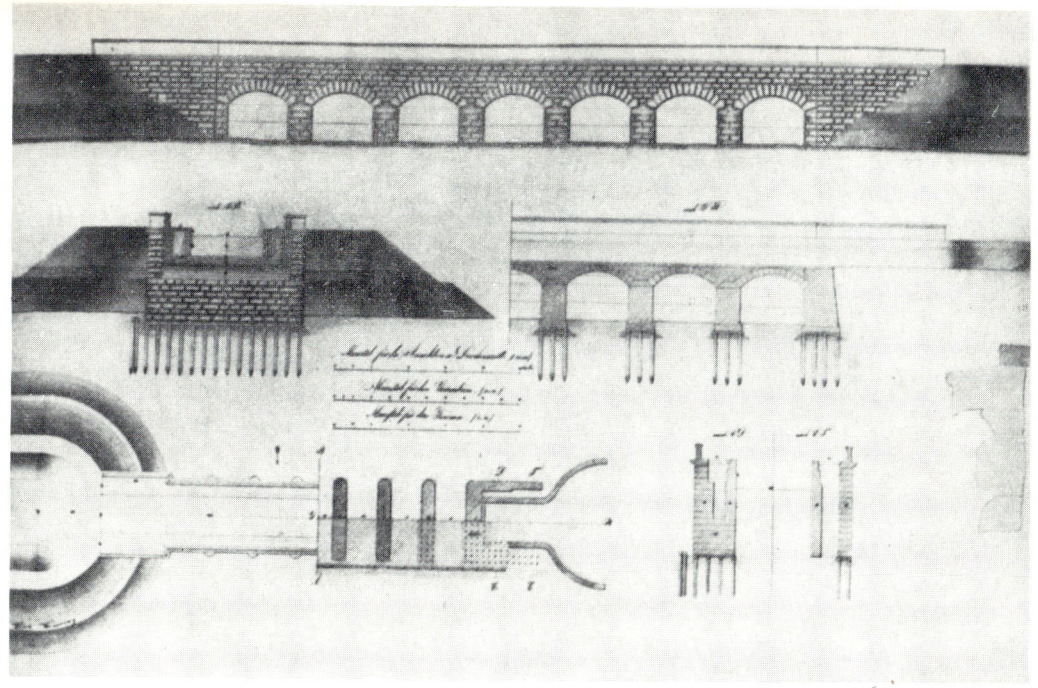

59 Brückenentwurf für den Ludwigs-Donau-Main-Kanal, 1837

kationen haben werden«, sah Klenze voraus. »Ich halte sie für wesentlich antipoetisch und antiartistisch, aber durch den Drang der Zeit unvermeidlich.« Die Entwicklung des kommenden Jahrhunderts vorwegnehmend, wies Klenze seinen Souverän darauf hin, daß mit der Eisenbahn und der Dampfmaschine »diese mechanische und materielle Richtung neben dem religiösen, historischen und poetischen Streben parallel zu leiten seien«.

Kanalbau

Nicht nur aus der ihm vom Amt aufgetragenen Verpflichtung, sondern aus persönlicher Begeisterung konnte er sich dem Kanalbau des Ludwig-Donau-Main-Kanales widmen, fuhr wiederholt die Strecke zwischen Kelheim und Bamberg ab, besichtigte die einzelnen Brückenbauten und war besonders stolz auf den Brückenkanal in Doos bei Nürnberg, wo in einem hohen Brückenbogen der Kanal über die Pegnitz geführt wurde. Mit Stolz berichtet er von der Brücke bei Marktheidenfeld in der Nähe von Aschaffenburg, einem Brückenbau, »dem größten seiner Art in Deutschland«. Bezeichnend für die ausgreifende und gegenwartsnahe Art dieses Baumeisters ist, wie ihm im Zusammenhang mit dem Kanalbau gleichzeitig die Mainkorrektion am Herzen lag. Am 25. September 1838 war Klenze ver-

60 Der Ludwigs-Donau-Main-Kanal bei Kelheim mit der Befreiungshalle

anlaßt, da sich von Pechmann bei der Finanzierung des Kanals verrechnet hat, mit Baron Rothschild in Frankfurt über die Kostenüberschreitung von 2 000 000 fl. zu verhandeln.

Das ingenieuse Talent Klenzes wußte auch in die Fragen des Kanalbaues, seiner Wasserhaltung, der Schleusentechnik, des Treidelverkehrs so einzudringen, daß er die Leitung der Bauten und die Projektierung des Ludwig-Donau-Main-Kanals nicht anderen zu überlassen brauchte. Seine Inspektion der Arbeiten im Jahre 1842 ist in einem 44 Seiten langen eigenhändig geschriebenen Bericht mit manchen Zeichnungen und Gedanken zu neuen Anlagen niedergelegt. Sie sind so vortrefflich, daß Klenze auf diesem Gebiet als Fachmann galt und internationale Anerkennung besaß. Als man in Ungarn damit umging, die Donau mit der Theiß zu verbinden, waren es seine Gutachten, die die Entscheidung der Regierung bestimmten. Auf einer Forschungsreise hatte er das Gelände untersucht und die günstigste Trasse für die Kanalführung festgelegt; er gab die Lage der Schleusen vom Scheitel bis zur Talsohle an, war um die Wasserführung besorgt und berechnete auch den wirtschaftlichen Ertrag des Unternehmens.

Sein kühner technischer Geist trachtete die Donau bis Ulm schiffbar zu machen und von dort durch einen Kanal mit dem Bodensee zu verbinden, Verhandlungen mit dem König vom Württemberg waren bereits in die Wege geleitet.

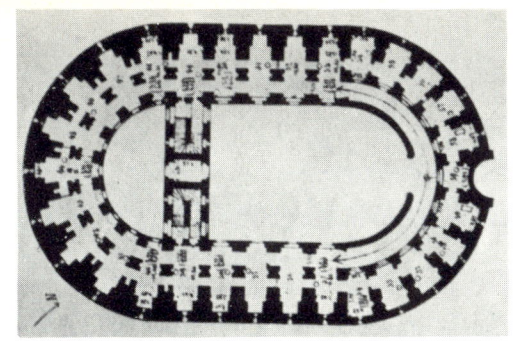 

61   Festung Ingolstadt, Turm Triva

Festungsingenieur

»Ich bin und halte mich für keinen Militäringenieur. Über den Bau, die Widerstandsfähigkeit dieser oder jener Mauer verstehe ich als Mathematiker so gut als einer«, schrieb Klenze in einem der vielen Briefe zu dem Festungsbau in Ingolstadt. Er sollte zeigen, wie sehr er Festungsingenieur war. Es galt den Widerstand der Fachleute zu brechen; Klenze dachte modern und war unbefangen, sah bald, was an den umständlichen Regeln, hinter denen sich die Festungsingenieure verschanzten, veralteter Zopf war. Es wurden harte Kämpfe, Klenze war der Eindringling. Der Chefingenieur, Oberst von Streiter, machte seinem Namen alle Ehre. Klenze blieb Sieger. Acht große Befestigungswerke waren zu gestalten; die vier Toranlagen an den Bastionen der Altstadt, darunter das Tor vor Kavalier Heydeck, Tor Spreti und Tor Hepp, und der Brückenkopf auf dem rechten Donauufer, das Reduit Tilly, die Türme Triva und Bauer und der Rote Turm.

Am 7. März 1828 war Klenze vom König als Sachverständiger nach Ingolstadt geschickt worden, um die Modelle für die Neuanlage der bayerischen Festung zu prüfen. Sein klares Urteil bestimmte König Ludwig, ihm die Gestaltung zu übertragen. Damit hatte er Einfluß nicht nur auf die künstlerische Form. Da die Entwürfe zu dem Brückenkopfe auf dem rechten Donauufer nach Albrecht Dürers und Montalemberts System in Hohlbauten bestehen, so sind sie nicht nur teilweise, sondern ganz als Werke der Baukunst zu betrachten. Er konnte dem Satz des französischen Ingenieurs »Quand on veut bâtir des forteresses, il faut ouvrir la bourse et fermer les yeux« nur halb zustimmen; er mußte beim Bau von Festungen die Börse öffnen und die Augen. So empfahl er, daß der König die Modelle selbst sehe. Damit rückten sie seiner Einflußsphäre näher, als wenn sie nur in Ingolstadt — wo sie heute aufbewahrt werden — blieben.

Das erste, was Klenze fordern mußte — und damit drang er tief in die Domäne der Ingenieure ein —, war die Regulierung der Donau. »Den wilden Strom zu zähmen.« Ihm schienen Uferschutzbauten und Durchstiche nötig, vor allem aber ein Damm, welcher allein die neu zu erbauenden Festungswerke auf dem rechten Donauufer gegen die Gefahr sicherstellen konnte, dereinst auf das linke Ufer versetzt zu werden. Auch der unterhalb gemachte Durchstich bei Großmöhring mußte von beiden Seiten durch einen Damm geschützt werden.

Den nächsten Angriff führte Klenze gegen das im Festungsbau zu verwendende Steinmaterial, das haltbar, widerstandsfähig, auch gegen feindlichen Beschuß, zu sein habe. Hier war Klenze in seinem Element. Eine elfjährige Erfahrung von seinen Baustellen in München, von den Steinbrüchen in Tirol und Salzburg stand ihm zur Seite. Auf seine Veranlassung war der Steinbruch in Kelheim wieder eröffnet worden. Klenze wies auf den Unterschied zwischen dem Kelheimer und dem Kapfelberger Stein hin. Dom und Brücke von Regensburg waren aus Kapfelberger Stein gemacht und wiesen große Spuren der Zerstörung auf. Daß jeder Steinbruch neben ganz vortrefflichen auch schlechte Lagen habe, sei ihm bekannt. Bedingung zur Erhaltung guter Steine wäre, daß sie, bevor sie in die Mauer kämen, die Bergfeuchte ganz verloren hätten. Dazu hatte er in München für den Residenzbau eine Steintrocknungs-Anlage entwickelt, die leistungsfähig und einfach war. Die zum Festungsbau gewählten Steine, alles sehr dichte Kalksinter, von Demmling, Au und Johshofen seien guter Qualität. Besondere Versuche über Kohäsionskraft und Anwendung verschiedener Mörtel und Zemente wurden vorgenommen.

Den entscheidenden Schlag führte Klenze gegen die im Projekt vorgesehene Fundierung. Oberst von Streiter hatte zwei Entwürfe vorgelegt, einen mit verborgenem, detachiertem Werk nach dem versenkten und den zweiten nach überhöhtem System mit geschlossener Contregarde und einem Glacis à Contrebande. Klenze konnte sich auf genaue Bodenuntersuchungen stützen: Der Boden bestünde aus einer aufgeschwemmten Lettenschicht, über welcher Damm- und Moorerde, unter der Kieslagen folgen, die vom Wasser durchspült und durchzogen seien — und brachte den »versenkten« Entwurf zu Fall.

Der Ingenieur in Klenze drang auf die Entlüftung der Kasematten zum Abzug des Ofenrauchs und Pulverdampfes. Er wies weiter darauf hin, daß die Steine der Kapillarität unterworfen seien und zur Sicherung gegen aufsteigende Feuchtigkeit Isolierungen durch Blech, Teer, Firnis usw. nötig sein könnten. Eine Sorge war ihm auch die Isolierung der flachen Dächer an den oberen Terrassen der Türme und der Ablauf des Wassers durch senkrechte Kanäle im Innern der Mauern. Notdächer von Holz während des »Nichtbelagerungszustandes« schienen ihm das einzig sichere Mittel zu sein.

Auch im Baubetrieb redete er den Ingenieuren hinein, damit »die verwickelte Regie aufhöre, welche zwar im Anfang unvermeidlich und mit aller möglichen Sparsamkeit geführt, dennoch am Ende eine kostbare Bauart ist«.

Natürlich ging er auch gegen die ungenauen Kostenvoranschläge seiner Widersacher an. Oberst von Streiter sagte, daß die Befestigungsanlagen 2 Millionen Gulden kosten würden, Seidel aber, welcher die Berechnungen gemacht hatte, gab den Preis allein für Maurer- und Steinhauerarbeiten mit 2,7 Millionen an.

Hart auf hart ging es bei der Bestimmung des Ziegelformates. Sein größeres Format erforderte 13¾ auf 6¾ auf 2¾ bayerische Zoll, also nur 312 große Steine gegen 384 der Gegner. Auch die Arbeit würde im selben Verhältnis vermehrt, ebenso bekäme das Mauerwerk mehr Fugen. Eine andere Frage war, bei welcher Steingattung die senkrechten oder abgeböschten Festungsmauern den feindlichen Geschützen mehr Widerstand bieten würden und ob ein Unterschied sei, ob sie im winkelrechten oder im diagonalen Verband gelegt würden. Meinung stand gegen Meinung. Klenze ließ sich nun ein Gutachten Generals von Asters, des verantwortlichen Bauleiters der ersten Festung nach dem preußischen System, der Festung Koblenz, kommen. Für die Festung Ingolstadt wurde daraufhin das von Klenze vorgeschlagene Steinformat gewählt.

Nachdem Klenze so dem Ingenieur Genüge getan, meldete sich der Architekt zu Wort. Bisher waren ihm nur die dem Feinde zugekehrten Fassaden übertragen, während die Innenansichten Aufgabe der Festungsbaudirektion geblieben waren. Nun arbeitete er mit psychologischen Gründen, »damit die Moral der Soldaten nicht durch gar so abschreckendes Aussehen ihrer Wohnungen leide«. Doch auch dabei blieb Sachlichkeit oberstes Gesetz, »alle architektonischen Formen sind unmittelbar aus dem Zweck der Sache hergenommen und eigentliche Verzierungen sind nicht daran«. »Der Stil, welchen ich wählte ist Festungsstil, wenigstens nach meinen Begriffen.«

Noch in der Ausführung hatte Klenze sich zu versichern, daß seine Pläne nicht abgeändert würden. Der König unterstützte ihn darin und verpflichtete von Streiter auf »die genaueste, strengste Befolgung der Gesamtgliederung, sowie auch der einzelnen Teile ...« Denn ein schönes Ganzes kann doch endlich nur aus der harmonischen Form und Anordnung der einzelnen Teile hervorgehen.

Während an den Toranlagen um die Altstadt, also vor Kavalier Heydeck, Spreti und Hepp, die Schießscharten und Bogenfriese kleinlich wirken, kommt die imposante Wucht bei den rechtsufrigen Befestigungsanlagen voll zur Wirkung. Die imposantesten Befestigungswerke sind die »etagierten Türme« Bauer und Triva. Sie sind auch die am meisten exponierten, decken den Brückenkopf nach beiden Seiten Nord-Ost und Süd-West ab, schützen das Reduit Tilly und beherrschen das gesamte Vorfeld. Für den Typ der Türme ist ein Oblongum gewählt mit 50 auf 80 m Durchmesser, der Radius der Rundung beträgt 25 m, die Tiefe der Bauwerke 13,80 m. Der Turm ist in gleich große Kasematten (von 10,80 mal 4,67 m) unterteilt. Die Nord-Ost-Seite enthält das einzige Tor, das tief nach innen eingeschnitten ist und dadurch von der bedeutenden Mauermasse Kunde gibt. Die befahrbaren Rampen legen sich um die anschließende Rundung des Innenhofes, 55 Kammern stehen pro Geschoß der Abwehr zur Verfügung. Die Außenwände sind an den Scharten 1,40 m, am Gewölbe 6,80 bzw. 10,80 m stark. Diesem Kernwerk gab Klenze ein kraftvolles Äußeres. Die massige Rundung wird in vier Geschossen aus glatten Quadern dargestellt und nur von wenigen Öffnungen durchbrochen. Die winzigen Fenster sind auf ein kräftiges Gesims gesetzt und von großen Bögen gerahmt. Die kleinen Entlüftungsöffnungen faßte Klenze mit einem kräftigen Wulstprofil, die Achsen der einzelnen Fenster haben eine Distanz von 6 m. Die gegen das offene Feld und den Fluß gerichtete Breitseite konnte aus 22 Rohren feuern, je 11 pro Stockwerk. Ihre Zahl konnte man auf 33 erhöhen, wenn die Plattform hinzugenommen wurde. Die Wucht des Eindrucks steigerte Klenze am Gesims mit schweren Konsolen und mit übermannshoher Attika, wobei er an den Rundungen, ähnlich dem Schlußstein über dem Theoderich-Grabmal zu Ravenna, breite Steinkloben über die Kanten greifen ließ. So ausgestattet stellen diese Werke neben ihrer fortifikatorischen Bedeutung in architektonischer Hinsicht »das Beste dar, was je in klassizistischer Festungsarchitektur gemacht wurde« (Lacroix).

Mit Ingolstadt hatte sich Klenze als Festungsingenieur ausgezeichnet und die Fachleute auf ihrem eigenen Gebiet durch besseres Wissen besiegt. Ihm waren Wert und Sinn von Uferschutzbauten, Bodenuntersuchungen, Befestigungstypen, Mauertechniken, Materialbestimmungen, Isolierverfahren, Entlüftungsanlagen, Gebäudeentfeuchtung und Entwässerung, Grundsätzliches über den Baubetrieb und anderes mehr geläufig. Er durfte mitreden und über dem Fachwissen die schöne Wirklichkeit seiner Formen bauen.

Natürlich galt beim Ingenieurbau seine Liebe dem Bauwerk selbst. Die Zeichnungen z. B. zur Kanalüberführung über die Schwarzach sind gediegene Ingenieurarbeit, von der Pfahlfundierung, der Ausbildung der Widerlager bis zur Abdichtung des Kanalbettes im Brückenübergang. Stets suchte er dem Ingenieurbau eine Form zu geben, in der der Zweck sich repräsentierte, die nüchterne Notwendigkeit durch Rhythmus und Proportion gefiel.

NACHWEISE

Akten

Kreisarchiv München, A. R. 15/223
Dachstuhlkonstruktion Nationaltheater
Einbrennen des oberen Giebelfeldes am Nationaltheater (15. Mai 1838)
Donaudampfschiffahrt bis Ulm (30. Mai 1838)
Kanalprojekt Bodensee—Donau von Ulm bis Friedrichshafen
Klenzeana III/13 Bericht Festungsbau Ingolstadt (14. 5. 1828)
Schriftstücke betreffend Versuche Josef von Baaders mit der Eisenbahn in Nymphenburg (Gutachten vom 7. Mai 1829)
Bericht 44 Seiten über den Ludwigs-Donau-Main-Kanal, 15. April 1842
Die Rheinrektifikation betreffend, u. a. Briefwechsel mit Schinkel und Freiherrn von Gise, u. Doc. s. von Öttingen, Gise, Kobell, Ming, Schenk (6. April 1831 Reise nach Berlin)
Schriftstücke den Donau-Theiss-Kanal betreffend mit 2 Briefen von Georg Freiherr von Sima

Schriften ungedruckt

Die Kunst im Kristallpalast London 1852
Bericht über die Befestigungsanlagen von Ingolstadt 1836
Gutachten über die Rheinregulierung
Gutachten über den Donau-Theiss-Kanal

Schriften gedruckt

Die Walhalla in artistischer und technischer Beziehung, München 1843

62 Rom, Forum · Ölgemälde von Leo von Klenze

DER MALER

Klenze sah sich gedrängt die Schönheit der Welt darzustellen. Mit dem Pinsel durfte er unangefochten gestalten.

»Klenze sucht übrigens in jedem Fach zu imponieren und greift dadurch auch zum Pinsel. Als Schüler von Heidecker malt er jetzt Landschaften, und dies gelingt ihm auch wirklich zum Erstaunen. Man sagt aber dabei, und dies ist ein Ausspruch des Königs selbst: »Klenze muß sehr schön malen, damit man seine Architektur darüber vergißt.« Dieses Zeugnis wiegt um so schwerer, als es aus dem Munde des Rivalen, des unerbittlichen Gärtner kam. Schon früh waren Landschafts-Aquarelle entstanden. Nun gab Klenze seine Reiseeindrücke in großformatigen Ölgemälden wieder, gewissenhaft und in gegenständlicher Treue. Es sind vorzüglich Landschaftsbilder und Architekturen.

Die Münchener Landschafts- und Vedutenmalerei

Die Landschaftsmalerei, »diese Flechten und Moose am Baume der Kunst«, wie sie noch Cornelius geringschätzig nannte, war eben zu Ehren gekommen. Die anmutig-stillen Darstellungen eines Dillis, die sonnig-klaren Bilder Kobells, klassizistische Klarheit im Biedermeierrahmen, hatten der Münchener Landschaft zur Geltung verholfen. Sie sollte später die sogenannten Akademiker in den Schatten stellen. Nach dem kraftvollen Durchbruch Kochs hatten die Landschaften von Dorner und Wagenbauer Freunde gefunden. Den ersten Straßenprospekten und Platzbildern eines Carl Cogel mit ihrem »zarten, elegischen Ruinenton der Architekturprospekte« (Karlinger) waren die kräftig gebauten Veduten Domeniko Quaglios gefolgt. Karl v. Heideck, der wie Klenze aus einem anderen Beruf kam, hatte mit seiner »Brücke von Cuenca«, die nach seiner spanischen Reise gemalt war, eben Erfolg gehabt, als Klenze mit seinen ersten Bildern an die Öffentlichkeit trat.

Klenze erwarb sich als Landschaftsmaler bald Rang und Namen, wie ihm der Zeitgenosse A. v. Schaden, oder auch Michael Söltl (1842), bestätigt. »Es sind charakteristische Schilderungen vorzüglich südlicher Gegenden, meist mit architektonischen Denkmälern der älteren oder neueren Zeit mit der ihm eigentümlichen scharfen Beobachtungsgabe aufgefaßt und in allen einzelnen Teilen auf das gelungenste und mit den jede Bauart bestimmt darstellenden Formen nachgebildet. Alles darin ist seiner Natur gemäß wahr und in harmonischer Färbung ausgedrückt; zu den bekanntesten gehören die Gemälde: Die Aussicht auf der Höhe von Porto Venete, die Ansicht von Palermo in frischer Morgenbeleuchtung, der Tempel Jupiters zu Agrigent, die Ansicht der Burg Massa di Carrara mit der üppigsten Pflanzenwelt umher, eine Aussicht bei Amalfi, die Ansicht von Mykene, Sarzana und dem Hause, welches der Kaiser Napoleon in der Zitadelle von Portoferrajo auf Elba bewohnte.«

SCHLOSS RUFOLO BEI RAVELLO

Ölgemälde von Leo von Klenze, 1861

63 Capri · Bleistiftzeichnung Klenzes

Die Mal- und Sehweise Klenzes

Überlegt und überlegen ging Klenze an diese Kunstausübung; sorgfältig ist die Technik bedacht, sind die Bildausschnitte gewählt.

Die Arbeitsmethode bestimmte den Charakter seiner Gemälde. Vor der Natur wurde eine gewissenhafte Zeichnung angefertigt und Notizen zu den Farbtönen eingetragen. (Graphische Sammlung Nr. 27 652, 27 326, 27 793, 27 723, 27 813, 27 761 usw.) Diese Zeichnung wurde mit Hilfe des Quadratrasters auf Leinwand übertragen und mit Ölfarben lasierend ausgemalt. Seine Palette ist sorgfältig abgestimmt, graubraune und graugrüne Töne herrschen vor. Bedachtsam sind frische Farben, ein Blau im Himmel, das Rot eines Tuches eingesetzt, belebende Figuren wirksam als Staffage behandelt. Die Figuren bleiben stets in einer gewissen Entfernung, geben Maßstab und Distanz. Ein oft angewandter Kunstgriff ist, größere Schattenpartien gegen helle Bildteile in Kontrast zu setzen. Es sind getreue, sorgsam in Ton und Farbe abgewogene Wiedergaben der großen Landschaften und Architekturen Italiens. Klenzes Gemälde sind unpathetisch, ohne den hinreißenden Schwung der Bilder Rottmanns, deren Feuerschein und Farbenglut heroische Landschaften, massige Felsen vor aufgetürmten Wolkenbergen in geschmolzenem Ätherblau lieben.

64   Capri · Ölgemälde von L. v. Klenze

DIE GROSSEN GEMÄLDE

Erst spät, mit vierzig Jahren befreundete sich Klenze mit der Ölmalerei. Aquarelle finden sich schon unter seinen Jugendarbeiten (Maillinger-Sammlung). Das erste Ölgemälde könnte eine Ansicht von Paestum sein. Zu den besten zählt das Capri-Bild des Münchner Stadtmuseums oder die Parthenonansicht im Besitze der Familie v. Miller.

Gegen die poetische Erfindung setzten Klenzes Bilder nüchterne Wiedergabe der Wirklichkeit, gegen die romantisch-ausschweifende phantasievolle Darstellung steht die gebundene Bedächtigkeit eines Mannes, der immer und zuerst Architekt ist.

Seine Bilder gaben ihm Gelegenheit, sich verbindlich zu zeigen. An die Königin schickte er eines, an Rauch, an Zimmermann, an Thorwaldsen, an Goethe.

Klenze hat sich bis ins hohe Alter dieser Lieblingsbeschäftigung hingegeben, die Bilder sonniger Gefilde und schöner Tage in sein Atelier bannend. Anders als Schinkel, der in seinen Architektur-Phantasien Ersatz fand für eine Bautätigkeit, die ihm das arme Preußen jener Tage versagen mußte. Klenzes große Architektur-Phantasien, »Die Akropolis zur Zeit Hadrians« und »Athen zur Zeit des Perikles« sind eher archäologische Rekonstruktionen, als Bilder einer über die Gegebenheiten hinausgreifenden Sehnsucht wie bei Schinkel, dessen Bilder uns in eine märchenhafte Verzauberung führen.

65 Rom, An der Cestiuspyramide

NACHWEISE

Gemälde
Siehe chronologisches Werkverzeichnis nach H. Decker im Anhang
Bayerische Staatsgemäldesammlung u. a.

Inv.-Nr.	13007	Atrani
	130078	Pisa
	11474	Ravello
	8016	Klosterhof
	9463	Akropolis

Bundesschatzministerium		Amalfi
Bundesschatzministerium		Athen
Städtische Galerie, München	17175	Capri
Stadtmuseum 2 d 208		Capri
Goethehaus/Weimar		Girgenti
v. Miller		Paestum
Herv. von Klenze/Ellenberg		Campagna
M. Hunglinger		Walhalla
Dr. Hartlaub		Forum Romanum
W. Elbel		Zante
Merck und Fink		Capri

Hinweise zu nachstehenden Bildern, ohne daß diese selbst auffindbar wären, sind auf Blättern der Graph. Slg. und in den Skizzenbüchern angegeben:

Graph. Slg. Nr.	27678	Küstenlandschaft
	27326	Capua
	27793	Monselice (für Schinkel gem.)
	27654	Amalfi
	27665	Capri (für Königin Caroline)
	27648	Burgruine (für Bar. Sternberg)

Vorzeichnungen
zu vielen Gemälden in der Graphischen Sammlung, z. B. Inv.-Nr. 27664, 27677, 27678, 27813, 27814, 27633, 27793, 27665

Literatur
M. Söltl, München in artistischer Hinsicht, München 1842
R. Oldenbourg, Die Münchner Malerei im 19. Jhdt., München 1922
H. Karlinger, München und die Kunst des 19. Jhdt., München 1930

66   Reiseskizze · Bleistiftzeichnung Klenzes 1842

DIE ZEICHNUNGEN

Das eigenste gab Klenze in seinen Zeichnungen. Da sind Blätter von hoher Qualität, echt empfunden, von großer räumlicher Auffassung, schöner Genauigkeit und eigentümlichem graphischem Reiz. Architekturen sind mit straffem Strich gebannt, die Weite einer Landschaft, der Raum einer Stadtansicht eingefangen, Baum und Blatt in mürber Kontur nachgezeichnet. Hier ist Treue zum Gegenstand, Wahrheit in der Wiedergabe der Wirklichkeit, der schöne Augenblick mit Stift und Linie festgehalten. Die schönsten Blätter sind aus Avignon, Brescia, Spoleto, Florenz, Paestum. Bis zuletzt übte er die schöne Kunst, sich mit seinem Stift der Natur zu vereinen und ihr stilles Wesen auf das Papier zu bannen, wie auf den Blättern von Agave und Efeu aus Nizza 1863, acht Wochen vor seinem Tode.

67 Forum in Pompeji · Federzeichnung von Klenze 1855

NACHWEISE

Zeichnungen

Die Graphische Sammlung besitzt den Hauptteil der Bauzeichnungen und Landschaftszeichnungen Klenzes (Werkverzeichnis im Anhang)

Die Klenzeana besitzt im Kast. II/1—3 die Skizzenbücher der Sizilienreise, siehe Anhang II

Kast. VIII/48—54 Aquarelle

Kast. IX/2—11 Reiseskizzen

Kast. IX/13 Blumen und Landschaft

Kast. XX Aquarell Akropolis

Stadtmuseum, Maillingersammlung

IX, II 1618 Römische Landschaft, Aquarell
1619 Italienische Stadt, Sepia
1624 Haus Calchis, unvollendetes Aquarell
1626 Forum Rom, Aquarell
1627 Entwurf zu Wandgemälden
1620, 1621, 1622, 1625 Zeichnungen, s. Anhang

Langsammlung, Mappe I Königsbau

Mappe II Nationaltheater

Mappe III
Glyptothek, Odeon, Walhalla usw.

Mappe VI Fassade Hauptpost

Mappe X h 170 Reisezeichnungen
siehe Anhang

Stein- und Stahldrucke in »Sammlung architektonische Entwürfe«, München 1850. Dekoration der inneren Räume des Königsbaues, Wien 1824

Literatur

Regnet, C. A., Münchener Künstlerbilder, Leipzig 1871

Thiersch Aug., Die Klenzeausstellung 1884

68 Zeichnung Klenzes für das Bogenfeld im Römersaal der Glyptothek

DER DIPLOMAT UND STAATSDIENER

Der bayerische Staatsminister des Innern, Graf Oettingen-Wallerstein, berichtet seinem König am 12. Dezember 1833 über Klenzes Verhandlungen in Berlin, er habe sich »aus allen Schwierigkeiten mit außerordentlichem Talent herausgezogen, das Ministerium für Bayern gewonnen und sich als trefflicher Diplomat bewährt«.

Es ging um die Rheinregulierung, die bei einer Verweigerung der Zustimmung Badens »die ganze Unterhandlung zu einem Kollisionsanlaß zwischen Bayern und Preußen gestalten könnte«. (Staatsministerium des Innern, 22. 10. 1832.)

»Klenze wird nächstens nach Berlin gehen — in außerordentlichen Geschäften — ein zweiter Rubens. Kurz, es ist unbegreiflich; und lebten wir noch ein halbes Jahrhundert früher, so glaubte ich fast an einen Zauber«, so räsonierte Fr. Gärtner damals hinter Klenze her; Klenze wußte um diesen Zauber: Wissen, Fleiß, Klugheit und Geschmeidigkeit. Diese machten ihn in den Salons und auf dem Parkett, am Verhandlungstisch und vor den Thronen sicher und überlegen. Seine weltmännische Art machte ihn zu vielem tauglich. Er liebte das Stolze, Generöse, machtvoll Repräsentative auch im persönlichen Lebensstil. Mancher hat im Gespräch schnell die Überlegenheit gespürt oder zu spüren bekommen. Klug hat er jeder politischen Tätigkeit entsagt. Er stand hoch genug, ihrer entraten zu können, bedurfte der Macht nicht zur Selbstbestätigung, sondern allein zur Durchführung der ihm übertragenen Aufgaben. Die Monarchie war ihm politische Geborgenheit.

Nach der Ernennung zum Kammerherrn argwöhnten seine Feinde, daß er demnächst Minister werden würde. Er hat diesen Schritt nicht getan und dieses Amt nicht angestrebt.

Wenig politische Bemerkungen finden sich in seinen Aufzeichnungen, wo sie auftreten, wahrten sie wie immer bei Klenze klare Distanz.

»Meiner innersten Überzeugung nach ist das monarchische Regierungssystem, namentlich für katholische Christen, das beste und heilsamste, und daß dieses nicht ohne Ehrfurcht und Achtung des Monarchen bestehen kann, wenn wir auch den Menschen in ihm oft tadeln und anklagen müssen!«

Unter Königen und Kaisern

Klug und geschmeidig ist Klenze mit manchem Herrscher umgegangen und hat persönlich fünf Königen und Kaisern gedient. Den jovialen Max Joseph, den ersten König Bayerns, der Klenze ob seiner nahen Beziehung zu seinem »Narren von Sohn« Ludwig mißtraute, beschwichtigte er durch seine solide Art. König Ludwig, schwierig, durch Schwerhörigkeit von Natur mißtrauisch, schwankend, selbstherrlich, ungeduldig, wurde von Klenze in einem 48jährigen Dienst von 1816 bis 1864 durch eine zuverlässige, begabte

69 Zeichnung Klenzes in den Farben Schwarz und Rot für die Deckenwölbung im Erdgeschoß der Pinakothek, Vasensammlung

und überlegene Leistung zufriedengestellt, und dessen Sohn, Maximilian II., auf seine Weise anspruchsvoll und schwer zu behandeln, wußte Klenze in langen Gesprächen zu seiner Meinung zu bekehren.

Hatte Klenze am kuriosen Hof des Königs von Westfalen, Jerômes, des Bruders Napoleons I., schon frühzeitig gute Figur und Karriere als Baudirektor gemacht, so wußte er auch dem Kaiser Napoleon III. wohl zu raten, so daß dieser nach drei Jahren die Vorzüglichkeit seiner Vorschläge für die Neugestaltung von Paris anerkennt: »Monsieur Klenze m'a bien conseillé« und einen hohen Orden folgen läßt. Nicht weniger gut verstand es Klenze, den extrem veranlagten Zaren Paul von Rußland durch 14 Jahre zufriedenzustellen. Als Zar Nikolaus einmal auf einem Spaziergang auf den Wällen der Festung Kronstadt sich von Klenze hier ein kleines Bauwerk wünscht, aber dies ihm kaum anzutragen wagt, antwortet dieser: »Wenn jemand wie ich so lange und so viel Großes für Kleine gebaut habe, kann ich auch einmal etwas Kleines für einen Großen bauen.« Siebenmal fuhr Klenze von München nach St. Petersburg, um den Bau des Kunstausstellungsgebäudes zu leiten. Nach dem Abschluß wird ihm ein Orden als Zeichen höchster Zufriedenheit überreicht.

Anderes war Klenze am Hofe des Königs Otto von Griechenland in heikler Mission aufgetragen. Er spielte mit Energie seine Autorität aus und schuf schnell Ordnung, indem er zwei hohe Staatsbeamte abberief, um darauf Zeit und Gelegenheit zu nutzen, die antiken Kunststätten zu schützen und sich des Stadtplanes für Neu-Athen anzunehmen.

Mit wem auch der bayerische Hofbauintendant zu tun hatte, sei es mit der Regierung von Hessen oder dem Hofe von Preußen, mit Metternich, der seine Bauten so sehr zu loben wußte, den bayerischen Ministern oder Ministerpräsidenten, einem Abel oder Hormaier, Oettingen-Wallerstein oder Von der Pfordten, selbst mit dem widerborstigen Finanzminister Lerchenfeld gelang es Klenze, ein gutes Einverständnis herzustellen.

Da der Architekt im Gegensatz zu den anderen Künstlern, um sich zu verwirklichen, sein Werk bauen muß und der Umwelt bedarf, war jede seiner Bauten zuerst ein Meisterstück, den Bauherrn, Grundstückseigentümern, Ministerien oder der Stadtverwaltung, dem König, oder den Abgeordneten der Ständevertretung die Genehmigung abzuringen. Seine Erfolge verdankte er seiner Begabung und fast zu sehr seinem diplomatischen Geschick. Nur so erwarb und erhielt sich Klenze das Vertrauen seiner Bauherren, so des Herzogs von Leuchtenberg, der Grafen Arco, Schönborn, Pappenheim, des Herzogs Max, der angesehenen Baumeister Gampenrieder und Röschenauer in München. Die Briefe der Großen seiner Zeit, Goethe, Schelling, Thiersch, bestätigen den Mann von Welt.

Fast stets gelang ihm das so Schwierige, unter Künstlern ein Einverständnis herzustellen. Dazu bedurfte es mehr wie Diplomatie. Hier besaß er die Achtung durch das eigene Werk. Bei Thorwaldsen ging er wohl zu weit in der Bevormundung, fast auch bei Rauch, anders bei Cornelius und danach den vielen, die von ihm abhängig waren: Ohlmüller, Ziebland, Schlotthauer, den Malern Schnorr von Carolsfeld, Hess, Eberhard ...

70 Die Akropolis in Athen

Als sich die Geister in München schieden, mit den Romantikern eine neue Generation nach oben drängte, hat Klenze lange zwischen den beiden Lagern vermittelt. Durch Jahre stand er selbst im Feuer, seine beherrschende Stellung schuf Widerstand und Feinde. Er anderseits sagte: »Cornelius ist hochmütig, Kunstdespot wie nur irgend jemand es war und kann es nicht ertragen, daß irgend etwas in einem Teile der Kunst gemacht wird, was er nicht dirigiert, gutgeheißen und angegeben, deshalb seine Feindschaft gegen mich.

Ringseis, welchen ich für einen hinterlistigen Intriganten und leidenschaftlichen Parteimenschen erklären muß.«

Durch zwei Jahrzehnte durfte er sich um den Unmut der Massen nicht kümmern. Er vollzog den Willen eines Königs, der bei aller Aufgeschlossenheit seinem Volke gegenüber selbstherrlich und entschieden zu regieren wünschte. Wegen seiner unerbittlichen Strenge in der Preisbildung des Baugewerbes, deren Gestehungskosten er um ein Drittel, ja bis zur Hälfte reduzierte, war er besonders unbeliebt.

»Victrix causa diis placuit, sed victa leoni.«

Nach Löwenart sich des Besiegten zu freuen, entsprach Klenzes Charakter und selbstherrlicher Art. Wenn er in Kassel noch als Dienender in die Beamten-Hierarchie eingezwängt war, stieg er in München nach zwei Jahren zur Spitze auf. Aus dem Leopold war ein Leo geworden; niemand stand über ihm außer dem König. Diesen für seine Gedanken zu gewinnen, war bei dem schwierigen Charakter Ludwigs I., seiner Sprunghaftigkeit, seinem immerwährenden Mißtrauen ein guter Teil der Lebensleistung Klenzes. Mit einer an Verschlagenheit grenzenden Klugheit und Ausdauer mußte er bei seinem Souverän dessen »ewige Furcht, über dem Geliebtwerden das Imponieren und den Kraftton des Willens zu verlieren«, bekämpfen. Nur ein Klenze konnte in einer durch Jahre geübten Geduld und Überlegung die Baulust Ludwigs auf eine einheitliche Linie bringen, ganz abwegige Gedanken abbiegen und bei der Sparsamkeit seines Königs Format und Gediegenheit durchsetzen. Sehr behutsam mußte Klenze mit seinem König umgehen, ängstlich vermeidend, daß der Diener über dem Herrn war. Ein eigenwilliger Gedanke: »Wie, etwas Neues! Und das ist nicht von mir?« konnte einen Vorschlag zu Fall bringen. Klenze war dem König überlegen, dessen »fragmentarische Ansichten« er, ohne daß dieser es je merkte, korrigierte. Seine Umsicht und seine Genauigkeit war Ludwig zuweilen unheimlich, so daß er sich über seinen Baumeister äußerte: »Klenze war ein Norddeutscher, aalglatt und nicht leicht zu fassen, Gärtner ein süddeutscher Charakter, gemütvoll, aber ein Bär. Ich konnte beide nie zusammenbringen.« Mit nie versagender Geduld hat Klenze all die tausend Fragen des Königs beantwortet, oft 20 und mehr in einem Brief geduldig und ausführlich. Klenze war Ludwig unentbehrlich. Das Verhältnis dauerte durch 64 Jahre trotz vorübergehender Trübung.

Sein Dienst war Hingabe. Es war ein differenziertes Verhältnis zwischen König und Klenze, beide selbstherrliche Naturen, doch Klenze wußte und wünschte den König über sich, sicherte sich aber gegen Übergriffe in seinen persönlichen Bereich ab, indem er von Ludwig die Anerkennung besonderer Empfindlichkeit erzwang. So schützte er seine künstlerische Natur vor Vergewaltigung. Ludwig schonte ihn, lobte ihn. »Schonen Sie Ihre so werte Gesundheit, wir haben nur einen Klenze«, schreibt Ludwig am 19. Juni 1818 an seinen Baumeister. Er verlangte ohnedies genug. Seine Briefe sind eine Kette von Forderungen, keine Befehle. Pausenlos trafen die Schreiben des Bauherrn ein, streckenweise Tag für Tag mit 28 oder 30 Punkten, 28 und 30 Forderungen. Dazu das ewige Drängen: »Sorgen Sie! Was ist! Wann kommt? Wichtig, wichtig!« Herrisch, ungeduldig. Gegen diese Zumutungen wehrte sich Klenzes Gesundheit gleich zu Beginn. Ludwig war bestürzt. »Mein Bedauern über die leicht gefährlich werden gekonnt hättende Kopfkrankheit. Schonen Sie Ihre Gesundheit, Klenze, welch großer Verlust hätte der Baukunst gedrohet.« (Brief vom 21. August 1817.)

Mit den Jahren spielte sich das Verhältnis ein. Ludwig wußte, daß er dieses edle Instrument, das ohnedies sich so in der Ordnung des Staates, seiner Pflichten, der gesellschaftlichen Beanspruchung einspannte, im Künstlerischen nicht bevormunden durfte. In der Vertretung seines Faches mußte Klenze sich als der Überlegene wissen, der seinen König belehren durfte. Ludwig war dies lieb; er war groß genug, anzunehmen, zu lernen. So geht eine eigenartige Verzahnung durch die Entstehungsgeschichte eines gemeinsamen Werkes. Der König trieb an, hatte sprunghaft oft ausgefallene Ideen, wie jene, den runden Kernbau der Walhalla mit einer geraden Säulenstellung zu umgeben. Klenze holte immer zu geschichtlichen Exkursen aus, nahm Zuflucht zu der gesetzmäßigen Entwicklung der Bauformen. Den eigentlich schöpferischen Vorgang störte der König nie. Geduldig wartete er, wie Klenze eine heikle Aufgabe löste, aufgeregt ersehnte er das Ergebnis. Nach einer Pause und Tagen der Zurückgezogenheit entwickelte Klenze den Gedanken und brachte ein schönes Ergebnis sorgfältig erarbeitet und sauber gezeichnet: ein wohlproportioniertes Fassadensystem, einen wohlgestalteten Innenraum, ein verblüffend neues Dekor. Der König entschädigte ihn mit seinem Lob, »Bravo, abermals bravo, mein Klenze, der unermüdlich zu meinem Bau, zu meinem Nutzen sich beschäftigende«. (Brief 43, Bad Brückenau, 19. Juni 1818.)

Natürlich gab es drängende Termine. Ludwig liebte bestimmte Daten: den Namenstag des Vaters, den Geburtstag der Gattin, des Sohnes, den Tag der Schlacht bei Leipzig, Schillers Todestag, an denen er seine Grundsteinlegungen, seine Einweihungen feiern wollte.

Großzügig gab er ihm Urlaub für seine Reisen, erwirkte bereits im zweiten Jahr seiner Bestallung beim König Max-Joseph einen Urlaub, »daß es schon längst Ihr sehnsuchtsvoller Wunsch Athen zu sehen«. Klenze stand vor einem Dilemma, auf der einen Seite winkte die Gelegenheit, jetzt den Kronprinzen nach Griechenland zu begleiten, auf der anderen Seite war eben seine Ernennung zum Oberbaurat im Laufen. Der Kronprinz vermittelte, sagte, »daß nicht Sie mich ersucht haben, sondern ich mich bei Ihnen erkundigte, mich zu begleiten, damit diese Ihrer Vervollkommnung dienende Reise Ihrer Beförderung nicht schade«. (Nr. 40, Rom, 24. Januar 1818.)

Anders war es, als Klenze nach der Abdankung Ludwigs I. mit Maximilian II. einen neuen Herrn bekam. Dieser hatte die Hochachtung seiner Zeit vor geistiger Größe. Seine Symposien, zu denen Gelehrte und Künstler eingeladen sind, beweisen es. Klenze saß bei dem Bankett zu Seiten des Königs, dieser bat ihn in seiner Verzweiflung über die nach seiner Meinung verunglückten Bauten der Maximilianstraße um Rat.

Vorstand der Obersten Baubehörde in Bayern

Klenze stellte seine Auftraggeber zufrieden, sein Geschick kam den Ämtern zugute, die er als Vorstand versah, der Hofbauintendanz, der Obersten Baubehörde in Bayern, dem Kanal- und Eisenbahnbau.

Acht Wochen nach der Krönung König Ludwigs I. wurde Klenze vorstellig wegen der Organisation des Bauwesens in Bayern. Er suchte die Behörde fester in die Hand zu bekommen, sich selbst aber unabhängig zu machen, sich von den quälenden Sitzungen über Baupolizeifragen, Wasser- und Straßenbau zu befreien, seinem Amt Ansehen und sich einen neuen Titel zu geben. Das Schreiben ist eine so ausgeklügelte Verschränkung persönlicher Gekränktheit, amtlicher Beflissenheit, Berufung auf die souveräne Entscheidungskraft, daß der König seinem Vorschlag entspricht: »Den Rang eines Ministerialrates habe Klenze. Einen Vorschlag, wie seine anderen hier ausgesprochenen Wünsche zu erfüllen sind, erwarte ich in Bälde vom Ministerium. Der durch die Last des Kleinlichen, Alltäglichen Niedergedrückte kann Seelenheiterkeit nicht bewahren und nichts Schönes hervorbringen. Ludwig, 18. Februar 26.« So gestützt, gab Klenze der Baubehörde in Bayern eine neue Verfassung, die aus ihr eine selbständige Behörde machte, deren Tätigkeit sich vielfältig und fruchtbar im Lande auswirkte.

Die Neuorganisation des Bauwesens in Bayern

Das staatliche Bauwesen in Bayern war in der von Montgelas gegebenen Struktur veraltet und nahezu arbeitsunfähig. Den drängenden und umfangreichen Aufgaben war es nicht mehr gewachsen. Es stand unter der Bevormundung der Juristen. Mit Kenntnis und Festigkeit griff hier Klenze ein; seine Reform ist ebenso energisch wie klug. Sein Vorschlag begann mit einem unerhörten Satz, er erlaubte sich, den Menschen vor das System zu setzen. »Ob es irgend ein Fach des menschlichen Wissens gibt, welches für den Staatsdienst mehr durch Formen und Verordnungen, als durch Menschen nützlich gemacht werden kann?« Er wagte zu behaupten, »daß wenigstens jedes technische Fach und eine jede Kunst nur durch den Menschen und nicht durch die Form gefordert werden kann«. An den Anfang seiner Denkschrift setzte er Schillers Wort: »Im kleinsten Punkt die größte Tiefe.«

In dreizehn Thesen legte er die Neuorganisation des Bauwesens in Bayern fest. »Zwei Behörden haben die Leitung des ganzen Bauwesens; das Oberbaukommissariat beim Ministerium des Innern und das Baubüro beim Ministerium der Finanzen, daneben bestand noch die Hofbauintendanz. Alle diese Behörden hatten den Fehler, daß beide Ministerialbehörden nur beratende Stellen sind und nicht einmal Sitz und Stimme bei den Beratungen haben und nur durch einen Mittelsmann vertreten werden. Das war für alles hindernd und hemmend und durch Eifersucht noch gesteigert, so daß die einfachste Sache nicht mehr ohne Gewalt, Zeitverlust und tötende Formalitäten erledigt werden kann.« Die Stellung des Technikers war so untergeordnet und beschränkt, daß er nicht einmal bei den entscheidenden Beratungen über Gegenstände, Vorschläge und Beschlüsse seines Faches selbst zugegen sein durfte, aber ebensowenig »einen Straßenarbeiter über schlechte Arbeit zur Rede stellen«.

Der schleppende Geschäftsgang war folgender: »Der betreffende Baurat wendet sich schriftlich an die Regierung, von dieser wird die Sache dem Ministerium vorgelegt, dieses leitet sie der technischen Stelle zu, diese wiederum dem Ministerium, welches sie sich durch den Referenten vorlegen läßt, und sie dann wieder an die Regierung schickt, die sie endlich der Provinzialbehörde zurückgibt. Da all dies nur schriftlich und die eigentliche Beratung ohne unmittelbare Mitwirkung derer, die die Sache vertreten sollen, gepflogen wird, wird es oft nötig den angezeigten Weg mehrere Male hin und zurück zu machen, worüber oft unnütze Wochen, Monate und Jahre vergingen und ein großes Personal nötig wäre.«

Klenze hatte diese Schwierigkeiten zu Beginn, als er das Oberbaukommissariat übernahm, nicht gekannt und war »wo es das Vertrauen seines Chefs (des Königs) befahl oder erlaubte aus dem vorgezeichneten Wege herausgetreten«. Dieses Übergehen der eingeführten Ordnung hatte jeweils Mühe gemacht — und Feinde.

Nun wußte sich Klenze stark genug, mit seinem Reformvorschlag für die Organisation des Bauwesens in Bayern herauszutreten:

I. Zuerst ist das Gesamtbauwesen einem einzigen Ministerium zu unterstellen.
II. Die Anträge und Arbeiten werden von dem Direktor selbst vorgetragen und erläutert.
III. Der Vollzug der Beschlüsse obliegt dem Baudirektor.
IV. Ebenso ist ihm die Verteilung der Arbeiten überlassen.
V. Sie haben einen eigenen Etat.
VI. Die Abrechnung untersteht mittel- oder unmittelbar dem Obersten Rechnungshof.

Sehr genau und durch seine Erfahrung wissend ist alles eingesetzt. Am Schlusse versprach Klenze »ein Viertel des Personals, wenigstens bei den oberen Stellen, einzusparen«. Am 27. Oktober 1835 wurden seine Vorschläge sanktioniert. Klenze gab der ihm anvertrauten Obersten Baubehörde einen neuen Stand; sie hat sich darin bald die Achtung der übrigen Ministerien erworben.

Als Diplomat am preussischen Hofe

Die verfeinertste Art, dem Staate zu dienen, erreichte Klenze in diplomatischem Auftrag, der ihn an die Höfe von Berlin, Griechenland, Rußland und Frankreich führte. Niemand anders konnte die schwierige Frage der Rheinregulierung, an der drei Länder beteiligt waren und die aus Prestigegründen in der »kleinen Provinz« festgefahren war, besser lösen als Klenze, dessen Gang nach Berlin die Entscheidung herbeiführte, da er nicht nur im Technischen Bescheid wußte, sondern dieses Wissen auch richtig ausspielte.

Bei der Rheinregulierung galt sein Urteil an erster Stelle. Die Verhandlungen mit den beteiligten Ländern Baden und Preußen bedurften seines diplomatischen Geschicks. Eine Reise nach Berlin zeigte sein Walten nach beiden Seiten: als Sachverständiger und als Diplomat.

Die griechische Mission

Der schönste und heikelste Auftrag wurde ihm in der griechischen Mission, da er von Ludwig den Auftrag bekam, die Kabalen und Intrigen am Hofe Ottos, die dessen Regierung nahezu lahmlegten, aufzulösen — man sprach von Hochverrat des Grafen Armansperg. Mit den Uriasbriefen, »die Abel und Maurer unverzüglich abriefen«, wurde Klenze nach Nauplia gesandt. Er mußte sich elastisch zeigen, um dem Willen seines Herrn Geltung zu verschaffen, ohne persönliche Härte, vor allem im Falle Maurer, dessen Gattin todkrank war, walten zu lassen oder Verwirrung zu stiften. Klenze hat sich dieses Auftrags so gut entledigt, daß ihn Ludwig bald darauf ein zweites Mal und für immer an den Regierungssitz seines Sohnes delegieren wollte, sehr zu Klenzes Schrecken, der diese Absicht abbog, auch darin Diplomat.

Nachweise

Akten

Kasten I: KLENZEANA
1 Erinnerungsbuch (Memorabilien) I. 1816—1825, beiliegt die Vorrede 1814—1816.
2 Erinnerungsbuch (Memorabilien) II. 1833—1836,
3 Erinnerungsbuch (Memorabilien) III. 1836—1838,
4 Erinnerungsbuch (Memorabilien) IV. 1841—1846,
5 Erinnerungsbuch (Memorabilien) V. 1846,
6 Erinnerungsbuch (Memorabilien) VI. 1847—1858,
7 Erinnerungsbuch (Memorabilien) VII. 1858—1859.
I. 1—7 sowie II. 9, 11 und 16 sind von jeder Benutzung ausgeschlossen. (Nur die männlichen Erben Klenzes haben das Recht der Einsichtnahme, sowie sie über 30 Jahre alt sind)

Kasten II:
9 Aufzeichnungen zur Politik, Schleswig-Holstein, Paris, 1848, Lola Montez (dabei 1 L. a. s. von König Ludwig I.)
10 Personalia (Gesundheit, Urlaub und dgl., dabei mehrere L. s. von König Max II.)
11 Briefe Klenzes an seine Gattin, Personalia
12 Personalia, Ordensauszeichnungen aus 12 verschiedenen Ländern (Dekrete und Briefe darüber, u. a. von Gise, Schrenk, von der Pfordten, Pelkoven, Mittermayer, König Otto von Griechenland, von Kobell, Heideck)
13 Personalia, Vermögensangelegenheiten, wichtige Übersicht über Ausgaben und Einnahmen 1816 bis 1852. Ausführlich im Anhang II

14 Abrechnungen über Kunstankäufe für den Kronprinzen Ludwig, dabei 1 Doc. s. von Graf Montgelas, König Georg und Ernst August von Hannover, Malortin, Brühl, Savigny, Friedrich Wilhelm IV., Knesebeck, Hoppenstedt, Nikolaus I., Molé
15 Abrechnungen, Dekrete und Belege für Klenzes Erben; dabei verschiedene Doc. s. von Max Joseph I., Ludwig I., Abel, Armansperg, Öttingen-Wallerstein, Schenk, Thürheim, beginnend mit Kassel 1812

Kasten III:
1 Schriftstücke der K. B. Hofkommission in München
2 Schriftstücke der K. B. Hofbau-Intendanz (dabei 1 Doc. s. von Gärtner)
3 Schriftstücke der K. B. Hoftheaterbaukommission (dabei L. s. v. der Pfordten, B. a. s. von Ludwig I.)
4 Schriftstücke zum neuen Baustil des Königs Maximilian II. mit Briefen des Königs u. Doc. s. von Kaulbach und Marggraff

Kasten XIII:
1 Tagebuchunterlagen
3 Briefentwürfe an Ludwig I., Armansperg, Thiersch, Cornelius, Magistrat der Stadt München
5 Organisation des Bauwesens in Bayern

Württembergisches Staatsarchiv:
Kritik über Ludwig I., vermutlich von Schelling

WERK

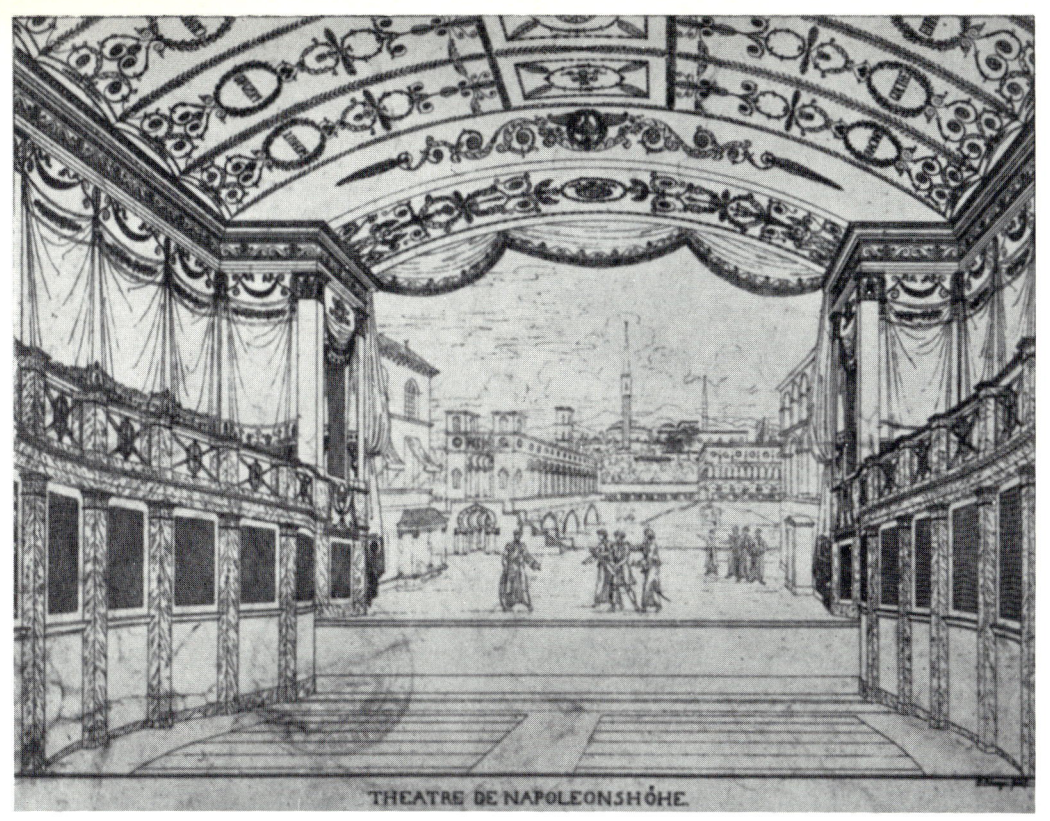

71 Entwurf für das Theater Wilhelmshöhe, Innenansicht gegen die Bühne

Das Theater Schloss Wilhelmshöhe, Kassel

Das erste selbständige Bauwerk Klenzes, auf das er sich mit Stolz berief und — zur Werbung — in Kupferstichen vervielfältigte, war das Theater von Schloß Wilhelmshöhe bei Kassel. Ihm war ein Platz auf der Esplanade, nahe dem linken Flügel des Schlosses angewiesen. Es war ein ebenerdiges kleines Bauwerk, außen in palladianischer Manier, ein oblonger Baukörper mit einem viersäuligen Portikus in der Mitte, ein gebräuchlicher Bautyp, ähnlich dem Münchner Rumfordsaal im Englischen Garten. Im Innern ein kleines Theater für 400—500 Zuschauer, ausschließlich der französischen Komödie und der komischen Oper bestimmt. Klenze beschrieb den Theaterraum selbst: »Die Form des Saales ein nach geraden und parallelen Linien verlängerter Halbzirkel mit einer flachen Halbkuppel überdeckt, beide nach einem Zirkelstück, dessen Höhe ein Sechstel der Bogensehne ist, gebildet. Diese Form als die akustisch vollkommenste, bei mehreren Gebäuden des Altertums, dem Odeon von Segesta, Catanea, Pompeji usw. angewendet, schien mir im gegenwärtigen Falle, wo es weniger darauf ankam, viel Platz zu gewinnen, als die

Zuschauer auf eine der Würde und Pracht des ganzen angemessene Art zu verteilen. Da eine ganz gerade Decke die Idee der Gebrechlichkeit erwecken würde, so habe ich das in dieser Hinsicht vorteilhafte Zirkelstück gewählt und diese Fläche mit einer Vela bespannt.«

Mit großem Eifer hat Klenze diesen ersten Bauauftrag betreut, »bei welchem die vorgeschriebene Bausumme gleich einem drohenden Gespenst stets im Hintergrund stand«. Dies sollte ihm in Zukunft eine Lehre sein, und bei seinen kommenden Bauten war das erste ein genauer Kostenvoranschlag, worin er eine große Fertigkeit, vor allem bei dem sparsamen Bauherrn, Ludwig I., erreichte. Noch ehe das Theater ganz fertig war, mußte Klenze seinen Wirkungskreis in Kassel aufgeben.

NACHWEISE
Staatliche Graphische Sammlung Nr. 27067 und Nr. 27050

DIE GLYPTOTHEK

»Ein Ur-Werk«, »une oeuvre originale« sollte die Glyptothek nach dem Willen Ludwigs I. werden. Klassische Bildwerke, Kronzeugen der Antike, Ernte der Sehnsucht von Generationen sollten in einen ihnen gemäßen Rahmen geborgen sein. Die Zeit und die Menschen um Ludwig hatten sich wie nie zuvor in den Geist der Griechen eingelebt. »Es gibt keine Kunst, in welcher praktische Erfahrung so entschieden geltend wäre, als in der Anführerin der technischen Künste, der Architektur, wie sie die Griechen, dieses für paßliche Wahrheit mit so tiefem Gefühl begabte Volk, nannten.« Dieses Vorwort hatte Klenze seiner Glyptothek mitgegeben. Es war die Antwort auf die Forderungen, die der Kronprinz Ludwig mit seinem Wettbewerb für die antiken Bauten gestellt hatte. »Zum allgemeinen Augenmerk diene, daß nicht Zierlichkeit, sondern gediegene Größe die erste Bedingung ist, am besten, wenn beide vereinigt werden können, besser noch, es zeige sich als würdige Nachahmung des Großen im Altertume, denn als minder schöne Selbsterfindung. Äußerlich groß verbinde es damit die innerliche, den Geist ausfüllende Größe; die Masse muß durch sie den Eindruck bewirken, bleibendem, dem Gegenstand angemessenen.«

In seiner Begeisterung für die Antike erwartete Ludwig von solchem Bauwerk eine Steigerung des Lebensgefühls und eine erzieherische Wirkung auf das Volk. In solcher Absicht hatte er einen Wettbewerb für ein Antiken-Museum erlassen. Zur rechten Zeit, bevor der Ansturm auf die plastischen Kunstwerke Griechenlands und Italiens einsetzte oder Verbote die Ausfuhr hinderten, hatte der Kronprinz erlesene Kostbarkeiten zusammengetragen. Der beflissene Bildhauer Johann Martin von Wagner war als Kunstexperte in Rom für den Kronprinzen tätig und auf Neuerwerbungen erpicht. Seine Verbindungen reichten bis nach Griechenland und Kleinasien. 1816 hatte Klenze in Paris die Schätze der Feschischen Sammlung erworben, die in 42 großen Kisten nach München kamen. Der frühvollendete und begabte Albrecht Haller von Hallerstein war im Auftrag Ludwigs I.

72/73   Entwurf zur Glyptothek von Haller von Hallerstein

nach Griechenland gefahren und hatte reiche Beute gebracht, darunter die Aigineten und den phigalischen Fries. Eine Entführung von zwei Koren des Erechtheions, wie es Lord Elgin gewagt hatte, lehnte er ab.

Für diese Schätze war nun ein Museum notwendig geworden. Die Bedingungen des Wettbewerbs schrieben vor, daß es im reinsten antikischen Stil ausgeführt werde, erdgeschossig und ohne Fenster, jeder Saal für sich abgeschlossen, von den anderen durch Mauern getrennt und die Erweiterungsmöglichkeit nach Norden mit weiteren Flügeln vorgesehen sei.

Die Baugeschichte der Glyptothek ist nicht gerade glücklich: Über den Entwürfen starb in Griechenland der junge Hallerstein, Karl von Fischers Pläne wurden Klenze überantwortet und dessen Vorschläge von Ludwig dauernd bevormundet. Die schwersten Angriffe und Störungen brachte Johann Martin von Wagner in seinen berühmten Gutachten vom 11. 10. 1815, 12. 1. 1816 und 30. 11. 1816. Heftige Auseinandersetzungen bereitete der schwierige Cornelius, der die hinteren Räume mit seinen Fresken schmückte. In der vierzehnjährigen Bauzeit mußte Klenze gegen die Abneigung der Münchner kämpfen. Als man sich entschloß, die Nebengebäude wieder abzubrechen, geschah das unter dem Johlen der Bevölkerung, oder als man gezwungen war, zur Entwässerung das Platzniveau zu senken, schob man diesen Fehler Klenze in die Schuhe.

Die Entwürfe, die Hallerstein von Griechenland nach München für den Wettbewerb sandte, waren großartige, weitläufige Gebäudekomplexe, aber angesichts der bescheidenen Münchner Möglichkeiten zu umfangreich.

Anders die Entwürfe Karl von Fischers, der von Ludwig besonders dafür aufgefordert worden war und in 18 Tagen jene acht schön gezeichneten großen Blätter einlieferte. Auch Klenze war noch in Paris dazu aufgefordert worden und hatte dann noch drei Projekte eingereicht. Es sind die dargestellten Vorschläge eines Projektes im griechischen, eines im römischen und eines im italienschen Stil des 16. Jahrhunderts. Die Grundform war allen Projekten gleich: eine gestreckte T-Form, wobei die Hauptfassade nach Süden gegen den Platz ging. Im Haupttrakt lagen fünf quadratische Säle nebeneinander. Klenze gab seinen Entwürfen folgende Empfehlungen mit: »Da die tiefe Ehrfurcht, welche uns das griechische Altertum einflößt, und die vielen warnenden Beispiele von mißlungenen Nachahmungen desselben in neuerer Zeit uns das Gesetz gibt, nicht mit griechischen Formen zu spielen, sondern sie nur so, wie sie uns das Altertum überliefert, anzuwenden, so haben wir auch, da kein unmittelbares Vorbild für ein Statuenmuseum vorhanden, wenigstens das Motiv unseres Entwurfes aus einem Monumente des griechischen Altertums genommen. Doch haben wir dem veränderten Zwecke zufolge so große Veränderungen daran gemacht, daß wir das Gebäude unseres Raubes eher als eine dem wahren Künstler geziemende Bescheidenheit denn als eine gezwungene Offenherzigkeit anzusehen berechtigt zu sein glauben. Der strenge Stil jenes Monuments ist hier dem Zwecke gemäß durch eine zierliche Ordnung gemildert, die Seitenflügel, welche bei dem Stadttor Athens so sinnvoll und gleichsam als geöffnete Arme sich dem Ankömmling entgegenstrecken, hat hier der Lokalität gemäß dem Peristyl weichen müssen; und die Verhältnisse des Ganzen sowie die Zierde des Einzelnen sind ganz umgestaltet, doch ist die Zusammenstellung der Waagrechten und Giebelform der größeren und kleineren Ordnung, welche man daran wahrnimmt, durch jenes Monument gerechtfertigt. Bei einem Gebäude bestimmte Kunstschönheiten aller Art von den Felsengliedern des Altamira bis zum zarten Ambrosiafleisch der Anadyomene hinab aufzunehmen, hat uns der Mittelcharakter der architektonischen Formen, die ionische Ordnung, die passendste erscheinen und wir haben diese als griechisch auch nach griechischen Monumenten, dem Erechteion, dem Tempel der Minerva Poleas, dem Tempel am Elysos, denen von Milet, Priene und Kios bestimmt. Doch hat uns die notwendige Umgebung dieses Monumentes, welches in einer Stadt steht, die wie alle neuen Städte mehr oder weniger sich dem geregelten Stil der italienischen Kunst nähern müssen, zu einigen Veränderungen im Charakter der Formen und Profile genötigt, damit nicht etwa unsere Gebäude wie ein Monogramm des Protagoras neben einem Farbenwunder des Tizian und Coreggio stehen. Doch haben wir uns begnügt, die alten Elemente zu ordnen ohne neue hinzufügen, und hierbei die Monumente stets zu Rate gezogen.«

Natürlich hatte der Kronprinz sich für den Aufbau des Rates seines römischen Kunstexperten Johann Martin von Wagners versichert. Dieser wandte sich in seinem Gutachten gegen die Fensterlosigkeit der Fassaden und auch gegen den Wunsch des Kronprinzen, nach dem Muster der römischen Gesellschaft die Säle bei nächtlicher Fackelbeleuchtung zu zeigen. »Die Antiken haben eines solchen gezwungenen Reizmittels nicht nötig, im Gegenteil, glaube ich, ist ein solches Lichtspiel dem großen Erhabenen der Kunst zuwider.« (Brief Wagners an Ludwig vom 30. 9. 1814.)

»Es muß besonders in den Augen profaner Menschen diese Meisterwerke als eine Gattung Möbels erscheinen machen, die bloß dazu da sind, die Sinnlichkeit zu reizen und das Auge zu ergötzen, welches doch gewiß ihr Zweck nicht ist.« Trotz dieses Einwandes wurde

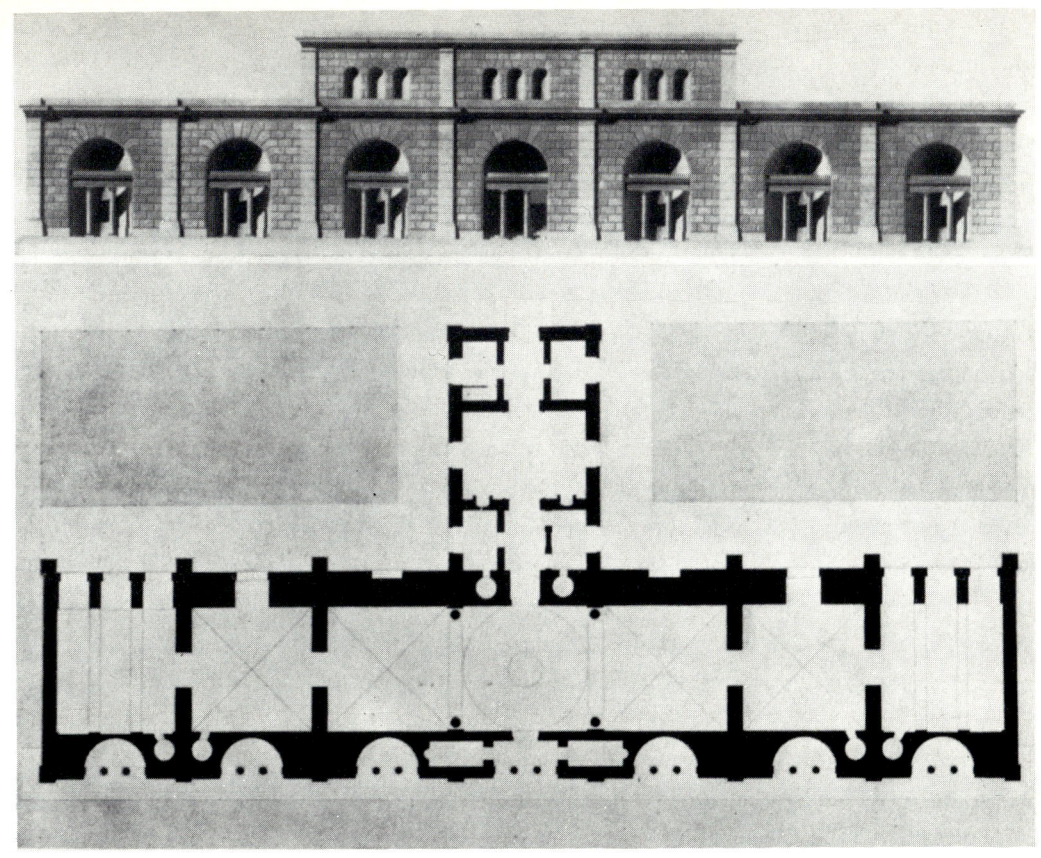

74 Entwurf zur Glyptothek, Grundriß und Ansicht

die Eröffnung der Glyptothek 1828 durch eine nächtliche Beleuchtung gefeiert. (»Kunstblatt« Nr. 7/28)

Außerdem hatte Wagner vorgeschlagen, die Aufstellung der Plastiken nicht nach Stilepochen, sondern nach Götteridealen vorzunehmen. Diese Art der äußerlichen Klassifikation lag damals in der Luft. Klenze wandte sich gegen diese Art der Anordnung. »Auf welche Art man auch die Antiken-Kammerreihe, welche der Wagner-Vorschlag zusammensetzen wollte, so würde nie ein monumentales Werk, ein Platz, eine Stadt, ein Land zur Zierung herauskommen. Das Äußere würde sich auf keine Art, wie es doch sein sollte, aus dem Innern entwickeln lassen, und das Innere würde von einer unerträglichen Monotomie wie die vielen gleichartigen Zellen eines Klosters sein.« Bei der Innenausstattung wandte sich Klenze vor allem gegen eine gelbliche Tönung, die »wie die eines gekochten verdorbenen Eies sei und der Farbe alter Statuen fast gleichkomme«.

Dem Geschmack der zeitgenössischen Architektur mißtrauend hatte Ludwig den »reinsten griechischen Stil durchaus von außen, wie von innen« gefordert.

Das Schicksal der Wettbewerbsarbeiten ist bekannt. Der Kronprinz nahm der Akademie die Entscheidung aus der Hand und übergab alle Zeichnungen dem jungen Klenze, »der in einem neuen Entwurf aus allem, was des Kronprinzen Gefallen gefunden habe, einen neuen Entwurf machte«.

Der Entwurf Fischers hatte einen genauen Anschluß an die Idealprojekte Durands. Klenze hat dieses einfache Prinzip einer quadratischen Anlage um einen Binnenhof noch einmal vereinfacht. Die vier gleichen Trakte sind geblieben, ebenso die runden Säle in den Ecken. Das zentrale Oktogon mit den verbindenden Flügeln ist weggelassen. Das Hauptmotiv der Fassade war den Propyläen der Akropolis auf den Wunsch des Kronprinzen nachgebildet, demzufolge sollte sie als offene Säulenhalle einen Durchblick zum Hof haben. Um diese offene Säulenhalle, das Kernstück des Entwurfes, entbrannte eine lange Auseinandersetzung. Johann Martin Wagner bezeichnete die »Mittelpotenz wegen ihres offenen Charakters und der dadurch zu erwartenden Schwierigkeiten im nordischen Klima als Windpotenz«. — »Was übrigens Herr Klenze zur Rechtfertigung seiner angenommenen Mittelpotenz beibringt und zum Belege derselben das Parthenom in Athen, das Pantheon und den Friedenstempel in Rom als Beispiel anführt, scheint mir keineswegs hierher zu passen, denn erstlich findet sich bei keinem dieser genannten Gebäude ein solcher offener Durchgang oder etwas dergleichen Ähnliches. Was den Friedenstempel anbelangt, so ist es keineswegs bewiesen, daß solcher jemals eine Säulenhalle oder einen Portikus gehabt habe. Wenigstens hat sich neuesten Nachgrabungen zufolge nichts gefunden, welches die Meinung auch nur im Geringsten bestätigt. Erst als Wagner merkte, daß hinter dieser offenen Säulenhalle der ausgesprochene Wunsch des Kronprinzen stehe, ließ er mit seinen groben Vorwürfen etwas nach. ›Ich hatte‹, so schrieb Klenze 1816 dazu, ›die neuen Entwürfe zur Glyptothek vollendet und dem Kronprinzen übergeben. Er schien sehr damit zufrieden, wollte erst aber nach einigen Tagen darüber entscheiden.‹ An diesem Entwurf waren nun den ausdrücklichen Befehlen gemäß der Portikus ein Oktastylos geworden und durch die mittleren drei Interkolummnien eine Durchsicht in das Innere des Hofes angebracht, welches zwar hier ganz und gar nicht paßte, indes doch als fast fixe Idee des Kronprinzen, wenn ich es nicht angebracht hätte, das Scheitern meines ganzen Entwurfes hätte herbeiführen können.«

Schließlich, und darin liegt eines der besonderen Verdienste Klenzes, wußte er den Kronprinzen auf eine geschlossene Säulenhalle hinzuführen. Aber immer wieder erschien das Vorbild der Propyläen in der Diskussion, die sich durch Jahre und in jedem Brief zwischen dem Kronprinzen und Klenze hinzog. »In demselben Briefe war ebenfalls das Äußere der Glyptothek, die berüchtigte Säulenhalle, wieder vorgenommen, und ich fange an zu bemerken, daß es schwer ist, einem Fürsten zu dienen, welcher nur eine vage Idee von der Perfektibilität der Wirkung und des äußeren Anblicks als Richtschnur hat, statt sich durch feste Grundsätze oder festes Vertrauen in einen Künstler leiten zu lassen. Doch das ist nun einmal das Schicksal der Architekten und der Fluch dieser Kunst, und ich will nicht über

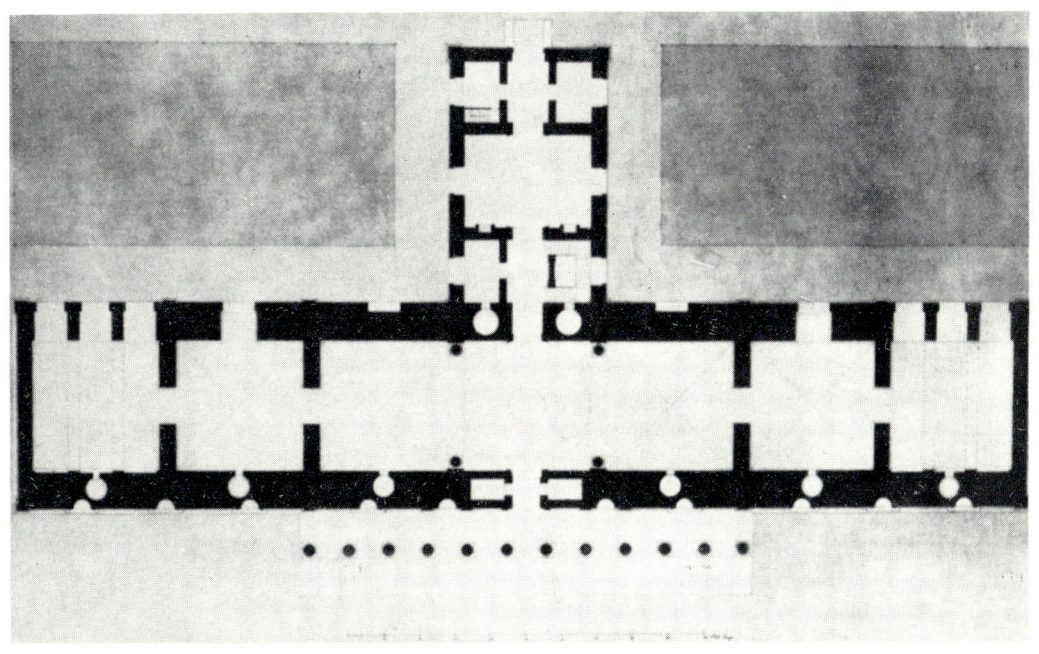

74a Glyptothek, Der zweite Entwurf, 1815

75 Glyptothek, Der zweite Entwurf, 1815, Grundriß

76 Glyptothek, Schnitt Ost-West

meine Geschicke klagen, denn dem Kronprinzen ist wenigstens nicht großer Sinn und große Liebe abzusprechen, und zum Ende darf ich nicht verzweifeln, wenn auch mit Kämpfen und Mühe danach endlich etwas Großes zustandezubringen.«

Unablässig rang Klenze mit dem Kronprinzen. »Ich sah nun bald, daß alle drei Punkte derselben sehr gefährlich waren: Die acht Säulen verringerten das Verhältnis und die positive Größe eines Gebäudes, welches durch seine Stellung an einem sehr großen Platze durchaus positive Größe der Verhältnisse und Maße erheischte; die dorische Ordnung paßte ebenfalls nicht, schon weil sie ein zu niedriges Verhältnis gab, und eine Säulendurchsicht paßte wenigstens nicht für dieses Gebäude. Ich suchte also in mehreren Unterredungen mit dem Kronprinzen die Idee zu bekämpfen, aber ich sah bald, daß alles vergeblich war.«

Vor allem hatte aber Johann Martin Wagner wegen der Aufstellung seiner geliebten Skulpturen Bedenken. Er beanstandete den Mangel eines Ergänzungssaales, die zu engen Einfahrten und die zu hoch liegenden Fenster. Für den Aeginetensaal wünschte er hohes

76 a Glyptothek, Schnitt Nord-Süd

77 Glyptothek, Ansicht

Deckenlicht. Außerdem wandte er sich gegen die Karyatiden im Römersaal und bedauerte den Verzicht eines Saales für mittelalterliche Werke.

Trotz dieses dauernden Einspruchs von seiten des Kronprinzen und der Querschüsse von dritter Seite vermochte Klenze seine Glyptothek in guten Proportionen zur harmonischen Geschlossenheit zu bringen. Das Portikusmotiv beherrscht die Hauptfassade, die die Ebene der beiden Seitenflügel aufnimmt. Die nischenartigen Bilderblenden der glatten Seitenfassaden sind Klenzes gelungener Beitrag. Der Giebel der strahlenden Tempelfront faßt Portikus und Seitenflügel zusammen — die Verlängerung des Giebeldreiecks trifft die Enden der Kranzgesimse der Seitenflügel. — »Der Giebel der Glyptothek einigt und beruhigt, ohne zu beherrschen.« (Hans Kiener)

Im Portikus vollzog Klenze auch die Verbindung von außen und innen: »Eine hinter den Frontsäulen stehende zweite Reihe von vier gleichartigen Säulen verleiht der Vorhalle Reichtum und Tiefe und vermittelt die Verbindung des äußeren Baus mit dem Innern.« (Furtwängler)

78 Glyptothek, Schnitt Römersaal

Bis in alle Details hat Klenze die Gestaltung der Glyptothek durchgekämpft. Die Säulen sind ohne Kanneluren, obwohl der Kronprinz schon zu Beginn »gerinnte Säulen« gefordert hatte. Klenze rechtfertigte sich mit den unkannelierten ionischen Säulen des Heroon in Samos, des Kybeletempels in Sardes, mit den unkannelierten Säulenfragmenten in Athen, zahlreichen Grabdenkmälern in Myra und Telemissos.

Der wahre Grund mochte sein, daß Klenze mit Rücksicht auf die Wölbungen im Innern schon im Äußeren die römisch-ionische Säule vorzog. In der Fassade selbst gehen die breiten weißen Streifen der unkannelierten Säulen mit den glatten Wandflächen der Flügel gut zusammen. Auch sind die Säulen ohne Entasis . . . »Dieser Bauch gebe der Säule keine Zierlichkeit«, hatte Winckelmann getadelt. Die attische Basis der Säulen zieht sich um die ganze Hauptfassade herum. Die geringere Höhe und die schwächere Ausladung der Polster der Kapitelle geht auf ionische Vorbilder, besonders den Athena-Tempel in Priene, zurück. Das Erechtheion ist das Vorbild für die Marmorgewände des Hauptportals. In den Rundungen der Nischen bezog sich Klenze auf die Gewölbe im Innern, »da die Anwendung des Gewölbes für das Innere zur Bedingung gemacht worden, so schien es paßlich, auch im Äußeren die Wölbeform nicht ganz auszuschließen, doch ward sie nur für die Bilderblenden der Vorderseite angewendet«. Die Nordfassade wurde für die Auffahrt geöffnet, die ein viersäuliger zierlicher Portikus von den schönsten Verhältnissen überdeckt.

Für die Innenräume hatte der Kronprinz mehrere »durch Mauern getrennte Räume« verlangt, dazu einige Festräume, die den abendlichen Empfängen dienen sollten. Für die Aufstellung der Aegineten war ein eigener großer Saal vorzusehen. Zur Erzielung größerer Trockenheit waren Mauern aus Ziegelstein und zur Feuersicherheit steinerne Wölbungen der Decken gefordert. Die beiden südlichen runden Ecksäle bekamen zentrales Oberlicht, die beiden nördlichen wurden durch große, bis zum Boden reichende Fenster belichtet. Alle übrigen Säle empfangen ihre Beleuchtung durch hochgelegene Fenster vom Hofe her. Die Türen sind entweder mit einem geraden Sturz oder im Halbkreis geschlossen. »Die Proportionen und Dekorationen der einzelnen Räume sind so angeordnet, daß jeder Raum für sich gelten soll. Ihre Kreuzgewölbe oder Hängekuppeln sind durch breite Längs- und Quergurte energisch zusammengefaßt.«

Die Raumhöhe ist im Vergleich zu den französischen Vorbildern auffallend niedrig. »Beim Römersaal zum Beispiel ist das Verhältnis der Höhe, gemessen bis zum Kuppelscheitel, zur Gesamtlänge wie 1:3,3. Die Renaissance wölbte im allgemeinen so kleine Räume nicht und wenn, dann nicht mit den monumentalsten Gewölbeformen.« (Kiener)

Das System der Dekoration ist bei großer Mannigfaltigkeit des einzelnen doch gleichförmig und einfach. »Die Wände sind fast durchaus glatt und mit Stuckmarmor bekleidet, welche durch abwechselnde, aber kräftige und lebendige Färbung die Bildwerke in warmen Reflexlichtern deutlich hervortreten läßt. Die Decken der Säle, alle nach vollen Halbzirkeln, aber in stets abwechselnden Formen und Verbindungen gewölbt, sind reich mit Kassettierungen, erhabenen Stuckarbeiten und reichen Vergoldungen oft auf weißen, oft

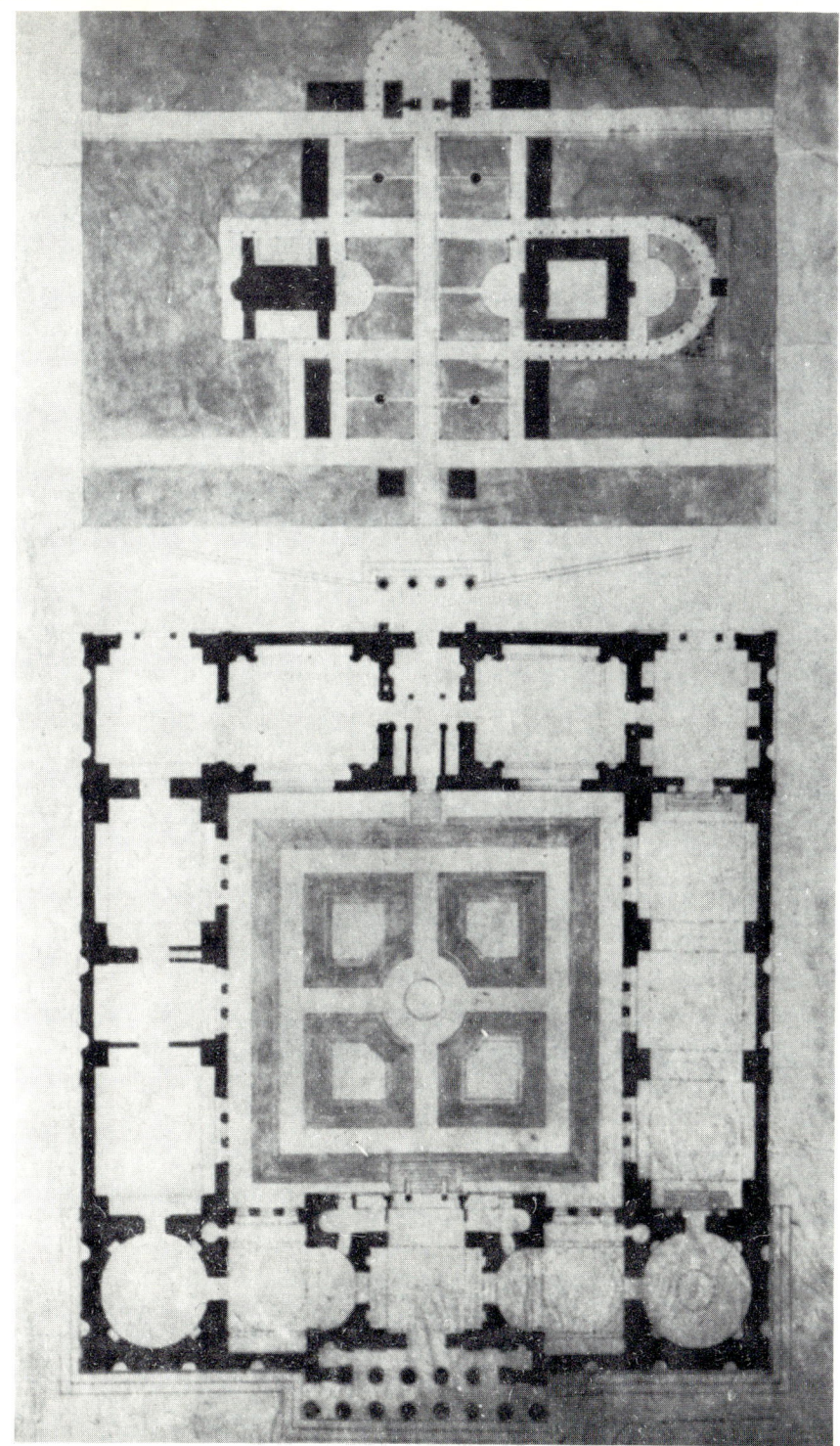
79 Glyptothek, Grundriß des ausgeführten Baues und Lageplan

auf gefärbten Gründen verziert.« Die reiche Ausstattung entsprach dem besonderen Wunsch des Kronprinzen. Doch unmerklich ist alles dem klassizistischen Formenprinzip unterworfen. Zu einer schönen Einheit kam es in jenen Sälen, die gleichzeitig die Fresken Cornelius' aufnahmen. Für seine Gemälde kamen allein die Kappen in Betracht, und da sie nicht gut über die Grate weggeführt werden konnten, mußten sie mit parallelen Streifen, wie es ihrer konstruktiven Bedeutung entsprach, verziert werden.

Die Forderung des Kronprinzen, daß jeder Raum für sich abgeschlossen sei, entsprach dem Prinzip der »klassizistischen Isolierung«. Sie unterband ein Ineinandergreifen der einzelnen Räume, ja, verhinderte, daß manche Architekturform in ihrer Tendenz nicht zur Wirkung kam, wie zum Beispiel beim Römersaal, der als oblonger Raum des Abschlusses entbehrt. Das Motiv der Apsis in seiner raumsammelnden und raumabschließenden Kraft wird zu beiden Seiten des Eingangs nicht nur durch eine Türe unterbrochen, sondern ist überdies in die falsche Raumrichtung gesetzt.

Große Bedeutung hatte die auf den Wunsch des Kronprinzen angeordnete seitliche Beleuchtung.

»Im Innern glaubten wir, jeder zweckmäßigen Aufstellung und Beleuchtung der Kunstwerke dieses Opfer schuldig zu sein, und wir glaubten deshalb, jenen bekannten und reichen Effekten, welche uns Säulen, Durchsichten und der Reichtum anderer architektonischer Formen in Fülle dargeboten hätte, zugunsten der Bildwerke und ihrer Beleuchtung entsagen zu müssen.« Die Entsagung bezog sich auch auf die Raumfolge, die ein hartes Nebeneinander übrigließ. — Wie anders dagegen die Räume der Amalienburg, die sich gegenseitig steigern oder vorbereiten, wie vom großen Mittelsaal die Raumfülle zu den beiden kleineren Sälen und zu den schmalen seitlichen Kabinetten abklingt. Kein starres Nebeneinander, sondern ein Übereinander und Füreinander.« (Kiener)

»Zweifellos, Klenzes Glyptothek ist«, so resümiert Hans Kiener, »der schönste klassizistische Bau, der um 1816 in Deutschland erstand. Er hat im klassizistischen Deutschland in der Klarheit und Logik seiner Entwicklung nicht mehr seinesgleichen. Aber alle Beurteilung ist relativ: Gemessen an klassischen römischen Bauten wird er klein, wie die ganze Stilgruppe, der er entstammt: Der französische Klassizismus. Doch muß erwähnt werden, daß Klenzes Glyptothek sich vorteilhaft von den oft ins Riesenhafte gehenden, und diese Riesenhaftigkeit durch mechanische Vervielfältigung der Motive erreichenden französischen Entwürfen unterscheidet, durch seine Einfachheit und seine Beschränkung auf Ausmessungen von menschlichem Maß. Freilich, jedes Zusammenklingen der Räume im Grundriß, das jeder Klassik eignet, fehlt. Der Verstand kann an diesen Räumen nicht das geringste aussetzen. Es wäre eine Sache feinsten Gefühls und langen Ausprobierens, auch diesen Plan in der Beibehaltung alles Wesentlichen zum Klingen zu bringen.«

Es gibt wohl kaum ein Museum der Welt, das mit solcher Hingabe geplant und ausgeführt wurde. Über wenige Bauten wurden so viele Gedanken zwischen Baumeister und Bauherrn ausgetauscht wie bei der Glyptothek. In nahezu 500 Briefen sind beider Meinungen

80 Glyptothek, Der Portikus

81 Glyptothek, Südostecke des Portikus

niedergelegt. Die Begeisterung des Kronprinzen, der vornehme Maßstab von Fischer, die ziselierte Durchzeichnung Leo von Klenzes, die fachkundige Kritik Johann Martin von Wagners, der große Stil der Fresken von Cornelius haben sich hier zu einem klassizistischen Werk einmaliger Prägung zusammengefunden. Da waren nicht nur einfach Ausstellungsräume gegeben, die dann mit Werken aus dem Depot bestückt wurden, sondern jeder Raum wurde für jeden der unter Gefahren erworbenen kostbaren Schätze eigens entwickelt und ausgestaltet.

Die Ägineten wurden nach langer Odyssee im langgestreckten Westsaal geborgen, dessen Decke und Wände an den ehemaligen Aufstellungsort dieser frühklassischen Giebelfiguren erinnern sollte. Der farnesische Faun ruht unter einem Kuppelbau von seiner beschwerlichen Reise aus, nachdem der tonnenschwere Koloß auf einem Ochsenkarren über die Alpen gezogen worden war.

Von diesem Bau weiß die Erinnerung Karl Alexander von Müllers zu sagen: »Welch feierlich kühle, fast abwehrende Stille schon vom schmalen grünen Kupfertor, das sich geheimnisvoll im Schatten der ersten ionischen Säulenreihe öffnete. Die unwirkliche Farbe, kühl wie die Stuckwände, die sie zierte, die unwirklich große und dabei doch bis ins kleinste miniaturhaft durchgezeichnete Form, das unwirkliche Gleichmaß hoher Gedanken, das den Rhythmus all dieser Gestaltungen wieder bis in den kleinsten Winkel beherrschte.«

Klassische Bildwerke hatten in der Glyptothek eine ihnen gemäße Umgebung aus klassizistischer Zeit gefunden.

In einem Vorwort zu dem Stichwerk über seine Glyptothek hat Klenze ihr folgende Gedanken mitgegeben.

»Es gibt keine Kunst, in welcher praktische Erfahrung so entschieden geltend wäre als in der Anführerin der technischen Künste, der Architektur: wie sie die Griechen, dieses für paßliche Wahrheit mit so tiefem Gefühl begabte Volk, nannten.

Deshalb haben zu allen Zeiten Künstler, wenn auch nicht in allen Bauarten, doch in der eigentlichen Baukunst, das Bedürfnis gefühlt, ihre durch verwirklichte Ideen erlangten Erfahrungen in Schriften niederzulegen, welche, mit Offenheit und Wahrheit verfaßt, stets die besten Leitfäden durch das schwierige Gebiet dieser Kunstwissenschaft sein werden.

Diese Überzeugung hat, nebst so lange und vielfach gehörten Wünschen, auch in uns den Entschluß gereift, mehrere von uns entworfene und ausgeführte Bauwerke bekannt zu machen.

Einzelne Angaben jedem Gegenstande dieser Sammlung vorbehaltend, wollen wir hier die nur aphoristisch ausgesprochenen Grundsätze über Architektur hersetzen, welche uns in der Ausübung dieser Kunst leiteten, leiten und stets leiten werden.

Es gab und gibt nur eine Baukunst, und wird nur eine Baukunst geben, nämlich diejenige, welche in der griechischen Geschichts- und Bildungsepoche ihre Vollendung erhielt.

82 Kuppel über dem Eingangsraum

Ehe diese Vollendung aber erreicht ward, mußten manche Versuche vorausgehen, nachdem sie durch Zeit und Barbarei verwirrt und vernichtet worden, manche Nachklänge des Trefflichen hervortreten, und so entstanden manche *Bauarten,* vor und nach der *Baukunst.* Allgemein zweckmäßig, charakteristisch und schön ist nur die Baukunst, welche den griechischen Grundsätzen entspricht; reizend und von bedingtem Wert jede Bauart, welche wirklich zu einer religiösen, rationellen und technischen Entwicklung gelangt ist. Diese griechische Baukunst in vollem Sinne des Wortes hat zwei Hauptentwicklungs- und Bildungsepochen: nämlich diejenige, in welcher man nur horizontale Bedeckung der Öffnungen und Zwischenweiten kannte, und die, welche durch Erfindung und Anwendung des Gewölbes für diesen Zweck entstand.

Wenn man diese zweifache Entwicklung griechischer Architektur in ihrem Prinzip erforscht und erfaßt und, bei Bildung neuer Baukunst, die uns im eigentlichen Griechenland und in den römischen Staaten noch übrigen kostbaren Reste architektonischer Formen im Auge behält, ohne sich jedoch bei neuen Bildungen sklavisch nur auf strenge Nachahmung jener Reste zu beschränken, so kann und muß die griechische Baukunst die Baukunst der Welt und aller Zeiten sein, und kein Klima, kein Material, keine Sittenverschiedenheit steht ihrer allgemeinen Anwendung entgegen.

Das Gewölbe ist zwar, im höheren technischen und konstruktiven Sinne genommen, eigentlich nur ein notwendiges Übel, aber seine Anwendung bietet in anderer Hinsicht wieder so viele Vorteile dar und ist mit unseren Bedürfnissen, Gewohnheiten und Be-

83 Glyptothek, Vestibül

84 Glyptothek, Reste der Stuckornamente über dem Türsturz des Äginetensaales

griffen so innig verwachsen, daß nicht mehr von dem Nicht-Anwenden, sondern nur vom Paßlich-Anwenden desselben die Rede sein kann.

Hierin haben aber die Römer sowohl, als die durch das wüste Mittelalter vorbereiteten und zuerst zur glücklichen Reue über dessen artistische Verwilderung erwachten Italiener des 15ten und 16ten Jahrhunderts, uns den Weg gezeigt.

Aber die Geschichte der Kunst, so wie der Welt, geht ihren Weg stufenweise, und so konnten die Architekten dieses Zeitalters, aus dem grandiosen Elende des Mittelalters auftauchend, teils nur von Trümmern der späteren schlechten römischen Antike umgeben, teils nur für das mehr Homogene, nämlich das Schlechtere darin empfänglich, die Baukunst nicht sogleich wieder in ihr angeborenes Recht der Vortrefflichkeit einsetzen, so groß auch ihre Verdienste darum sind.

Die architektonischen Unarten eines *Buonarotti*, die daraus naturgerecht hervorgehenden Tollheiten eines *Giulio Romano*, *Maderno* und *Borromini*, die Albernheiten, welche das Zeitalter *Ludwigs XV.* zur Vollendung brachte, und endlich die sinn- und geistlosen

85 Glyptothek, Äginetensaal

Nachahmungen einzelner griechischer Formen in neuer Zeit waren nicht dazu gemacht, jenen Mangel an den Bauwerken des 15ten Jahrhunderts zu vervollständigen, und so blieb der Architektur unserer Zeit allerdings noch eine bedeutende Aufgabe zu erfüllen übrig, nachdem uns hiezu das griechische Altertum literarisch und artistisch aufgeschlossen war.«

»Nach Einsicht des Katalogs entschlossen wir uns, obwohl manche Stimmen für eine *Aufstellung* nach sogenannten *Götteridealen* sprachen, eine Anordnung nach den historisch begründeten *Entwicklungsperioden* der Kunst vorzuschlagen. Es schien uns eben so schwierig, das noch sehr bestrittene und bezweifelte, oder doch wenigstens schwankende System der Ideale zur allgemeinen Überzeugung zu erheben, als es einigermaßen vollständig in einer Sammlung durchzuführen, und so war die angegebene Aufstellungsart die einzige von fester Begründung.

Der Beschauer folgt dem Wege, welchen die Kunst selbst durchlief, und wird daher nicht von jenem gewaltsamen Gefühle beängstigt, welches so oft eintritt, wenn wir der individuellen Ansicht eines Andern zu folgen gezwungen werden.

Von der direkten Verbindung altgriechischer und ägyptischer Technik überzeugt, ließen wir auch die *ägyptischen* Werke die Sammlung eröffnen, und auf den ersten Saal, welcher dieselben in sich faßt,

86 Glyptothek, Die Befreiung des Prometheus · Fresko von Peter von Cornelius

einen andern folgen, worin die Werke des sogenannten heiligen, hieratischen oder *Incunabel*stils und seine späteren Nachahmungen aufgestellt sind. Die in ihrer Art einzige Sammlung, in den Ruinen eines Tempels auf der Insel *Aegina* gefunden, folgt dann in einem eigenen Saale. Wir wiesen den Werken der griechischen Kunstblüte die drei folgenden Säle an, da diese mit Sicherheit den speziellen Zeitepochen gemäß abzuteilen bekanntlich nicht wohl möglich ist.

Es waren im Programm ein paar Säle verlangt, welche bei innerer Beleuchtung des Gebäudes zur Versammlung der Gesellschaft dienen sollten, währenddem die eigentlichen Antikensäle noch dunkel sind. Wir glaubten diese so anbringen zu müssen, daß sie einen Ruhepunkt zwischen den beiden Teilen bilden, in welche wir die Sammlung zerfällten.

Durch den allerhöchsten Befehl, diese Säle al fresco zu malen, ward Gelegenheit gegeben, die dem Beschauer einer großen Sammlung nötige Abwechslung zu erreichen. Nachdem man in etwa 150 Nummern antiker Kunstwerke die Entwicklung griechischer Plastik von ihrem Beginnen bis zu ihrer Vollendung gesehen, konnte es nicht anders als erwünscht sein, in ein paar Sälen die Götter und Heroen, welche man ihrer individuellen Gestalt und Charakteristik nach kennen gelernt, in ihrem mythologischen und poetischen Wechselwirken und Handeln zu sehen. Durch diese Aufgabe ward dem Maler Gelegenheit gegeben, die monumentale Malerei wieder in ihre Rechte einzusetzen. Diese Malereien nehmen zwei Säle ein, welche durch das hintere Vestibule getrennt sind, und nach ihnen folgt der erste Saal der zweiten Abteilung der Sammlung. Dieser faßt die Bildnisse griechischer Heroen, Philosophen und Herrscher, welche uns den besten Übergang zur römischen Kunst darzubieten schienen, die dem

87 Glyptothek, Blick vom Römer- in den Heroensaal

88 Glyptothek, Römersaal

89 Glyptothek, Römersaal nach dem Krieg

Wesen nach nichts Eigentümliches als den Portraitcharakter hat. Die Werke dieser römischen Kunst füllen einen großen, 130 Fuß langen und einen runden Saal, welcher letzte die Abteilung der Bildwerke aus farbigen Stoffen enthält. Die Sammlung selbst veranlaßte uns, die Reihenfolge mit einem Saale zu schließen, in welchem nur Werke der neueren Zeit enthalten sind, insofern und seitdem diese wieder zum Stil der Antike und zur Behandlung antiker Gegenstände zurückkehrte.

Die Vorschläge zu dieser Einteilung erhielten Allerhöchsten Orts die Genehmigung, indem dem Architekten auch die Anordnung des Einzelnen der Aufstellung übertragen ward.

Für das *Äußere* erschien uns der ionische Baustil, in seiner Reinheit wieder hergestellt, der paßlichste. Da die Anwendung des Gewölbes für das Innere zur Bedingung gemacht wurde, so schien es paßlich, auch am Äußeren die Gewölbform nicht ganz auszuschließen; doch ward sie nur für die Bilderblenden der Vorderseiten und bei zwei Fenstern der Rückseite angewendet, wo sie nicht ohne Zwang zu entfernen war.

Zu einer engen Säulenstellung berechtigte uns das Beispiel der schönsten Antike, und zwang uns die Bedingungen des Programms: am Äußeren der Vorderseite keine Fensteröffnungen anzubringen. Da nun eine so enge Säulenstellung bei bedingter Länge des Ganzen und achtsäuligem Portikus keine Zwischenweiten gestattete, welche zur Durchfahrt genügt hätten, so brachten wir eine solche an der Rückseite an, wo sie auch für den Gebrauch bei festlichen Gelegenheiten am zweckdienlichsten war.

Durch eine Gruppe freistehender Bildwerke im *Giebelfelde* suchten wir eine prachtvolle, langbestrittene Anordnung des Altertums zum erstenmal wieder in ihre Rechte einzusetzen. Als Gegen-

90/91   Glyptothek, Stuckornamente aus dem Römersaal

stand dieser Giebelgruppe schlugen wir folgendes vor: Die Athene Ergane steht als Werkführerin in der Mitte, und rechts und links sieht man die Repräsentanten der Techniken, welche das Altertum in der Bildhauerkunst übte. Man sieht hier den Scalptor, Statuarius, den Plastes und Toreuten; dann den Xyloglyphen, den Kerameus, den Ornatisten, und endlich den Circumlitor, welcher die Schönheit plastischer Formen durch den Reiz der Farben erhöhte.

Sechs *Bilderblenden* an der Vorderseite bestimmten wir den Statuen des Hephästos und Prometheus, Dädalos und Pheidias, Perikles und Hadrian. Im Inneren glaubten wir der zweckmäßigen Aufstellung und Beleuchtung der Kunstwerke jedes Opfer schuldig zu sein, und wir glaubten deshalb jenen pikanten und reichen Effekten, welche uns Säulen, Durchsichten und Reichtum anderer architektonischer Formen in Fülle dargeboten hätten, zu Gunsten der Bildwerke und ihrer Beleuchtung entsagen zu müssen. Das System der Dekoration ist bei großer Mannichfaltigkeit des Einzelnen doch gleichförmig und einfach. Die Wände sind fast durchaus glatt und mit Stuckmarmor bekleidet, welcher durch abwechselnde, aber kräftige und lebendige Färbung die Bildwerke in warmen Reflexlichtern deutlich hervortreten läßt. Die Fußböden sind in stets abwechselnder Zeichnung mit den verschiedenartigsten

92 Glyptothek, herabgestürzte Friesplatte aus dem Saal der farbigen Steine

Marmorarten, nach Art des antiken Opus tessellatum, belegt. Die Decken der Säle, alle nach vollen Halbzirkeln, aber in stets abwechselnden Formen und Verbindungen gewölbt, sind reich mit Cassettirungen, erhabenen Stuckarbeiten und reichen Vergoldungen, oft auf ganz weißen, oft auf gefärbten Gründen verziert.

Man hat oft in Sammlungen der Art das ganz falsche System befolgt, vermöge welchem man durch graue und farblose Gründe und wenig oder gar keine Zierden die Antiken selbst zu schonen und hervorzuheben glaubte. Nichts ist mehr durch den Erfolg widersprochen. Eine gut angeordnete Pracht der Umgebungen reizt das Auge und gibt dem Beschauer die paßliche Stimmung; lebendige Farben des Grundes lassen auch das unscheinbarste antike Bildwerk rein und frisch erscheinen.

Der erhabene Erbauer dieses Denkmals, wie in jeder andern so auch in konstruktiver Beziehung von hohem architektonischem Sinne belebt, beschloß die Vorderseite dieses Gebäudes ganz in Marmorquadern ausführen zu lassen, und dieses zwar in einer Stadt, wo, ein paar kleine angeklebte Dekorationen aus unhaltbaren Marmorarten ausgenommen, fast noch nie ein Quaderstein zum Bauen verwendet worden war, und wo mithin alle für diese Technik nötigen Hilfsmittel und Hände mangelten.

Die Schwierigkeiten, mit welchen der Architekt in dieser, so wie in mancher andern Beziehung anfänglich zu kämpfen hatte, wird jeder Erfahrene leicht ermessen.

Der Bauplatz selbst war zwar bestimmt und abgesteckt, übrigens aber noch ein völlig wüster Anger, ohne, oder doch mit nur zufälligem Nivellement. Da er in der Art gestaltet war, daß die Straße der Länge nach über seine Mitte lief, und da an alle vier Seiten Gebäude gestellt werden sollten, so mußte sowohl für den zweckmäßigen Ablauf des Wassers von den Gebäuden, als für die gute Wirkung derselben, das Nivellement in der Art angeordnet werden, daß von der Mitte aus nach allen vier Seiten dem Terrain einige Neigung gegen die Häuser zu gegeben ward. Es ward also des Platzes Mitte etwas gesenkt, und der Boden nach den Grenzen des Platzes zu etwas erhöht und aufgefüllt. Sollte man es wohl glauben, daß die Stupidität einiger nichtswissenden und nichtsbegreifenden Kritiker dem Architekten aus dieser, jedem Straßenarbeiter begreiflichen Anordnung einen Vorwurf machen wollte?

Hauptvestibul

Dieses ist 48′ lang, 48′ breit; der Fußboden ist mit grauen und schwarzen geschliffenen Marmorplatten belegt, die Wände mit Stuck, als grauer Granit gefärbt, bekleidet, und das Kuppelgewölbe mit weißen Stuckaturarbeiten geziert.

Aus diesem Vestibul führt eine Türe in den innern Hof, welcher, da das Programm verbot, an den Vorderseiten des Äußern Fenster anzubringen, bestimmt ist, den meisten Sälen Licht zu geben. Einfache Zierden sind in dem aus weißen und schwarzen Steinen gemachten Pflaster angebracht; eine kolossale Maske des Jupiter pluvius in der Mitte verschlingt das Regenwasser.

Festsäle und Vorhalle

Es waren im Programme, um sich bei Beleuchtung der Statuen versammeln zu können, einige Säle verlangt, welche keine antiken Bildwerke enthalten sollten. Diese glaubte der Architekt in der Mitte des ganzen Gebäudes und der Sammlung anbringen zu müssen, wo die Kunst von dem Gipfel der Vollkommenheit, welchen sie in Griechenland erreicht hatte, hinabzusteigen beginnt. Es ward dadurch zugleich ein Ruhepunkt, Abwechslung und, da diese Räume auf Befehl Seiner Majestät des Königs mit Malereien al fresco verziert werden sollten, die Gelegenheit erreicht, diese, für größere, mit der Architektur in unmittelbarem Zusammenhang stehende, Malerei so vorzügliche Technik wieder zu beleben und anzuwenden.

Der Architekt nahm demnach schon bei Anlage der Säle, bei ihrer architektonischen Anordnung und Auszierung Rücksicht auf ihren Zweck, wobei jedoch die Anordnung des ganzen malerischen Teils der Dekoration unbedingt dem für diese große Arbeit aus Rom berufenen Maler P. von Cornelius überlassen blieb.

Man hat oft in Sammlungen der Art das ganz falsche System befolgt, vermöge welchem man durch graue und farblose Gründe und wenig oder gar keine Zierden die Antiken selbst zu schonen und hervorzuheben glaubte. Nichts ist mehr durch den Erfolg widersprochen. Eine gute angeordnete Pracht der

Umgebungen reizt das Auge und gibt dem Beschauer die paßliche Stimmung; lebendige Farben des Grundes lassen auch das unscheinbarste antike Bildwerk rein und frisch erscheinen.

Der erhabene Erbauer dieses Denkmals, wie in jeder andern so auch in konstruktiver Beziehung von hohem architektonischem Sinne belebt, beschloß die Vorderseite dieses Gebäudes ganz in Marmorquadern ausführen zu lassen, und dieses zwar in einer Stadt, wo, ein paar kleine angeklebte Dekorationen aus unhaltbaren Marmorarten ausgenommen, fast noch nie ein Quaderstein zum Bauen verwendet worden war, und wo mithin alle für diese Technik nötigen Hilfsmittel und Hände durchaus mangelten.

Die Schwierigkeiten, mit welchen der Architekt in dieser, so wie in mancher andern Beziehung anfänglich zu kämpfen hatte, wird jeder Erfahrene leicht ermessen.

Der Bauplatz selbst war zwar bestimmt und abgesteckt, übrigens aber noch ein völlig wüster Anger, ohne, oder doch mit nur zufälligem Nivellement. Da er in der Art gestaltet war, daß die Straße der Länge nach über seine Mitte lief, und da an alle vier Seiten Gebäude gestellt werden sollten, so mußte sowohl für den zweckmäßigen Ablauf des Wassers von den Gebäuden, als für die gute Wirkung derselben, das Nivellement in der Art angeordnet werden, daß von der Mitte aus nach allen vier Seiten dem Terrain einige Neigung gegen die Häuser zu gegeben ward. Es ward also des Platzes Mitte etwas gesenkt, und der Boden nach den Grenzen des Platzes zu etwas erhöht und aufgefüllt. Sollte man es wohl glauben, daß die Stupidität einiger nichtswissenden und nichtsbegreifenden Kritiker dem Architekten aus dieser, jedem Straßenarbeiter begreiflichen Anordnung einen Vorwurf machen wollte?

Alle diese Zierden sind nach Angabe und Zeichnung des Architekten von folgenden Bildhauern ausgeführt worden: die drei Mittelreliefs der Kuppel von *Schwanthaler*, die zwölf Obergötter von *Stieglmayer*, die übrigen 24 Figuren der Gewölbekuppel von *Schwanthaler*, die Modelle der Ornamente von *Krampf*, *Leins* und *Kern*.«

NACHWEISE

Zeichnungen
Staatliche Graphische Sammlung München, siehe Verzeichnis im Anhang
Stadtmuseum München, Maillslg., siehe Anhang
Landbauamt München

Akten:
Klenzeana I Tagebücher, 1816—1824
III Denkschrift, die Glyptothek betr.
XIV Briefe Ludwigs I. an Klenze, 1816 bis 1828 in je einem eigenen Umschlag
Johann-Martin-von-Wagner-Stiftung,
Universität Würzburg,
Briefe Ludwigs I. an Wagner,
Briefe Klenzes an Wagner
Geheimes Hausarchiv,
Briefe Klenzes an Ludwig Fasc. 36,1 a

Schrifttum: Hans Kiener, Leo von Klenze, Preisschrift der Universität München, 1924, Manuskript
Winfried v. Pölnitz, Ludwig I. von Bayern und Johann Martin von Wagner
A. Furtwängler, Das Heiligtum der Aphaia, München 1906
A. Furtwängler, Die Aegineten der Glyptothek König Ludwigs I., München 1906
K. Th. Heigel, Ludwig I. von Bayern und Haller von Hallerstein, München 1887
L. Urlich, Die Glyptothek des Königs Ludwig von Bayern, München 1867
Katalog der Glyptothek zu München, München 1812
Führer durch die Glyptothek König Ludwigs I., München 1921
K. A. v. Müller, Aus Gärten der Vergangenheit, Stuttgart 1951

LEUCHTENBERG-PALAIS

Eugène Beauharnais, Vizekönig von Italien, hatte nach der Niederlage Napoleons als Schwiegersohn König Max-Josephs in München Aufnahme gefunden und war Herzog von Leuchtenberg geworden. Der vornehme und gebildete Franzose hatte sein Münchner Stadtpalais Karl von Fischer in Auftrag gegeben. Rangstreitigkeiten bei Hofe machten ihn in seinem Vorhaben schwankend. Als Klenze 1816 kraftvoll die Anlage vor dem Schwabinger Tor betrieb, gewann er den Herzog als Bauherrn und übernahm die Vorplanung Fischers. Der Grundriß wurde gestrafft und die Fassade stärker profiliert.

Der Prinz wollte zuerst sein Palais an den Königsplatz bauen, dabei stieß er aber auf die heftige Abwehr des Kronprinzen, der an Klenze schrieb: »Nie und nie und nimmermehr werde ich das zulassen, wenn Sie dies tun, haben Sie es bei mir auf ewig verschüttet.« Als nun der Prinz von den Plänen Klenzes vor dem Schwabinger Tor erfuhr, ließ er sich diese zeigen und war sofort entschlossen, dort ein Grundstück zu erwerben. Der Kronprinz stimmte zu, da er die Anlage weiterzutreiben suchte. Klenze riet aber dem Prinzen von dem gewählten Platze ab, da die Südseite sich nur auf die enge Straße öffne und im Winkel die Fenster durch den anstoßenden Bau, den ja der Staatsrat von Kobell errichten wollte, eingesehen werden könnten. Er schlug ihm deshalb vor, den Plan abzuändern und sein Palais frei an den Platz vorzuziehen, dort wo heute das Denkmal Ludwigs I. sich befindet. Der Prinz aber wollte bei dem ursprünglichen Plan in der zurückgenommenen Ecke bleiben, da er fürchtete, daß der neue Plan größere Kosten verursache.

Mit diesem Neubau, dem ersten an der künftigen Ludwigstraße, hat Klenze das Muster des Stadtpalastes gegeben, den er mehrere Male wiederholen sollte (Max-Palais, Arco-Palais, Alfons-Palais), ein rechteckiger, geschlossener Baublock, der sich in die quadratische Stadtteilung gut einfügte und doch durch seine architektonische Haltung herausgehoben wurde. Beim Leuchtenberg-Palais schlossen sich um zwei rechteckige Höfe die zwei- oder dreigeschossigen Trakte. Leider blieben die Höfe ohne Arkadengänge. Da der Herzog auf den Bestand der politischen Verhältnisse wenig vertraute, ließ er im Grundriß darauf Rücksicht nehmen, daß das Palais jederzeit in ein Hotel umgewandelt werden könne, um es leichter veräußern zu können.

Mit großem Geschick wußte Klenze die für den Hotelbau im Grunde vorhandene Aufteilung in kleinere Appartements zu verschleiern und die Räume, es sind im ganzen 253, miteinander und zur Haupttreppe in Beziehung zu setzen. Sie wurden erlesen im Empirestil ausgestattet und hielten in ihrer Dekoration die Mitte zwischen dem Prinz-Karl-Palais Karl von Fischers und dem späteren Max-Palais Klenzes. Zwei Säle waren der bedeutenden Kunstsammlung des Herzogs vorbehalten. Er besaß Werke von Quaglio, Adam, Wagenbauer, Warnberger, Peter Hess, Wilhelm Kobell, Dillis, Heideck, Dornach und den Italienern des Cinquecento und Seicento. — Die Galerie kam später mit der Leuchtenbergischen Familie nach Rußland. — Der Tanzsaal im Obergeschoß war in Weiß und Gold

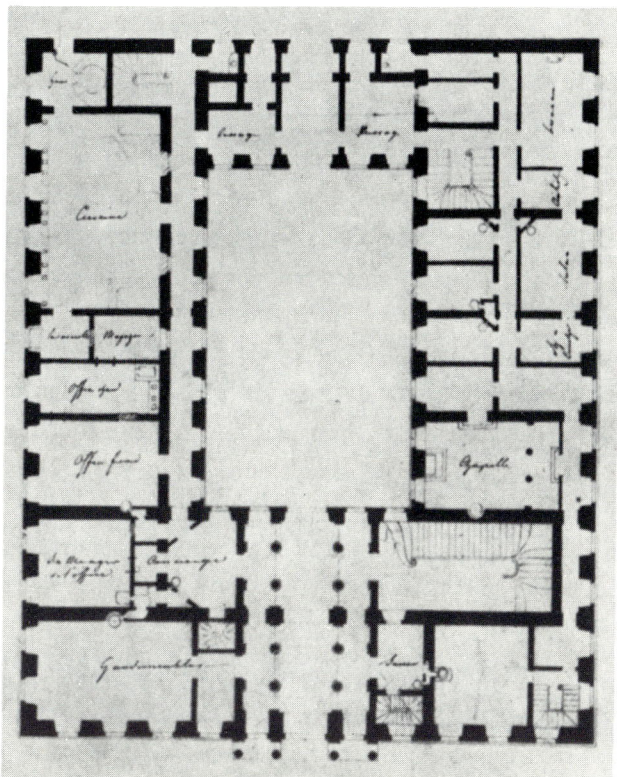

93 Leuchtenberg-Palais, Grundriß und Ansicht

94 Die Ludwigstraße in früherer Zeit

gehalten, die Wände durch Pilaster und Spiegel gegliedert, und ein dreifach fasziertes Gebälk mit einem reich ornamentierten Fries. Der Speisesaal wechselte in blauen Tönen, dessen Fries ein Gipsabguß des Alexanderzuges von Thorwaldsen war. Der Theatersaal hatte gekuppelte Pilaster, zurückhaltende Töne, die Bühne mit einem Segmentbogen überspannt, und pompejanische Malereien mit regelmäßiger Felderteilung.

»Die Bedeutung des Baues liegt in seinem Äußeren, es ist nicht zuviel gesagt, es gibt um 1816 in Deutschland keinen Bau, in dem der Schönheitssinn der Renaissance aus so echtem, tiefem Gefühl heraus gestaltet wäre« (Kiener). Dieses erste Beispiel dieses »Neurenaissancestils« in Deutschland weist nach drei Seiten gleiche Fassaden auf. Die elfachsige Südfassade bekam auf den Wunsch des Kronprinzen, der sie zu einfach fand, einen Portikus vorgesetzt, der auf vier Säulen den vorgezogenen Balkon trägt. Die Fenster des Obergeschosses sitzen mit einer bescheidenen profilierten Ädikula auf einem durchgehenden Gesimsband auf, das Hauptgesims ist mit reichen Konsolen besetzt, unter denen sich ein ornamentierter Fries entlangzieht. In weniger als zwei Jahren war der ausgedehnte Palast fertiggestellt.

NACHWEISE

Das Leuchtenbergpalais, in Kriege zerstört, wurde völlig abgebrochen und von Grund auf für den Bedarf des Finanzministeriums in der alten Form 1963/64 wiederaufgebaut.

Pläne
Landbauamt
Staatl. Graph. Slg. Nr. 26997, 27404, 27804. Stadtmuseum. Maill.-S. Nr. 1702/1—9 Originalpläne Klenzes

95 Die Ludwigstraße heute

DIE LUDWIGSTRASSE IN MÜNCHEN

Die städtebauliche Leistung der Ludwigstraße, der sichere Anschluß an die Altstadt und die mit ihr damit für München begonnenen großstädtischen Maße sind an anderer Stelle beschrieben. Klenzes eigentliches Werk war die großartig richtige und rechtwinklige Anlage der Ludwigstraße, die er von Anfang bis zu Ende durchsetzte. Von dem Konzept, hier eine gerade Stadtausfahrt anzusetzen ohne Knick, wie es Sckell vorgeschlagen hatte, von dem sehr verwickelten Grundstückserwerb der Grundstücke bis zur Planung und Ausführung der einzelnen Häuser ging alles durch seine Hände.

In rascher Folge, gefördert vom Wohlwollen des Kronprinzen und dem Interesse der Bauherren, wuchsen an dem Abschnitt zwischen Odeonsplatz und Von-der-Tann-Straße die einzelnen Häuser aus dem Boden. Das Eckgebäude des Staatsministers von Kobell war schon im Jahre 1818 vollendet. Ihm folgte Graf Mejean, das tätige Haupt der französischen Kolonie, die nach dem Sturz Napoleons in München verblieben war. Ihnen reihten sich mehrere Häuser von Bauunternehmern und Privatleuten an, schließlich das Haus des Baurats Metivier, der zu den selbständigen Mitarbeitern Klenzes zählte. An der gegenüberliegenden Ostseite zwischen Galerie- und Von-der-Tann-Straße errichtete der angesehene Bauunternehmer Röschenauer nach Klenzes Plänen ein Miethaus, das 1826 in den Besitz des Finanzministeriums überging. Neben ihm baute sich der Schlosser Meier 1824 einen Palast, wie ihn »selbst in Rom oder Florenz kein bürgerlicher Schlosser erbauen möchte«. Klenze gab jedem Haus eine andere Fassade, die Grundrißeinteilung dem Willen des Bauherrn und dem Geschick des Baumeisters überlassend.

Um die Fassadengestaltung der Häuser der Ludwigstraße ging zwischen Ludwig und Klenze ein zäher Diskurs. Der Kronprinz hatte die Vorstellung antiker Fassaden ähnlich der Glyptothek, Klenze wußte, daß dies weder dem Straßenzug noch den Bauherrn zustünde. »München ist nicht Rom und Herr Meier, für den das Haus errichtet wird, kein Farnese oder Pitti.«

Unwillig mußte er solchem Begehren des Kronprinzen, das auch gegen die architektonische Wahrheit verstieß, wehren. »Das Bauwerk ist ein organisches Ganzes und der architektonische Reiz komme aus dem Innern heraus, aber nie und in keinem Punkte von außen herein«, und »die Sache nicht ich soll das Projekt machen«. Um den Wohnhaustyp für die Ludwigstraße zu finden, war er den Weg gegangen, den schon die Renaissance eingeschlagen hatte, die das Trag- und Stützsystem des antiken Tempels für den mehrgeschossigen Wohnbau verwandt hatte. Klenze suchte eine Lösung, die der Renaissance wahlverwandt war. Immer wieder drängte ihn der Kronprinz, sich die Renaissancepaläste in Florenz zum Vorbild zu nehmen: »Die Fenster weit auseinander lieber Klenze, ohne welche das Große nicht großartig, wodurch auch das Kleine ebenso erscheint. Es kann und soll auch bei unseren Bürgerhäusern angewendet werden.« Als seinen Lieblingspalast erklärte der Kronprinz den Palazzo Giraud. Die florentinischen Paläste wollten ihm nicht alle zusagen, 1818 hatte Klenze den Kronprinzen auf die Schönheiten der Palazzi Pitti, Strozzi, Ricardo aufmerksam gemacht, sie wurden vom Kronprinzen verworfen, und nur die kleinen Paläste Pandolfini, Bartolini, besonders aber Palazzo Giraud hatten seinen Beifall und wurden Klenze als Muster empfohlen. Doch auch den Palastbau der italienischen Renaissance mit seinen großen Wandflächen und kleinen Fensteröffnungen konnte Klenze für die Ludwigstraße nicht übernehmen. »Die günstigen Verhältnisse der römischen und florentinischen Fassaden treten in Deutschland nie und volle Freiheiten nur selten ein. Die Armut der Bauherrn, das klein gemessene nordische Bedürfnis, die Not der wenigen Sonne und Licht von außen Eingang zu verschaffen, die inneren Räume im Winter heizen zu können, sind ebenso viele Hindernisse gegen jenen Reiz italienischer Fassaden.« So wurde jeder Hausbau in der Ludwigstraße für Klenze eine schwierige Aufgabe: »Außerordentlich schwierig war es mir in der Anlage vor dem Schwabinger Tor, wo arme gewinnlustige Bauspekulanten waren, Entwürfe zu den Fassaden zu machen, welche die Erbauer und den Kronprinzen, dem sie jedesmal vorgelegt wurden, befriedigen. Ersteren konnte nichts niedrig, klein, einfach, letzterem nichts hoch, groß und reich genug sein. Um die Ludwigstraße auszufüllen, wollte der Kronprinz die neue Bildergalerie in dieselbe Stelle setzen und trug mir am 21. Juli auf deshalb mit Dillis zu sprechen.« Der Begeisterung des Kronprinzen, die sich um praktische Forderungen nicht kümmerte und den bürgerlichen Bauherrn die Lebensform eines heroischen Zeitalters aufdrängen wollte, mußte er einmal antworten: »Die antiken Helden wohnten nicht in mehreren Stockwerken übereinander.«

96 Ludwigstraße / Ecke Galeriestraße

Der mit dem Leuchtenberg-Palais gewählte Typ des Stadtpalais im »Neurenaissancestil« wurde für alle Bauten zu Beginn der Ludwigstraße verbindlich. Er bewies seine Brauchbarkeit und seinen Rang darin, wie gut das Moy-Palais sich an die Theatinerkirche anschloß. Die Vorzüglichkeit der Kirche achtend, beschied man sich mit zwei Obergeschossen. Das Gesims kam unter die Kapitellzone der Theatinerfassade zu liegen. Erst in der Brienner Straße wurde nach neun Achsen der Baublock um ein Geschoß erhöht. Die Fassadengliederung hielt sich an die bewährte Anordnung, das Erdgeschoß durch Fugung abzusetzen, die Obergeschoßfenster zu rahmen, sonst aber auf jede Hervorhebung, sei es am Portal oder durch Risalite, zu verzichten.

In gleicher Weise wurde der Block an der gegenüberliegenden Ecke bei der Einmündung der Brienner Straße in den Odeonsplatz gestaltet (heute Nymphenburger Porzellanmanufaktur), der um ein Geschoß erhöht die Überleitung zu den Bauten der Ludwigstraße ergab. Gleiche Formen gab Klenze dem für Staatsminister von Kobell an der Ecke Odeonsplatz — Ludwigstraße gegenüber der Einmündung der Galeriestraße erbauten Wohnhaus (heute Finanzministerium).

Bei der schwierigen Aufgabe, eine große Straße zu entwerfen, woran sonst Jahrhunderte arbeiten, hat Klenze zwei Möglichkeiten gehabt: Einmal große Adelspaläste, Herzog-Max-Palais, Kriegsministerium, Leuchtenberg-Palais zu bauen, auf der anderen Weise einfachere Wohnhäuser. Auch diese Wohnhäuser versucht er in größere Blöcke, z. B. das Schmid-Bertsch-Haus, zusammenzufassen, wobei er das Schema des florentinischen Palastes anwendet, groß dimensionierte, wohlgegliederte flache Steinblöcke mit stolzen Portalen und stolzen Fensterreihen. Natürlich mußte er den selbständigen italienischen Palazzo zu unselbständigen, an die Straße geschobenen Reihenhäusern verwandeln. Dies ist in der Hauptsache durch die Vermehrung und gleichzeitige Entwertung der Geschosse und der einzelnen Achsen geschehen.

In der Ludwigstraße vollzog Klenze etwas — das im späteren 19. Jahrhundert üblich wird — und den Ausdruckswert des einzelnen bürgerlichen Hauses verwischte, ja ihn in den großstädtischen Straßen zum Verschwinden brachte und in einem falschen Streben, dem Miethaus das Ansehen von Palastbauten mit reichen Gliederungen zu geben, unterging. In der Ludwigstraße geschah es mit Takt und diente der größeren Einheit. Während die Häuser Nr. 1—7 jedes eine einzelne Fassade erhielten, wurden bereits gegenüber mehrere Häuser zu einer großen Palastfassade zusammengezogen. Ihre Architektur steht aber im Zusammenhang mit der Umgebung, während später wahllos in einer Straße prunkvolle Architektur verschiedenster Herkunft sich anschrie.

NACHWEISE

Pläne
    Stadtarchiv Akt LBK Baulinien Maxvorstadt

Akten
    Hauptstaatsarchiv M. A. O. B. 237/18
    Archiv Oberbayern GL Fasc 2781/1136
    RA Fasc 123/1260
    RA Fasc 1555/47
    RA Fasc 1556/53
    über Farben des Putzes RA 1474/233

Briefe
    Klenze an Kronprinz Ludwig v. 3. Mai u. 8. Mai 1816

20. Juli und 25. Dezember 1816
5. Mai und 20. Mai 1817
20. August und 23. September 1818
11. Juni 1820, 1. Juli 1822
6. August 1824, 7. November 1827 usf.

Literatur
Hederer O., Die Ludwigstraße in München, München 1942. Schriftenreihe des Stadtarchivs Nr. 1
Lieb N., Münchener Barockbaumeister, München 1941
Wiedenhofer J., Die bauliche Entwicklung Münchens, München 1916

DER OBELISK AM KAROLINENPLATZ

»Das Monument selbst ist ganz symbolisch, welches wohl die einzige Art ist, alles und doch nicht zu viel zu sagen«, so führte Klenze diese im frühen Klassizismus beliebte Architekturform in die Münchner Geschichte ein, als er in einem ersten Entwurf für den Odeonsplatz einen Obelisken zur Erinnerung an die Leistungen des bayerischen Heeres nach den Befreiungskriegen aufstellen wollte. Dazu gab er eine Erläuterung an Kronprinz Ludwig. (Ellingen, 20. August 1818.) »Die architektonische Poesie des Entwurfes liegt im Kontrast der einfachen riesenhaften Obeliskenform, welche rein und kräftig wie ein Kristall aus dem Boden entsproßt und auf dem gewählten Standpunkt gleichsam einen Focus von

97 Odeonsplatz, Entwurf für das Armeedenkmal

Architektur zum Hintergrunde hat, wo sich Paläste, Säulen, Tempel und Kuppel zusammendrängen. Rechts und links das Hotel Leuchtenberg mit seinem Pendant — die Bestimmung weiß ich noch nicht.«

Ein späterer Plan Gärtners verwies den Obelisken an das Ende der Straße, in das von ihm vor der Universität geplante Rondell. Nach einigem Suchen fand der Obelisk am Karolinenplatz eine sinnvolle und städtebaulich ersprießliche Aufstellung. Klenze spürte, daß der Karolinenplatz in seiner lockeren und offenen Bebauung der zentrierenden Mitte bedurfte. Das Denkmal wurde den 30 000 im Russischen Feldzug gefallenen Bayern gewidmet. Da für die 29 m hohe Nadel ein Monolith in dieser Größe in München nicht zu beschaffen war, kam Klenze auf den Gedanken, den Obelisken aus einzelnen Erzkuben zusammenzusetzen. Dafür wurden aus eroberten Geschützen des Zeughauses 618 Zentner Bronze eingeschmolzen, das Innere wurde mit Backsteinen ausgemauert.

Die dreifach abgetreppte helle Basis mit ihren stark geneigten Stufen steht in einem guten Gegensatz zu der dunklen Patina des ehernen Obelisken, dessen quadratischer Sockel mit Widderköpfen an den Kanten, der Schrift und den Bändern wieder die glückliche Hand Klenzes eine Fläche zu schmücken verrät. Seine Enthüllung fand am 18. Oktober 1833 statt.

Das Odeon

Nach dem Brande des Nationaltheaters war die Hoffnung, für München bald einen Redouten- und Konzertsaal zu bekommen, begraben. Der von Fischer vorgesehene Flügel am Theater gegen die Münze hin mußte wegfallen, da im Brandfalle er den Alten Hof und danach die ganze Stadt bedrohte. Der alte Redoutensaal an der Prannerstraße, bisher als Saal benützt, war mit der Konstitution von 1818 dem Bayerischen Parlament zur Verfügung gestellt worden. Die Bürger Münchens wünschten nun einen eigenen Konzert- und Ballsaal. König Ludwig suchte ihn seiner Stadt zu schenken. Es entsprach seinem »leutseligen« Wesen, sich auf den öffentlichen Bällen unter sein Volk und seine schönen Töchter zu begeben. So übernahm er die Bürgschaft für den Bau eines Konzertsaales mit 250 000 Gulden, die der Bankier Hirsch vorschoß. Der bisherige Zuschuß für die italienische Oper von 40 000 Gulden wurde zum Tilgungsdienst herangezogen. Am neuangelegten Odeonsplatz war gegenüber dem Leuchtenberg-Palais ein entsprechender Bauplatz übriggeblieben. Die Lage war günstig: nahe der Residenz, der Stadtmitte und dem neuen vornehmen Viertel vor dem Schwabinger Tor. Der Baublock, nach drei Seiten offen, ermöglichte Zufahrt und Durchfahrt.

Schon 1818 hatte Ludwig bestimmt, daß aus Symmetriegründen ein Pendant zum Leuchtenberg-Palais errichtet werden sollte. 1823 wiederholte er diesen Wunsch, und kurz nach der Thronbesteigung bekam Klenze den Auftrag, den Münchner Konzert- und Ball-

98 Odeonsplatz

saal zu bauen. Er gab ihm nach griechischem Vorbild den Namen Odeon. In schöner Schrift findet sich der Name auf den von Klenze sauber gezeichneten Plänen.

Beim Odeon bestand für Klenze die Schwierigkeit darin, in die vom König vorbestimmte Außenform, die sich nach dem Leuchtenberg-Palais zu richten hatte und ihn nach Gebäudehöhe, Tür- und Fensterachsen festlegte, Räume anderer Bestimmung einzubauen. Klenze löste die Aufgabe dadurch, daß er den großen Konzertsaal als Binnenraum plante. Damit mußte auf Tageslicht verzichtet werden, aber in der Höhenentwicklung war er nicht mehr gebunden.

99 Odeonsplatz von der Fürstenstraße mit dem Denkmal Ludwigs I.

Klenze verlegte den Saal in das Obergeschoß; das Erdgeschoß wurde für Garderoben, Kassen und die Einfahrt genützt. Der Hauptsaal von rechteckiger Grundform mit einer halbrunden Apsis geht durch zwei Geschosse durch. Eine offene Säulenstellung in toskanischer Ordnung umstellte das Parkett, ionische Säulen umgaben die Galerie und trugen die flache Decke. Der Saal hat die Ausmaße von 34 Meter Länge, 22,7 Meter Breite und 16,7 Meter Höhe. Heller gelblicher Stuckmarmor an Wänden und Säulen, weiße Architrave und Bänder, helles Gestühl aus Kirschbaumholz gaben dem Festsaal einen biedermeierlich-frohen Charakter. Als einziger Schmuck waren neben den schönen, kräftigen Säulen die Deckengemälde von Kaulbach, Eberle und Anschütz anzusehen. Die Büsten in der Apsis stellten Beethoven, Mozart, Gluck, Händel, Haydn, Vogler, Méhul, Weber, Cimarosa und Winter dar. König Ludwig hatte sich eigens naturgroße Prospekte aufstellen lassen, um die Wirkung des Raumes und der Farben zu beurteilen. »Der Odeonssaal ist eines der gelungensten Werke Klenzes«, schrieb der König Ludwig an Johann Martin v. Wagner.

Der Hauptsaal war von einzelnen Nebensälen und Musikzimmern umgeben. Ihre Einteilung richtete sich nach den vorhandenen Fensterachsen und Geschoßhöhen, die das

100 Odeon, heute Innenministerium, Nord- und Ostseite

Leuchtenberg-Palais vorschrieb. In ihnen hatte durch viele Jahre die Musik-Akademie ihren Sitz. Die Raumbeschränkung zwang zu einer bescheidenen Treppenanlage, die an die Längsseite der Westfassade gelegt wurde. Die Nebenräume und Toiletten waren für den Massenbesuch zu gering bemessen. Bei der Eröffnung kam es darüber zum Skandal.

Lange blieben die Ausgaben für das Odeon umstritten. Der König hatte einen Teil der Defensionsgelder — Mittel der Landesverteidigung an den Festungsbauten in der Pfalz — für die Inneneinrichtung verwandt. Noch im Jahre 1831 wandte sich die Ständeversammlung gegen die luxuriöse Ausstattung. Der Abgeordnete von Eberts wetterte in der Sitzung vom 20. April: »Der Landbewohner könne wenig Interesse dafür aufbringen, daß man in München tanze, singe und sich im eigenen Glanz sehen lasse in einem Gebäude, dessen Herstellungskosten sich auf beinahe dreimal hunderttausend Gulden beliefen, während es in der Provinz an Schulhäusern gebräche, Irrenanstalten fromme Wünsche blieben, die Akten der Gerichte wegen mangelhafter Registratur verfaulen würden oder die Gefängnisse völlig unzulänglich seien.« In dieser Ablehnung schwang die Unbeliebtheit Klenzes mit.

102   Odeon Konzertsaal, Decke

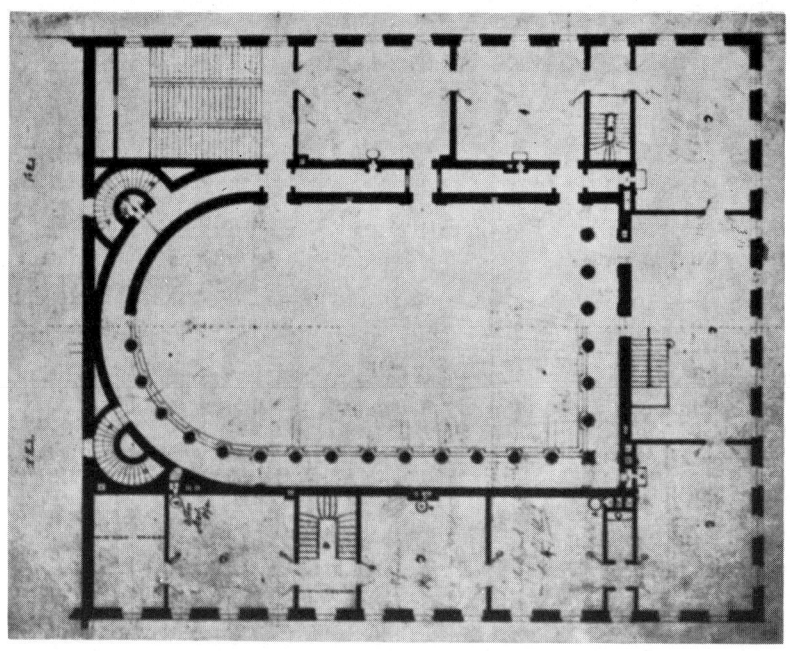

102a   Odeon, Grundriß 1. und 2. Stock

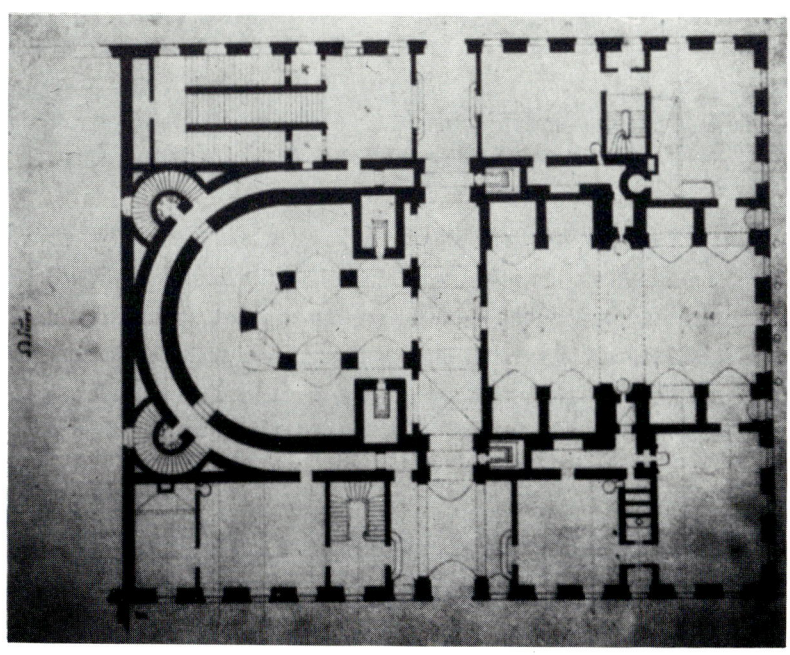

103 Odeon, Konzertsaalwand

104 Odeon, Grundriß Erdgeschoß

105 Odeon, Perspektive des Konzertsaales vom Podium aus

Der Bau wurde am 7. Februar 1826 begonnen (Grundsteinlegung). Das erste Konzert der Musikalischen Akademie fand am 10. März 1828 statt. Wegen seiner Akustik war der Saal bei Musikfreunden und Dirigenten hochgeschätzt.

Mit der Zerstörung des Odeons im Kriege erlitt München einen großen Verlust. Die tatkräftige und verständige Wiederherstellung des Gebäudekomplexes durch Professor Wiedemann hat seinen städtebaulichen und stilgeschichtlichen Wert erhalten. Die wohlproportionierte und ausdrucksstarke Fassade wurde bewahrt, während im lichten Raum des Hofes mit seinen Säulen die Vorstellung des ehemaligen Saales erhalten blieb. Verdienst genug, da für die Wiederherstellung des Odeons als Musiksaal damals weder Mittel noch Meinung vorhanden waren.

NACHWEISE

Briefe Ludwigs I. an Klenze G. H. vom 4. 9. 1818, 7. 4. 1823, 24. 8. 1826.
Akten HSA MF Stadttheater 1331 und MF 13610, Kontrakt zwischen Klenze und Himbsel vom 20. 12. 1825, dazu ein Brief Klenzes an Friedrich Schinkel in Berlin wegen akustischer Fragen, da Schinkel neben seinem Schauspielhaus am Gendarmenmarkt einen ähnlichen Festsaal gebaut hatte.
Dazu die Zeitschriften EOS und FLORA — Eröffnungsball am 7. 1. 1828 (FLORA), Literatur Pölnitz, Reidelbach.
Heinrich Habel. Das Odeon in München. Diss. Mchn. 1964.

106 Marstallgebäude mit anschließendem Forum

Das Marstall-Gebäude

Seit langem war in der Nähe der Residenz, und zwar noch innerhalb der Mauern, eine Reithalle geplant. Schon Karl von Fischer war mit seinem schönen Projekt an der Ostseite der Residenz damit befaßt gewesen. Mit dem Abbruch des Turniergebäudes vor dem Schwabinger Tor, das der Ludwigstraße weichen mußte, wurde der Auftrag dringlich. 1818 wurde Klenze damit betraut. Er beließ den Standort am Marstallplatz, erweiterte aber den Plan Fischers, indem er zu beiden Seiten Flügelbauten anhing, die einen großen Ehrenhof umschlossen. Ausgeführt wurde nur der imposante Mittelbau, den Klenze mit dem schönen Mittelportal, einem seiner besten Entwürfe aus der Frühzeit, versah. Johann Martin von Wagner in Rom wurde für den plastischen Schmuck gewonnen. Das Innere hatte eine einfache, straffe Pilastergliederung und eine weitgespannte Kassettendecke. Der Raum überzeugte durch seine klare, harmonische Abmessung, das Äußere durch den kräftigen und mächtigen Baukörper, der als erster mit einem alleinstehenden Portikus die Umgebung beherrschte.

NACHWEISE

Pläne. Staatl. Graph. Sammlg., Stadtmuseum, Maillingersammlung . Akten. Staatsarchiv von Oberbayern

107 Marstallgebäude, Portal

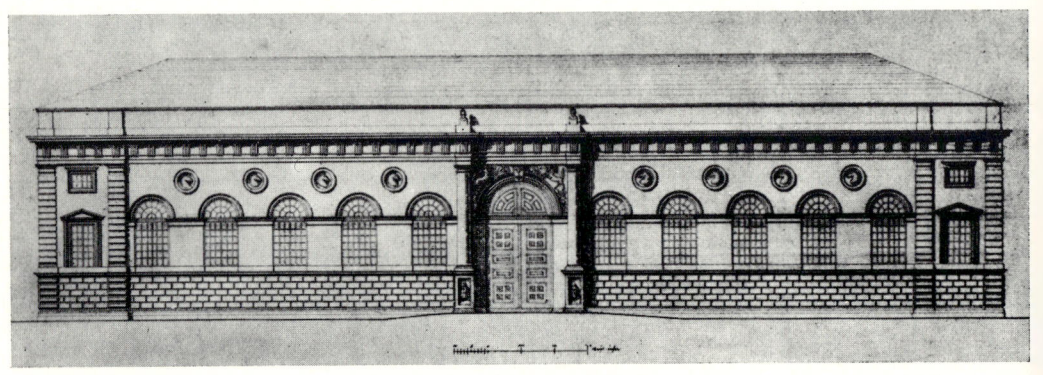

108 Marstallgebäude

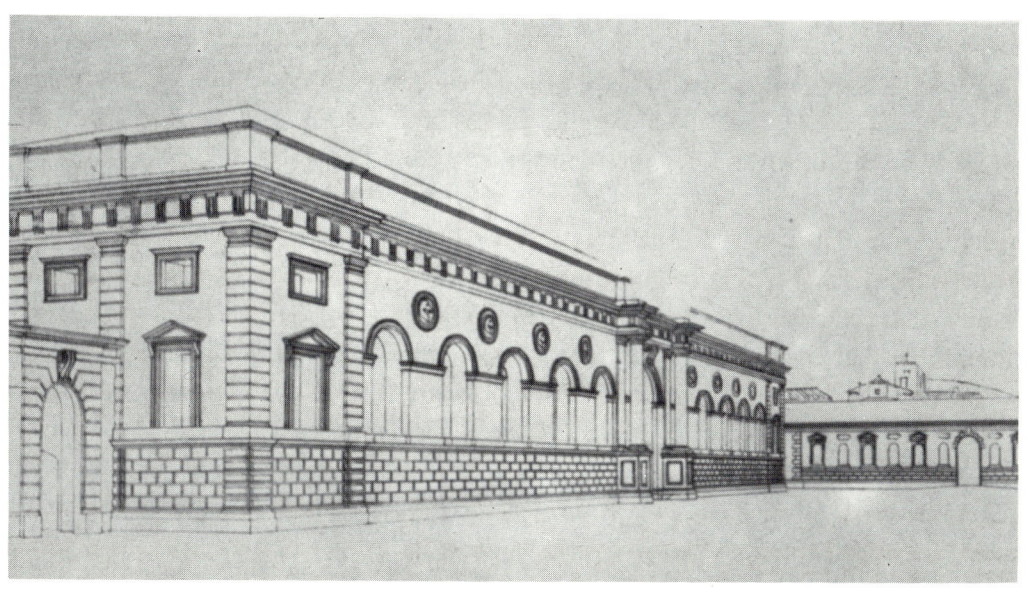

109 Marstallgebäude, Innenraum

110 Marstallgebäude, Westfront

Mit dem Hofgartentor hat Klenze eine vielseitig verspannte Situation anmutig und heiter gelöst. Die niedere Hofgartenmauer, die der Residenz Abstand von den Bauten der Ludwigstraße gibt, wurde durch ein Tor unterbrochen. Es ist als Blickfang in die Achse der Brienner Straße gesetzt, öffnet die geschlossene Wand der Hofgartenmauer und bildet in ihr einen festen Knotenpunkt gegen den optischen Druck, der von der Theatinerkirche, der Residenz und dem Odeonsplatz auftrifft.

Klenze mußte zuerst an dieser Stelle den bereits angefangenen Bau des Hochbauinspektors Thurn beseitigen, was ihm viele Feinde verschaffte, aber notwendig war, da er den Bau »für das schlechteste hielt, was man je in München gemacht«.

Der Hofgarten war 1614 von Kurfürst Maximilian I. an der Nordseite der Residenz angelegt und im Westen und Norden von Pfeiler-Arkaden in einer Gesamtlänge von 671 m umgeben. Kurfürst Ferdinand Maria hatte an der Westseite des Gartens das Turnierhaus errichtet, und 1779 den Nordflügel um ein Stockwerk erhöht und als Gemäldegalerie ausbilden lassen. Im Osten des Hofgartens war unter Maximilian IV. die alte Hofgartenkaserne von Schedel von Greifenstein 1803 entstanden.

Für sein Hofgartentor wählte Klenze einen einfachen kubischen Block, in dem er die Elemente des Triumphbogens reduzierte, der mittlere Bogen öffnet sich für den Zug der Hofgartenstraße, die Nebenbögen werden zu Nischen und dafür die Fußgängerdurchgänge in die Mauer gesetzt. Gebälk und Gesims der von Pilastern gefaßten Pfeiler liegen in Scheitelhöhe der Arkaden. Das Gebälk der Pilaster tritt gleichzeitig als Kämpfer des Bogens auf. Der Mauerblock über dem Profil, in dem der kräftig profilierte Rundbogen mit mächtigem Schlußstein eingeschnitten ist, ist seitlich glatt gelassen. Nur in die Zwickel des Bogens schmiegen sich die Reliefs der geflügelten Genien. Der Schlußstein des Bogens tangiert den Fries. Das reiche Gesims mit Zahnschnitt und Konsolen steht im Gegensatz zur glatten Schlichtheit der unteren Mauerteile. An die Ecken der Attika sind vier Trophäen gesetzt.

Das Auetor in Kassel, 1768 von Dury erbaut, könnte Klenze als Vorbild gedient haben, wenn es nicht erst 1824 in seinem ganzen Aufbau durch Bromeis fertiggestellt worden wäre, so daß möglicherweise das Abhängigkeitsverhältnis umgekehrt ist. Ein Entwurf der Graphischen Sammlung (Nr. 26626) gibt eine Variante der Hofgartenmauer.

Die Verbindungsgalerie zwischen Residenz und Basar ist in der Weise gelöst, daß sich gegen den Hofgarten Arkaden öffnen, während die Wand gegen den Odeonsplatz mit Rustikalisenen die Galerie abschließt. Ein Entwurf vom 24. Juli 1816 sah für diese Wand glatte Pilaster, glattwandige Nischen sowie niedrige und breite Pfeilerarkaden vor. Über jeder Pfeilerachse war eine Vase über dem Kranzgesims eingezeichnet.

Klenze hatte Entwürfe, den Hofgarten auch im Osten und Süden mit Arkaden zu fassen. Der Nordostteil mit dem Turm (später Kunstverein) wurde durch ihn 1847 ausgeführt.

111 Hofgartentor

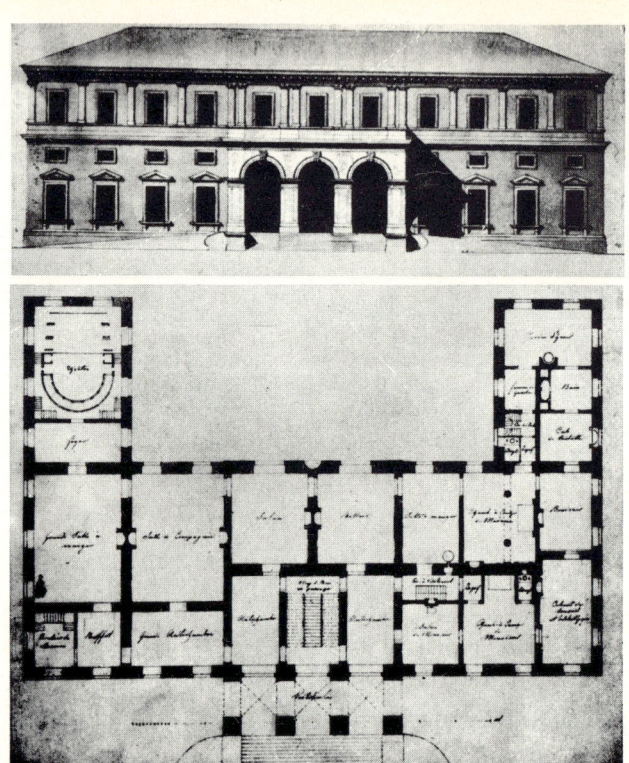

112 Schloß Ismaning, Grundriß und Ansicht

Das Schloss in Ismaning

Das gute Einvernehmen zwischen Prinz Eugen Beauharnais und Klenze brachte den Auftrag für den Schloßumbau in Ismaning. Die in der Graphischen Sammlung bewahrten Pläne scheinen nicht zur Ausführung gekommen zu sein. Klenzes Tätigkeit in Ismaning, die er mit einem Honorar von 2200 Gulden ausweist, hat sich auf die Innenausstattung beschränkt. Sein Entwurf für den Schloßbau hatte eine elfachsige, zweigeschossige Fassade vorgesehen. Im Erdgeschoß rechteckige Fenster und Giebel, zwischen Erd- und Obergeschoß ein Mezzaningeschoß, Gurtgesimse in breit, darüber 13 Rechteckfenster. Zwischen den Fenstern Pilaster, die drei Mittelachsen betont im Erdgeschoß durch vorspringende Balken und Pfeilerbögen, die Brüstungen des Balkons gehen bündig mit den Gurtgesimsen, im Obergeschoß eine Verdoppelung der Pilaster. »Es sind keine rhythmischen Schürzungen und Lösungen gesucht, die Wandflächen gehen nicht harmonisch zusammen mit den Fenstern, man wundert sich, daß die Anregungen Bramantes hier nur an der Oberfläche, im Motivischen haften blieben.« (Hans Kiener)

Die Dekoration des Festsaales zeigt eindeutig die Hand Klenzes, der Decke und Wände mit seinen Zeichnungen nach pompejanischem Vorbild überzog.

113 Schloß Ismaning, Festsaal

114 Schloß Pappenheim, Musikzimmer

DAS SCHLOSS ZU PAPPENHEIM

Das Schloß zu Pappenheim, das ihm der Graf 1818 in Auftrag gab, ist im Schema dem Ismaninger Bau ähnlich, auch hier zwei nach der Gartenseite vortretende kurze Flügel. Der schmale, dreiachsige Mittelbau springt um Achsenbreite vor die Fassade, die Eckrisalite sind durch vertikale Rustikastreifen an den Kanten hervorgehoben. Der Mittelbau öffnet sich im Erdgeschoß in drei rustizierten Pfeilerbogen, die Kämpferlinie ist nicht betont, das Obergeschoß hat drei mächtige Bogenfenster. Die Schlußsteine tangieren das Gebälk, darüber ein flacher Dreiecksgiebel. »Das wäre ganz groß empfunden, aber die Art wie die Kämpferlinie dieser Bogenfenster bündig geht mit dem Kranzgesims des Hauptbaues, die runden Fensterabschlüsse als solche noch in die Dachzone hinaufstoßen, die Art wie sich das Gebälk des Vorbaues an der Dachfläche des Haupttraktes totläuft, die Art wie das Dach seitlich in die Arkaden einschneidet, doch ein verlorenes Pilasterstück auftaucht, das alles kann nur den Eindruck des Ungeglückten verstärken. Dieses großartige Motiv muß immer in einer Folge von fünf Achsen vorgetragen werden, damit sein sonorer Klang hörbar wird. Mindestens die untere Kante des Gebälks müßte mit dem Dachfirst bündig gehen. Wenn schon überhöht wird, dann gleich völlig und entschieden. Die quadratischen Fenster des Mezzanins sind weder selbständig noch binden sie sich. Unglücklich wirkt der Umstand, daß die Fenster des Obergeschoßes bis unmittelbar unters Dach reichen. Bei der Hauptfassade dürfte das nicht sein, der Ton des deutsch-Gemütlichen, des heimlich Geborgenen, der dadurch hereinkommt, paßt nicht zu einer solchen Fassade, umsoweniger, wenn wenige Schritte weiter das pathetische Pfeilerbogenmotiv angeschlagen wird. Die Fassade ist mißlungen.

Wesentlich besser wirkt die Gartenfassade. Das was Klenze geben wollte, was ihm aber an der Front mit ihrem Palastcharakter mißlingen mußte, wird hier nun deutlich, und zwar in sehr glücklicher Weise: der Ton vornehmer ländlicher Gemütlichkeit. Die in behäbiger Breite vorspringenden Flügel, der zurückgenommene Haupttrakt, das geht nun stimmungsmäßig gut zusammen mit dem Heranschieben der Fenster dicht unter das schützende Dach. Auch der Mittelrisalit stört hier nun nicht, wo er nicht herrisch hervortritt, sondern sich auf eine einfache Vorlage beschränkt. Und auch die drei hohen Bogenfenster fallen hier gar nicht heraus, sie bringen den Ton des Vornehmen, sie zeigen, daß hier eine Lebenssphäre herrscht, die an die fürstliche grenzt.« (Hans Kiener)

115 Schloß Pappenheim, Haupteingang

116 Arco-Palais, Ansicht gegen Wittelsbacherplatz

Der Wittelsbacherplatz und das Arco-Palais

Der klaren und großstädtischen Gestalt, die Odeonsplatz und Ludwigstraße in den Bauten Klenzes erhalten haben, folgte der schöne, in sich abgerundete Wittelsbacherplatz. Hier war es vor allem das edel geformte Arco-Palais, das an seiner Westseite dem Platz das Gepräge gab.

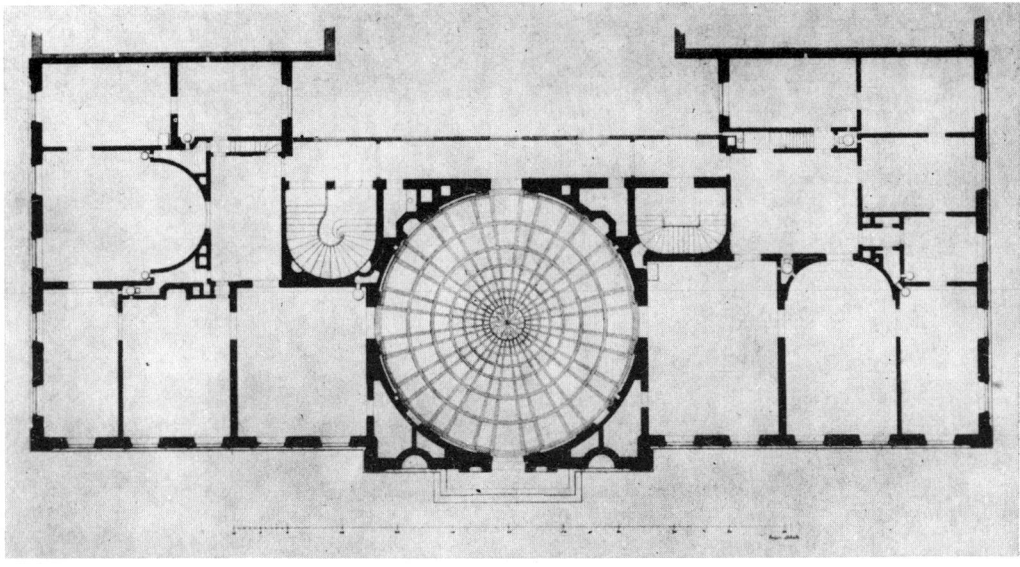

117 Arco-Palais, Wittelsbacherplatz, Grundriß

118 Arco-Palais

Für den bürgerlichen Bauunternehmer, den Zimmermeister Gampenrieder, sehen wir Klenze an der Westseite 1820 die Fassade zu einem herrschaftlichen Wohngebäude entwerfen. Der Grundriß wurde von Gampenrieder, die Fassade von Klenze 1820 entworfen. Die Fassade unterlag der Genehmigung des Königs, und ein Signat legt die Vermutung nahe, daß sie das Primäre gewesen sei. Drei Geschosse mit drei Achsen, wobei drei mittlere Achsen zu einer breiten Mittelvorlage zusammengenommen sind. Im Gegensatz zum Kriegsministerium, dessen schwere Rahmung durch Bossen und kräftige Profilierung die militärische Bestimmung des Bauwerks darstellen, ist der gleiche, durch einen Mittelbau ausgezeichnete Bautyp hier ins Liebenswürdig-Heitere abgewandelt. Die Ecken des Hauses und die Mittellage sind breit rustiziert, die Mittelachse selbst ist durch das Portal, den auf vier Säulen ruhenden Balkon und das Mittelfenster des ersten Geschosses im Palladiomotiv betont (wie in Florenz am Palazzo Manelli-Riccardi). Gegenüber Ismaning und Pappenheim bedeutet diese Fassade einen großen Fortschritt. Sie steht in ihrer Art einzig im Werk Klenzes durch die heitere Schönheit des Palladiomotivs. Von besonderem Reiz war das Treppenhaus mit einer Kuppel, deren Kassetten in wechselnder Folge mit Blütenornamenten zu schmücken Klenzes besondere Freude war.

Durch das Denkmal des Kurfürsten Maximilian, dessen feingestuften Sockel Klenze entworfen hat, erhielt der Platz sein Maß und seine Würde.

»Die unmittelbar vorausgehenden Pläne für Ismaning und Pappenheim zeigen nicht diese von reicher Wohnkultur zeugende Disziplin und Geschicklichkeit in der Aufteilung des Raums. In Ismaning gab Klenze statt des einen Hauptsaales in der Mitte zwei kleinere Säle, so zwar, daß die Trennungswand gerade auf der Mittelachse läuft.« (Kiener)

119 Alfons- oder Prinz-Ludwig-Ferdinand-Palais, Südfassade mit Denkmal Kurfürst Maximilians von Thorwaldsen

ALFONS-PALAIS

Mit dem Alfons-Palais besetzte Klenze eine städtebaulich wichtige Position. Die Ostfassade hatte den Abschluß gegen den Odeonsplatz darzustellen, vom Odeonsplatz zur Fürstenstraße hinüberzuleiten, gleichzeitig die Einmündung der Fürstenstraße in den Wittelsbacherplatz zu flankieren und dort seine Südwand aufzubauen. In seiner Architektur mußte es sich der großen Ordnung des gegenüberliegenden Leuchtenberg-Palais und dem Odeon ebenbürtig erweisen. Klenze gewann die Lösung durch einen rechtwinkligen Block, den er querlegte, der gegen den Odeonsplatz einen sehr profilierten Risalit vorschob und mit seinen zwölf Achsen die Südwand des Wittelsbacherplatzes beherrschte. Die Ostfassade mit ihrer breiten Mittelvorlage hat noch etwas von barocker Kraft, viele Details und verschleierte Beziehungen sind im Goldenen Schnitt proportioniert, das in der Mittelachse angeordnete, auf den Odeonsplatz gerichtete Portal ist seinerseits wieder in einer horizontal gefügten Vorlage eingeschnitten, eine Archivolte mit einem Schlußstein

 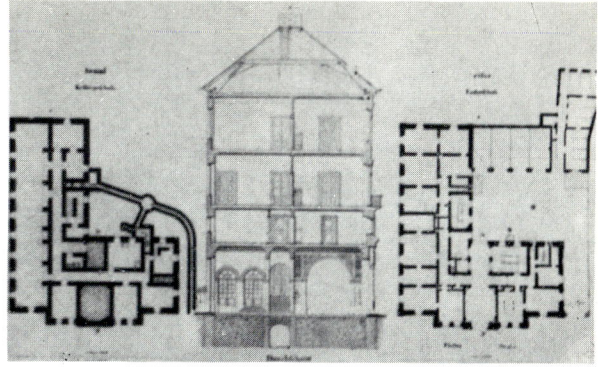

120   Alfons-Palais, Ostfassade gegen Odeonsplatz, Schnitt und Grundriß

darüber, die seitlich auf Kämpferstücken aufsitzt. Es ist eine Mischung von Renaissance-Motiven mit französisch-klassizistischen Details an ein und demselben Bau. Klenze hatte dafür ein Vorbild zur Hand gehabt.

Die Südwand hat in ihrer ganzen Breite die Rückwand des Wittelsbacherplatzes zu bilden und gleichzeitig eine bedeutende Höhenentwicklung darzustellen. Die zwölf Fensterachsen sind gleichmäßig durchgebildet, die halbrunden Fenster des Erdgeschosses sind zum Rechteck ergänzt — Motiv der Porta Borsari — mit gerader Verdachung auf Konsolen, darüber quadratische Mezzaninfenster, die von einem schmalen Gurtgesims überschattet werden. Durch einen vorgezogenen Balkon erfahren die vier Fenster der Mittelachse eine Betonung, im übrigen gleichen sie den Fenstern des Erdgeschosses. Die halbrund geschlossenen Fenster des zweiten Obergeschosses tangieren mit ihren Schlußsteinen das Gesims.

Das Innere zeigte eine sehr klare, regelmäßige Aufteilung. Im ersten Stock besaß Klenze durch viele Jahre seine Münchner Stadtwohnung, nahe bei seinen ersten Bauten, nahe der Residenz, den Wünschen des Königs schnell erreichbar.

DIE HÄUSER AN DER BRIENNER STRASSE NR. 10 UND 12

An der Brienner Straße bewährte Klenze mit den kraftvollen Fassaden der Häuser 10 und 12 nochmals sein in der Ludwigstraße so oft bewiesenes Geschick, Miethausfassaden eine anspruchsvolle Gestalt zu geben. Klenze hat mit diesen Bauten die von Karl von Fischer begonnene offene Bebauung der Maximiliansvorstadt verlassen und ist zur geschlossenen übergegangen.

»In der Brienner Straße mußte Klenze mehrere Häuser zusammenziehen, um den älteren westlichen Teil an den von ihm neugeschaffenen Plätzen im Nordosten anzugliedern. So

121   Haus Brienner Straße 12

wählte Klenze eine ernste Palastfassade für die drei durch ein Mezzanin vermehrten Geschosse; elf Achsen, von denen die beiden äußeren durch Rustikalisenen abgesetzt und durch Portale und Giebelverdachungen der Fenster der ersten Geschosse betont sind. Vorbilder solcher Fassaden fanden sich z. B. im Collegium della Sapienza in Rom von Giacomo della Porta, das Klenze dem Werk seiner Lehrer Percier und Fontaine »Edifices de Rome« entnahm. Das Erdgeschoß ist gegen die anderen Geschosse durch Rustizierung ausgeschieden. Die Proportionen sind nach dem Goldenen Schnitt gewonnen: Erdgeschoß zu Obergeschoß zu Mezzanin, wie großer Teil zum kleineren Teil des Goldenen Zirkels. Teilweise gekuppelte, mächtige stehende Konsolen, zwischen die sich die Fenster einschmiegen — ein schönes venezianisches Motiv — stützen das mächtige Konsolgesims, das den Eindruck des Bedeutenden vervollständigt.« (Kiener)

122 Die Konstitutionssäule in Gaibach

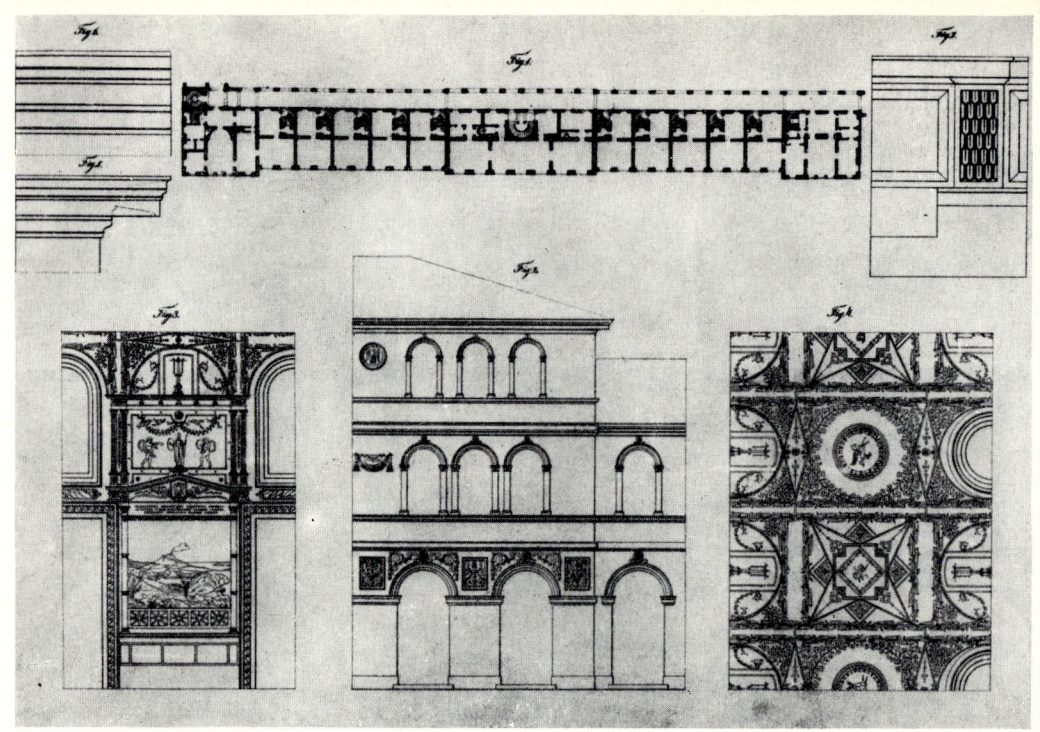

123 Basargebäude, Grundriß, Ansicht gegen den Hofgarten und Dekoration der Arkaden mit den Rottmannfresken und des Gewölbes

Das Konstitutionsdenkmal bei Gaibach

Die Freude über die bayerische Verfassung, die König Maximilian 1818 dem bayerischen Staate gegeben hatte, sollte in einem Denkmal seinen Ausdruck finden. Kronprinz Ludwig war wohl die treibende Kraft und fand damit in groß genug denkenden hochadligen Kreisen Widerhall. Der Graf Erwin Franz von Schönborn bestimmte dafür bei Gaibach in Unterfranken einen Platz für das Monument, das der Größe der Sache und dem Namen der Schönborn würdig sein sollte. Vorbilder für das Denkmal waren die Colonnes Nationales, die um 1800 in Paris und vielen Hauptstädten Frankreichs errichtet worden waren, so in Paris die Vendôme-Säule von Gondouin und Lepère, in Brüssel die Colonne départementale, in St. Petersburg die Säule vor der Börse von Thomon. Während diese Säulen und ihr Vorbild in Rom aber inmitten der Städte auf Plätzen und mit einem architektonischen Hintergrund einen sicheren Kontakt zu den umgebenden Bauten, die ihm Maßstab gaben, besaßen, war die Konstitutionssäule in freier Landschaft geplant. Auf dem Sonnenberg bei Gaibach sollte sie weit hinaus in das Land sichtbar sein und bekam nur von nahen Bäumen ihren Maßstab.

124 Basargebäude, Westfront

Das Basargebäude

Ein weitgespanntes Bauwerk, das fast die ganze Westseite des Hofgartens an Stelle des bisherigen mächtigen Turnierbaues zu besetzen hatte, war das Basargebäude, das seinen Namen aus der neuen Bestimmung empfing, hier eine Reihe von Kaufläden zu konzentrieren. Der Grundriß zeigte eine Reihung von 10 gleichwertigen Typen, um den Mitteltrakt je 5 Einheiten mit einem Verkaufsraum und der Treppe zu den im ersten Stock gelegenen Nebenräumen. Die Fassade ist ein Meisterstück klassizistischer Zurückhaltung, der lange, schmale Mittelteil ist in die Achse der Fürstenstraße gesetzt und um ein Geschoß erhöht. Die Seitenrisalite wurden erst später aufgestockt. Der Bau wurde durch Baurat Himbsel im Auftrag mehrerer Geschäftsleute ausgeführt und im Jahre 1826 vollendet.

Die Seitenrisalite werden erst später um ein Geschoß erhöht. Das Bauwerk wurde ausgezeichnet, als seine Arkaden gegen den Hofgarten die Fresken Rottmanns mit ihren römischen und griechischen Landschaften erhielten. Der König selbst versah jede Landschaft mit einem sinnigen Distichon. Klenze zeichnete die feinlinigen grotesken Umrahmungen der Wände und Wölbungen.

125 Tegernseer Pfarrkirche, Entwurf zur Umgestaltung der Fassade

Die Klosterkirche und das Schloss in Tegernsee

Eine schöne Aufgabe erwartete Klenze in Tegernsee. Dieses Tal war von Max Joseph I. zum Lieblingsaufenthalt erwählt worden, aber den König verdroß stets bei seinen Reisen der verwahrloste Zustand des ehemaligen Klostergebäudes. Das Benediktinerkloster, ein weites Geviert zwischen See und Berg, 746 gegründet, unter Abt Wenzel 1684 durch Antonio Riva umgebaut, durch den Vater der Gebrüder Asam ausgemalt, war im Sturm der Säkularisation aufgehoben worden. Der Süd- und Westflügel um den heutigen Schmetterlingsgarten war niedergelegt, die Trakte, die sich unmittelbar aus dem See erhoben, waren verschwunden, die Altäre der Klosterkirche öffentlich versteigert, die Klosterbibliothek aufgelöst und in alle Winde zerstreut, wertvolle Stücke zum Glück nach München geborgen.

Klenze bekam nun 1823 den Auftrag, den verbliebenen Südwestflügel des Klosterbaues für die Verwendung als Schloß umzuwandeln. Es entstanden die schönen repräsentativen Räume des ersten und zweiten Obergeschosses. Diese Prunkräume sahen dann die Kaiserzusammenkunft 1824, da sich der Kaiser von Rußland und Kaiser Franz-Joseph von Österreich vor dem Kongreß in Trient trafen.

Die Klosterkirche wurde Pfarrkirche des Ortes und ihre Fassade neu gestaltet. Die beiden hohen Barocktürme — bis zum Hauptgesims abgebrochen — erhielten durch Klenze die gedrückte neue Form, die den später herausgegebenen Musterblättern für die »Architektur des christlichen Kultus« entsprachen. Eine bisher als Jugendarbeit Klenzes der französischen Periode betrachtete Zeichnung konnte als Zeichnung für die neue Fassade der Klosterkirche in Tegernsee ausgewiesen werden.

Auch die kleine Kapelle in St. Quirin am Gestade des Sees zwischen Gmund und Tegernsee sollte so umgestaltet werden, daß von dem schön stuckierten Gotteshaus mit Resten alter Fresken nichts mehr geblieben und an seine Stelle ein trockener klassizistischer Bau gekommen wäre, der gerade noch der ehrwürdigen Quellfassung der Legende Raum gegeben hätte.

Der Wiederaufbau des Nationaltheaters

Über Nacht fiel Klenze eine Aufgabe zu, die durch die rege Teilnahme der Münchner Bürgerschaft, das unmittelbare Interesse des Königs und die Belastung, die in der Geschichte dieses Baues lag, besonders schwierig war: Der Wiederaufbau des Nationaltheaters nach der Zerstörung in der Nacht des 14. Januar 1823.

Klenze saß seit 1816 bereits in der Baukommission, die diesen durch Geldmangel und politische Ereignisse empfindlich gestörten Bau zu Ende bringen sollte. Bereits 1812 hatte Karl von Fischer für seine schönen Pläne, denen das Odeon in Paris als Vorbild aufgegeben war, die Genehmigung erhalten. Er hatte das Vorbild übertroffen. Nach einjähriger Bauzeit versagte die Finanzierung, Baustoffe und Löhne konnten nicht bezahlt werden. Im Rußlandfeldzug und im eisigen Winter 1813 wurden alle Bauarbeiten eingestellt. Durch Jahre blieb das Theater als Rohbau liegen, bis König Max Joseph sich mit seinen Privatmitteln einsetzte.

In den Sitzungen, die nun die Vollendung betrieben, hielt Klenze sein Urteil Fischer gegenüber taktvoll zurück. Nach dem Tode Fischers 1820 wurde ihm die Fortführung übertragen, nach dem Brande fiel ihm der Wiederaufbau zu.

Am 14. Januar 1823 war während der Abendvorstellung im Nationaltheater ein Brand ausgebrochen. Klenze war unverzüglich an der Brandstelle erschienen und hatte mit einem Blick übersehen, daß das Theater nicht mehr zu retten war. Der Dachstuhl über Zuschauer- und Bühnenhaus schüttete den Brand über das ganze Haus. Es galt, die umliegenden Bauten und die Stadt, vor allem die nahe Residenz, zu schützen. Sogleich schickte Klenze seinen bewährten Baurat Baumgartner auf das Dach des Residenztheaters, um von dort aus den Einsatz zu leiten und mit seinen Feuerwehrleuten und dem Militär das Übergreifen auf den Bau Cuvilliés' und die anschließenden Teile um den Brunnenhof zu verhindern. Gegen Mitternacht nahm die Kälte so zu, daß das Wasser in den Schläuchen und Pumpen einzufrieren drohte. Heißes Wasser aus den Sudhäusern, eilig von den Bierbrauern herbeigeschafft, half dem ab. Untröstlich stand der König vor der Ruine seines schönen Theaters.

Die Stadt München versprach beim Wiederaufbau ihre Unterstützung und erfüllte binnen 8 Tagen ihr Versprechen mit einer Summe, die den dritten Teil der Kosten trug.

Klenze berichtete sogleich an den Kronprinzen nach Würzburg und erhielt von dort Weisungen. »Der Brand des Theaters ist ein großer schmerzlicher Verlust, aber einmal erfolgt, denke man daran wie ist es zu ersetzen, es schöner zu bauen, ähnliche Unglücksfälle zu verhüten, bei den trefflichen Vorkehrungen zum Löschen, sie waren berühmt, müssen die dazu angewiesenen Leute nicht auf ihrem Posten gewesen sein. Das, Klenze, war recht aufmerksam von Ihnen, nach Kälte, Wasser und Feuer und durchwachter Nacht zu schreiben.«

Der Kronprinz stellt sich, Klenzes Abneigung gegen das Cuvilliéstheater kennend, davor. »So wäre mir sehr leid, wenn das alte Theater abgebrochen würde. In München fehlt es ohnehin an Räumen, Einreißen solcher Gebäude widerstrebt mir. Daß man doch bei uns immer so bereit ist einzureißen und so bereitlos zum Bauen ist.« Und acht Tage darauf, als es um die Finanzierung des Wiederaufbaues ging: »Der Staat tut so viel für München, so finde ich es denn schon deswegen für wünschenswert, daß die Stadt aus ihren Mitteln das Theater wieder aufbauen läßt, die den Nutzen und das Vergnügen daran hat.« (21.1.1823)

Klenze wurde mit der Leitung des Wiederaufbaus betraut und ihm eine Kommission zur Seite gegeben. Die Wiederherstellung des Fischerschen Baues wurde ihm zur Pflicht gemacht, nur die Lehren des Brandes sollten genutzt werden. Zuerst mußte der Bau in Zukunft ohne Verbindung zu den Nachbarn frei stehen. Die ausgedehnte Anlage Fischers mit je zwei Flügelbauten für die Fassade des Residenztheaters und den Redoutensaal mußte aufgegeben werden. Klenze straffte den Umriß des übriggebliebenen Kernbaus und gewann dem Platz einen gewaltigen städtebaulichen Akzent.

Klenze hat das Werk eines anderen nur ungern übernommen, er hatte eine andere Vorstellung vom Theaterbau. Aber er unterwarf sich dem Wunsche Max Josephs und hielt sich an die Pläne Karl von Fischers. Seine wesentlichen Änderungen dienten dem Schutz vor Bränden und der Neugestaltung der städtebaulichen Situation.

Als erstes ließ er den schmalen Verbindungsbau zur Residenz abbrechen und nur mit einem offenen Bogen die Lücke in der Ecke des Max-Joseph-Platzes schließen. Der Trakt gegen das Münzgebäude mit dem Redoutensaal fiel ganz weg — die Räume sollten dem Theater immer fehlen —. Klenze nahm die schmalen Risalite, an denen der Flügelbau ansetzen sollte, weg und führte diese Südfassade glatt durch. Damit war der Ausgangspunkt für die spätere Maximilianstraße vorgezeichnet.

Nun blieb nur der nach Osten gerichtete Kernbau des Theaters als einziger Block. Klenze machte ihn zur Dominante des Platzes, erhob den basilikalen groben Umriß mit einem zweiten Giebel zur Bedeutung.

Statt des von Fischer hier vorgesehenen Walmdaches entschloß sich Klenze, wie Schinkel bei seinem Schauspielhaus in Berlin, zu einem Giebel und bezeichnete »das Walm-

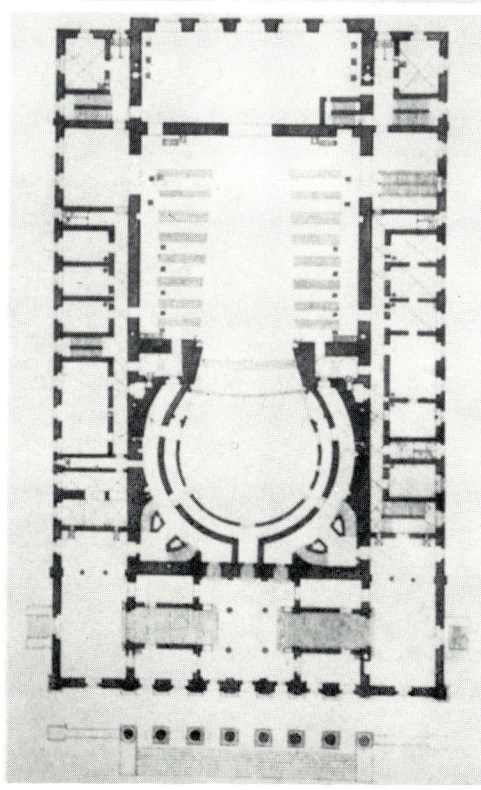

126 Nationaltheater nach dem Umbau durch Klenze. Grundriß und Ansicht

dach als einen außerordentlichen architektonischen Mißstand und den Giebel die höchste architektonische Zierde, da die Erfinder unserer Architektur einen Giebel für so schön und erhaben hielten, daß sie nur bei Göttertempeln angewendet werden durfte«. Schon zu Klenzes Zeit erhob sich gegen die Verdoppelung des Giebelmotives Widerspruch, und man schlug vor, den Portikus-Giebel durch eine Attika zu ersetzen.

Bei der Wiederherstellung des Innern waren Klenze und sein Mitarbeiter bestrebt, ein zweites Brandunglück auszuschließen. Hauptsache war, das Übergreifen eines Brandes von der Bühne zum Zuschauerhaus zu verhindern. Dabei weigerte sich Klenze, einen eisernen Dachstuhl anzubringen, da er ihm angesichts der vielen anderen brennbaren Stoffe sinnlos erschien. Man legte aber allen Wert darauf, das nötige Holz und die Stoffe zu imprägnieren, worüber unter der Leitung des Chemikers Hart erfolgreiche Versuche durchgeführt wurden.

Der Dachstuhl wurde entworfen, der Plafond über dem Zuschauerhaus mit einer neuartigen Eisenkonstruktion, einem sogenannten Pariser Rost, überspannt. Das Bühnenportal mit seiner Öffnung von zwölf Metern wurde mit einer für die damalige Zeit erstaunlichen Konstruktion überspannt, als deren Erfinder der Baurat Thurn zu gelten hat. Statt der feuergefährlichen hölzernen Dachbinder wurde eine feuersichere Kombination von Stahl und Stein ausgeführt. Dabei wurden wie bei dem viel später entwickelten Eisenbeton die Zugspannungen dem Stahl und die Druckspannungen dem Stein übertragen. Dieser übernahm außerdem durch die Ummantelung den Feuerschutz des Eisens. Zwischen die senkrechten Mauerpfeiler der Bühnenportalöffnung wurden drei Bogen aus Ziegelsteinen gespannt, die durch zwei konzentrisch angeordnete eiserne Bogensprengwerke unterstützt werden. Diese sind durch sieben stählerne Rundeisen verbunden und das Ganze ist an drei ummauerten Ziegeleisen an den großen halbkreisförmigen Entlastungsbogen angehängt. Das Ganze ist als Zwillingswerk nebeneinander ausgeführt. Klenze hat sich diese Leistung seines Mitarbeiters gerne zuschreiben lassen und in seinem Stichwerk über das Nationaltheater veröffentlicht. Mit einem ausgeklügelten Löschsystem überzog man das Bühnenhaus. Stolz veröffentlicht Klenze diese Funktion der Regenanlagen und Spritzen, die mit ihren beweglichen Armen jeden Teil der Bühne bestreichen konnten.

Der Malersaal, an der Ostwand der Bühne gelegen, wurde unter das Dach verwiesen und dadurch ein Magazin in Bühnennähe gewonnen. Zwei zusätzliche Haupttreppen sorgten für bessere Fluchtwege. Das Kulissen-Magazin wurde aus dem Haus verlegt. Klenze wollte es schon damals sogar außer der Stadt wissen.

Nun wurde auch der Portikus mit seinen acht herrlichen Säulen nach den Plänen Fischers ausgeführt. Die Säulentrommeln waren seit langem hergestellt und, soweit Klenze die Lieferungen des Salzburger Werkes nicht hinter dem Rücken Fischers für seine Glyptothek beschlagnahmen konnte, auch zur Stelle. Die fehlenden Teile wurden durch Steine aus Kelheimer Brüchen ergänzt. Einstimmig billigte die Kommission am

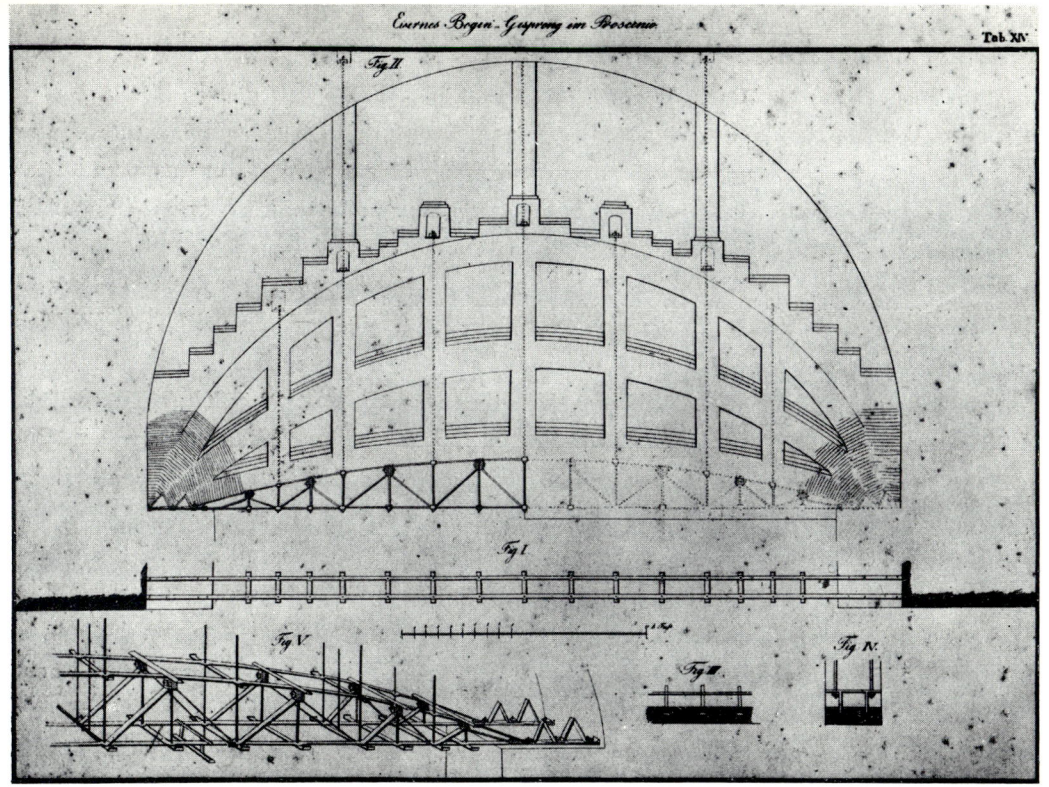

127 Nationaltheater, Entlastungsbogen über dem Bühnenportal

20. Februar 1823 die Vorschläge Klenzes. Nun bewährte sich sein Talent, den Bauablauf so zu planen, daß alle Arbeiten lückenlos ineinandergriffen. Die straffe Bauführung, von seinen Baustellen an der Ludwigstraße und am Odeonsplatz reibungslos eingespielt, bewährte sich. Im Herbst des gleichen Jahres stand der Rohbau, die Seitenbauten waren bereits abgedeckt, die Mauern des Hauptbaues hochgeführt und der eiserne Dachstuhl in Montage.

Bei der Innendekoration mußte sich Klenze ganz den Zeichnungen Fischers unterwerfen. Sie waren zum Glück — die Originale waren beim Brand in der Bauhütte vernichtet — in Nachzeichnungen des Baukondukteurs Lang enthalten. Dadurch hatte man genaue Vorlagen aller Ornamente, Verzierungen der Bühne, des Logenhauses, der Hoflogen, des Königssalons, sogar aller kleinsten Details der Logenbrüstungen, der Parterrebänke, Türverkleidungen, Spiegelrahmen, Öfen und Ofenverzierungen. Außerdem hatte sich Professor Seidl, der schon unter Fischer die Ausmalung vorgenommen hatte, bereitgefunden, noch einmal sich der gleichen Mühe zu unterziehen. Jeder Versuch Klenzes, von den Plänen Fischers abzuweichen, scheiterte an der Meinung der Baukommission und dem Willen des Königs, der das Theater immer hergestellt wissen wollte »wie es war — Max Joseph«. Nur einige schwerfällig ausgefallene Ornamente wurden »etwas leichter und dem Auge wohlgefälliger« gehalten.

Im Herbst 1824, nach einer Bauzeit von kaum 18 Monaten, war der Ausbau so weit gediehen, daß die Eröffnung auf den 2. Januar 1825 festgesetzt werden konnte. Unter begeisterter Teilnahme der Bevölkerung fand die Eröffnung statt, gerührt dankte der König. Klenze wurde nach der Feier mit einer goldenen Medaille ausgezeichnet. Alle waren zufrieden. »Jeder glaubt, der jetzt dieses neue Haus wieder besucht, er befände sich ganz im alten Hause, und es sei damit nichts anderes vorgefallen, als daß eine längere Pause in den Vorstellungen stattgefunden habe.« Klenze hatte den Bau Karl v. Fischers getreu seinen Plänen in einer Bauzeit von kaum zwei Jahren wiederhergestellt.

Die Kosten betrugen 850 000 Gulden. Willig nahm die Stadt die Schulden auf sich, die ihr durch die Bewilligung des Bierpfennigs ein wenig erleichtert wurden. Das Münchner Nationaltheater gehörte zu den großen Häusern Europas, es blieb eines ihrer schönsten.

Noch einmal, 1855, wurde Klenze mit dem Nationaltheater befaßt. Bei der Einrichtung der Gasbeleuchtung wurde er mit der Restaurierung des Hauses beauftragt. Nun konnte er, nicht mehr an die strikte Weisung Max Josephs gebunden, sich von den Zeichnungen Fischers lösen und hat die Dekors, vor allem an den Randbrüstungen, vereinfacht und die Kuppel in anderer Weise bemalt.

Ein Jahr später kann Klenze seine Zustimmung geben, daß Bürklein die Straße Maximilians II. von der Isar über das Forum bis zum Stadtkern heranführt und an der Südseite des Nationaltheaters entlangfluchtet. Der Max-Joseph-Platz und die Stadt wurden damit an dieser Stelle gegen Osten geöffnet. Ein Vorschlag, den Klenze schon 25 Jahre zuvor König Ludwig gemacht hatte.

Klenze hat jeden Anteil an der architektonischen Gestaltung des Nationaltheaters abgelehnt und sich dem Befehl König Max Josephs, das Theater völlig nach den Plänen Karl von Fischers wieder aufzubauen, unterworfen. Er schrieb darüber noch 1839 an Ludwig:
»Euer Mayestät wissen, wie ich in der polychromischen Ausschmückung des Theaters, da ich das Theater nicht selbst entworfen, und da dasselbe sogar ganz gegen die Idee anstrebt, welche ich mir von der architektonischen Gestaltung eines Theaters mache, auch nie als Erfinder und Anordner, sondern lediglich als E. M. Werkzeug und gleichsam polychromatischen Sekretär betrachtet habe.«

Selbst Klenze warnte in der kommenden Zeit, den Bau anzutasten. Als Ludwig 1839, von der Polychromie des neuen Postgebäudes begeistert, auch dem Nationaltheater kräftige Farben zu geben wünschte, warnte Klenze vor jedem Eingriff, »wie gefährlich es sei, sich an dem architektonischen Palladium des Münchener Publikums zu vergreifen«. So blieb der Bau auch ohne Giebelfelder nach griechischem Vorbild mit plastischem Schmuck, da die Mauern sich als nicht tragfähig genug erwiesen. Der Entwurf Schwanthalers wurde durch enkaustische Malerei ersetzt.

Pläne:

Die Mehrzahl der Originalpläne — 357 an der Zahl — wurde noch am Todestage Fischers sichergestellt und in das Baubüro gebracht, wo sie beim Brande 1823 zusammen mit dem Modell vernichtet wurden. Den wertvollen Rest verwahrt das Landbauamt München (Bauleitung Nationaltheater),
das Münchner Stadtmuseum (Langsammlung, Maillinger- und Zettlersammlung)
und die Architektursammlung der Technischen Hochschule München (Fischermappe I und II)

Akten

Von dem Aktenmaterial des ersten Baues ist der größte Teil beim Brande 1823 zugrunde gegangen. Heute noch: Hauptstaatsarchiv
MF 13552 (Erbauung eines Theaters betr.)
MF 19715 (den neuen Hoftheaterbau betr.)
Kreisarchiv
XXXVII/156 Hof- und Nationaltheater
RA 15223 Neuer Hoftheaterbau 1811—1820
Geheimes Hausarchiv
ARO 32

Akten nach dem Brand
Kreisarchiv
RA 16/224 Bau Nationaltheater
RA 15/223 1/2
RA 16/223 1/3 Hofämter Rep.
XXXVII/156 Hof- und Nationaltheater
Aus diesen Akten wichtige Folgerungen für den ersten Bau
Hauptstaatsarchiv
FI 55823 ff. (Nationaltheater I—X 1804—1809)
FI 55824 ff. (Nationaltheater I—VI 1810—1824)
OBB 4261 (Nationaltheater, Brand und Wiederaufbau)
OBB 7530 (Klenze, Wiederaufbau 1823 ff.)
OBB 239/4327

Literatur

Anonym, Das neue Hoftheatergebäude zu München, München 1818

Bauckner Arthur, 150 Jahre Bayerisches Nationaltheater, München 1928

Baumgartner Anton, Schilderungen bei Gelegenheit der feierlichen Eröffnung des großen neuen Kgl. Bair. Hoftheaters in München, 12. Oktober 1818, München 1818

Baumgartner Anton, Beschreibung des Brandes im Kgl. Bair. großen Hof- und Nationaltheater am 14. 1. 1823, München 1823

Eberhardt Heinrich, Chronik der beiden Kgl. Hoftheater an der Residenz und am Isartor vom 12. 10. 1818 bis 12. 10. 1819 (Handschrift Nr. 115 GH)

Eos, Zeitschrift, Das Nationaltheater in München, 1818

Flora, Zeitschrift, Der Wiederaufbau des Nationaltheaters 1823

Fries Hermann, Das Nationaltheater, Herausgegeben von den Freunden des Nationaltheaters, München 1957

Grandauer Franz, Chronik des K. Hof- und Nationaltheaters, München 1878

Keller Hans, Das Münchner Nationaltheater, München 1956

Klingemann August, Blätter aus meinem Reisetagebuch, Braunschweig 1820 und 1828

Malyoth Ludwig, Das Hoftheaterproblem in München, »Der Sammler« Nr. 119/120 1918, Beilage zur München-Augsburger Abendzeitung

Malyoth Ludwig, Gründung des Aufbaues des Kgl. Hof- und Nationaltheaters, Bayerland 1918 Nr. 2

Neithardt O., Das Nationaltheater, München 1928

Schiedermaier L., Briefe von W. A. Mozart, München 1930

Schindler Herbert, Carl von Fischer, ein Architekt des Münchner Klassizismus, München 1951

Springorum Ilse, Karl von Fischer, unveröffentlichte Dissertation, München 1936

Wankmüller Ilse, Das Nationaltheater in München, München 1956

128 Kriegsministerium, Ansicht an der Ludwigstraße

Das Kriegsministerium

An der Ostseite wurde das Kriegsministerium 1826 der letzte Bau Klenzes im Zuge der Ludwigstraße, ehe er ihre Weiterführung an Gärtner abgeben mußte, der mit der mächtigen Wand der Staatsbibliothek sein Wirken an der Straße begann. Nahtlos gehen beide Bereiche ineinander über. Der Geist der Straße erwies sich als übergeordnet. Gärtner hat in großzügiger Weise die Straße mit Damenstift, Blindeninstitut, Salinendirektion, Ludwigskirche, Universitätsplatz und Siegestor zu Ende geführt.

Mit dem Kriegsministerium gelang Klenze eine besonders kluge Lösung. Das vorhandene alte Kommandanturgebäude an der Schönfeldstraße sollte erhalten bleiben. Klenze verband es seinem Baublock an der Ludwigstraße durch eine Galerie und gewann damit eine wohltuende Auflockerung durch das Forum an der Schönfeldstraße.

Der Fassade an der Ludwigstraße ließ er besondere Sorgfalt angedeihen. Ein siebenachsiger Mittelrisalit ist leicht vorgezogen und gegen die fünffachsigen Seitenflügel um ein

129 Kriegsministerium, Ansicht an der Schönfeldstraße

130 Kriegsministerium, Relief im Bogenzwickel an der Ludwigstraße

131 Kriegsministerium, Fassade Ludwigstraße

Geschoß erhöht und durch eine offene Pfeilerbogenhalle betont. Die Reliefs der Bogenzwickel sind mit ihren kriegerischen Emblemen, Bogenschilden, Helmen, Spießen, Morgensternen ein bestes Zeugnis der Kunst Klenzes, ein Architekturdetail dekorativ zu füllen. Mächtige horizontale Bänder und ein Konsolengesims fügen den kräftigen Bau in den Zug der Ludwigstraße ein. Der Bau gehört zu den eigenständigsten Fassaden Klenzes in der Ludwigstraße.

»Die starken, durch geschmückte Friese noch bereicherten Gesimse verleihen dem Bau etwas ungemein Artikuliertes, der saftig rustizierte Sockel, die voll sinnlich empfundenen Rustika-Arkaden, die so kein anderer deutscher klassizistischer Architekt hätte machen können, die breit rustizierten Ecken und die kräftigen reichen Kranzgesimse geben etwas Festliches und Bedeutendes. Alle Details sind in Sandstein ausgeführt. Man denkt angesichts der einzelnen schönen Kuben an den Palazzo Pandolfini in Florenz ... Die Fenster reichen sehr nahe an die oberen Gesimse. Es ist das der Punkt, wo man wünschen möchte, das Ganze sei straffer, strenger organisiert.« (Kiener)

Klenzes Kriegsministerium in München wurde Vorbild für die Formen des Börsengebäudes am Ludwigsplatz in Augsburg.

132 Max-Palais, Ostansicht von der Ludwigstraße, abgebrochen 1936

Max-Palais

Einen schönen Auftrag von denkbar königlichem Format erhielt Klenze mit dem Palais in der Ludwigstraße für Herzog Max, dem nicht nur musikalisch begabten, lebensfrohen und volkstümlichen Prinzen der jüngeren, birkenfeldischen Linie des Hauses Wittelsbach. Seine Aufgabe an dem Neubau mit Theater- und Ballsaal, Reithalle und Zirkus beschreibt Klenze selbst:

»Es war hier die Aufgabe gestellt, auf einem von vier Straßen umgebenen Platze eine Wohnung für ein junges Fürstenpaar zu errichten, und zwar in der Art, daß der Herzog das Erdgeschoß und die Herzogin den ersten Stock bewohnen sollte, welcher zugleich ein nach Umständen und Belieben zu vergrößerndes oder verkleinerndes Fest-Appartement enthalten mußte.

Eine vollkommen bequeme und den häuslichen und geselligen Erfordernissen und Gebräuchen völlig angemessene Einteilung des Ganzen, ward als Hauptbedingung einer reichen und künstlerischen inneren Ausschmückung vorangestellt, und eine paßliche Vereinigung dieser Erfordernisse war die Aufgabe, welche der Architekt zu erfüllen hatte.

Der Grundplan ward in der Art angeordnet, daß nach einem ersten Ehrenhofe ein zweiter Stallhof folgte, und rechts und links zwei kleine Diensthöfe angebracht wurden. Nach der Durchfahrt zwischen den Ställen folgt ein kleiner Gartenplatz. Im Erdgeschoß des Hauptgebäudes liegt rechts des Einfahrtsvestibüls die Haupttreppe und links desselben die Wohnung des Herzogs.

Besondere Stallungen für Reit- und Wagenpferde, große Remisen usw. umgeben den zweiten Hof und bieten in einer Etage darüber hinlänglich Raum für die Wohnung des diensttuenden Personals dar. Wenn man die Marmortreppe bis zum ersten Stock hinaufgestiegen, findet man gegenüber die Eingangstür zum ersten Vorzimmer.

Aus dem zweiten Vorzimmer gelangt man in den Salon, von welchem rechts die Wohnzimmer der Fürstin, links die Festgemächer liegen.

Alle diese Zimmer haben reich cassettierte und verzierte Plafonds und Friese, und ihre Wände sind mit Seidenstoffen bespannt. Das Eck-Boudoir ist auf weißem Gipsmarmor mit farbigen Arabesken gemalt. Links des Eintrittssaales ist wie gesagt das Festgemach, und zwar der Empfangssalon besonders dargestellt; die Wände sind mit Gemälden al fresco, als ausgespannte Teppiche gestaltet, dekoriert. Sie stellen Aurora und die Nacht; Theseus, welcher die athenischen Mädchen und Jünglinge von dem Minotauros befreit; Herkules, welcher die Eurydike aus dem Hades herausführt und von Hebe den Nektarbecher empfängt, und endlich Orpheus dar, welcher durch die Töne seiner Lyra die Tiere der Wildnis bändigt. Fries und Decke sind mit reichen Vergoldungen und Ornamenten in lebhaften Farben verziert. Die historischen Malereien sind von dem Direktor von Langer ausgeführt.

Die Wände sind mit bläulichem Stuckmarmor bedeckt. Der Fries nebst seinen Ornamenten und Statuen der neun Musen und ihre Mutter Mnemosyne, Pallas, Hera, Diana und die drei bekleideten Grazien darstellend, sind so wie die Verzierungen der Decke ganz in weißem Stuck ausgeführt, welche in den Vertiefungen und Kassetten durch hell- und himmelblaue Gründe hervorgehoben werden. Die Figuren und Reliefs in diesem Saale sind von dem Bildhauer und Professor Meyer ausgeführt.

Die Wände sind nach der Art der Antike mit Quadrierungen von Marmor in hellblauer Farbe, von geschnitzten und vergoldeten Gliederungen umgeben, bedeckt. Über einem reichen Friese und der Corniche stehen in den beiden langen Seiten die Fenster; an den kurzen die Balkons für Musik und Zuschauer von vergoldeten Gittern eingefaßt. Zwischen den Fenstern der langen, und den Türen der kurzen Seiten sind 14 al fresco Bilder auf rotbraunem Grunde, die Geschichte der Psyche darstellend.

Die Decke ist mit Diagonal-Kassetten verziert, deren Gründe von tanzenden und schwebenden Figuren auf roten und blauen Gründen, und mit reichem farbigem Ornament, und Vergoldungen umgeben, eingenommen werden.

Die Bilder dieser Decke sind von dem Professor Zimmermann, die der Wände von Kaulbach ausgeführt. Die Reihe dieser Festgemächer wird von dem großen Eßzimmer und dem daneben befindlichen Buffetzimmer neben der Küchentreppe beschlossen. Der Fries,

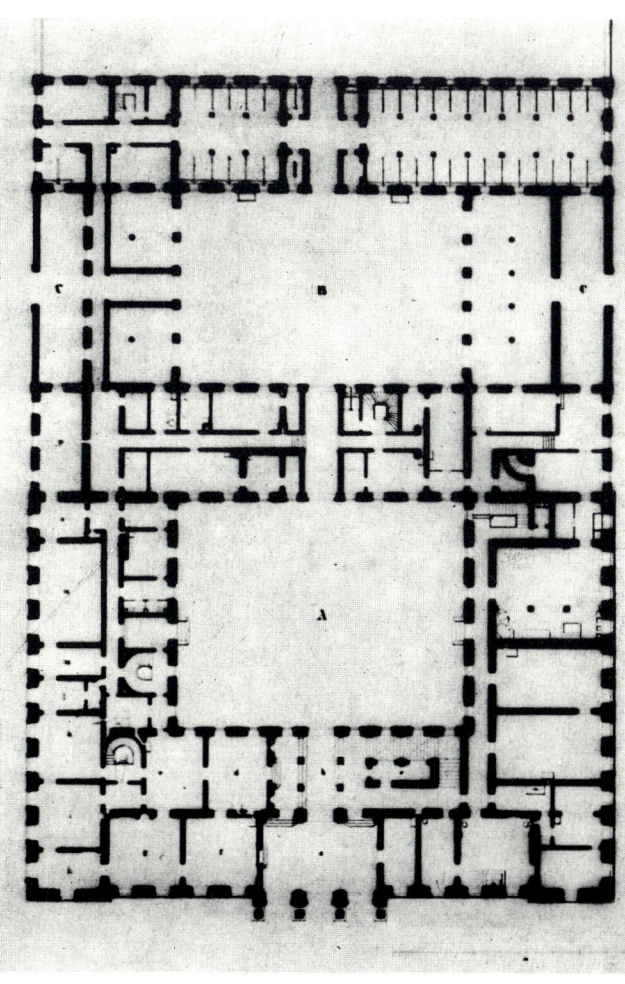

133 Palast des Herzogs Max von Bayern-Birkenfeld, Grundriß und Ansicht von Osten, Ludwigstraße

134 Max-Palais, Innendekoration Festsaal, Wand, Decke und Fußboden

135 Max-Palais, Festsaal

136/137   Max-Palais, Ballsaal und Audienzsaal

138/139 Max-Palais, Heroensaal und Pompejanischer Saal

die Geschichte des Baccus darstellend (en relief), so wie die Decke mit ihren Stuckzierden sind ganz weiß. Dieser Fries ist von dem Bildhauer Professor Schwanthaler ausgeführt. Die Fußböden aller dieser Gemächer sind aus Ahorn-, Mahagoni-, Eben-, Atlas- und Nußbaumholz nach den Zeichnungen, welche die Kupferplatten zeigen, zusammengesetzt.

Der zweite Stock, zu welchem die Marmortreppe in ganz freiem Raume führt, ist in einzelne Wohnungen für die fürstlichen Kinder, Damen und Herren des Hauses abgeteilt.«

Das Palais wurde im Frühjahr 1822 begonnen und im Herbst 1826 vollendet. Es wurde 1936 abgebrochen.

NACHWEISE

Pläne

Graphische Sammlung u. a. Nr. 26995 (Schnitt durch das Hauptgebäude), 27401 (Fußbodenmuster)
Stadtmuseum Mai.-S. VIII/I. Nr. 110/1—8, Grundrisse und Fassaden des Hauptgebäudes, Wand- und Deckendekoration
Mai.-S. VIII/I 111—113, Grundrisse und Ansichten der Stallgebäude und des Zirkus

Architektursammlung der Technischen Hochschule München. Sammlung architektonischer Entwürfe L. v. Klenzes
Fotos aufgenommen vor dem Abbruch.
Prof. Hans Kiener,
Zentralinstitut für Kunstgeschichte, München

140 Max-Palais, Geländer der Haupttreppe

141 Max-Palais, Vorsaal

DAS ERZGIESSEREIGEBÄUDE

Zu den Kunsttechniken, die unter Ludwigs Regierung wieder auflebten, gehörte neben der Glasmalerei und Freskotechnik der Erzguß. Der erfindungsreiche und kundige Johann Baptist Stiglmeier hatte sich in der Welt umgesehen und den Erzguß in Italien und Paris erlernt. München sah bald große Aufträge. Sie begannen mit dem Denkmal für Max Joseph in Kreuth. Als der Neffe Ferdinand Miller sich dem Unternehmen anschloß, gewann es stetig an Umfang und Ansehen. Der Bedarf an Erzstandbildern wuchs. Klenze hat für viele durch seine Skizzen die Ideen gegeben, zum Guß des Obelisken ebenso wie für das Denkmal Max Josephs I., vom Denkmal des Kurfürsten Maximilian bis zur Bavaria oder von den Statuen der Wittelsbacher Fürsten im Thronsaal der Residenz bis zum Denkmal Ludwigs I. auf dem Odeonsplatz. Der Ruf der Münchner Gießhütte drang bald ins Ausland, Aufträge von Amerika kamen herein. Klenze baute 1824 für die Erzgießerei in der Nähe der Nymphenburger Straße einen einfachen Putzbau mit überhöhtem Mittelteil, der auf Jahre die Stätte berühmter Tätigkeit wurde.

DER KORNMARKT

Auf dem Maximiliansplatz — schon von Karl von Fischer geplant — sollte ein großes Gebäude für den Kornmarkt errichtet werden. Der Plan Klenzes sah dafür im Erdgeschoß weitläufige, von Säulen gestützte Hallen vor, wie bei Fischer, an beiden Seiten von einem umlaufenden, nach außen offenen Arkadengang umzogen. Die Fenster des Obergeschosses sind ohne besonderen Schmuck geblieben, darüber ein breiter Konsolenfries und ein flaches Walmdach.

NACHWEISE
Hauptstaatsarchiv
Pläne
Nr. 8713. Generalplan der Kornhalle auf dem Maximiliansplatz. sign. 1816
Nr. 8714/1—8. Aufriß, Grundrisse und Fassaden

DIE ALTE ANATOMIE

Für das alte Anatomiegebäude oder, wie es in den zeitgenössischen Stichen steht, das »Neue anatomische Theater an der Schillerstraße« legte Klenze 1825 den amphitheatralischen Hörsaal als Zentralraum der Anlage in die Mitte und gruppierte um ihn die übrigen Arbeitsräume in der Weise, daß gegen die Straße eine gerade Flucht entsteht, während gegen die Gartenseite seitlich zwei Flügelbauten vorspringen und in der Mitte die Rundung des Saales sich vorwölbt. »Der Grundriß wie die Fassade sind von ähnlichen Beziehungen in den gesättigten Verhältnissen des Goldenen Schnitts durchwaltet.« (Kiener)

142 Residenz, Königsbau, Südfassade

DER KÖNIGSBAU DER RESIDENZ

Mit der Thronbesteigung konnte Ludwig I. seine Baupläne im großen und uneingeschränkt durchführen. Nachdem er sich in den ersten Wochen gewissenhaft in die Regierungsgeschäfte eingearbeitet hatte, ließ er Klenze zu sich kommen, um mit ihm die nächsten Bauvorhaben zu besprechen. Mancher Plan, der bisher mit Rücksicht auf den Vater zurückgestellt war, konnte nun ausgeführt werden. An erste Stelle trat der Neubau seines Regierungssitzes und der Umbau der Residenz.

Der Abbruch des Franziskanerklosters 1802 hatte Gelegenheit gegeben, dem Komplex der Residenz, die seit den Tagen Herzog Albrechts in großen Sprüngen gewachsen war, den Durchbruch nach Süden zu gestatten. Die aufgerissene Flanke lag 15 Jahre ohne architektonische Fassung. Die machtvoll aufgerichtete Fassade des Nationaltheaters beherrschte den Platz. Drei von Fischers Vorschlägen, der Süd- und Nordwand eine einheitliche, im Stil der Zeit gestaltete Fassade zu geben, waren unter Max Joseph unausgeführt geblieben: »Ich will in meiner Ruhe bleiben und den Residenzbau dem Louis überlassen.«

Als Ludwig I. 1825 König geworden war, ergriff er diese Aufgabe zuerst, um sich und seiner Hofhaltung hier die seiner Vorstellung entsprechenden Wohnräume zu geben. Einen ersten Plan Klenzes, mit zwei zur Mitte gerückten Risaliten, in Rom 1825 genehmigt, verwarf Ludwig bereits auf der Rückreise, als ihn die Renaissancefassaden in Florenz aufs neue stark beeindruckten. Klenze ließ zwei weitere Entwürfe für den Königsbau am Max-Joseph-Platz folgen, die sich den florentinischen Palastfassaden anglichen: zwei Fassaden mit je einer fünfachsigen Loggia in der Mitte, deren Erdgeschoß kräftige Bossierung aufwies. Auch dieser Entwurf wurde verworfen: »Wieviel Schönes«, schrieb Ludwig aus Würzburg am 2. November 1824, »Ihr Residenzentwurf, der Bau gegen den Max-Joseph-Platz meine ich (auch hat), werde ich dennoch nicht dessen Fassade ausführen lassen, unten im toskanischen, in dem höheren Geschoß im römischen Stil. Ich wünsche daß Sie ... in günstigen Stunden einen Entwurf im Stil des ersten Stockwerks machen. Schön, sehr schön ist jeder Teil. Nur beisammen an einem Gebäude dürfte nicht erwünschtes Ergebnis herauskommen, weil ein Zusammenklang fehlen würde.«

Der endgültige Entwurf griff auf eine Zeichnung Fischers nach dem Palazzo Pitti zurück. Die Fassade Klenzes hat mit diesem aber nur die Ausdehnung und den hochgezogenen Mittelteil gemeinsam, während das Risalitsystem der Fassaden dem Palazzo Ruccelai entspricht. Klenze hat mit dieser Fassade der platzbeherrschenden Achse und der dominierenden Fassade des Nationaltheaters Rechnung getragen. Er bildete — eine Übung, die ihm von der Ludwigstraße vertraut war — eine zurückhaltende, großflächige Platzwand, deren Mitte nur durch die Höhenentwicklung mit dem Aufsetzen eines dritten Geschosses für elf Achsen und die drei kolossalen Tore betont ist. Um dieser riesigen Fläche von 129 m Länge Profil zu geben, war ihm die starke Bossierung, die in der Sockelzone sogar mit Diamantquadern arbeitet, erwünscht. Klenze bewies an dieser Fassade seine Ansicht, daß es auch für eine kolossale Ordnung nicht anginge, daß Pfeiler und Pilaster durch mehrere Geschosse durchgeführt würden. Er setzt seine Pilaster, die die vertikale Teilung geben, für jedes Geschoß auf ein eigenes Konsolband.

»Es scheint mir hier eine der seltenen Gelegenheiten, die Großartigkeit und Einfachheit der florentinischen Gebäude, welche ich so viel wie irgend jemand kenne und schätze, ohne Gewalt und Opfer dessen, was Vernunft und architektonische Konsequenz erheischen, anzuwenden und zu erreichen.«

Obwohl ganz München zu einem erweiterten Königsbau wurde, auf den Ludwig all seine Kräfte verwendete, hat er den Residenzbau selbst prachtvoll erweitert. Kein Wittelsbacher Fürst hat in solchem Umfange an der Residenz gebaut wie er. Durch ihn erhielt der Komplex zwischen Max-Joseph-Platz und Hofgarten, zwischen Residenzstraße und Marstallplatz seine endgültige Gestalt. In den folgenden 130 Jahren ist nichts Wesentliches hinzugekommen, dagegen einiges verschwunden.

Der Königsbau war als Wohnung der Königin und des Königs gedacht. Ihre Gemächer lagen vorzüglich im ersten Obergeschoß. Nach dem ausdrücklichen Willen Ludwigs sollte bei der Ausstattung jede Wandbekleidung aus Seide, Holz, Spiegel oder anderen Stoffen ausgeschlossen sein. Die klassizistische Kühle der glatten Wände war durch reiche Bemalung und rahmende Stuckierung zu mildern. »Die Räume erzählen von einfachen

143 Residenz, Königsbau, Südfassade

144/145 Residenz, Königsbau, Thronsaal

146 Residenz, Königsbau

147 Residenz, Königsbau, Zimmer der Königin

Lebensgewohnheiten, aber je mehr der Prunk fehlt, umso größer ist der Reichtum an Ideen, der über alle Malereien verstreut ist und selbst in dem Ranken- und Blumengeschlinge der Ornamente und Füllungen weitergesponnen wird. Freilich sind diese Ideen nicht künstlerisch, sondern literarisch. Sie haben einen illustrativen Wert. Ein in allen Literaturen bewanderter Schöngeist hat sich seine Lieblingsdichter durch Bilder aus ihren Werken vor Augen führen lassen.« Jeder Raum bekam ein besonderes heroisches oder romantisches Thema. Griechische Helden- und Göttersagen mischten sich mit den Figuren deutscher Märchen und Balladen. Walter von der Vogelweide, Parsifal, Hermannsschlacht, Siegfried, Oberon, Egmont, Iphigenie, Faust, die Braut von Korinth, Wilhelm Tell, Wallenstein, der Kampf mit dem Drachen, die Kämpfe der Titanen und Giganten der Antike, Zeus, Poseidon, Herakles, Orpheus, Medusa, Gestalten aus Goethe, Wieland, Pindar und Theokrit wechseln miteinander. Für seine Gemächer hatte der König griechische Dichter bevorzugt, während er für die Zimmerfluchten der Königin deutsche Poeten aussuchte. Dieses vielfältige Bildungsprogramm wurde in bunter Reihe von den Malern Schnorr von Carolsfeld, Heinrich Heß, Rockl, Hiltensperger, Kaulbach, Stieler, Hermann, Foltz und den Bildhauern Thorwaldsen und Schwanthaler ausgeschmückt.

148 Residenz, Königsbau, Schreibzimmer

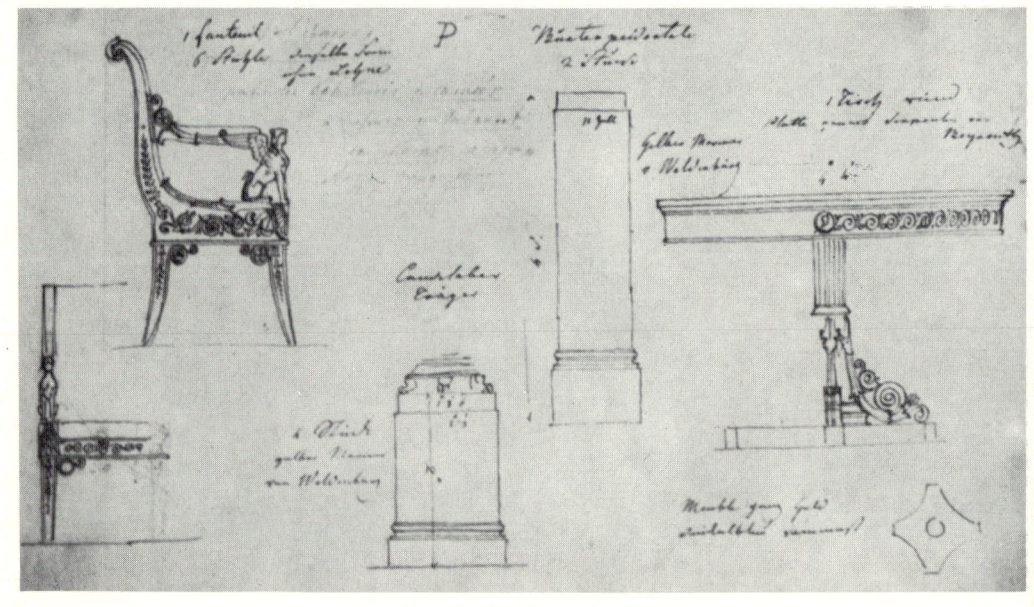

149 Residenz, Königsbau, Wanddekoration

150 Residenz, Möbelentwürfe

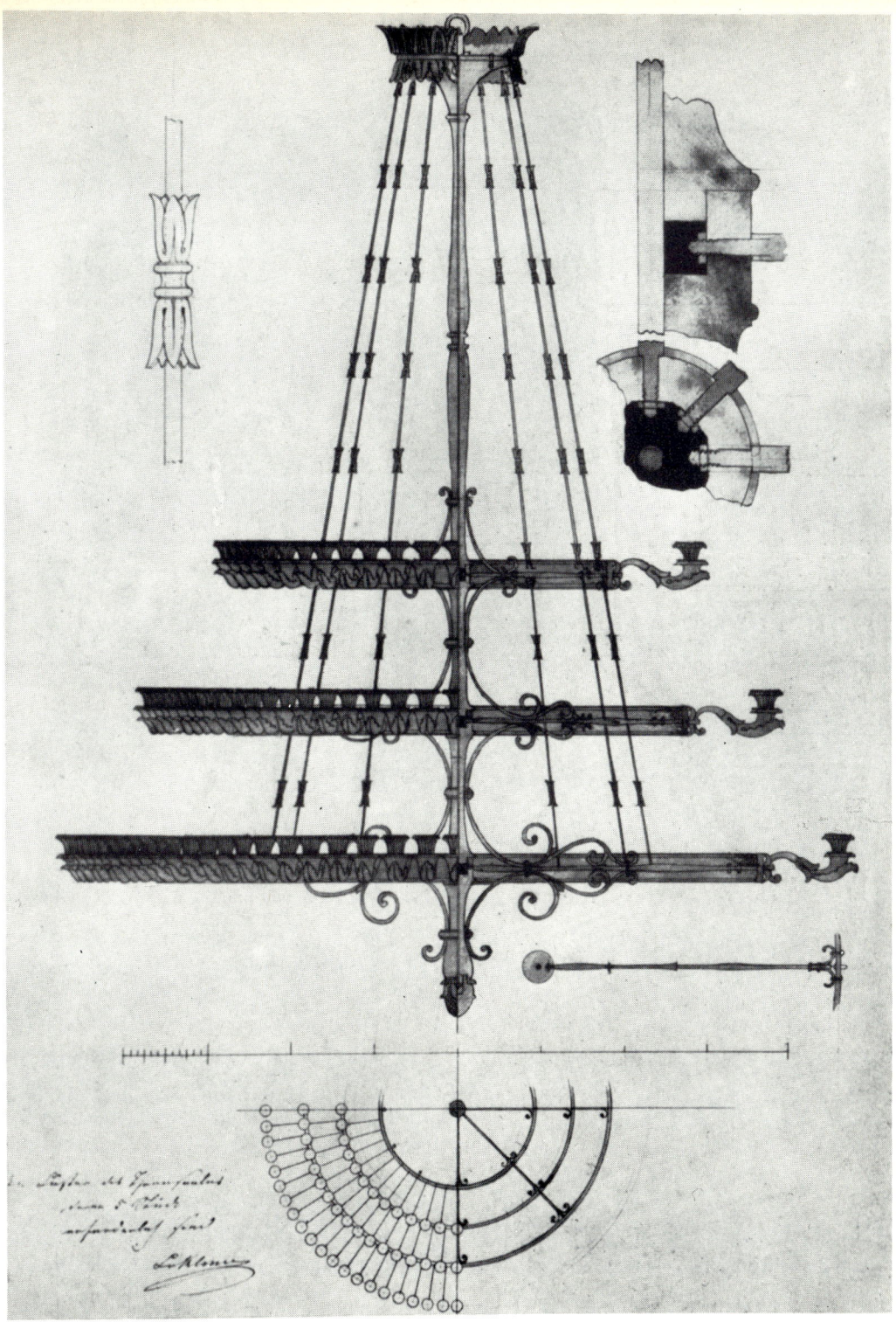

151 Residenz, Detailzeichnung zu einem Kronleuchter im Thronsaal

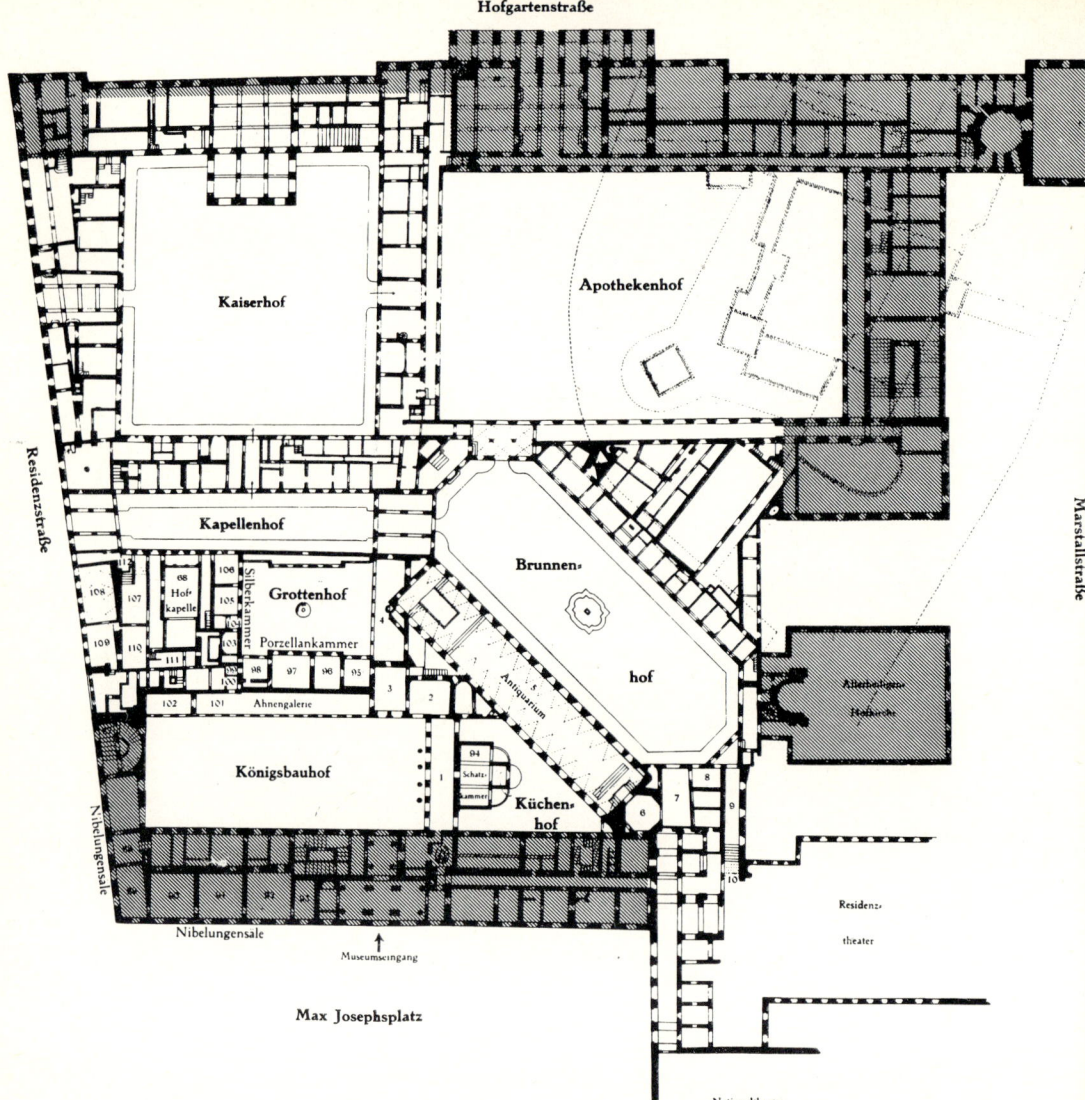

152 Residenz, Erdgeschoß (die von Klenze erbauten Teile sind schraffiert)

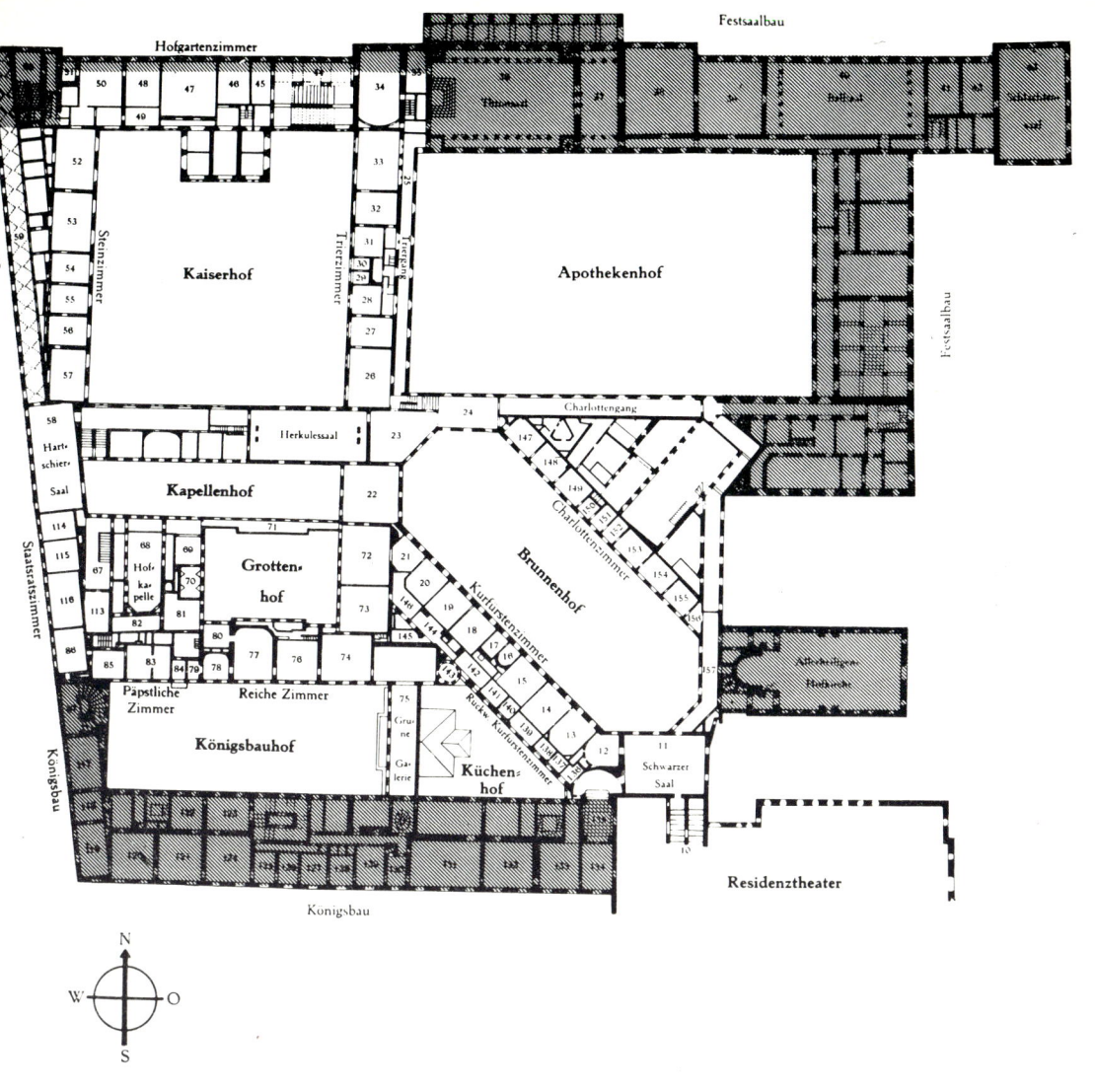

153 Residenz, Hauptgeschoß (die von Klenze erbauten Teile sind schraffiert)

154 Residenz, Fassadenentwurf Klenzes, 1826

DER FESTSAALBAU

In gesteigertem Maß war Klenze beim Festsaalbau verpflichtet. Der hohe Anspruch nach Repräsentation, den der König forderte, wetteifert mit der alten Pracht der Maximilianischen Residenz, ihrer Kaisertreppe oder den Zimmern der Jahreszeiten. Dabei waren die vorhandenen Trakte zu übernehmen: der Nordwestflügel der Maximilianischen Residenz in eine Fassade zu bringen mit den Resten der Neufeste, dem Moritzturm, dessen Erhaltung nach einem alten Aberglauben mit dem Bestehen der Wittelsbacher-Dynastie identisch war.

Klenze hat nach 1832 die Hofgartenseite der Residenz durch den schönen, plastisch kräftigen Risalitbau mit einer Loggia nach palladianischem Vorbild, darin einem Plan Karl von Fischers folgend, ausgezeichnet und den Trakt der Maximilianischen Residenz an der Residenzstraße durch einen Kopfrisalit aufgefangen und ebenso symmetrisch dazu den Übergang zu dem Trakt am Marstallplatz und dem Apothekenflügel gefunden.

Im Innern war eine Fülle von ineinandergreifenden, alten und neuen Funktionen aufzunehmen und zu gestalten. Die Mitte des Baues sollte den Thronsaal aufnehmen, hier konnte Klenze sich auf seinem eigensten Gebiet, das er schon mit dem Bau der Glyptothek als Meister beherrschte, bewähren und seine hellenischen Formen in den Dienst einer feierlichen Königshalle stellen. Er wählte dafür den grandiosen Ernst der griechisch-römischen Basilika: Auf 20 Säulen werden die Attika und der Balkon getragen und von einer reichen Kassettendecke überspannt. 12 eherne Statuen, die die Vorfahren der Wittelsbacher, von Schwanthaler modelliert, darstellen, stehen zwischen den Säulen, eine Erinnerung an die Ahnenstatuen der Innsbrucker Hofkirche, die dort am Grabmal Kaiser Maximilians Toten-

155 Residenz, Festsaalbau

156 Residenz, Nordwestecke

wache halten. Eine besonders gelungene Anordnung war, dem Thronsaal einen querliegenden Vorsaal zu geben, dessen gedämpfte Stimmung zu der prachtvollen Helle und Weite des Thronsaales überleitet. Dieser Anordnung entsprach, daß die Achse des Thronsaales nicht mit der Mittelachse der Loggia übereinstimmte, zwei Achsen mußten für die Wendeltreppe zur Galerie verbaut werden.

Eine kaum zu fassende Fülle von Entwürfen begleitete die Ausführung. Klenze hat für jede Wand, Decke und Fußböden eigene Zeichnungen gefertigt, Wandbilder und rahmende Leisten in Übereinstimmung gebracht. Die begleitenden Räume wurden von ihm in einer schönen Übereinstimmung und als Vorbereitung zu dem Hauptsaal angeordnet.

157   Residenz, Festsaalbau, Treppe

158 Residenz, Festsaalbau, Ballsaal

Eine breite Doppeltreppe, die sich in der Mitte zu einer einfachen vereinigte, führte zu den Festsälen empor. 6 ionische Säulen von rötlichem Untersberger Marmor mit bemalten Kapitälen trugen die von 12 Flachkuppeln gebildete Decke, welche mit Arabesken verziert war, während der blaßgrüne Stuckmarmor der Wände und die aus grauem Granit bestehenden Stufen, Balustraden und Sockel in kühler Ruhe standen.

Gegen den aufs höchste gesteigerten Prunk des Thronsaales mußte das Architekturbild der Kaisersäle mit ihren historischen Fresken aus der Geschichte Karls des Großen, Friedrich Barbarossas und Rudolf von Habsburgs abfallen, obwohl die Maler Georg Hiltensperger, Clemens Zimmermann, Heinrich Hess und Anschütz ihr Bestes gaben.

Von intimerem Reiz waren die Räume, die die Schönheitsgalerie Ludwigs I. aufnahmen, mit den vorzüglich von Stieler gemalten Porträts jener Frauen, die dem Herzen Ludwigs I. nahe gestanden. Darunter jene Marianna Florenci, mit der er 2446 Briefe gewechselt hat. An seine kriegerische Vergangenheit sollten die Bilder des Schlachtensaales erinnern, die die Maler Kobell, Hess, Adam und Heydeck dort in die Mauer einließen, ein Saal, der als Galatafel der zu den Hoffestlichkeiten geladenen Offiziere gedacht war. Klenze hat einen

159 Residenz, Festsaalbau, Thronsaal, Westwand

160 Residenz, Festsaalbau, Wandabwicklung

161 Residenz, Festsaalbau, Thronsaal

breiten umlaufenden Stuckfries mit verspiegelten Blendfenstern, die durch Siegesengel auf Konsolen und durch Felder mit Trophäen gegliedert sind, angeordnet und ihm eine Tönung in Grau-Blau und Rot gegeben, die sich in den Feldern der Kassettendecke wiederholt. Die Gemälde waren auf Veranlassung des Kronprinzen schon nach 1807 entstanden, darunter von W. Kobell die Übergabe von Brieg (1806), die Belagerung von Breslau im gleichen Jahre, das Gefecht bei Arnhofen und Eggmühl (1809), die Schlacht von Wagram und Polosch; das Treffen bei Wörgl von Hess, und von Albrecht Adam die Schlacht bei Borodino 1812; von Heinrich Hess das Treffen bei Bar-sur-Aube und die Schlacht bei Arcis-sur-Aube 1814; von D. Monten das Gefecht bei Saarbrücken 1814.

Klenze hatte mit dem Festsaalbau eine ungeheure Arbeit abgeschlossen. »Eine neue Stadt, größer und prächtiger als die Altstadt, war aus dem Boden gewachsen, die Residenz stand glänzender da als sie irgendeiner der früheren Wittelsbacher auch nur geplant hatte, und überall trieben die fruchtbaren Keime zu einem neuen Leben, in dessen Wirkungsfeld sich binnen weniger Jahrzehnte das ganze Deutschland hineinziehen ließ. Durch Ludwigs Tätigkeit und den Eifer Klenzes war nicht bloß die Umrißlinie der neuen Stadt erweitert worden, in die sie erst hineinwachsen mußte; München war ein geistiger Horizont eröffnet worden, an dem ihm die wichtigsten Kulturaufgaben als neue, nie gesehene Sternbilder erschienen.« (Weese)

162 Residenz, Festsaalbau, der Thronsaal nach dem Kriege

163   Allerheiligenhofkirche

DIE ALLERHEILIGENHOFKIRCHE

»Welch wahrhaft religiöser Eindruck durch Form und Schmuck dieser Kapelle in Eurer Majestät und in allen Besuchern erregt worden ist.« So durfte Klenze von seiner Allerheiligenhofkirche feststellen.

Ihm war ein echter Sakralbau, seltenes Ereignis im 19. Jahrhundert, gelungen. Bei keinem Bau ist die innere und äußere Entstehungsgeschichte so zu verfolgen wie bei diesem. Scheinbar stand ein romantisches Erlebnis am Anfang: Ludwig hatte, nachdem in seiner Jugend der unmittelbare Zugang zur Kunst verschüttet worden war, bei der Weihnachtsmesse in der Palastkapelle von Palermo in ihrer nächtlichen Beleuchtung, ihren auf Goldgrund stehenden Fresken, ihrer tiefschichtigen Stalaktitendecke ein echtes Architekturerlebnis, das er zu reproduzieren wünschte, weshalb er sich in seiner Münchner Residenz eine ähnliche Kapelle errichten lassen wollte. Geschickt lenkte Klenze, der im Januar 1824 in Palermo mit dem Kronprinzen wieder zusammentraf, auf der Heimreise dessen Augenmerk auf die Markuskirche in Venedig. Ihre frühromanischen, byzantinischen Formen lagen ihm näher als die maurischen und normannischen Motive, aus denen die Palatina in Palermo zusammengesetzt war. In der Folgezeit suchte er sogar einen Renaissancebau durchzusetzen. Unter stetem Drängen Ludwigs wurde Klenze zu einer Leistung gebracht, die der Vorstellung des Bauherrn und des Architekten entsprach.

In einem ersten Projekt hatte Klenze den Eingang gegen den Brunnenhof und die Apsis nach Osten gegen den Marstallplatz gelegt. Im Ausführungsentwurf — am 28. September 1826 signiert — ist der Innenraum auf eine klare Form konzentriert. Auf einer Achse sind zwei Kuppelräume mit der Vorhalle im Osten und der Apsis im Westen aufgereiht. Während die Fassade, die eine dreischiffige Basilika vortäuscht, mühsam zusammenkomponiert ist und das reichgegliederte Radfenster, der kräftige Rundbogenfries, die fialenartigen Türmchen in keiner Beziehung zueinander stehen, ist der Innenraum durch seine Abmessungen und harmonischen Verhältnisse eine der gelungensten Raumschöpfungen dieser Zeit.

Lang ehe die Allerheiligenhofkirche bedroht war, schrieb von ihr 1933 Hans Karlinger in seinem Buch »München und die deutsche Kunst des 19. Jahrhunderts«: »Es ist der einzige Außenbau, der Klenze wirklich mißglückte. Um dafür den einzigen, ganz großen Innenraum zu schaffen — mit Abstand den besten aller ludowizianischen Kirchen —. Die Malereien von Hess mögen viel beitragen, wenn man die Raumstimmung der Allerheiligenhofkirche beurteilt. Auch ohne sie bleibt die Kapelle ein Kirchenraum, wie München im 19. Jahrhundert keinen mehr gesehen hat.«

Es war Klenzes einziger Kirchenbau in München, der erste der Gegensäkularisation in Bayern.

Die Fresken von Heinrich Hess, die vor allem die Kuppelzone schmückten, sind verloren. Der Krieg ließ Reste der schönen Architektur und die genauen Pläne. Man vergaß in Kreisen der Kunstkenner zuweilen über dem Lobe des Gemäldezyklus, der die Heilsgeschichte des Alten und Neuen Bundes in den Bildern von Hess verklärte, den eigenständigen Wert der Architektur, die vollendete Raumfügung. Wer sich mit Kirchen auskennt, hätte sich durch das stumpfe Äußere — das heute ohne Nachteil durch das Magazingebäude verdeckt wird — nicht den Zugang zu dem Innenraum versperren lassen sollen, um sich die klare, zwangsläufige Raumfügung Klenzes aufzuschließen: Das war von schöner Konsequenz, wie die Vorhalle sich in den ersten Kuppelraum öffnete, dieser durch eine Bogenzone vom zweiten geschieden und mit ihm verbunden war, wie ein letzter Bogen die Apsis rahmte, deren goldene Wölbung die Bewegung des Langhauses auf sich selbst und den Betrachter zurückleitete.

An einer Achse waren Vorhalle, Kuppelraum, Zwischenbogen, zweiter Kuppelraum und Apsis gereiht.

Die drei schmalen Tonnen der Bögen fußten auf geschlossenen Pfeilern, die höheren Kuppelräume erweiterten ihre größere Freiheit nach beiden Seiten im Erdgeschoß durch Bogengänge und über die Emporen hinweg zu je drei großen Fenstern. Die hohen Bogenschilde, die sie faßten, waren mit den Fresken von Hess überzogen. Im festen Rhythmus vollzog sich der Wechsel von der stofflichen Gebundenheit der mauernahen Pfeiler zu den raumfreien Säulen, die ihre Arkaden in die Seitenschiffe öffneten.

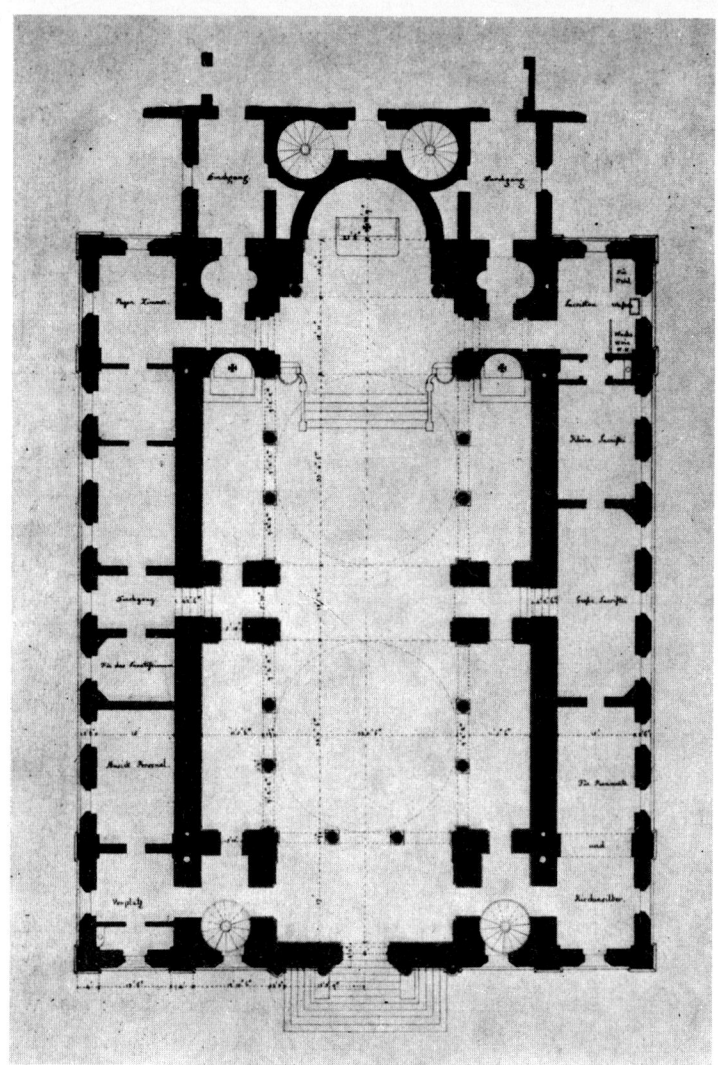

164 Allerheiligenhofkirche, Grundriß

Die ganze Raumspannung: Tiefenerstreckung und ruhende Wand, Bogenführung und Pfeilermasse, Kuppelwölbung und Tragform war an bewährten Formen verläßlich entwickelt. Formen der niederen Geometrie, Würfel und Kreisbogen beherrschten den Raum. Nur in den Gewölbezwickeln dehnten sich die Kurven zur Parabel. Die Klarheit des rechten Winkels erhöhte die glatte Kontur des Marmors und die polierte Genauigkeit der Wandflächen. Ziselierte Profile, gestochen scharfe Ornamentbänder rahmten die deutlichen Formen. Als präzise Gelenke wirkten die Architekturglieder. Knappe Profile zeichneten den Übergang vom Pfeiler zur Wölbung, sparsame Gesimse verbanden Pfeiler und Wand.

165 Allerheiligenhofkirche, der Innenraum

Die Begabung Klenzes für Maß- und Raumproportionen, das Wissen um das Gleichgewicht vom Wachsen und Ruhen eines Raumes, gab der Hauskapelle der Wittelsbacher ihre rechten Verhältnisse. Seine Besonnenheit zügelte die romantische Sehnsucht des Bauherrn nach orientalischer Pracht, nach räumlicher Unendlichkeit. Im unergründlichen Verdämmern der Goldgründe gab das straffe tektonische Gerüst einen festen Halt. So gelang der Ausgleich: ein Innenraum, der in sich ruhte.

In ihm schwang die goldene Fülle des Lichts, das geheimnisvoll geführt aus dem Goldgrund zurückstrahlte. Kein Fenster war sichtbar, die Wände im Erdgeschoß fensterlos, die Kuppeln ohne Laterne. Glanzlichter auf den Marmorinkrustationen und Stuccolustropolituren spiegelten das Licht aus den 16 Hochfenstern hinter den Emporen. In breiter Bahn strömte es durch das Radfenster im Osten, der Anordnung der Asamkirche in der Sendlinger Straße ähnlich. Von keinem grellen Einfall geblendet, schienen die Wände und Kuppeln von innen zu glühen, erwünschter Effekt des Bauherrn. Bis zum Kämpfer war alles architektonische Form, erst über dem Gesims setzt die Hagiologie der hessischen Fresken an. Sie sind verloren, ein reiner Goldgrund allein hätte die Schönheit der Verhältnisse klar zum Bewußtsein bringen können.

Unter allen Münchner Kirchen besaß die Allerheiligenhofkirche die beste Akustik, Beweis ihrer guten Raumverhältnisse, da man weiß, daß nur im harmonischen Raum sich gute Schwingungen entfalten.

Die Vorstellung des Königs wurde von dem Bau Klenzes erfüllt. »Recht wohl gefällt mir das Innere, weit mehr als das Äußere, an dem die Fenster mich nicht befriedigen, keineswegs.« (Ludwig I. an Klenze, Aschaffenburg, 24. August 1826)

Wie bei keinem Bau wurde die Ausführung vom Bauherrn überwacht. Es wurde, was selten war, ein Modell angefertigt (Brief vom 11. November 1826) und die Pläne von der Akademie der bildenden Künste begutachtet (24. August 1827). Die von Ludwig gewünschten Änderungen waren auf der einen Planhälfte eingetragen.

In schöner Verständigung waren die Zeichnungen zu den Fresken von Hess entstanden. Lieber hätte der Auftraggeber eine Ausschmückung in Mosaiktechnik gesehen und sandte Klenze eigens dazu nach Venedig. Dieser bevorzugte jedoch die Fresken, zumal die Ausführung in Mosaiktechnik eine Million Gulden mehr gekostet hätte und dieses sich nur der Kaiser von Österreich leisten könne. Vor allem aber fürchtete Klenze eine Beeinträchtigung der Zeichnung durch die Umsetzung in die Mosaiktechnik. »Ich glaube dennoch, daß, wenn man erwägt, wieviel von wahrer Kunst von Hessgemälden bei jener prächtigen und kostbaren Technik doch auch hätte geopfert werden müssen. Ihre architektonische Gestaltung müßte dem Gegebenen und Erforderlichen gemäß nun eine von der palermitanischen Rochuskapelle ganz verschiedene sein, und wenn man dieser das nehmen wollte, was man einer neugebauten Kapelle nun doch einmal nicht geben könnte: den ehrwürdigen Rost und Staub und Firniss des Altertums, so glaube ich schwerlich, daß sie keinen günstigeren Eindruck als die Allerheiligenkapelle machen würde.«

Hess mußte jede Zeichnung der Kartons dem König einzeln vorlegen. Dieser ließ ihm einmal durch F. Gärtner sagen, er möge sich ja nicht einfallen lassen, etwas anderes zu machen als wie in den ältesten Basiliken. Hess fügte sich dem Willen seines königlichen Bauherrn und hat in der feierlichen Würde seiner Gestalten den strengen Ton getroffen, ohne lebloser Starrheit zu verfallen, in welche eine Nachahmung der byzantinischen Mosaiken hätte führen müssen. Er wurde in seiner siebenjährigen Arbeit von den Malern Schraudolph, Koch, Müller und Seitz unterstützt. Die Vollendung der Allerheiligenhofkirche erforderte elf Jahre. König Ludwig hat sie 1842 dem Staat als Geschenk überantwortet.

Die Lust des Münchner Kirchenbaus an farbig bewegten, überschäumenden Räumen ist in dem ersten Kirchenbau der Gegensäkularisation still geworden, aber nicht arm, und auch nicht zur Leere abgesunken, wie oft in dieser Zeit.

NACHWEISE

Zeichnungen

Staatliche Graphische Sammlung
Originalzeichnung Klenzes zu einem Vorprojekt mit dem Eingang vom Brunnenhofgang
Grundriß und Längsschnitt mit den Umrissen der Fresken.
Farbige Zeichnung der Apsis
Stadtmuseum, Mailling.-Sammlung IX, II. Bd.
Nr. 68 Grundriß, Schnitt und Ansicht der Ostfassade des Ausführungsentwurfes nach den Originalen Klenzes, von Ziebland gezeichnet
10 Blatt mit Ornamenten und Details
Stadtmuseum, Lang-Sammlung, Mappe III
Nr. 80—105 Detailzeichnungen und Pausen nach den Originalen Klenzes.

Briefe

Klenzes an König Ludwig. G. H. 36 A I

Literatur

H. Karlinger, München und die Kunst des 19. Jahrhunderts, München 1933, Seite 70
H. Reidelbach, König Ludwig und seine Kunstschöpfungen, München 1888, Seite 214—216
A. Weese, München—Leipzig 1925, Seite 465: »Ein geniales Werk poetischer Nachschöpfung«

166 Hofgartenarkaden

DIE HOFGARTENARKADEN

Gleichsam als Fortsetzung der Residenz wollte Ludwig die Arkaden im Hofgarten als Galerie gestalten. Klenze erhielt 1826 den Auftrag, die vorhandenen gedrückten Bogengänge zu heben und Vorschläge für die Malereien zu machen. Ludwig wünschte an der Westseite Darstellungen aus der bayerischen Geschichte, jeweils einen Kriegs- und Friedensakt darstellend. Unter Leitung von Cornelius wurden die Gemälde an Kaulbach, Neureuther, Sittmann, Förster, Zimmermann, Schorn, Lindenschmitt, Foltz und Eberle übertragen. Den Nordgang der Arkaden ließ Ludwig mit 39 Darstellungen aus den griechischen Freiheitskriegen schmücken. Die unteren Felder waren in »pompejanischer Dekorationsmalerei« reich ausgeziert, da sie ursprünglich die griechischen Landschaften der Neuen Pinakothek aufnehmen sollten.

Ihre Auszeichnung erhielten die Arkaden unter dem Basargebäude durch die 28 italienischen Landschaftsfresken Karl Rottmanns. Diese heroischen Landschaftsdarstellungen von hoher Qualität hat Ludwig mit eigenen Distichen versehen. Klenze war an dem Gedanken und der Ausführung hervorragend beteiligt. Immer wieder hat er Rottmann unterstützt, auch als es darum ging, für die großen, schweren Tafeln ein geeignetes Atelier zu finden. Noch lange Jahre hielt Ludwig daran fest, die Arkaden auch gegen Osten und Süden fortzusetzen, wozu Klenze Pläne ausgearbeitet hat.

167 Pinakothek, Ansicht von Südosten

DIE PINAKOTHEK

Am 20. April 1822 erhielt Klenze von König Max Joseph den Auftrag zu einem Galerie-Neubau, nachdem das bisherige Galeriegebäude am Hofgarten nicht mehr zu erweitern war. Nach den Überführungen der Mannheimer und Zweibrückener Galerie waren so viele Kunstwerke nach München zusammengeströmt, daß die Platzfrage brennend wurde. 1803 hatte Max Joseph erstmals dem Galeriedirektor Mannlich den Auftrag gegeben, Pläne zu entwerfen. Bis zum Jahre 1821 war der bayerische Bilderschatz auf 8500 Bilder angestiegen, die einen Schätzwert von 14 Millionen Gulden hatten.

Um die neue Galerie vor Diebstahl und Feuersgefahr zu schützen, schlug Klenze einen Neubau auf einem fernen, abgelegenen Platz vor. Dafür sollte in Erweiterung des Campus der Maxvorstadt, der schon die Glyptothek aufgenommen hatte, der anschließende östliche Quadrant ausgewiesen werden.

In zahllosen Beratungen war mit dem Kronprinzen die Anordnung der Bildersäle besprochen. Wie bei keinem Bau waren die Pläne Klenzes von Anfang an so überzeugend, daß es im Gegensatz zu anderen Bauten wenig Widerrede gab.

Der Grundplan ist ungemein klar: ein gestreckter Baublock von 127 mal 37 m, an Schmalseiten kurze Seitenflügel, eine gestreckte H-Form. Die Bildersäle befanden sich im Obergeschoß, eine gewaltige Flucht von neun Hauptsälen an einer Achse aufgereiht. An

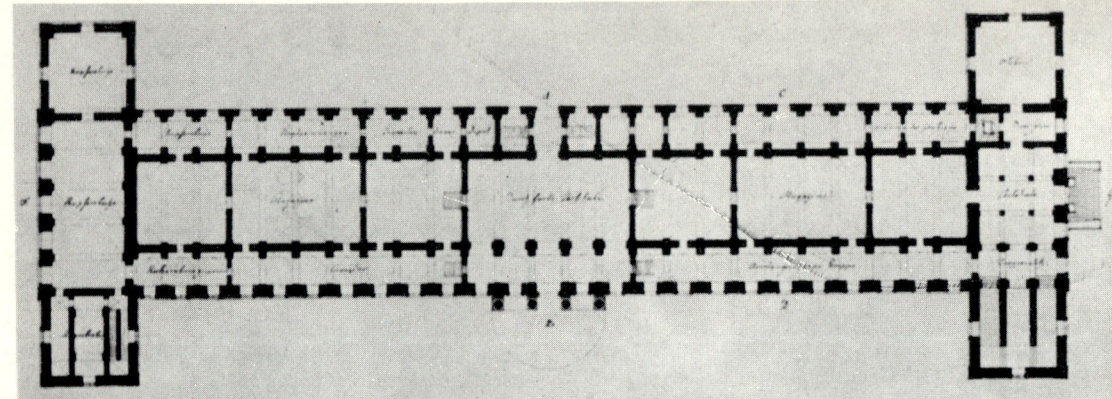

168 Pinakothek, Grundriß, Erdgeschoß

der Nordseite 24 Kabinette, an der Südseite nach dem Vorbild der Loggien des Vatikans eine Galerie mit 25 Achsen, die dafür gedacht waren, die einzelnen Hauptsäle der nach Künstlern und Kunstepochen geordneten Sammlungen zu besuchen, ohne vorher durch die vorausgegangenen Bilder ermüdet zu werden. Zugleich sollte in dieser Loggia die Geschichte der Malerei und ihrer Meister an den Wänden und Kuppeln verherrlicht werden. Da die Seitenkabinette und die Galerie schmäler und dadurch im Verhältnis zu den Hauptsälen niedriger waren, ergab sich ein basilikaler Querschnitt des Gebäudes. Das Erdgeschoß sollte weitere Sammlungen, die wertvolle Vasensammlung und das Kupferstichkabinett — heute Graphische Sammlung — aufnehmen.

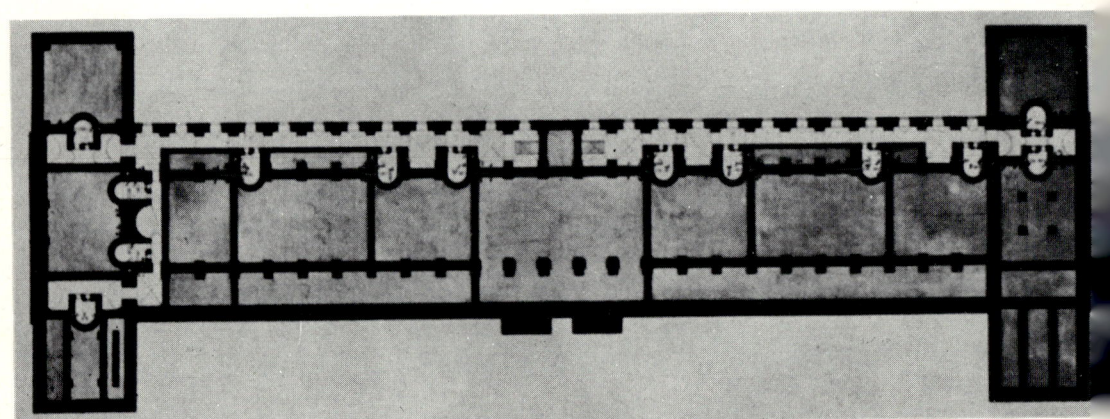

169 Pinakothek, Grundriß, Kellergeschoß

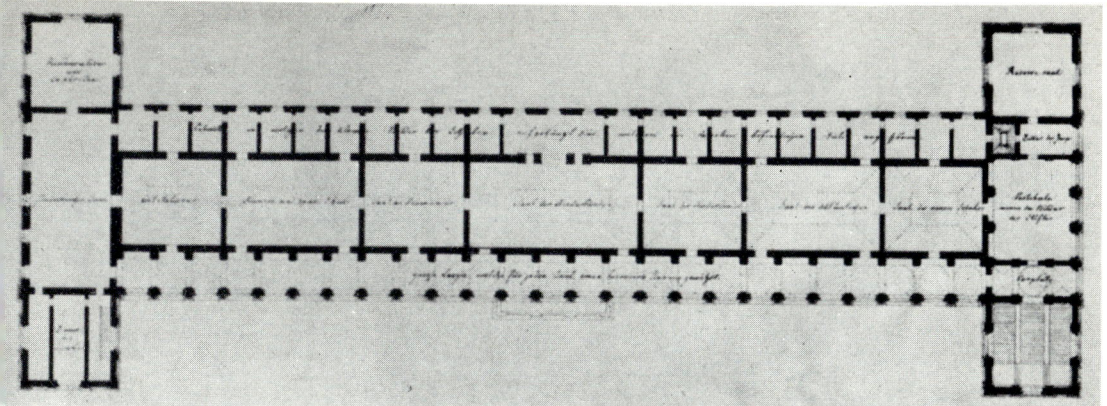

170   Pinakothek, Grundriß, Obergeschoß

Der Haupteingang lag an der östlichen Schmalseite, an der man durch ein schlichtes Portal das Gebäude betrat. Aus einem geräumigen, von vier ionischen Säulen getragenen Vestibül gelangte man auf einer zweiläufigen Treppe in das Obergeschoß. Dieser Empfang war einfach und vornehm und bereitete zurückhaltend mit der flachen Decke und dem schmucklosen schlichten Weiß der Wände auf den gesteigerten Eindruck der oberen Geschosse vor.

Die Hauptsäle waren prachtvoll ausgestattet. Sie sollten den Bildern nicht nachstehen. Die Wände waren mit kostbarem ausländischem Damast bespannt — natürlich wurde die Einfuhr Klenze zum Vorwurf gemacht —, das Gewölbe reich von Klenze mit Stuckornamenten verziert und vergoldet, für viele Bilder wurden nach Klenzes Angaben neue Rahmen gefertigt. Was Goethe bei der Alten Galerie in Dresden empfunden hatte, galt auch hier. »Die Räume gaben ein Gefühl von Feierlichkeit, das umso mehr der Empfindung ähnelt, womit man ein Gotteshaus betritt, als der Schmuck so manches Tempels der Gegenstand so mancher Anbetung hier abermals nur zu heiligen Kunstzwecken aufgestellt erschien.« (Goethe, »Aus meinem Leben«.)

Die Bildergeschichten der Loggien wurden von Peter Cornelius in unerschöpflicher Erfindungsgabe entworfen und von Professor Zimmermann mit seinen Gehilfen Gassen, Hiltensberger, Schimon und Eichner in Freskotechnik ausgeführt.

Der Bau lebte von innen nach außen, die große Zahl der Fenster hatte Klenze zu einer imposanten Fassade vereinigt. Aus den 25 Achsen ist ein herrlicher sonorer Rhythmus gewonnen, der trotz der weiten Ausdehnung durch eine kräftige Profilierung und Säulen plastisch durchgeformt ist, wobei Klenze in asketischer Kraft auf die Betonung des Mittelteils verzichtete. Sie hätte auch dem Grundriß nicht entsprochen. So kam die ausgedehnte Südfassade zustande, die mit dem einachsigen, vorspringenden Seitenflügel den Mittel-

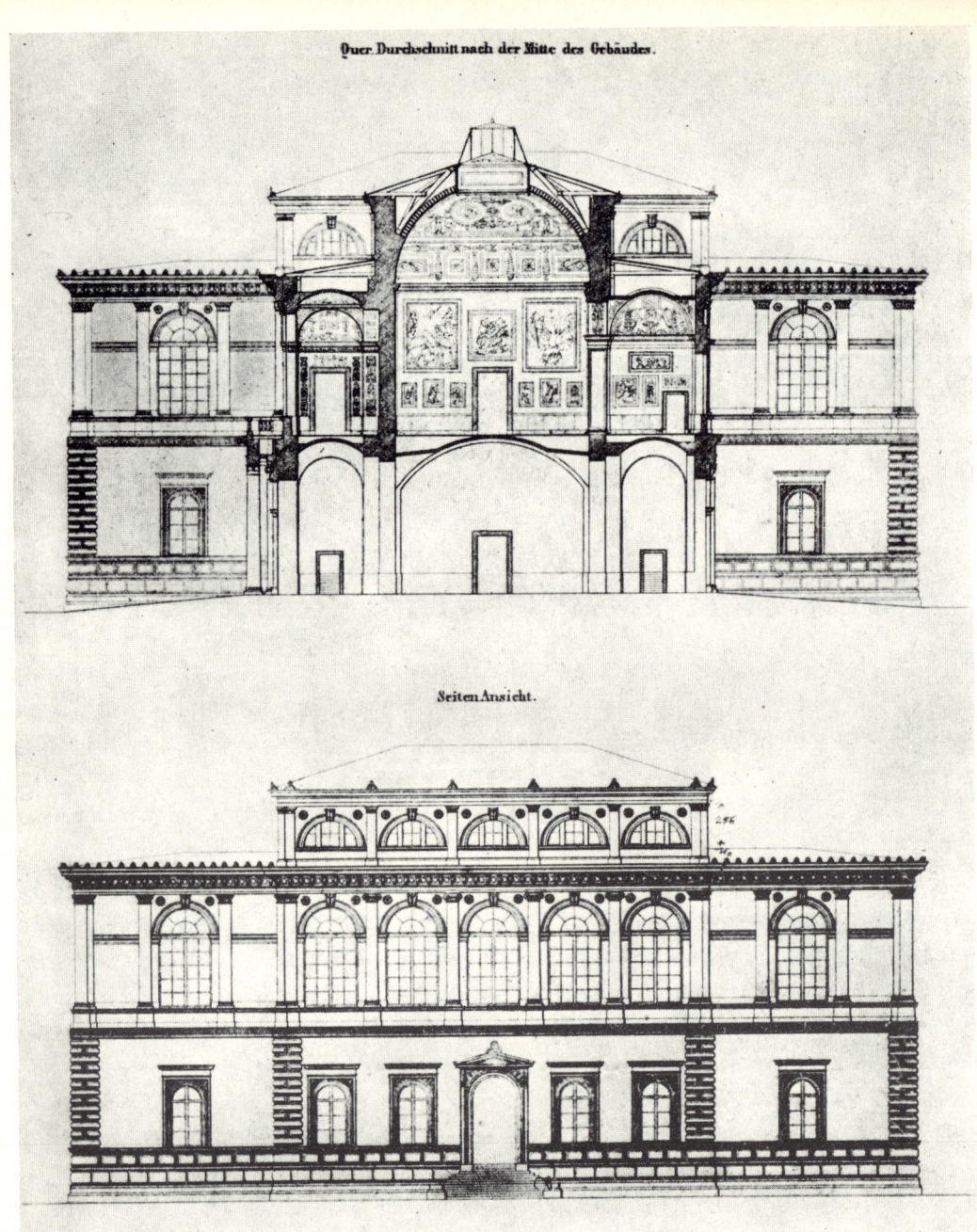

171 Pinakothek, Querschnitt und Ostseite

172   Pinakothek, Südseite

block umgreift. Auf kräftig bossiertem Sockel sind in glatter Wand halbrunde Fenster eingeschnitten, die durch eine gerade Verdachung sich zum Rechteck schließen. Die Mauer herrscht dadurch vor. Das Erdgeschoß wird zum Sockel des Obergeschosses, das nun die volle Folge der hohen Rundbogenfenster zwischen Pfeilern und ihren vorgelegten ionischen Halbsäulen darbietet und mit weitausladendem profiliertem Kranzgesims und der abschließenden Balustrade der Fassade eine anspruchsvolle Fassung gibt. Von ihr sagte Wölfflin: »Wie hier die Schwierigkeit bewältigt wurde, einen so langgezogenen Bau ohne vortretendes Mittelstück herzustellen, ohne dabei langweilig zu werden, bleibt immer ein Meisterstück der Proportionskunst. Man beachte die Vorbereitungen im Untergeschoß für die so außerordentlich wohllautenden richtigen Proportionen des Obergeschosses — wie sich Proportionen aus Proportionen entwickeln!«

173 Pinakothek, Loggia gegen Osten

174 Pinakothek, Loggia, Dekoration einer der kleinen Kuppeln mit den Gemälden von Zimmermann

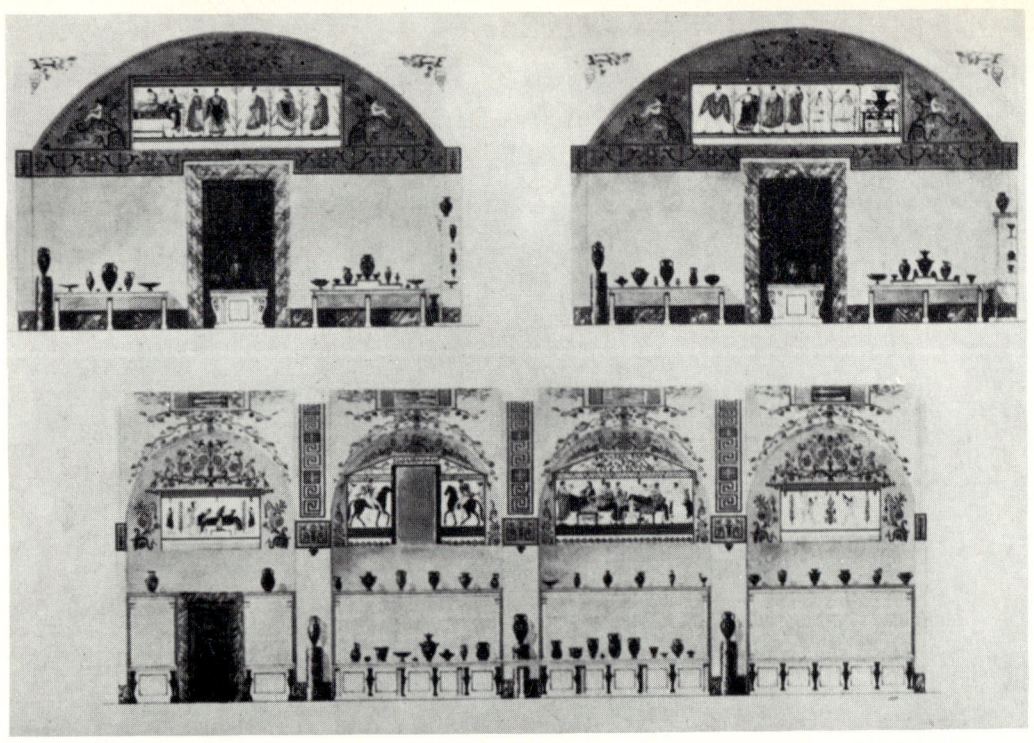

175 Pinakothek, farbige Zeichnung Klenzes für die Wand- und Deckenbemalung der Vasensammlung

Die sieben Achsen der Seitenfassade gegen Nordosten und Westen nehmen das Motiv der Südfassade nochmal auf. — Man wird an San Micheles Palazzo Bevilaqua in Verona mit seinem Triumphbogenmotiv erinnert. — Klenze dachte die Pinakothek an diesem Seitenflügel zu erweitern. Der Grundstein sollte am 27. Mai 1824 gelegt werden, aber die Ständeversammlung zögerte mit der Billigung der Baugelder, die mit 800 000 Gulden veranschlagt waren. Nach seiner Thronbesteigung betrieb Ludwig den Bau mit Eifer und ließ den Grundstein 1826 am Geburtstag Raffaels, am 7. April legen.

Klenze war mit der Pinakothek ein vollgültiges eigenständiges Werk gelungen. Er hat nicht nur den ausschließlich antikisch gestimmten Klassizismus im Sinne des Neu-Klassizismus überwunden, sondern auch durch den straffen Grundriß und die meisterhafte Proportionskunst seiner Fassade ein selbständiges Werk vollendet. Der Beifall der gebildeten Welt Europas war allgemein und echt. Die Franzosen haben es in die Meisterwerke der Architektur aufgenommen. Rom, Venedig, Brüssel, die Bildergalerien in Kassel und in Braunschweig haben seinen Baugedanken übernommen, während Semper in Dresden, Hasenauer in Wien und Ihne in Berlin bei solchen Längenmaßen die barocke Anlage des stark betonten Mittelrisalits und des zentralen Treppenhauses ausführten.

176   Pinakothek, Ansicht der Nordseite

Klenze hat seinem Bau eigene Erläuterungen mitgegeben:

Eine Gemäldegalerie soll in einer freien Lage, gesichert gegen Feuersgefahr, Staub und Reflexlicht angelegt werden. Sie soll das ganze Feld der Graphik umfassen, und sowohl ihrem Äußern als Innern nach dem Beschauer bedeutende Effekte darbieten, geeignet die Seele desselben in die paßliche Stimmung zu versetzen: denn mehr für die Nation als für Künstler, welchen diese Stimmung schon angeboren ist, muß und soll eine solche Sammlung bestimmt und berechnet sein.

Die Gemälde sollen nach dem einzigen, historisch festbegründeten Systeme der Schulen angeordnet und aufgestellt werden; aber man soll zu jeder Abteilung unmittelbar und ohne zuvor durch den Anblick anderer Bilder gestört und ermüdet zu werden, gelangen können. Große und kleine Bilder schaden einander wechselseitig, die großen erdrücken die kleinen, welche den Effekt jener wieder verwirren. Deshalb sollen beide in getrennten Räumen aufgestellt werden; dieses um so mehr, da große historische Bilder nur von oben, kleine aber nur von der Seite ganz vollkommen günstig zu beleuchten sind.

Bei dieser Beleuchtung von oben ist das Glanzlicht wohl zu vermeiden; bei der Beleuchtung von der Seite das immer gleichmäßige Nordlicht zu suchen. Zur Erhaltung der Bilder, und zur Bequemlichkeit der Beschauer, ist eine mäßige Heizung des Lokals durchaus bedingt.

177 Pinakothek, Westseite nach dem Kriege

Diesen Erfordernissen gemäß ist der ganze Entwurf unserer Pinakothek angeordnet.

Die Stellung des Gebäudes ist auf einem großen, freien, als regelmäßiger Garten, mit Alleen, Blumenbeeten und Springbrunnen angelegten Platze von vier Straßen eingeschlossen, gewählt, und zwar so, daß die Richtung von Osten nach Westen geht, indem die eine Hauptlängen-Fassade rein gegen Mittag, die andere, woselbst die Fenster zur Beleuchtung der kleinen Bilder sind, rein nach Mitternacht liegt.

Da die Ausschmückung der Säle, welche die größeren Bilder aufzunehmen bestimmt waren, den allerhöchsten Anordnungen des erhabenen Bauherrn gemäß, sehr reich werden sollte, so kam es darauf an, eine Dekorationsart zu wählen, welche Großartigkeit und Pracht vereinigte, ohne den Bildern, ihrer Wirkung und dem ruhigen Beschauen Eintracht zu tun.

Die Zimmer und Säle, welche im Palaste Pitti zu Florenz die unvergleichliche Bilder-Sammlung bewahren, schienen, was Größe und Pracht anbelangt, wohl als Richtschnur gelten zu können.

Auf den mit rotem, fassonierten Dammast bespannten Wänden hängen die Bildnisse der Herrscher aus dem bayerischen Regentenhause, welchen man vorzugsweise die Sammlung der in der Pinakothek aufgestellten Bilder verdankt: Johann Wilhelm von der Pfalz, Maximilian Emanuel; Maximilian I.; Carl Theodor, Kurfürsten; Maximilian Joseph I. und Ludwig I., Könige von Bayern.

Die Wiederherstellung der Pinakothek durch Professor H. Döllgast 1956 hat die Haupttreppe in die Mitte des Südflügels verlegt. Im ganzen blieb die einmalige Bildergalerie, die als Typ des Galeriebaus ein Jahrhundert lang gegolten hatte, im Grundriß und Aufriß als ganzes Werk Klenzes der Architektur und der Kunstsammlung erhalten.

NACHWEISE

Zu seiner Wiederherstellung der Pinakothek hat Professor H. Döllgast selbst das Wort ergriffen:

»Gebaut in sieben Jahren, in einer Nacht zerstört, nach wieder sieben Jahren neu eröffnet. In Maßen, Form und Art als Ziegelhausteinbau erhalten. Kriegsschäden neutral vermauert. Die Meinungen sind geteilt, nur die Kosten imponieren allgemein. Die kalkulierten 3,6 Millionen sind gehalten worden, viel und wenig für 150 m Länge und zwei Etagen mit je 10 m Höhe. Bei Galerien geht ein Drittel auf Technik (Licht und Wärme). Für dieses Kunststück trifft die Schuld das tüchtige Landbauamt.

Herr Adenauer soll sich hell begeistert haben, Herr Heuss nur vorbehaltlich. Er hätte abseits ein neues Haus gebaut, weg von der technischen Nachbarschaft, auf jeden Fall die alte Treppe an der Barer Straße lieber gehabt als unsere, das neue Kernstück. Ein solches Stiegenhaus mit 2 × 32 Stufen rechts und links tut seine Wirkung schon durch die blanke Mauerung. Der Kritiker sucht nervös nach Spuren des Modernen — vergeblich, das steckt in Kellern, Decken, Wandkanälen. Unser Auftrag hieß: Sicherungen, sodann: in einem klassischen Bau sich zu benehmen. Den halben Anteil Arbeit hatten der Statiker, Dr. Alfred Zenns, der Maler Hermann Kaspar und Alwin Seifert für die Gärten. Uns wird belassen, die Sockel ordentlich gemacht zu haben. Für alles Sonstige zeichnet die Direktion. Das Schwierigste am Ganzen war, den Abbruch aufzuhalten, der schon beschlossen war. Jemand, der alle wichtigen Museen kennt, auch in Amerika, Dr. Keim vom bayerischen Kultusministerium: ›Für alte Bilder — Pinakothek, die beste Galerie‹.« H. D.

Die Entscheidung des Bayerischen Landtags für den Wiederaufbau der Alten Pinakothek hatte im rechten Augenblick Staatssekretär Franz Lippert herbeigeführt.

177a Das Innere der Pinakothek vor der Zerstörung

178 Walhalla, Südansicht nach dem Gemälde von Klenze

DIE WALHALLA

Der Plan zur Walhalla war in zweifacher Weise ein kühnes Unternehmen, ein Mahnmal zu deutscher Einheit war sein Gedanke, ein Messen mit dem griechischen Tempel seine Form.

»Mögen so wie diese Steine sich zusammenfügen, alle Deutschen kräftig zusammenhalten«, hatte der Bauherr bei der Grundsteinlegung am 18. Oktober 1830, am Jahrestag der Befreiungsschlacht von Leipzig, gesprochen.

»Das Ganze im reinsten antiken Geschmack, nach den schönsten Mustern altgriechischer Tempel«, war die Forderung des Preisausschreibens für die Walhalla im Jahre 1814. Unter solchen Spannungen entstand dieses einzigartige Bauwerk Deutschlands, auf dessen Verwirklichung König Ludwig 35 Jahre warten mußte und das Klenze ein halbes Menschenalter, von 1816 bis 1842 beschäftigte. Wenige Bauwerke sind zwischen Architekten und Bauherrn so durchdacht und durchgekämpft worden. Einige hundert Briefe der ge-

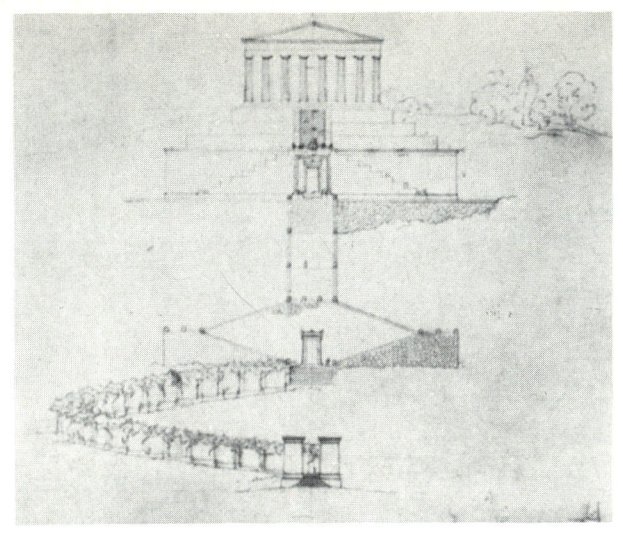
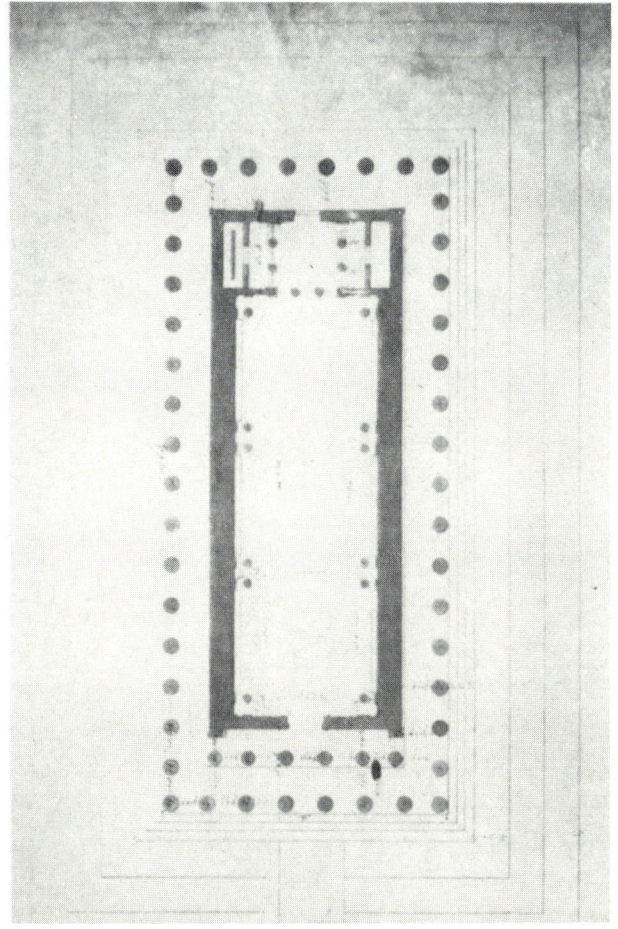

179 Walhalla, Grundriß und Südansicht mit dem Aufgang (Proj.)

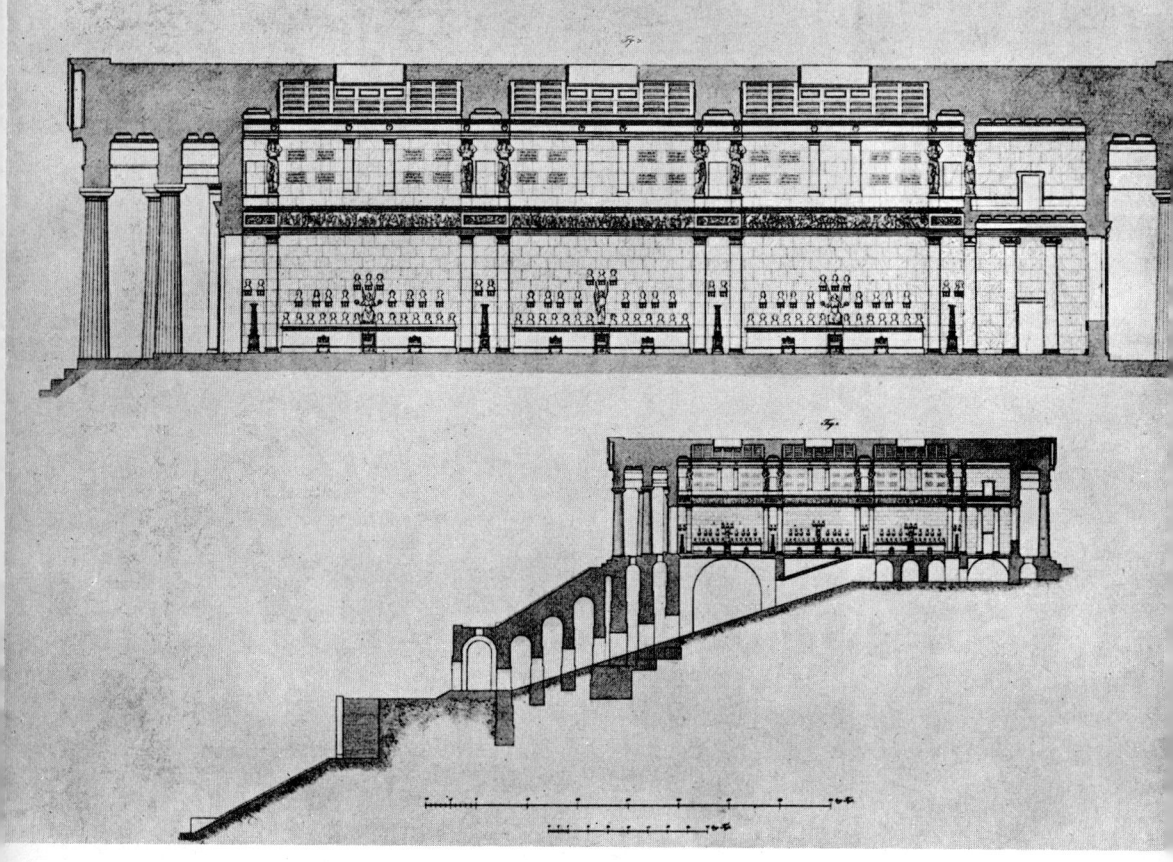

180 Walhalla, Schnitte

meinsamen Korrespondenz haben darauf Bezug. Die Zusammenfassung aller Bemühungen und Kenntnisse der Zeit finden darin ihren Niederschlag.

Alles war von Klenze gefordert, was ihn außer einem Architekten noch auszeichnete: der Archäologe, der aus der Kenntnis der Struktur und des Wuchses der Tempelreste in Italien und Griechenland das eigene Werk zusammenzusetzen suchte. In Paestum oder Agrigent, in Olympia oder vor dem Parthenon gingen stets die messenden und vergleichenden Gedanken nach Regensburg. Der Ingenieur in ihm war gefordert, gleich bei der Aufstellung des schwierigen Gerüstes, dessen Konstruktion so ausgeklügelt war, daß man es für die Wiederherstellung des Parthenons nach Griechenland zu bringen trachtete. Die letzten Erkenntnisse der Stahlkonstruktion für den Dachstuhl wurden benützt, da man sich entschlossen hatte, das dem Baugedanken fremde Gewölbe auszuschließen. Und welche diplomatische Geschmeidigkeit und List waren nötig, um Ludwig von abwegigen Gedanken abzuhalten, das große Konzept durchzusetzen vom Unterbau, den der König verwarf, bis zu den letzten Figuren am Giebel, die Ludwig Schwanthaler lieferte! Welcher Überlegung bedurfte es, allein den Marmor an Ort und Stelle zu bringen! Zwischen dem Marmor von Untersberg, von Schlanders in Tirol und Carrara erhielt letzterer den Vorzug, weil sein Material auf dem Seeweg über Spanien und Holland leichter heranzubringen war als der näherliegende aus Österreich.

In Berlin hatte Kronprinz Ludwig 1807 in den Tagen der großen Erniedrigung Deutschlands den Entschluß gefaßt, dem Vaterlande und seinen großen Männern und Frauen eine Ruhmeshalle zu errichten. Im Preisausschreiben von 1814 wurde für das Gebäude »ein längliches Viereck mit frei herumziehendem Säulengang auf dreifachem Sockel und nur einem Geschoß gefordert. Darin sollen gleich hundert Büsten aufgestellt werden, doch muß Raum für mehrere bleiben, ohne daß eine der hundert deshalb brauchte verrückt zu werden. Das Gebäude das in eine freie Gegend auf eine sanfte Anhöhe mit Baumgruppen zu stehen kommt, wird äußerlich von Marmorquadern aufgeführt, nach innen kommt der Feuchtigkeit wegen eine Backsteinwand, die mit Marmorplatten belegt wird.

»Zum allgemeinen Augenmerk diene, daß nicht Zierlichkeit, sondern gediegene Größe die erste Bedingung ist: Am besten, wenn beide vereinigt werden könnten, besser noch, es zeige sich als würdige Nachahmung des Großen im Altertum, denn als minder schöne Selbsterfindung. Äußerlich groß verbinde es damit die innerliche, den Geist ausfüllende Größe. Die Masse muß durchdringenden Eindruck bewirken, bleibenden, dem Gegenstand angemessen.«

Da der Wettbewerb ohne Ergebnis blieb, wurde der Auftrag 1816 Klenze übertragen. Zwischen ihm und dem Kronprinzen entspann sich eine leidenschaftliche Auseinandersetzung über die Form; während letzterer an dem griechischen Tempel festhielt, schlug Klenze einen Zentralbau vor, darüber schrieb er unter dem 18. und 27. November 1819 an Ludwig: »Es dünkt mich, daß der dorische Tempel, obwohl ich ewig an ihm nicht allein das schönste Gebäude der Welt und Zeiten, sondern die einzig wahre mathematische, gewiß beste Architektur erkenne, doch zu dem vorgesetzten Zweck sich nicht ganz fügen wolle:

1. Deucht mich die Form zu abstrakt und nicht ganz geeignet Form und Bedeutung einer Walhalla, eines germanischen Elysiums auf den ersten Blick darzustellen.
2. Dieses Gebäude kleiner als den Parthenon zu machen, wäre wohl nicht möglich (Madeleine in Paris).
3. Wären vielleicht 25 Jahre nötig um die Anzahl großer Steine zu erzeugen.
4. Endlich läßt sich zwischen dem äußeren und inneren keine architektonische Verbindung finden, welche das ganze zu einem organischen Werk machte, würdig eine Erfindung zu heißen, es würde vielleicht immer ein zur Walhalla arrangierter Tempel bleiben ... so scheint mir für den Zweck nur ein Rundgebäude ganz paßlich zu sein. Nur bei diesem kann im Äußern die Idee eines Zentrums deutscher Verdienste erscheinen. Rund muß die sinnliche Vorstellung des Elysiums sein, wie die der ganzen Welt.«

181 Walhalla, Innenraum

182 Walhalla, Ansicht des Innenraums · Zeichnung von Leo v. Klenze

Allmählich konnte Klenze den Kronprinzen überzeugen, daß die Walhalla, das Zentrum, der geistige Mittelpunkt Deutschlands, durch einen Zentralbau darzustellen sei, vor allem als der Kronprinz wieder in Rom weilte und ihm diese Bauform angesichts des Pantheons und der Engelsburg vor Augen stand. Nur warnte er in einem Brief vom 30. November 1819 vor einer Nachahmung des Pantheons. Bald aber stieß sich der Kronprinz daran, daß man bei einem Rundgebäude nie alle Säulen übersehen könne. Er kam daher auf den abstrusen Gedanken, gerade Säulenreihen auf quadratischem Unterbau vor einen runden Kuppelbau zu setzen. Dann wieder mußte Klenze dem Kronprinzen ausreden, »eine Vereinigung der Propyläen, des hadrianischen Grabmals und des Pantheon in der Walhalla vorzunehmen«. Schließlich resignierte er, »wenn ich die Idee des Rundbaues verlasse, geschieht es weil königliche Hoheit es wollen«. Man kehrt zum dorischen Tempelschema zurück. »Ihre schöne Bereitwilligkeit stets das Vollkommenste zu suchen, nehme ich jetzt in Anspruch, um von Walhallas Äußerem einen neuen Plan zu entwerfen, denn die Säulen in der Runde herum will ich nicht.« (15. Dezember 1820)

Für dieses Bauwerk den geeigneten Platz zu finden ist eine lange Geschichte. Noch 1810 war es am Englischen Garten bei der Lerchenau geplant, womit die Gegend zwischen dem heutigen Nordfriedhof und dem Englischen Garten ein gehobenes Ansehen bekommen hätte, der Rand des Parkes vor Industrieanlagen geschützt und der Einschnürung und Verfremdung entgegengewirkt worden wäre. Ein anderer Plan sah die Walhalla auf der Theresienhöhe vor, ein dritter in Bogenhausen. Zuletzt war auch an die Höhe des Gasteigs gedacht, womit die Stadt an dieser so vorzüglichen Stelle eine ansprechende Einfahrt gewonnen hätte. Während die Diskussion um den Rundbau schwebte, schrieb über den Standplatz Ludwig an Klenze (7. Januar 1821 aus Rom): »Auf ringsum freien Hügeln denken Sie sich wohl Walhallas Bau, ich hingegen auf einsamer hoher Bergeshöhe, an welchem sich das Hochgebirge erhebt (Hohenschwangau, Falkenstein).« Schließlich fiel die Wahl auf den Felsen bei Donaustauf, der über Fluß und Land einen weiten Blick gab. (Bad Brückenau, 23. Juni 1824.)

Über die Ausführung des Bauwerkes an dieser Stelle hat Klenze selbst das Wort ergriffen:

Am 4. Februar des Jahres 1814 erschien in öffentlichen Blättern ein Aufruf an Deutschlands Architekten, Entwürfe zu mehreren Bauanlagen zu machen, unter welchen auch das Denkmal begriffen war, welches Seine königliche Hoheit der Kronprinz von Bayern dem Andenken großer Deutscher zu errichten beabsichtige.

In diesem Programme war über die Form und den Stil desselben folgendes gesagt:

»Das Gebäude, längliches Viereck, mit sich frei herumziehenden Säulengang, auf dreifachem Sockel ruhend, erhält nur ein Geschoß und auch nur eine Halle, keine Wohnzimmer; und (wofern es der Schönheit nicht schadet) zwei Nebengemächer zur Aufbewahrung von Stühlen und Bücherschränken. Breite und Länge wird nicht vorgeschrieben, nur, daß es ein großes Gebäude sei. Darin sollen hundert Büsten gleich aufgestellt werden, doch muß Raum für mehrere bleiben, ohne daß eine dieser Hundert

183 Walhalla

deshalb braucht verrückt zu werden; auch angegeben werden, wie 30—40 Namen von Männern, deren Bildnisse mangeln, auf würdige Weise anzubringen wären.

Das Peristyl sei von dorischer Ordnung, die Säulendurchmesser jedoch nicht viel über fünf bayr. Fuß.

Das Gebäude, das in eine freie Gegend auf eine sanfte Anhöhe mit Baumgruppen zu stehen kommt, wird äußerlich von Marmorquadern aufgeführt.«

Als die durch dieses Programm veranlaßte öffentliche Bewerbung in den eingesandten Arbeiten keinen Entwurf geliefert hatte, welchen Seine königliche Hoheit der Ausführung würdig erachteten, erfolgte an mich der Auftrag, einen neuen Vorschlag zu machen.

Als nun nach den nötigen Erörterungen das griechische Tempelschema als das paßlichste bestätigt und festgehalten worden war, entwarf ich im März 1821 einen Plan, welcher von dem hochsinnigen Bauherrn gutgeheißen ward, und der jetzt vollendeten Ausführung zur Basis gedient hat.

Teils um dem Verlangen eines Raumes zu genügen, welcher unterhalb des Haupt-Tempels angebracht dazu dienen sollte, Brustbilder aufzubewahren, welchen ein Platz in der Walhalla noch während längerer oder kürzerer Zeit nicht gewährt werden könnte, teils um antiken Analogien zufolge den Haupttempel nicht ganz isoliert zu lassen, ward von Seiner Majestät dem Könige ein Unterbau desselben nötig befunden, welcher zugleich die Gelegenheit darbot, aus der Örtlichkeit, welche das Denkmal einnimmt, eine eigentümliche Gestaltung dieser Substruktion zu entwickeln.

Der Wanderer geht jene Stufen hinauf, von den Giebelfeldern des Tempels leuchten ihm Bildwerke in runder Arbeit entgegen, dem Andenken der Besiegung der Römer durch die Cherusker und des jüngsten Befreiungskrieges gewidmet. Er tritt in den Tempel und sein erster Blick fällt auf ein die Wände desselben umlaufenden Fries, darstellend der deutschen Urbewohner Einwanderung, Religion, Sitten und Gebräuche, Krieg und Verkehr bis auf Wittekinds und seiner Sachsen Taufe, die Deutschlands christliche Umgestaltung beschlossen. Und unter diesem Fries umringen den Wanderer die Bilder und Namen großer Männer, die unser herrliches Vaterland, das Herz von Europa, in allen öffentlichen Verhältnissen, in allen Zweigen des Wissens und Könnens hervorgebracht hat.

Die Reihe dieser Großen beginnt mit jenen alten Heiden, an deren Urkraft zuerst die römische Weltmacht sich gebrochen; ihnen folgt der Stamm Pipins von Heristal, einziges Beispiel einer vier Generationen hindurch fortdauernden Geistesgröße; dann, nachdem diese Größe in Karls Nachkommen allmählich erloschen, die Reihe der edelsten und kräftigsten Kaiser aus sächsischen und fränkischem Geschlechte, die Hohenstaufen mit ihrem weit über ihr Reich und weit über ihre Zeit hinausreichenden Streben, endlich die Habsburger, vor allem der friedebringende Rudolph, der erste Maximilian, mit Recht der letzte Ritter genannt, und die größte der Frauen, welche je geherrscht, Maria Theresia.

Alle diese Fürstenhäuser sind umgeben von den größten Männern, die mit ihnen für Glauben und Wahrheit, für Ruhm und Freiheit, für Wissenschaft und Kunst gelebt, gekämpft, gestorben.

Feldherren, von dem Cherusker Hermann, der die Römer — bis auf Schwarzenberg und Blücher, die heute vor siebzehn Jahren das französische Kaisertum besiegten —; Glaubensmänner, wie Nikolaus von der Flüe und Thomas von Kempis —; Weise, wie Leibniz und Haller —; Deutschlands erste Dichter von dem Verfasser des gewaltigen Nibelungenliedes bis auf Schiller (möge Goethe noch lange in der Halle der Erwartung verweilen) — die Heroen der deutschen bildenden Kunst, der unser König neues Leben eingehaucht, von den ältesten Meistern bis auf Mengs — endlich die erhabenen Dioskuren der deutschen Tonkunst Gluck und Mozart.

Der Bau begann nun im Frühjahr 1831 mit aller Tätigkeit, und zwar mit der Fundierung der oberen Terrassenabsätze und des Tempels selbst. Dieser Grundbau mußte, der Lage des Denkmals an einer steilen Anhöhe gemäß, in deren Gestaltung es gleichsam eingefügt werden mußte, an mehreren Stellen in einer Höhe von 80—90 Fuß geführt werden.

Rücksichten, außer dem Bereiche der Architektur gelegen, bewogen Seine Majestät den König im Jahre 1834 die in der Eröffnungsrede erwähnte Halle der Erwartung aufzugeben und dadurch auch einige Modifikationen in der Gestaltung des Unterbaues eintreten zu lassen, wodurch derselbe seine jetzige Form erhielt.

Als endlich auch die Anwendung von Eisenkonstruktionen aus England und Frankreich nach Deutschland eingewandert und daselbst ausführbar geworden war, konnte auch die als Folge der bedungenen Unverbrennlichkeit festgesetzte Wölbung des inneren Saales entfernt werden.

Motive und Disposition des Ganzen

Obwohl durch das oben mitgeteilte Programm das dorische Tempelschema der Griechen für den Bau der Walhalla festgestellt worden, so ward dadurch doch keineswegs die Nachahmung oder auch nur das Annähern an die einzelnen Formen und Verhältnisse irgend eines bestimmten Tempels der Art bedingt.

Dem Architekten ward also noch immer dieselbe Freiheit gelassen, welche den Erbauern der Tempel von Pästum, Selinus und Agrigent; welche dem Libon in Olympia, Skopas in Tegea, Menesikles in Athen, und welche selbst Iktinos und Kallikrates bei dem Baue des Parthenon, des Megaron von Eleusis, und des Apollontempel in Phigalea gestattete, eben so weit voneinander abweichende als gleich trefliche Werke der Architektur zu erschaffen, obwohl sie alle ein und demselben althergebrachten lange vor ihnen erfundenen und festgestellten dorischen Tempelschema folgten, und ohne daß das geläuterte Kunsturteil des Altertums sie deshalb für Nachahmer gehalten hätte.

Nebst dieser, dem griechischen Tempelbaue inhärenten Freiheit artistischer Entwicklung konnte der Walhalla durch die architektonische Anordnung ihres Unterbaues und die Verbindung desselben mit dem eigentlichen Tempel eine Gestaltung gewonnen werden, zu welcher die Überbleibsel des griechischen Altertums kein, so viel uns bekannt auch nur annäherndes Vorbild gewährten, während das Innere des Denkmals bei ganz verschiedenartiger Bestimmung auch eine von der inneren Gestaltung antiker Tempel ganz abweichende und eigentümliche Anordnung gestattete.

Es blieb also bei dieser architektonischen Aufgabe monumentaler Art im Allgemeinen hinreichender Stoff, um der ersten Forderung, welche Kunst und Künstler an eine solche zu stellen berechtigt sind:

Freier Entwicklung eines poetischen Gedankens Genüge leisten zu können.

Der Platz war so gewählt worden, daß die südliche Giebelseite des Tempels den Haupteingang und den Zugang für die Fußgänger auf den Terrassen und Treppenaufsätzen — welche nötig wurden, um dem Gebäude auf dem schmalen Bergrücken Raum zu verschaffen — die nördliche aber die Auffahrt darbot.

Der Erfordernis, dem Ankommenden möglichst wechselnde und mannigfache Ansichten des Baues in malerischer Verbindung mit den Umgebungen zu gewähren, schien durch diese Lage Genüge geleistet werden zu können.

Indem die Hauptübersicht des Ganzen sowohl von vorne als von beiden Seiten her auf dem Wege zwischen dem Flusse und der Höhe welche die Walhalla krönt, auf das günstigte gewonnen ward, trat die Rückseite des Tempels bei dem Wechsel der sich in großen Krümmungen den Berg hinaufziehenden Fahrstraße in stets wechselnder Verbindung mit der Fernsicht, welche sich hier, wie schon oben gesagt, über ein weites Gebiet von Bergen und Gefilden ausdehnt. Ebenso vorteilhaft schien es, daß man von der Nordseite anlangend gezwungen ist, durch die beiden Seiten-Pteromen des Tempels bis zum Eingange vorzugehen, während die Fernsicht durch die weiten Intercolumnien stets wechselnd erscheint und wieder verschwindet bis man, im Pranais angelangt, die ganze wahrlich prächtige Landschaft über die Massen des Unterbaues hinaus erblickt.

Steigt man aber von der Terrassenseite hinauf, so wird ein steter Wechsel des architektonischen Bildes dadurch erlangt, daß die Treppen bald von vorne, bald von der rechten, bald von der linken Seite ansteigen, und so bald die eine, bald die andere Ansicht gewähren, bald den Tempel verstecken und bald ihn wieder enthüllen.

Auf den 140 Stufen der beiden ersten 50 und 20 Fuß breiten Treppenflügel zu der zweiten Terrassen-Abteilung gelangt, findet man eine Erztüre, welche in einen gewölbten Saal und aus diesem durch Gänge und andere Räume zu der Treppe und in das Opisthodomus und das Innere des Tempels führt.

Zwei andere Treppenabteilungen leiten zum Pronaos und Haupteingang des Tempels.

Bei der Anordnung des Inneren mußte nebst den allgemeinen Erfordernissen möglichster Größe des Raumes und der Formentwicklung konstruktiver Motive im Sinne der klassischen Architektur eine paßliche Aufstellung der Bildnisse als leitendes Prinzip des Ganzen benützt werden.

Diese Bildnisse aber sollten alle in gleicher Größe und nach griechischer Hermenform gestaltet sein, um die Gleichheit Aller im Elysium zu bezeichnen, reihenweise und ohne alle Auszeichnung Einzelner nach dem Sterbejahre aufgestellt werden.

Es mußte also durchaus dahin getrachtet werden, die Monotonie eines allgemeinen Überblickes einer solchen Masse von gleichgroßen und gleichartigen Köpfen zu vermeiden.

Die Konstruktion der Decke, welche nicht nach Art des antiken Hypäthron offen gelassen werden konnte und welche es erforderte, daß tragende Bilder angebracht wurden, deren freitragende Spannung möglichst vermindert ward, bot hier in vier vorspringenden Mauermassen an den beiden Längsseiten des inneren Tempelraumes das paßlichste Aushilfsmittel dar. Es ward nämlich dadurch erreicht, daß beim allgemeinen Überblicke des Saales stets ein großer Teil der Büsten von den architektonischen Massen bedeckt, dem Anblicke entzogen und so die Monotonie vermieden wurde.

Ein durch das Programm bedingter abgesonderter Raum ward in dem Opisthodomus gefunden und gewährte durch seine Gestaltung einen paßlichen Schluß des architektonischen Bildes, welches sich dem Beschauer beim Eintritte darstellt. Die Bestimmung, daß in diesem Raume hinreichendes Licht sein sollte, um darin lesen oder schreiben zu können, erforderte ein Fenster gegen die Außenseite.

In n ward dann die Treppe angebracht, welche in die obere Abteilung des Saales führt, und o ward für die Aufbewahrung mancher Utensilien bestimmt.

Über dem unteren Raume m ward noch ein großer, nach dem Inneren geöffneter, Balkon und an beiden Längsseiten ein kleiner Gang angebracht, welcher ebenfalls teilweise gegen jenes Innere zu geöffnet ist und bei allenfallsigen Festen Raum für die Zuschauer gewährt.

Am Äußeren werden die strengen Formen der Architektur durch zwei Giebelbilder, nach Angabe Seiner Majestät des Königs von der Hand des genialen Schwanthaler als freistehende Marmorgruppen bearbeitet, belebt. Das erste derselben stellt die Schlacht im Teutoburgerwalde unter dem siegreichen Arminius; das zweite die Germania vor, welcher die verlornen Provinzen nach der Katastrophe von 1813 und 1814 durch die Repräsentanten der vereinten Kriegsheere wieder zugeführt werden.

Innere Gestaltung

Da es nun galt durch dekorative Ausstattung dieses Inneren die Gemütsstimmung zu fördern, welche in den Teilhabern solcher Feste den Gedanken an ihre Bedeutung beleben und für das Leben fruchtbringend machen sollte, so ordnete der erhabene Bauherr an, dazu als wirksamstes Mittel, so wie es am Äußeren geschehen, eine reiche Entwicklung plastischer Werke und Zierden anzuwenden.

Der Mythe unserer Voreltern gemäß waren es die Walküren, schöne kriegerische Jungfrauen, welchen es oblag, die gefallenen Heroen von dem Felde ihrer irdischen Laufbahn in die unermeßlichen Räume der Walhalla einzuführen und ihnen dort bei stets fortgesetzten blutigen Kämpfen, ohne welche sich unserer Voreltern Mut keine Glückseligkeit denken konnte, die Freuden des Schmauses, des Bechers und der Liebe zu gewähren.

Bilder dieser Gefährtinnen der germanischen Heroen waren es nun, welche hauptsächlich benutzt wurden, teils um die zu große Vervielfältigung streng architektonischer Formen, welche im Innern eines Gebäudes noch leichter als am Äußeren zu einer handwerksmäßigen Einfachheit und Kälte der allgemeinen Wirkung führen kann, zu vermeiden; teils die Monotonie der großen Masse gleichgestalteter Brustbilder zu unterbrechen. Die Zahl der Walhalla-Helden teilt sich aber hier der Darstellungsart nach in zwei Hauptteile, nämlich in solche deren Gegenwart bei dem Mangel verlässiger Bildnisse nur durch Angabe ihres Namens beurkundet ist, und solche deren Brustbilder wirklich vorhanden sind.

Den ersten, 64 an der Zahl, ward die obere Abteilung des inneren Raumes angewiesen und ihre Namen finden sich hier zwischen 14 von Schwanthaler verfertigten Statuen solcher Walküren verteilt, welche in Karyatidenform, jedoch soviel man davon weiß, im altgermanischen Kostüme, als Stützen der oberen Gesimse und Decken angewendet sind.

Die Büsten in zwei Reihen übereinander, teils auf fortlaufenden Piedestalen, teils auf Tragsteinen aufgestellt, sind in sechs Hauptmassen verteilt, wovon eine jedoch sich um das Standbild einer solchen weiblichen Walküren-Statue, welche von ihrem Verfertiger, dem trefflichen Chr. Rauch, als Genien des Ruhmes charakterisiert und zu größerer Übereinstimmung mit der griechischen Hermenform, welcher die Brustbilder angehören, mehr im allgemeinen Stil klassischer Kunst gehalten sind. Die gradlinigen, sich notwendigerweise oft wiederholenden Konstruktivformen der Decke zu beleben und die plastische Symbolik des Ganzen zu vollenden, sind in den Zwischenräumen der Bindergebälke drei reiche plastische Darstellungen angebracht, in welchen von Ornament und Laubwerk begleitet die drei Hauptepochen der nordischen Mythologie: die der Schöpfung, des Bestehens und der gegen das erhaltene Prinzip ankämpfenden Zerstörung dargestellt sind.

Farbensystem

Die Decke, deren sichtbare Konstruktion aus geschliffenen Erzplatten besteht, ist ganz vergoldet.

Die Kassettenfelder sowohl an den steigenden Dachflächen als an den waagrechten Binder-Plafonds aber sind himmelblau und mit Sternen von Weißgold oder Platina verziert, mit welchem auch die Rosetten, Schrauben-Köpfe und Tannenzapfen der Konstruktions-Stücke belegt sind. Die Gesimsstücke der Kassetten und Füllungen sind ebenfalls vergoldet und mit farbigem Laubwerk verziert.

Die horizontalen Felder der giebelförmigen Binderkonstruktionen sind offen, und die Ornamente und Figuren des nordischen Olymps sind durchbrochen und in sehr leichten Formen gehalten, damit sie nicht diese Konstruktionsteile, welche das ganze Dachwerk tragen, belasten und unzweckmäßig zu belasten scheinen.

Diese Ornamente von Metall gegossen, sind teils weiß, teils vergoldet, die Figuren selbst nach Art der klassischen Skulpturen mit Farben und Vergoldungen verziert.

Die geschnitzten Glieder des Gebälkes, von weißem, hell geadertem Marmor, welches die obere Ordnung krönt, sind ebenfalls teils gefärbt, teils vergoldet. Der Fries desselben himmelblau mit Eichenkränzchen aus vergoldetem Erz.

Die obere Wandabteilung ist mit einem schönen braunroten Marmor, aus den Brüchen von Oberfranken bei Bayreuth gezogen, belegt, die Inschriftentafeln von weißem Marmor, die Buchstaben vergoldetes Erz.

Die Walküren-Karyatiden von Donau-Marmor sind ganz aber sehr hell koloriert. Das Nackte Elfenbeinfarbe, die Haare bräunlich blond, der Überwurf von Bärenpelz ganz vergoldet; das Oberkleid hellviolett, das Unterkleid weiß: alles mit gemalten oder vergoldeten Zierden und Einfassungen geschmückt.

Die Brüstung, worauf Figuren stehen, ist aus einem warm-graulichen Lumachell-Marmor bei Rosenheim in Oberbayern gebrochen; das ganze Hauptgebälke nebst dem großen Fries-Basrelief in weißem Marmor, teils von Schlanders, teils von Carrara ausgeführt. Die geschnitzten Bilder des Architravs und Krönungsgesimses sind mit Farben und Gold geschmückt; das Relief ganz weiß, und die Gründe der Ornamente, welche die Fries-Abteilungen dieses Gebälks in dem vorspringenden Pfeiler einnehmen, sind himmelblau ausgefaßt. Die untere Hauptwandabteilung, sowie die Pilaster und Säulenschafte sind aus braunrotem Marmor von Adnet bei Salzburg, welcher dem antiken Africano ähnelt, ihn an Schönheit der Zeichnung und an Kraft der Farbe aber übertrifft; die Knäufe und Schaftgesimse der Säulen und Pilaster sind in weißem Marmor aus Schlanders, die ersten ebenfalls mit Farben und Gold geziert. Die Tragsteine der oberen Büstenreihen, die Brustbilder selbst und die 6 Statuen, um welche sie gruppiert sind, sowie alle Sitze und Kandelaber, welche das Ameublement des Saales bilden, sind von weißem Marmor, jedoch ohne Farbe und Vergoldung.

Da die Brustbilder selbst von bedeutender Größe und in dichter Masse zusammengestellt, nicht gefärbt werden sollten und konnten, so wäre es ihnen nachteilig und im Allgemeinen unharmonisch gewesen, die Skulpturen, mit welchen sie ein und dieselbe Gruppe bilden, mit Farben und Goldschmuck zu zieren.

Die Hauptmasse der Piedestale auf welchen die erste Büstenreihe und die Siegesgenien stehen, ist von schön gelbem Marmor aus Weltenburg an der Donau, ihr Sockelgesimse weiß. Der Fußboden, in dessen Zeichnung die allgemeine konstruktive Gestaltung des Inneren fortgesetzt ist, besteht aus verschiedenartigen Marmoren, in der Fabrik von Tegernsee gearbeitet und poliert.

In den Mittelfeldern sind drei Tafeln angebracht, auf welchen mit schwarzen Buchstaben auf weißem Felde inkrustiert und von Laubwerk umgeben, folgende Inschriften als ein bezeichnendes Denkmal der Beharrlichkeit in einem, zu verhängnisvoller Zeit gefaßten Gedanken stehen:

Beschlossen im Januar 1806   Begonnen am 18. Oktober 1830   Vollendet am 18. Oktober 1842.

Die Felder um die Inschrifttafeln sind weiß mit goldfarbigen Sternen.

Die übrigen Teile des Fußbodens bestehen aus schwarzen, braunen, gelben, weißen und hellroten Marmorarten aus Tyroler Steinbrüchen. Die Einfassungen von Tür und Fenster sind ebenfalls aus weißem Marmor mit einigen Zierden von Farbe und Gold, die Torflügel, nach außen mit Erz bekleidet, sind im Innern von weißem Ahorn mit Stäben und Einlegungen von hochrotem Amarantholze.

Das Episthodomus ist ganz in derselben Art wie der Hauptsaal behandelt, die Kassettendecken mit braunroten Feldern, auf welche teils mit lebendigen Farben gemalte, teils vergoldete Ornamente angebracht sind.

Verhältnisse und architektonische Formen

In der Gestaltung der Verhältnisse und Profilierungen haben wir gesucht denselben Weg zu gehen, worauf es den größten Architekten Griechenlands gelang, ihre dorischen Tempel — obwohl die durchaus nach ein und demselben, durch Ursprünglichkeit, konstruktive, usuelle und statische Zweckmäßigkeit und langen Gebrauch geheiligten Schema arbeiteten und deshalb den mit dem hellenischen Geiste der Kunst nicht vertrauten Kunstrichtern unserer Zeit oft nur als Nachahmer erscheinen — zu Werken hoher Eigentümlichkeit zu machen.

Da Lage, Licht, Farbe des Materials, Zeitbegriffe, Erfordernisse und Umstände hier ganz andere als bei Tempeln dorischer Ordnung in Griechenland waren, so konnte und durfte unserer Ansicht nach hier auch kein griechisches Verhältnis und keine griechische Form sklavisch nachgeahmt, sondern nur die ganz großen Lehren, welche wir aus dem Anblicke und der Vergleichung griechischer Monumente abstrahieren müssen, angeordnet und befolgt werden.

Es wäre überflüssig hierüber in Detailbeschreibungen einzugehen, und wir begnügen uns hinzuzufügen, daß wir uns nebst der allgemeinen Lage des Gebäudes durch die Berücksichtigung leiten ließen, daß die Beleuchtung in unserem Himmelsstriche selten oder nie die Klarheit der griechischen erreicht, und daß hier am Äußeren des Tempels das große Hilfsmittel, dessen sich die Griechen zur Verdeutlichung ihrer Formen und zur Vermittlung ihrer architektonischen Verhältnisse bedienten: die Lithochromie, keine Anwendung finden sollte.

Über die Konstruktion des Äußeren glauben wir folgendes bemerken zu müssen:

Die erste große Abteilung des Terrassenbaues ist in pelasgischer Konstruktion aus Polypenblöcken von einem dichten marmorartigen Kalksteine oder Dolomit. Die zweite Abteilung sowie die 3 großen stufen-pyramidenartigen Absätze unter dem Tempel von demselben Steine sind in wagerecht und senkrecht gefügten, aber in ungleich hohen und langen hackenförmig gestalteten Steinblöcken, wie wir dieselben bei vielen Bauwerken des griechischen Altertums, z. B. den Mauern von Kalydon und auch bei dem Theater des Marcellus in Rom etc. angewendet finden, erbaut. Die Tempelmauern selbst sind in ganz regelmäßigen Horizontallagen, jedoch von ungleicher Höhe auf die Art konstruiert, daß die Lagen abwechselnd als Laufer und als Binder gebracht sind.

Die Säulen 5 Fuß 10 Zoll im Durchmesser sind der Höhe nach aus 11 Stücken zusammengesetzt, deren Fugen bei allen Säulen in gleicher Höhe durchlaufen.

Die Zusammensetzung des Gebälks, der Lacunardecken und Giebel, alle aus gelb-weißlichem Marmor des Untersberges bei Salzburg und den Marmorbrüchen bei Eichstätt gezogen.

Die beiden großen Giebelgruppen sind aus weißem Marmor von Schlanders in Südtirol.

Der Dachstuhl der Walhalla ist in allen seinen Teilen aus Schmiedeeisen konstruiert, und die Haupteinteilung der Hängewerke ist sowohl durch die Pfeilerstellung und die darüber liegenden horizontalen Erzbalken l, sowie auch durch die ansteigenden kassettierten Decken m und der Laternen n in der Grundlage bestimmt.

Das Positive architektonischer Unternehmungen muß genau erörtert werden, das Artistische sich selbst erklären und vertreten. (Aus dem Vorwort zu dem Stichwerk: Walhalla 1843.)

DIE FESTUNGSBAUTEN IN INGOLSTADT

»Würde aber nun in Ingolstadt das Äußere, nach den von mir entworfenen Fragmenten, das Innere aber in dem Stile oder vielmehr Unstile der überschickten Entwürfe gemacht, so wäre dies ein Disparat, welches niemanden befriedigen könnte. Deshalb erscheint mir eine Bearbeitung im Ganzen, ein regelmäßiger Auftrag deshalb nötig, weil wirklich alle Zögerungen und weitere Veranlassungen mich in Versuchung zu führen, abgeschnitten werden. Daß der von mir vorgeschlagene Stil in nichts dem militärischen zuwider und viel wohlfeiler als der von Ingolstadt her vorgeschlagene sein wird, haben sich Euer Majestät selbst überzeugt.« So bestimmt bemächtigte sich Klenze des Auftrags für die Festungsbauten in Ingolstadt. Er gedieh ihm zu einer einzigartigen Leistung in seinem Lebenswerk und in seiner Zeit. Hier sind Konstruktion und Form, Technik und Schönheit zur Einheit geworden. Klenze war hier von jedem Zwang befreit, einen antikisch gerichteten Anspruch zu erfüllen. Im Vordergrund stand der fortifikatorische Zweck, den er zur Architektur steigert.

Als ihm die Aufgabe angetragen wurde, bemächtigte er sich ihrer ganz, gab sich nicht mit den äußeren Fassaden zufrieden, drang in Gedanken der Festungsbaukunst, wie sie Montalembert entwickelt hatte, ein, wußte bald darin so sehr Bescheid, daß er den General auf seinem eigenen Gebiet schlagen konnte. Der Streit mit General Streiter wurde vor den König getragen, Klenze behielt fast immer recht bis zum Ende, ob es sich um die Anordnung der Kasematten handelte oder um das Steinformat. Dreifaches war gefordert:
1. Der Brückenkopf mit dem Reduit Tilly zur Sicherung des rechten Donauufers,
2. die Verstärkung der Stadtumfassung, der Altstadt auf dem linken Donauufer,
3. die vorgeschobenen Torwerke Hepp, Spreti, Gumppenberg und Heydeck.

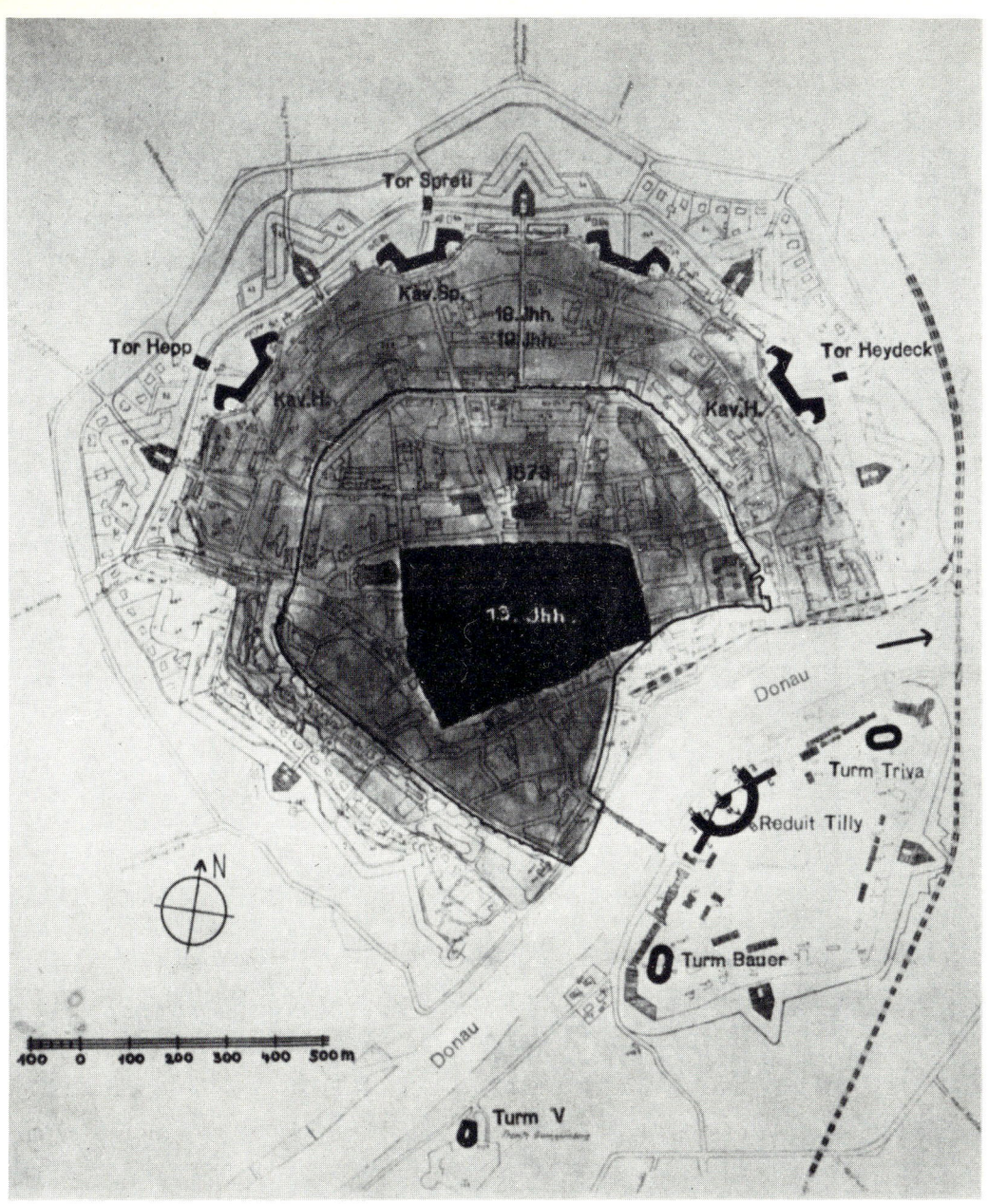
184 Die Festungswerke um Ingolstadt von Klenze

185 Ingolstadt, Turm Triva

186 Ingolstadt, Reduit Tilly

DIE WERKE FÜR DEN BRÜCKENKOPF AUF DEM RECHTEN DONAUUFER

Den vier imposanten Festungswerken, die das rechte Donauufer und die Brücke, die zur alten Herzogstadt führte, schützen sollten, hatte Klenze der fortifikatorischen Grundform durch seine architektonische Gestalt, im Steinmaterial, seiner Behandlung, den massigen Profilen und kräftigen Steinfugen der großen Bossen im Äußern ein festes und wehrhaftes, im Innern ein heiteres Aussehen verliehen. »Ich habe«, so schrieb er in der grundsätzlichen Darlegung vom 16. April 1829 an König Ludwig, »die äußeren, dem Feinde zugekehrten Fassaden I und IV sehr ernst, das Innere aber etwas heiter gehalten, damit die Moral der Soldaten nicht gar so durch ein abschreckendes Aussehen ihrer Wohnungen leide. Bei Festungsbauten ist das Innere wie eine Stadt zu betrachten und so wie in einer solchen muß man einige Schönheit daranzulegen suchen, besonders um die Stimmung des Militärs und der Festungsverteidiger aufrechtzuerhalten.«

DAS REDUIT TILLY

Das Hauptwerk der rechtsufrigen Befestigung ist ein mit einem Radius von 72 m feindwärts ausgebauchtes Halbrund, verstärkt durch zwei strahlenförmige, 44 m vorspringende Traditoren (bombensichere vorspringende Kasematten zur Grabenbestreichung). In der Mitte war das befestigte Torhaus mit dem Brunnen und zwei Handpulvermagazinen durch eine krenelierte Mauer dem Hauptbau angeschlossen. Der grau-gelbe, schönflimmernde Kelheimer Sandstein ohne sichtbare Fugung gibt dem Bau ein trutziges, wie aus einem Guß geformtes Ansehen. Türe und Fenster der Hofseite schneiden scharfkantig in die Mauer, die Umrahmungen sind nicht bossiert, aber durch den Fugenschnitt schön dargestellt. Die Außenseite wird durch ein massiges, vorgewölbtes Wulstprofil gleichsam wie durch einen Reifen zusammengefaßt und durch einen kräftigen Rundbogenfries geschlossen, dessen Bögen so groß sind, daß sie im Scheitel Platz für einen schweren Schlußstein haben.

Bei den Flankenbatterien, die von der äußeren Rundung strahlenförmig abgingen, legte sich Klenze Zurückhaltung in der Formgebung auf. Sie war nachträglich verlangt, eine gute Verbindung war mit dem Hauptbau nicht mehr herzustellen. (Schreiben vom 15. Januar, Klenze an General von Streiter.)

Zu größter Ausdruckskraft — nach eigenem Zeugnis durch Albrecht Dürers Gedanken beeinflußt — steigerte Klenze die Architektur der Türme Triva und Bauer. Diese ingeniösen Leistungen, mit denen er sich in der Gesellschaft Lionardos und Michelangelos befand, sind zugleich Monumentalbauten. Speckle, Dientzenhofer, Balthasar Neumann waren ihm darin vorausgegangen. Zur Flankendeckung des Reduits waren diese ovalen, sogenannten etagierten Türme mit einem Durchmesser von 80 auf 50 Meter vorgeschoben. Da Turm V, der sogenannte rote Turm, nicht mehr zur Stadtbefestigung gehörte, ist er wie alle übrigen Außenwerke im Vorfeld von Ingolstadt von einfachster Gestalt. Nur wenige Architekturglieder, das mächtige Konsolgesims und die hohe, glatte Attika machen diesen Bunkerbau zu einem Baudenkmal.

Die Tore Kavalier Hepp, Heydeck und Spreti

Die drei großen Tore der Stadtbefestigung auf der linken Donauseite sind stadtseitlich gleich gestaltet, während sie auf der Feldseite reich und unterschiedlich von Klenze gestaltet wurden. Er entschloß sich zu dieser, den Übungen des Festungsbaues widersprechenden Ausstattung, die feindseitig schon wegen der Beschießung eine feste, einfache Form forderte, aus der von Ludwig I. gestellten Forderung nach einer repräsentativen Stadtzufahrt. Besondere Auszeichnung widerfuhr dem Tor vor Kavalier Hepp, über dem Klenze Reiterstandbilder, die ihre Abkunft vom Reiter des Bamberger Domes verraten, aufstellen ließ und die Schwanthaler modellierte.

Das Tor von Kavalier Heydeck trug über dem Hauptportal das bayerische Wappen mit Schildmännern, die den Wahlspruch des Königs trugen, während das Tor vor Kavalier Spreti nur durch Bossen und Diamantquadern der Torumrahmung modelliert wurde.

Nach zwölfjähriger Arbeit durfte Klenze befriedigt auf seine Arbeiten in Ingolstadt zurückblicken, die seine Fähigkeit als Festungsingenieur erwiesen hatte, aber noch mehr seine Begabung, einen technischen Zweckbau in Architektur zu verwandeln.

Ein sinnvoller und der Geschichte treuer Gedanke ist, das Bayerische Armeemuseum an die Stätte zu verlegen, die die letzten Anstrengungen und Anlagen souveräner bayerischer Landesverteidigung gesehen hat.

Der Monopteros im Englischen Garten

Die im Klassizismus wiederholt gesuchte Form des offenen Rundtempels war Klenze durch die Arbeiten Fauvels vom Monopteros der Roma und des Augustus auf der Akropolis in Athen wohl bekannt, durch den Tempietto der Villa Borghese in Rom, in Tivoli oder den Temple de l'amour bei Petit Trianon des Versailler Parkes mit Sicherheit gegenwärtig. In den englischen Gärten von Schwetzingen, Schönbusch und Muskau gehörte er zum Requisit. An dieser Aufgabe durfte sich Klenze zweimal versuchen. Der Monopteros, ein im Englischen Garten zu München von Baptist Lechner nach dem Vorbilde von Chambers in Kew Garden errichteter Apollotempel, war aus Holz und nach mehreren Jahren baufällig geworden, so daß ihn Friedrich Ludwig Sckell 1804 abbrechen und an seine Stelle »auf einem künstlich aufgeschütteten Hügel ein Pantheon mit korinthischen Säulen für die würdigsten Wittelsbacher« errichten wollte. Erst sein Neffe Karl August Sckell konnte 1823 diesen Plan König Max vortragen, und erst nach dessen Tod 1827 gewann unter

187   Der Monopteros im Englischen Garten

Ludwig I. das Projekt Gestalt. Ein wenig südlich von der bisherigen Stelle sollte auf erhöhtem Standpunkt der Rundbau errichtet werden. Klenze schlug vor, den Monopteros auf ein Ziegelfundament zu setzen, das 15 m tief bis zum gewachsenen Boden hinabreichte. Auf einen Schuttberg aus den Trümmern des Max-Joseph-Platzes, dem Abbruch-Schutt des Schwabinger und Karlstores sollte das Denkmal zu stehen kommen.

Die im Klassizismus oft versuchte und bevorzugte Form des Rundtempels fand eine ausnehmend glückliche und harmonische Form. Nicht allein wegen ihrer Aussicht ist diese Stelle über dem weiten Wiesenplan, der sich gegen die Stadt hinzieht und an dessen Rand die Silhouette der Türme und Kuppeln sich gegen den südlichen Himmel zeichnet, so beliebt, sondern auch die anmutigen Formen des Bauwerkes bergen den, der sich darunter befindet.

Auf dreistufigem Stylobat erheben sich schlanke, unkannelierte Säulen mit ionischen Kapitellen. Der Architrav setzt sich mit einer stirnziegelartigen Blechzinne gegen die Kuppel ab. Die Kuppelwölbung ist durch Rippen verstärkt, ihr Inneres mit einfachen Kassetten unterteilt. In der Mitte des Bauwerks ist den Wittelsbachern, die an der Gestaltung dieses Parks ihren Anteil hatten, eine Gedächtnisstele errichtet.

In reicher Art, soweit es die damalige Forschung zuließ, sind die Architekturglieder erstmalig in »polychromatischer Malerei« abgesetzt, Architrav und Kuppel mit Palmetten bemalt. Der Bau ist aus Donaukalkstein von dem Bruch Ebenwies bei Donaustauf errichtet. Die Hügelaufschüttung forderte 12 000 Gulden, wobei Klenze seinem Bauherrn 6000 Gulden einsparte, und von 50 Arbeitern in 90 Arbeitstagen ausgeführt wurde.

Über die farbige Behandlung der Architekturglieder wußte Ludwig Schorn, der von Hittdorf als erster 1824 von seinen Entdeckungen in Selinunt unterrichtet war, zu berichten. »Die alten Tempel der Griechen hatten, so wie Herr von Klenze es in mehreren seiner Werke entwickelte und begründete, in ihren Hauptformen eine strenge Gebundenheit, welche aus der natürlichen Konstruktion und den Gesetzen der Statik entwickelt, die Effektsucherei verschmähte. Diese einfachen statischen Formen genügten jedoch dem fantasiereichen Griechen in der Umgebung seiner farbenreichen Natur nicht und deshalb mußte denn notwendigerweise noch die Färbung und die Malerei hinzutreten, um ein harmonisches Ganzes herzustellen. Diese Theorie, welche Herr von Klenze zuerst aufstellte, war es wohl auch, welche ihn bei den Zierden dieses Tempels geleitet zu haben scheint. Hell und heiter in freundlichen Farben erscheint dieses Monument, mit der dasselbe umgebenden Natur in schönstem Einklang.«

Polychromie

Klenze hatte sich als erster für die »architektonische Lithochromie« schon in seinem Vortrag vor der bayerischen Akademie über die Konstruktion des toskanischen Tempels eingesetzt und in der Vorrede zum Tempel des Zeus Olympios in Agrigent. Er hatte als erster den Versuch, diese schöne Technik nachzuahmen, in dem Inkunabelnsaal der Glyptothek, im Treppenhaus der Pinakothek und an dem Monopteros im Englischen Garten versucht. In seiner Schrift führte Klenze aus: »Die Griechen selbst sind einer Mode zuliebe nie von ihrer naturgerechten Entwicklung, von deren strengen Grundsätzen abgewichen. Niemals hatte ihr keuscher Sinn einen Effekt wie etwa die romantische Kunst gesucht. Aber es lag zusehr in der Lebendigkeit der griechischen Natur, das Leben und die Kunst zu verschönen, als daß sich nicht auch in der Architektur dasselbe Streben bemerkbar gemacht hätte. Und hier ist der eigentliche Kraft- und Stützpunkt der Gewohnheit, die Architektur zu färben. Es ist den Griechen sicher nicht entgangen, daß die Farbe einen Reiz hat, wo sie ursprünglich rein oder harmonisch vielfach in Zusammenstellung erscheint. Schon die Farben der Landschaft, des Himmels, des Meeres müssen die Freude daran erwecken.«

»Schon lange hatte ich die Notwendigkeit der Polychromie durch Forschungen in Großgriechenland, Sizilien und auch in Hellas erkannt und laut es ausgesprochen. Zu wenige wissen davon, da nach dem Zeitgeschmack alles weiß, grau und nackt sein solle. Bewiesen aber ist sie, man denke nur an die Farben des Tempels auf Aegina: Giebelfeld azurblau, Giebelgesims gelblicher Generalton, Palmettenornament blau-grün, Vorderansicht der Hängeplatte rot-blau, Triglyphen blau, Metopen gelb, Mutuli blau mit weißen Tropfen, Viae zinnoberrot, Regulae blau mit weißen Tropfen.«

Die Stelle des abgebrochenen Apollotempels in der Schleife des Parkbaches zierte Klenze durch eine halbrunde Steinbank mit ihrer schön modellierten Wange.

188 Wange der Rundbank im Englischen Garten

189 Hauptpost, Nordfassade

DAS HAUPTPOSTGEBÄUDE AM MAX-JOSEPH-PLATZ

Um den Max-Joseph-Platz auch an seiner Nordfront dem Anspruch von Nationaltheater und Königsbau anzugleichen, entwarf Klenze statt der anspruchslosen Fassade des Törring-Palais eine offene Bogenhalle im Stil des Findelhauses zu Florenz. Auf glattem, hohem Sockel — anders als in Florenz — öffnet sich von 12 toskanischen Säulen getragen eine Halle, deren Rückwand auf rotem Grund die Fresken der Rossebändiger von Hiltensperger trägt. Klenze hat für die Fassade ein Alternativ-Projekt vorgelegt, in dem auch im Obergeschoß eine offene Bogenhalle vorgesehen war.

190 Hauptpost, Die Nordfassade mit der Bogenhalle

191 St. Petersburg (Leningrad), Eremitage, Ansicht gegen die Millionstraße

DIE EREMITAGE
Museum der schönen Künste in St. Petersburg (Leningrad)

Durch Kaiser Nikolaus I. erhielt Klenze einen der großartigsten Aufträge seiner Zeit, den er durch die Großzügigkeit des Bauherrn in wahrhaft kaiserlichem Umfang und entsprechender Ausstattung ausführen konnte. Nicht allein der vorzügliche Bauplatz im Herzen St. Petersburgs, auch der Umfang des Komplexes, ein Rechteck von 515 mal 357 Fuß, mit drei Höfen, einer Ausstattung der kostbarsten Steine, Marmor aus dem eigenen Lande aus Serdabol, aus Finnland und Carrara, machten das Museum zu einem der prächtigsten Sammlungsgebäude Europas, den Kunstschätzen der Sammlung würdig.

Katharina II. hatte für die großenteils unter ihrer Regierung zusammengetragenen Kunstschätze die Eremitage errichten lassen. Durch stete Neuerwerbungen ihrer Nachfolger waren die Räume des alten Gebäudes zu eng geworden und entsprachen auch nicht mehr den neuen Forderungen der Zeit.

Als im Jahre 1838 Zar Nikolaus I. nach München gekommen war, durfte Klenze ihm seine für Ludwig I. errichteten Sammlungsgebäude, die Glyptothek und die Pinakothek, zeigen. Der Erfolg war eine Einladung nach St. Petersburg, der Klenze im Mai 1839 nachkam. Hier erhielt er den Auftrag für den neuen Bau, dessen erste Skizzen er noch dort während seines viermonatigen Aufenthalts anfertigte, worauf er in sieben Reisen das riesige Bauwerk mit Hilfe seiner Münchner Mitarbeiter vollendete. Einige davon blieben mehrere Jahre in Rußland.

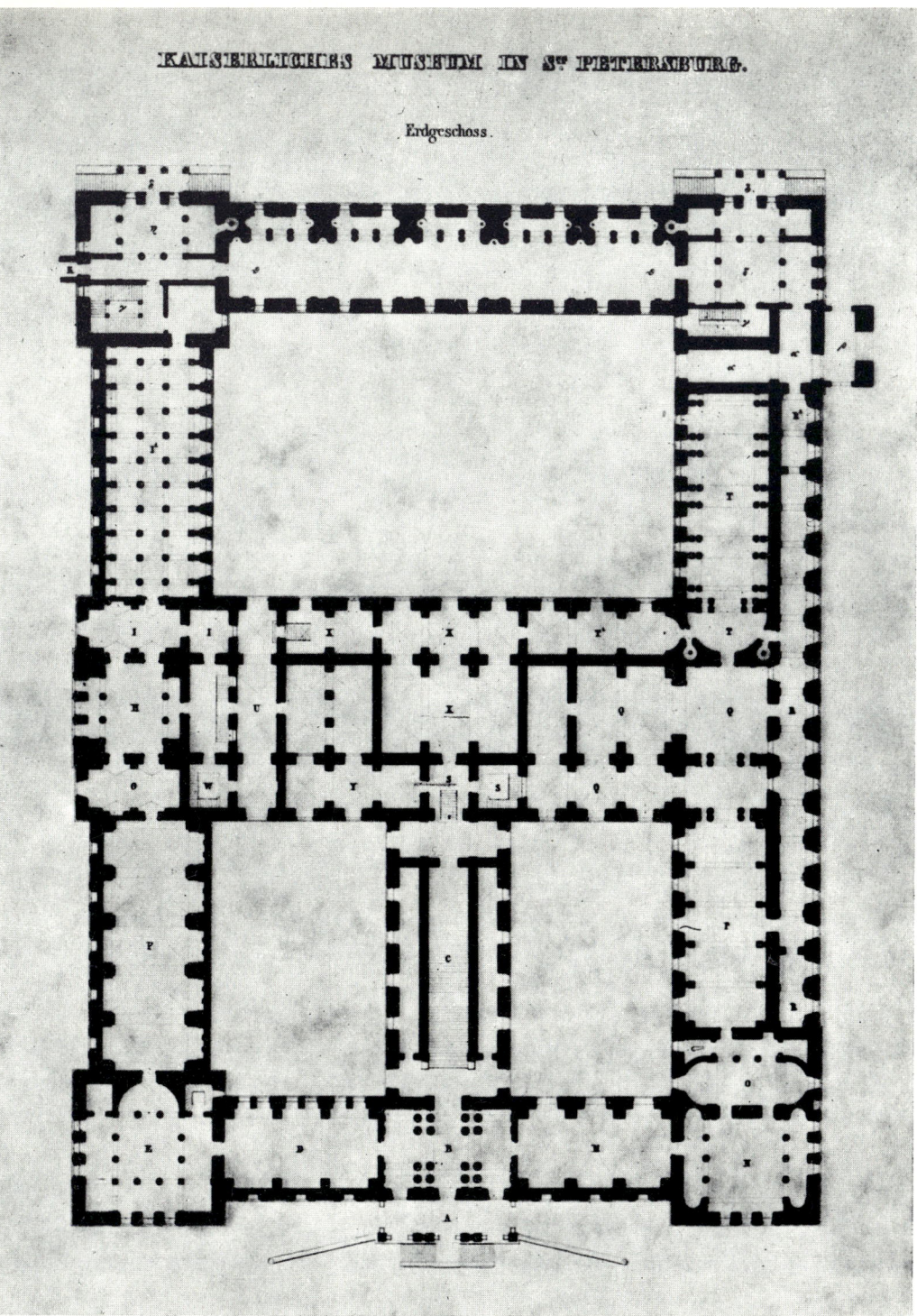

192 St. Petersburg (Leningrad), Eremitage, Grundriß

193 St. Petersburg (Leningrad), Eremitage, Fassade

Im Zentrum der durch ihre italienischen, französischen und russischen Baumeister (siehe Städtebau) in strahlender Weite entstandene Residenzstadt des russischen Reiches zwischen Winterpalast, Newa-Quai, Moikakanal und der großen Millionstraße entstand der Neubau. Klenze hat den vielfachen Anforderungen der Museums- und Ausstellungstechnik, der Prachtliebe des Bauherrn, der Erlesenheit der Kunstwerke, der Bilder und Plastiken in einem straffen, übersichtlichen und prächtigen Komplex entsprochen. Die Grundform ist einfach und behält durch ihre aus der großen Form sich abspaltenden kleineren, in schöne Proportionen ausgemessenen Räume Übersicht und Harmonie: Ein großes Geviert wird durch einen Quertrakt in zwei gleiche Höfe unterteilt, wobei der eine durch die eingesetzte Treppe sich wieder in zwei gleich große kleinere Höfe teilt.

194 St. Petersburg (Leningrad), Museum, Eremitage, Ansicht

195 St. Petersburg (Leningrad), Eremitage, Saal des Münzkabinetts

196 St. Petersburg (Leningrad), Museum, Eremitage, Ansicht

    Der Haupteingang (A) an der Millionstraße ist durch einen Portalvorbau ausgezeichnet, dessen riesige Telamonen von 22 Fuß Höhe aus grünem Granit, dessen Politur die Schönheit des Materials an den glänzenden Kanten der kräftigen Riesen zu imponierender Wirkung bringt. Klenze war stolz auf den Gedanken und die Ausführung. — Man weiß, daß der frühe Eindruck der Tragfiguren im Zeus-Olympiostempel von Agrigent ihn stets verfolgte. — Hier durfte er ein gleiches mit über 7 Meter hohen Gestalten verwirklichen. Die Kolosse waren aus Granit von Serdapol, aus dem Gouvernement Olonez, aus einem Stück gefertigt. Klenze hatte seine Zeichnungen dem Münchner Bildhauer Halbig gegeben, der danach die kleinen Modelle machte, die von dem russischen Bildhauer unter den Augen Klenzes im großen modelliert wurden und an ähnliche Werke der ägyptischen Pharaonen erinnerten. Aus diesem so prächtig gestützten Vorbau betrat man das hohe Vestibül (B). Auf 16 Säulen aus rotem finnländischem Granit, der die Farbe des ägyptischen Sienits hatte, wurde seine kassettierte Decke getragen. Deckengesimse und die ionischen Knäufe der Säulen waren nach den Zeichnungen Klenzes in Carrara angefertigt.
    Die originelle Bündelung von je 4 Säulen verleiht dem Raum Würde und Wucht.

197 St. Petersburg (Leningrad), Museum, Innenansicht der Pinakothek

Von da aus führte auf der Mittelachse die großartige, prachtvolle Haupttreppe (C) in das Obergeschoß, einläufig mit zwei Podesten, oben mit einem säulengetragenen Umgang. Sie übertraf das Münchner Gegenstück Gärtners in der Staatsbibliothek an Weite und Pracht. Wenige Treppen dieser Zeit in Europa haben eine so klare Form und bei aller Größe so gute Proportionen und in ihrer Pracht harmonische Wirkung. Die Breite der Stufen aus weißem Carraramarmor beträgt 22 Fuß. Die seitlichen Wände sind in gelbem Giallo di Siena, die Fußböden aus weißem und geadertem Carraramarmor. Die schönen weißgrauen Säulen des oberen Umgangs sind Monolithe aus den schönen Granitbrüchen von Serdapol, die Knäufe der Säulen waren wiederum nach Zeichnungen Klenzes in Carrara angefertigt. Die Decken und Ornamente des Treppenhauses sind teils aus gewalzten Metallplatten, teils aus galvanoplastischem Kupfer ausgeführt.

Die Haupträume im Erdgeschoß der Eremitage hatte Klenze vor allem der Antiken-Sammlung (T u. D 1), den in Kertsch, dem alten Pantikapäum, gefundenen Altertümern (XX), dem Kupferstichkabinett (T 2), der Sammlung der Handzeichnungen (T 2), der Galerie der neuen Bildhauerwerke (F) und der großen Bibliothek (M—R) bestimmt.

198/199   St. Petersburg, Haupttreppe

Im ersten Stockwerk hatte Klenze vor allem die Gemäldesammlungen untergebracht: Die Bilder der russischen Schule (K), die Niederländer (H), den Rembrandt-Saal (F), das Kabinett Wouverman (F 1), die französische Schule (F 4), das Kabinett der Niederländer (G 1 u. G 2), die Bilder für Rubens und van Dyck (E 2), die italienischen (E 2 u. G 2), die spanische Schule (E 1), das Münz- und Medaillenkabinett (L—P), die sogenannten Logen des Raffael (RR) und die große Festgalerie mit den dem 15. und 16. Jahrhundert angehörigen Waffen, Vasen und Prachtwerken. Bei Hoffesten war diese Galerie dazu bestimmt, die Verbindung zu dem Winterpalast und dem Eremitage-Theater herzustellen, wohin man durch die Verbindungsgalerie (22) gelangte.

Klenze hob in den Erläuterungen, die er über die Eremitage herausgab, hervor:

»Dem kaiserlichen Willen gemäß mußte der Architekt zu allen Teilen des Baues sowie zu dessen Dekoration und Möblierung genaue Zeichnungen geben: eine Arbeit, welche namentlich durch die weite Entfernung des Bauplatzes, welcher nur alle zwei Jahre einmal besucht werden konnte, zu den schwierigsten gehört haben mag, die einem Künstler jemals übertragen wurde.«

200 St. Petersburg, Haupttreppe

201 St. Petersburg, Museum, Antikensaal

In Petersburg war Klenze bei der Projektierung und erst recht bei der Ausführung eine Kommission hilfreich zur Seite gestanden. Ihr leitender Architekt war W. P. Stassow, dessen engste Mitarbeiter N. Je. Jefimow und A. P. Brjullow.

Für die Figuren der Ostfassaden konnte Klenze Ludwig Schwanthaler verpflichten, für die in den Wänden der Galerie für alte Malerei eingelassenen Gemälde den Münchner Maler G. Hiltensberger und für die Modelle zu den Statuen der Künstler und Gelehrten an den Fassaden I. Halbig gewinnen.

Unter den russischen Bildhauern traten A. I. Terebenew, W. I. Demut-Malinowskij, N. A. Tokarew, P. W. Swinzow, N. A. Ustinow hervor und unter den russischen Malern zeichneten sich F. I. Wunderlich, P. M. Schamschin, A. I. Solowjow aus.

Die Bauarbeiten hatten 1842 begonnen. Am 5. Februar 1851 wurde das Museum mit dem Namen »Neue Eremitage« feierlich eröffnet.

Nach vierzehnjähriger Bauzeit und sieben beschwerlichen Reisen in das ferne Land war die Eremitage zur Zufriedenheit des Bauherrn vollendet.

Einige Erläuterungen hat Klenze den ausgewählten Zeichnungen seines Petersburger Museumsbaues mitgegeben:

Fassade gegen die Ostseite (Abb. 191)

An dieser Seite liegt der Haupteingang, und zwar unter einer Auffahrt unter einem bedeckten Vorbau, welcher von 8 Pilastern und 10 Telemonen gebildet wird. Diese wurden nach einem in München nach meiner Zeichnung von dem Bildhauer Halbig gemachten kleinen Modelle von dem russischen Bildhauer Terebènieff unter meinen Augen im Großen modelliert und aus einem Blocke Granit von Serdapol, aus dem Gouvernement Olonez bezogen, ausgeführt. Die Schönheit und der edle Stil der Skulptur, die Reinheit und Schärfe der Arbeit und der Glanz der Politur lassen nichts zu wünschen übrig und erlauben zu behaupten, daß wenn die ägyptischen Pharaonen auch ebenso große und größere Granitmonotlithen-Kolosse ausführen ließen, diese Telemonen eines Denkmals im hohen Norden doch in Beziehung auf wahren Kunstwert und Schönheit bei weitem allem voranstehen, was in der Art bekannt ist.

Da die Höfe größer als die Straße waren, worin dieses Gebäude liegt, so zog ich vor, die Säle des Erdgeschosses von den ersten aus zu beleuchten, und an die Straßenfassade statt der Fenster Nischen anzubringen, in welchen Standbilder stehen, welche große Künstler aller Fächer darstellen.

Über den Fenstern des ersten Stockes, welche von Hermen aus grauem polierten Granit in zwei Teile geteilt werden, sind Ornamente in Flachrelief, in deren Mitte jedes Mal eine etwa lebensgroße Figur erscheint, welche abwechselnd die Unterabteilungen der verschiedenen Kunstzweige und einen Genius des Ruhmes darstellen.

Auf Granitkonsolen stehen wieder Künstler-Standbilder.

An beiden Enden erheben sich Pavillons, mit welchen die Seitenfassaden beginnen. Der untere Sockel des Baues ist aus rötlichem, dem Sienit ähnlichen finnländischen Granit; die ganze übrige Fassade aus weiß-gelblichen Steinen von Habsal in Kurland, oder von gleicher Farbe.

Wie gesagt sind die Telamonen und Hermen zwischen den Fenstern aus grauem geschliffenem Granit und von ganz ähnlicher Farbe sind alle Statuen, Reliefs und Ornamente, in dem sie auf galvanoplastischem Wege aus Kupfer gebildet und dann in derselben Weise mit einer Solution von Zink überzogen sind, welche ihnen eine warme und ernste graue Farbe verleiht, die trefflich mit dem Tone der Granitwerke harmoniert.

Die Gitter des Balkons, des Daches, und die Rahmen der Fenster sowie der Türen sind grüne Bronze oder so bronziert.

Westliche Fassade gegen die Newa

Besonders günstig werden, wie es scheint, die durch die malerische Lage dieser Fassade motivierten 5 vertieften Säulenbalkons wirken.

Fassade gegen den Norden oder den Moika-Kanal

Die hier angebrachte Kopie der Logen des Vatikans hat das Hauptmotiv zu derselben gegeben, und die Anordnung der großen Fenster ist aus der Bogenform hervorgegangen, welche diese Bogen im Innern haben.

Die Hermen-Pfeiler dieser Fenster sind ebenfalls aus grauem Granit, und die Viktorien, Konsolen und Ornamente aus verzinkter Galvanoplastik, was eine dem Auge sehr wohltätige Zusammenstellung gewährt.

Südliche Fassade nach dem Winterpalais

Hier hatte der Architekt allerdings zu beklagen, daß die Straße nur schmal und durchaus nicht hinreichend zum Überblick der ganzen Länge und Höhe der Fassade ist, welche sind mit Gruppen geschmückt, zu welchen Schwanthaler die Zeichnungen machte und welche die Künste, geübt unter dem Schutze der Religion und unter dem der Herrschergewalt darstellen.

Es werde hier nur angeführt, daß dem hohen, durchaus nur auf das Monumentale gerichteten Sinne des Erbauers gemäß, die Konstruktion in der Art angeordnet wurde, daß außer *einigen Fußböden* und den *inneren Türen kein Holz* in dem ganzen Bau verwendet ist. Alle Dachwerke und alle an 80 000 Quadratfuß haltenden Flachdecken sind von Eisen, und ihre Ornamente durchaus galvanoplastisch von Kupfer gebildet, eine Pracht der Ausführung, welche wohl kein Beispiel hat.

NACHWEISE

Pläne

Staatliche Graph. Sammlung München	siehe Anhang
insbesondere Längsschnitt	Inv.-Nr. 26973
Seitenfassade	Inv.-Nr. 26963
Fassade	Inv.-Nr. 35059
Inkunabelnsaal	Inv.-Nr. 26214
Pinakothek	Inv.-Nr. 36216

Zentrales Historisches Staatsarchiv der UdSSR,
163 Blatt Grundrisse, Fassaden, Details, Orig.-Zeichnungen Klenzes. Nach Mitteilungen der »Staatlichen Aufsichtsbehörde für die Denkmäler Leningrads« sind die Zeichnungen in so dünnen Linien ausgeführt, daß sie sich für eine Wiedergabe nicht eignen.

In Reproduktionen liegen nachstehende Originale von L. v. Klenze vor:

Grundriß des Erdgeschosses 1843
Erster Stock, Saal für die Bildhauerkunst der Neuzeit
Erster Stock, Schnittzeichnung des Saales der 20 Säulen (griechisch-etruskischer Vasen)
Zweiter Stock, Wandzeichnung für die Galerie der alten Malerei
Zweiter Stock, Schnittzeichnung für den Saal der Gemälde von Rubens und Van Dyck.

Museum für die Geschichte Leningrads (MIL):
Entwurf für die Südfassade, erste Variante.
Staatliche Eremitage:
Ansicht von der Millionstraße, Aquarell von W. Sadownikow 1851.
Architektur-Slg. d. T. H. München
Slg. architektonischer Entwürfe.

Schriften

Reise nach Rußland, Aufz. d. Sohnes Hyppolit. Kla, Briefe.

Das Gebäude der Neuen Eremitage (besonders die Skulpturen an den Atlanten des Säulenvorbaues) wurde während des Krieges beschädigt; jetzt aber sind alle Beschädigungen beseitigt worden, und die Neue Eremitage ist ein Teil des großen Museumskomplexes der Staatlichen Eremitage, die auch das Winterpalais (Architekt W. Rastrelli), die Kleine Eremitage (Architekt W. de la Motte), die Alte Eremitage (Architekt Ju. Felten) und das Eremitage-Theater (Architekt D. Guarenghi) einschließt.

Die für die Isaaks-Kathedrale in Petersburg von Klenze 1841 angefertigten Entwürfe wurden nicht verwirklicht, da sie zu große Veränderungen an dem bereits fertiggestellten Gebäude A. A. Montferrants erfordert hätten.

DIE DIONYSOSBASILIKA IN ATHEN

Mit dem Wachsen der Stadt Athen wurde eine Kirche für die römisch-katholische Bevölkerung dringlich. Klenze, seit seiner Tätigkeit 1844 in guter Erinnerung, erhielt 1848 den Auftrag für den Neubau. Nach verschiedenen Projekten entschloß man sich für einen Plan im Neu-Renaissance-Stil: eine dreischiffige Basilika, deren Hauptschiff in einer runden Apsis endet, einen freistehenden Campanile und eine offene, schöne Bogenhalle.

202 Athen, Kirche des heiligen Dionysius, Vorhalle

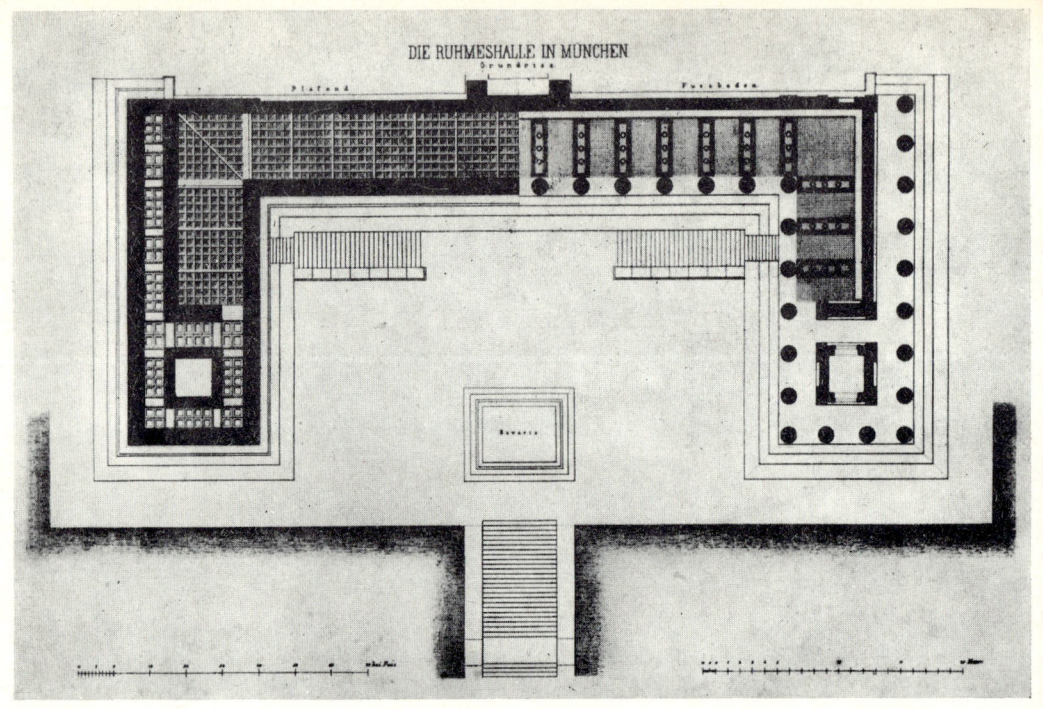

203 Ruhmeshalle, Grundplan, Boden und Decke

Die Ruhmeshalle

Der Gedanke zur Errichtung der Ruhmeshalle lag früher als man bisher annahm. »Schon am dritten Tage nach seiner Thronbesteigung hatte mich der König auf die Sendlinger Höhe geführt, welche ich früher wie schon gesagt für den Bau der Walhalla vorgeschlagen hatte. Der König forderte mich auf, die Stelle zu bezeichnen, welche ich dafür gewählt hatte. Der König erkannte sie als die günstigste an und sagte mir, die Walhalla habe ich hier nicht hinbauen können, allein ein ähnliches, bloß der Belohnung bayerischer Verdienste gewidmetes Gebäude, eine bayerische Ruhmeshalle will ich hier bauen. Ich mußte nun den Ankauf des nötigen Platzes besorgen, welcher bepflanzt war, aber von einem Entwurf war weiter nicht die Rede, jedoch machte ich schon damals eine Skizze, welche aber sieben Jahre vergessen und vergraben im Portefeuille liegen blieb.«

Im Frühjahr 1833 erging an die Architekten Klenze, Gärtner, Ziebland und Ohlmüller die Aufforderung zu einem Wettbewerb für die Ruhmeshalle. »Das Gebäude soll auf die Anhöhe von der Theresienwiese errichtet werden, wo die Volksfeste gefeiert werden und 200 Büsten enthalten von ausgezeichneten Bayern — Fürsten kommen keine herein —, ein für Bayern merkwürdiger Boden, der mit dem treuen Blute der Landsleute getränkt ist, die sich für ihre Fürsten totschlagen ließen.« (Brief Gärtners an Wagner vom

204 Ruhmeshalle, Ostseite des Nordflügels

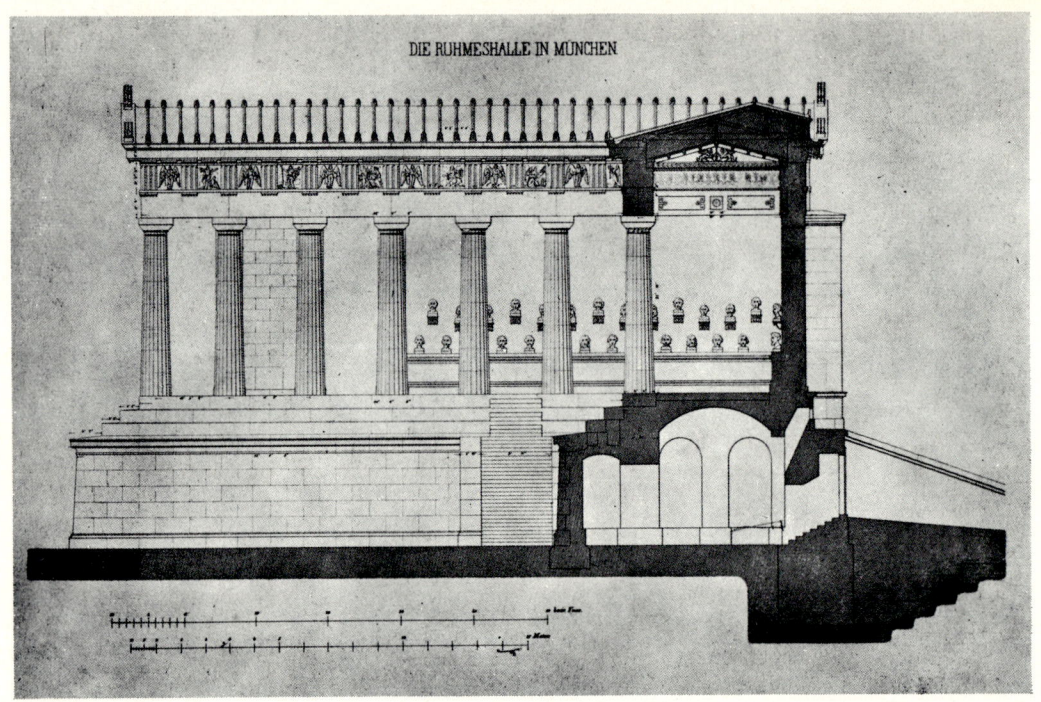

205 Ruhmeshalle, Schnitt Ost-West

16. April 33.) Es war den Architekten freigestellt, in welchem Stile sie die Ruhmeshalle erbauen wollten, in griechischem, das heißt in altdorischem, im Rundbogen- oder Spitzbogenstil. Bei der Eigenheit des Königs wußte keiner der Mitarbeiter etwas vom anderen und jeder war zum Stillschweigen über das Vorhaben verpflichtet. Das Ergebnis war von höchster Wichtigkeit, wurde damit doch entschieden, wer in München der fähigste Architekt sei. Gärtner wandte sich deshalb an Johann Martin Wagner in Rom um Rat, welchen von den drei vorgeschlagenen Stilen er ihm empfehlen würde. Dieser sprach sich für den Spitzbogenstil aus, da Ludwig ihn für den eigentlich »teutschen« hielt und die Kritik über den dorischen Stil der Walhalla hergefallen war. »Kopie Walhallas darf dieses Gebäude nicht werden, sind auch so viele dorische Tempel es gab, keine Kopien des Parthenon gewesen. München 26. Februar 1833, Ludwig.«

Klenze ließ sich mit seinen Entwürfen Zeit. Er wartete, bis die anderen Bewerber die ihren eingereicht hatten. »Oft und vielmals ward ich von neuem ermahnt und endlich sagte mir der König, daß er schon mehrere Entwürfe erhalten habe, welche ihn in hohem Grade ansprechen, aber noch unbedingt wünsche er meine Entwürfe zu sehen.«

Ein Entschuldigungsschreiben ward so schlecht aufgenommen, daß Klenze seine Pläne endlich vorlegen mußte. Am 8. März nach der Eröffnung der Ständeversammlung ließ ihn

206 Ruhmeshalle, Südflügel

der König kommen und verkündigte ihm, daß er sich zur Ausführung seines Entwurfes entschlossen habe, und zwar schon vom ersten Augenblick an, da er ihn gesehen habe.»So trug ich also über alle meine Mitbewerber den Sieg davon, was zwar an und für sich wenig bedeutet, nur mich sehr für die Architektur, der Vernunft und wahren Schönheit freute, welche hier den Sieg über byzantinische, italienische und deutsche Halbbarbareien erkämpft hatte, welchen die anderen Mitbewerber Ziebland, Gärtner und Ohlmüller in ihren Entwürfen geopfert hatten.« — Gärtner konnte seinen Entwurf später für die Befreiungshalle verwenden.

Von Klenze war auch die Idee, an dieser Stelle die Kolossalstatue der Bavaria aufzustellen. Er zeichnete die Figur einer leichtgeschürzten Jungfrau, welche, mit der Rechten auf eine vierköpfige Hermenstele gestützt, den Kranz dem Sieger reichte. Zu ihren Füßen ruhte ein Löwe. Diesen Gedanken hat Schwanthaler später auf glänzende Weise variiert, bei seiner Figur geht eine steigende Diagonale vom Löwen über das Schwert zu der hoch erhobenen Hand der Bavaria mit dem Siegerkranz.

Um dieses Standbild legte Klenze seine Ruhmeshalle. Eine offene Halle mit 48 dorischen Säulen und zwei vortretende Flügel umschlossen jenen inneren Bezirk, aus dessen Mitte die Kolossalstatue ragte. Die Halle steht auf einem dreistufigen Stylobat, dieser auf einem 4,3 m hohen Unterbau. Aus der Mitte des Hofes steigen zwei einläufige Treppen zu den Flügelbauten hinauf. Die Kopfbauten dieser Flügel tragen mit vier Säulen einen Giebel und umschließen einen quadratischen Cellaraum. Dieser gibt nach drei Säulen in der Tiefe eine Durchsicht frei, da die übrige Halle mit der umschließenden Rückwand erst mit dem vierten Säulenabstand beginnt. Die beiden Giebelfelder enthalten allegorische Figuren, Bayern und Pfalz, Schwaben und Franken darstellend. Der Fries ist mit 94 Metopen geschmückt, von denen 44 Viktorien darstellen, die übrigen mit symbolischen Darstellungen des Krieges und Friedens, der Künste und der Gewerbe ausgestattet sind. Schwanthaler hat diese Verzierungen entworfen. Der offene Dachstuhl mit den aus Zink gegossenen geflügelten Sphynxen und Löwen hatte Felder mit goldbesternten, kassettierten Platten. Die innere Mauerfläche bekam auf Wunsch des Königs eine kräftige rote Färbung, auf der in mehreren Reihen auf Konsolen die Büsten jener großen Männer standen, die sich Verdienste um ihr engeres Vaterland erworben hatten, darunter Namen wie: Martin Schongauer, Adam Kraft, Hans Holbein, Albrecht Dürer, Albrecht Altdorfer, Johann Thurmeier, Johann Eck, Peter Appian, Jacob Fugger, Hans Sachs, Orlando di Lasso, Tilly, Preysing, Homann, Gluck, Rumford, Reichenbach, Fraunhofer, Westenrieder, Platen, Ohlmüller, Gärtner, Schwanthaler, Rottmann, Schmeller, Schenk, Ohm, Bader, Schelling, Hess, Cornelius. »Die Ruhmeshalle«, schrieb der König 1834 an Klenze, »hat keine Beherrscher Bayerns zu enthalten. Es werden nur die edelsten und besten aus dem Volke aufgestellt, damit an der ewigen Leuchte ihres Wirkens das bayerische Volk sich fort und fort erwärme und in ihrem Vorbilde eine unversiegliche Quelle und eine ewige Anregung zu ruhmwürdigen Taten und zu fortschreitender Vervollkommnung finde.«

Da die Ruhmeshalle mit dem Dom zu Speyer und dem Siegestor zu jenen Bauten gehörte, die in der Abdankungsurkunde Ludwig sich vorbehalten hatte, König Max aber, von anderen Ausgaben in Anspruch genommen, keine Mittel dafür aufwenden wollte, übernahm König Ludwig 1849 trotz seines schmalen Budgets die Vollendung der Ruhmeshalle auf eigene Kosten.

Der Kostenaufwand für die Ruhmeshalle betrug 915 117 Gulden, für die Bavaria 286 346 Gulden. Beides machte Ludwig durch Testamentskodizill vom 29. Dez. 1857 seinem Volk zum Geschenk.

Der Gesamtgedanke und die Ausführung der Ruhmeshalle gediehen Klenze zur Vollendung. In der Durchführung und Gestaltung der Bauglieder hat hier Klenze eine Reinheit, Zierlichkeit und Schönheit der dorischen Stilform entfaltet, die dem Idealbild nahekam.

Über allem Jubel, der Ludwig bei der feierlichen Enthüllung der Bavaria am 9. 11. 1850 entgegenschlug und ihm seine große Beliebtheit bewies, vergaß er nicht die Schönheit des Bauwerkes und den Dank, den er Klenze dafür schuldete. Er war mit ihm eigens an einem Nachmittag hinausgefahren, um sich den Bau anzusehen. »Es war ein heiterer Frühlingsabend und als wir bei dem Gebäude ankamen, umging und betrachtete der König dasselbe lange aufmerksam und von allen Seiten. Kaum glaube ich, daß mir über eines meiner Werke — wenn gottlob auch der Tadel nicht fehlte — so viel Schönes, Schmeichelhaftes und Anerkennendes von allen Kennern gesagt worden ist als über diese bayerische Ruhmeshalle.«

NACHWEISE

Pläne

>Vorentwurf Graphische Sammlung
>Stadtmuseum Maillingersammlung
>Verwaltung der staatlichen Schlösser
>Architektursammlung der Techn. Hochschule München
>Gärtnersammlung Moningerverzeichnis

Briefe

>Ludwig I. vom 26. Februar 1833
>Ludwig I. an Klenze vom 3. Februar 1834
>Laut Vertrag vom 9. November 1849 übernahm Ludwig nach Thronverzicht die ganzen Kosten für die Bavaria in einer Höhe von 49 688 Gulden
>Die Bavaria, an deren lebensgroßem Modell Schwanthaler mit letzter Kraft gearbeitet hatte, wurde am 5. November 1850 feierlich enthüllt.

207 Propyläen, Ansicht von Westen

DIE PROPYLÄEN

Um das Bild der griechischen Vision, die mit der Glyptothek Gestalt annahm, zu vervollständigen, hatte Klenze 1817 für den Königsplatz vorgeschlagen, gegenüber einen antiken Tempelbau zu setzen und »die Stadtausfahrt gegen Nymphenburg durch einen Torbau abzuschließen«. Da die Glyptothek im ionischen Stil aufgeführt wurde, sollte die Apostelkirche korinthisch sein und das Stadttor den dorischen Stil tragen. Als Vorbild waren die Propyläen aus Athen nahegelegt, die durch eine ausgezeichnete, wenn auch an einigen Stellen fehlerhafte Publikation von Stuart und Revett bekannt war.

32 Jahre mußten vergehen, bis der Gedanke Wirklichkeit werden konnte. Klenze war 66 Jahre alt, der König abgedankt und der romantische Stil mit der Ludwigskirche oder der Kirche in der Au längst durchgedrungen. Nachdem man in der Walhalla den Gedanken des Parthenons nachbaute, suchte man mit den Münchner Propyläen das Vorbild des Torbaues in Athen darzustellen. Dafür suchte man einen paßlichen Platz. »Wie froh wäre ich die Propyläen, diese Hauptverschönerung Münchens schicklich anbringen zu können«, schrieb der König 1838 an Klenze. Ein guter Gedanke war, sie auf die Höhe des Gasteigs zu setzen, dem Anblick Münchens von dieser Seite einen gehobenen Anschein zu geben. Doch Klenze brachte den König davon ab. Ein anderes Mal sollten die Propyläen an das Ende der Ludwigstraße an Stelle des Siegestores kommen. »Würde die Straße vielleicht dadurch etwas länger, wäre dies Opfer der Schönheit zu bringen, wohl wert, viel schöner

208 Propyläen, Ostseite

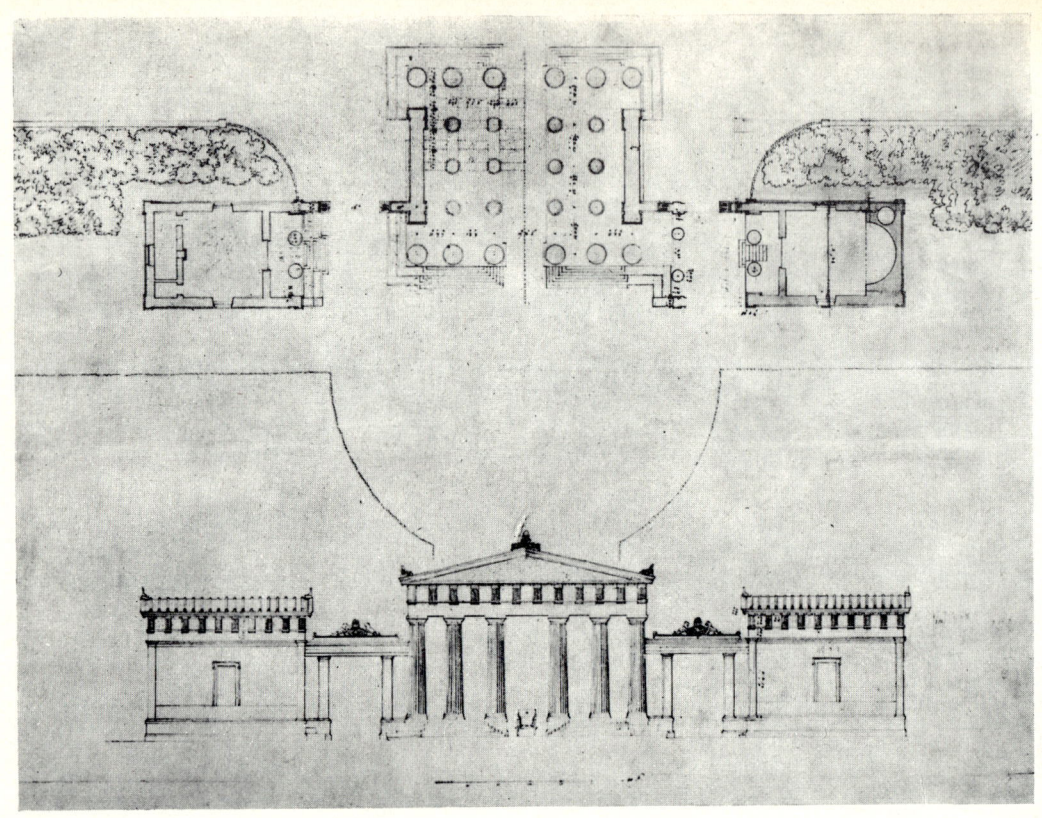

209 Propyläen, Entwurf Klenzes mit seitlichen Anbauten

als unerwartet in der Stadt sich zu befinden. Herrlich müßte es sein durch solches Säulentor am Ende der geraden Straße imposante Architektur zu erblicken.« Schließlich blieb es bei Klenzes Vorschlag von 1817. Der Königsplatz mit der ihn durchschneidenden Brienner Straße bot sich zu einer großartigen Toranlage an. 1846 erteilte der König Klenze den Auftrag, Pläne dafür auszuarbeiten, wobei er bestimmte, daß der Bau aus Untersberger Marmor errichtet und die Befreiung Griechenlands vom türkischen Joch sowie die Erhebung eines Prinzen aus dem Hause Wittelsbach zum König Griechenlands den Gegenstand der plastischen Verzierung des Baues bilden sollte. Dafür arbeitete Klenze mehrere Vorschläge aus, allen gemeinsam blieb die in der Mitte offene Säulenhalle. Einer davon suchte wie in Athen zwei niedere geschlossene Torbauten zur rechten und zur linken Seite zu setzen. Schließlich faßte Klenze den mittleren Säulenbau durch zwei kräftige, nach oben zulaufende Türme. Der Mittelbau unterschied sich gegen die Propyläen in Athen, die nur 6 innere Säulen hatten, dadurch, daß nun 16 ionische Säulen angeordnet wurden. Mit seiner Front von dorischen, 9 m hohen Säulen und dem statuengeschmückten Giebel öffnet der 25 m breite Mittelbau sich nach Osten und Westen. Auf einem dreifach abge-

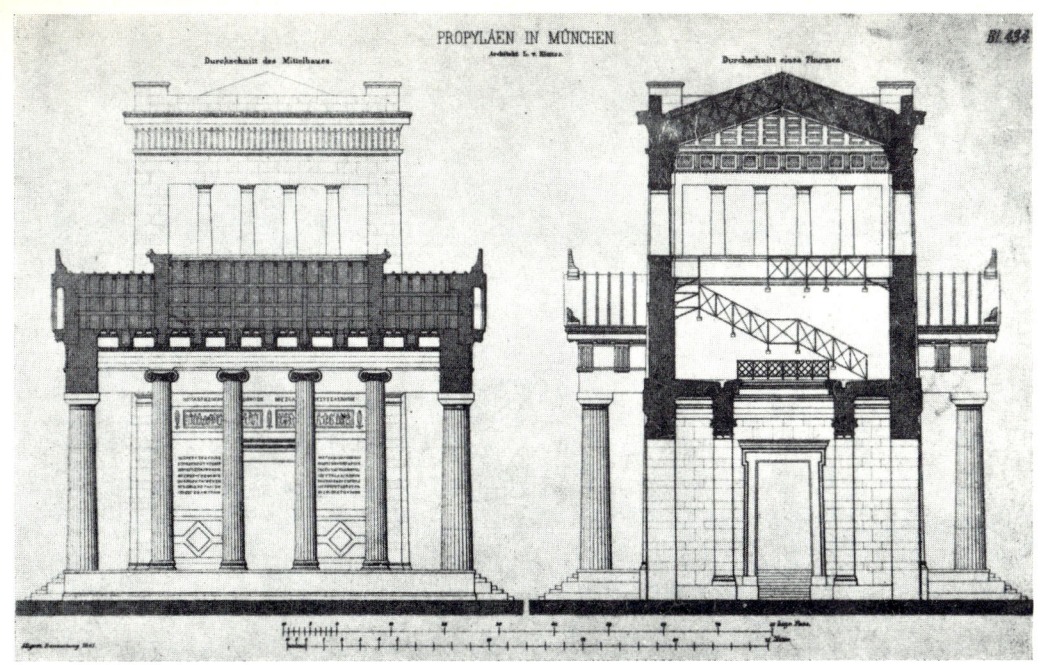

210 Propyläen, Schnitt durch den Mittelbau und den Turm

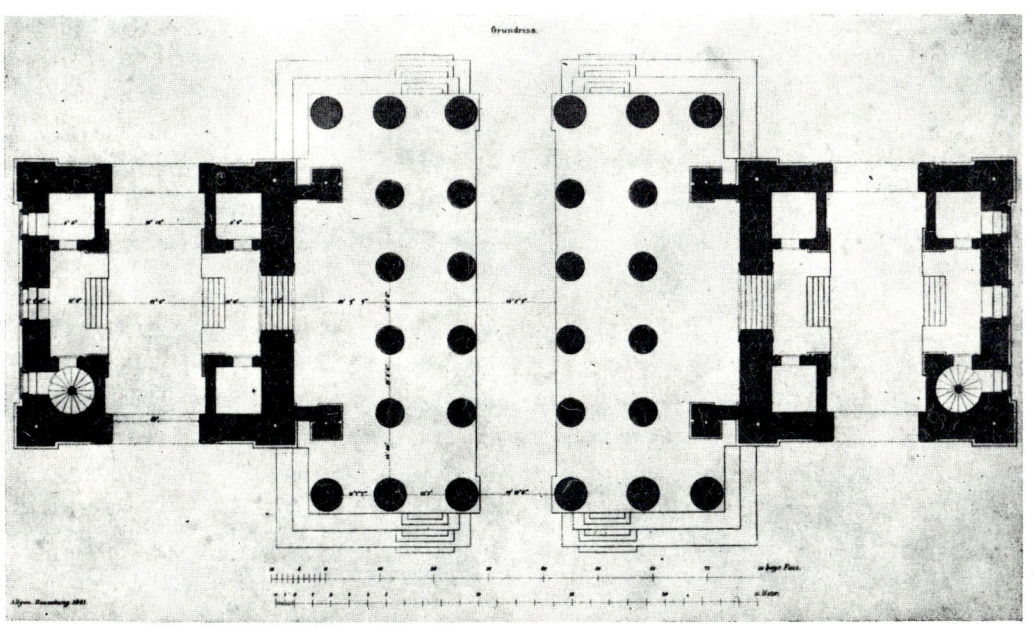

211 Propyläen, Grundriß

212 Propyläen im Bau, 1849

stuften Stylobat erheben sich die 6 dorischen kannelierten Säulen der Front vor der 22 m tiefen Halle. In ihr tragen ionische Säulen von 10 m Höhe in vier Reihen als Stütze die reich kassettierte steinerne Decke. Die Giebel an den Frontseiten über dem Architrav sind mit plastischen Darstellungen von Schwanthaler geschmückt, wobei der eine den Befreiungskampf Griechenlands verherrlicht, der östliche die Huldigung vor König Otto darstellt. Der Mittelbau ist im Norden und Süden von zwei mächtigen, nach oben sich verjüngenden Türmen gefaßt, deren unterer Teil von einem großen Durchfahrtstor durchbrochen ist. Im oberen Teil weisen nach allen Seiten 5 Fensteröffnungen zwischen dorischen Pfeilern. Der Abschluß wird von einem ägyptisierenden Hohlkehlengesims mit aufrecht stehenden Palmetten gekrönt.

Anfänglich hatte sich der König gegen die Anordnung von ionischen Säulen im Innern der Propyläen gesträubt. »Zweierlei Säulen in den Propyläen widerstrebt mir«, schrieb er in einem Brief an Klenze, »mein Gefühl läßt sich nicht überreden, diese Erfahrung haben Sie mir mehr denn einmal gemacht, obgleich ich Sie für einen sehr ausgezeichneten Künstler halte.« Erst als Klenze ihm in den griechischen Gebäuden die Anwendung mehrerer Säulenordnungen nachwies, beruhigte sich der König. Klenzes Plan, den Königsplatz durch niedrige Seitenbauten zu fassen, wurde nicht ausgeführt. Der Königsplatz hatte mit den Propyläen seinen Abschluß gefunden. »Das ist ein Anblick«, wie Reidelbach schrieb, »von so klassischer Vollendung und erhabener Schönheit, wie ihn nicht leicht ein zweiter Platz zu bieten vermag.«

213 Propyläen, Westseite

214 Befreiungshalle, Entwurf Klenzes 1849, Ansicht

Die Befreiungshalle bei Kelheim

Eine Operation, aufschlußreich genug für den Architekten, deckt Klenze mit seinem Plan zur Befreiungshalle auf. Der Baumeister steht über dem Klassizisten. Geschichtliche Vorstellungen, denen Gärtner allzu willig folgte, fegt Klenze zugunsten echter architektonischer Überlegung zur Seite. Sie führen zu den chirurgischen Eingriffen, die Klenze an dem bereits begonnenen Bau vornahm.

In der patriotischen Spannung Ludwigs I. war der Gedanke längst beschlossen, die Befreiung Deutschlands vom Joch Napoleons durch ein Denkmal zu feiern. Seine Vorstellung gewann an ausgezeichneter Stelle, der Heimat fern, Gestalt: In Griechenland, das von den Befreiungskriegen aus türkischem Joch noch zitterte, drängte sich ihm 1834, während er die Burg Tiryns besuchte, die Vorstellung auf, das Schicksal Deutschlands in den Befreiungskriegen in einem Bauwerk darzustellen. Dafür schien ein Zentralbau allein geeignet, wie ihn Klenze schon 1818 dem Kronprinzen bei den Walhallaplänen nahegelegt hatte. Gärtner, der in Tiryns neben dem König stand, wurde mit den Plänen beauftragt und fertigte, nach München zurückgekehrt, eine Reihe von Vorschlägen. Der vom König bestimmte Leitgedanke war, im Innern 17 Gruppen aufzustellen, die auf Schildern die

215 Befreiungshalle, Kandelaber

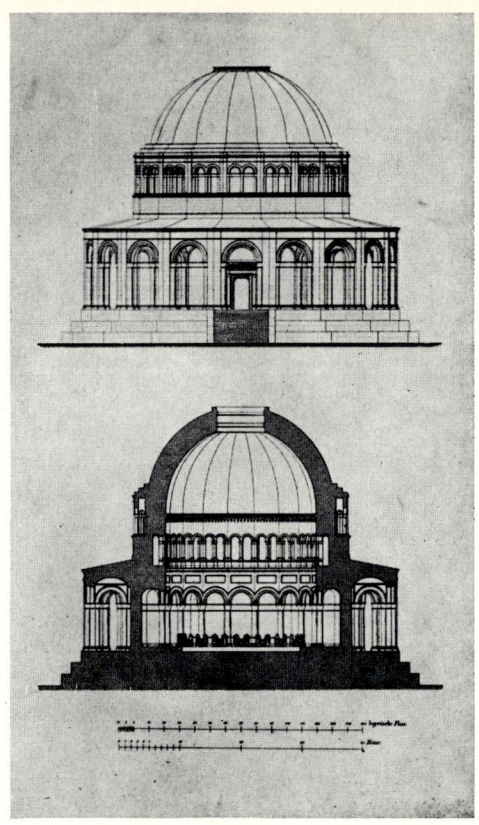

216 Befreiungshalle, Der Entwurf Friedrich Gärtners

Namen der Schlachten trugen, über ihnen die Namen der Feldherrn und Heerführer. Gärtner hatte für die Befreiungshalle einen 18eckigen Bau im Stile der Kirchen und Taufkapellen des 14. und 15. Jahrhunderts entworfen, einen Zentralbau mit einer Kuppel, die von einem Bogengang umgeben war.

Als Standort war eine Felsenhöhe bei Kelheim über der Altmühl und der Donau gewählt, durch Überreste des trajanischen Römerwalls in der alten Zeit und durch die Mündung des Ludwig-Donau-Mainkanals in neuerer Zeit ausgezeichnet.

Beim Tode Gärtners war die Befreiungshalle bis zum Erdgeschoß hochgeführt; Klenze wurde mit der Fortsetzung des Werkes beauftragt. Ihm war freie Hand gelassen. Er war nicht einmal an die vorhandenen Grundmauern gebunden. Klenze änderte nach folgenden Überlegungen: Der Bau hat Höhenlage und konnte nur von unten oder in der Nähe gesehen werden. Vorspringende Teile, wie also der ganze Bogenumgang, gaben Überschneidungen, die dem Eindruck schadeten. Dasselbe galt von der Kuppel, die natürlich in der Nähe zurückwich und nur aus weiter Fernsicht zur Wirkung kam. Der Bogengang verengte außerdem dem Eintretenden den Blick in den Kuppelraum. Klenze streicht also

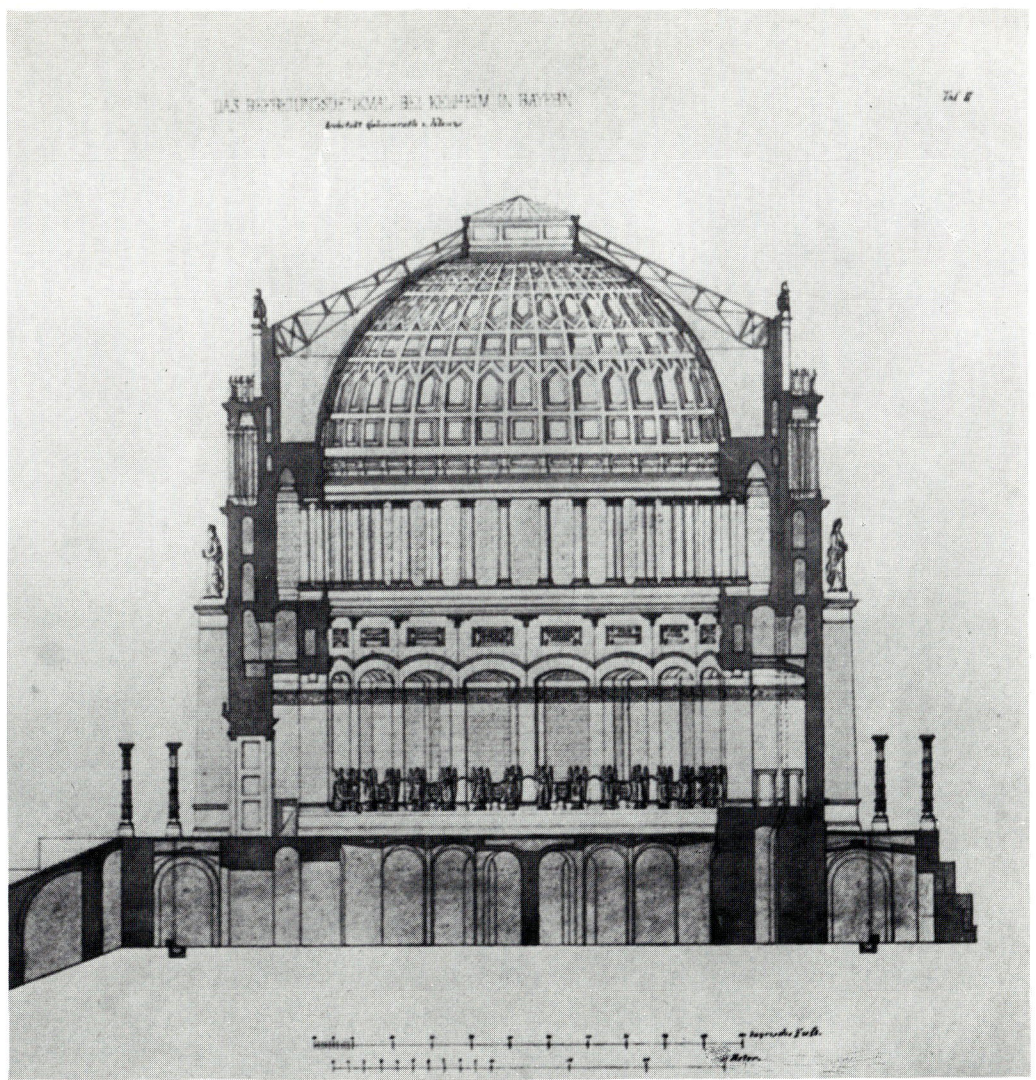

217 Befreiungshalle, Schnitt des von Klenze ausgeführten Baues

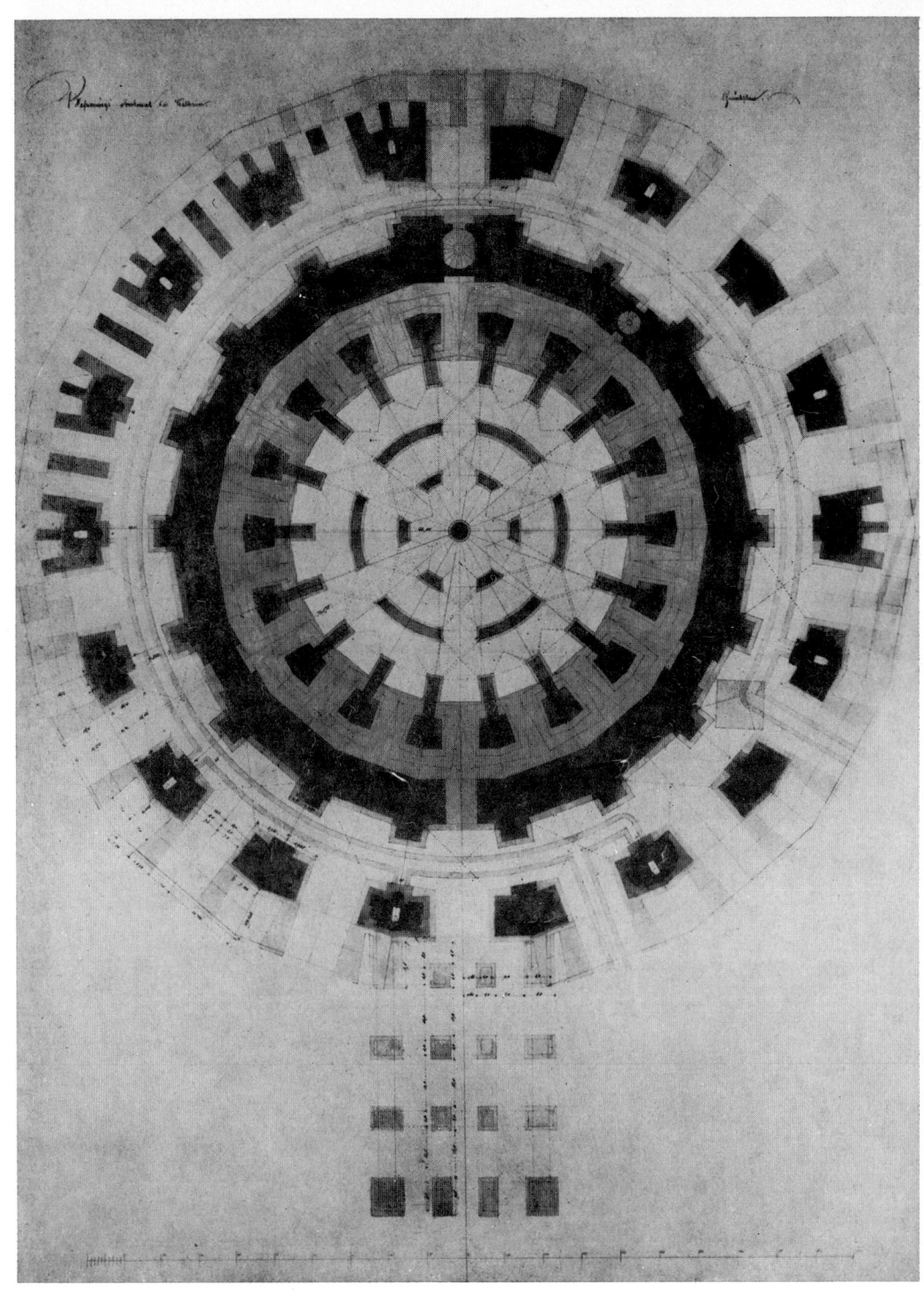
218 Befreiungshalle, Der Grundplan

219 Befreiungshalle, Ansicht

220 Befreiungshalle, Innenraum

zuerst den äußeren Bogengang; der Hauptbau steigt als kräftiger, ungebrochener Zylinder unmittelbar aus dem dreistufigen Unterbau auf, der von dem Altbau übernommen wird. Die kurzen gestuften Vorlagen an den 18 Ecken der Umfassungsmauer Gärtners werden wegen des Gewölbeschubes zu achtzehn Strebepfeilern erweitert. Diese sind oben mit 6 m hohen Kolossalfiguren beschwert. Ungegliedert wächst dahinter die Hauptwand bis zu einer Säulengalerie mit 54 Säulen auf, die mit einem offenen Gitter abschließt, und hinter dieser Galerie springt der Kuppeltambour zurück. Nach einer Stirnziegelreihe setzt ein gerades, leicht schräges Dach an, das sich oben zu einer Laterne von 6 m öffnet. Die Gesamthöhe beträgt 50 m.

Die innere Ringmauer, von Gärtner in vielfachen Brechungen von glatten Wänden vorgezeichnet, wodurch die Form »den ausgesprochenen Charakter eines Polygons fast ganz verlor, ohne die schöne Kreisform zu gewinnen«, löst Klenze in 17 Bogennischen auf und verstärkt die runden Säulen Gärtners zu prismatischen Pfeilern. Er zog damit in die äußere Zylinderform eine zweite ein, die den Raum höher erscheinen läßt, und gewann damit gleichzeitig den kleineren Radius der inneren Kuppel. Ein Vergleich mit dem Entwurf Gärtners zeigt die straffere, mauersparende Lösung Klenzes, der mit Gegengewölben und Ringspannungen arbeitet und beim Dach Stahlkonstruktion zu Hilfe nimmt und mit einer nur dünnschaligen Kuppel auskommt.

Das Steinmaterial des Äußeren ist gelber Jurakalk. Im Innern werden vier Schattierungen des Carraramarmors, Bradiglio di Seravezza, Giallo di Siena und schöngefärbter fränkischer Marmor verwendet. Die reichen Zierden der Kuppelkassetten, Trophäen, Schilde, Blitze und Rosetten wurden teilweise in vergoldetem Material ausgeführt, ebenso die Attika, die Hauptgesimse und die Soffitten.

Der Grundstein war am 19. Oktober 1842 gelegt worden, die Vollendung dauerte bis zum Jahre 1863. Die Kosten betrugen 2 144 000 Gulden gegenüber einem Voranschlag von 3 479 000 Gulden, so daß auch hier Klenze seinem Bauherrn 1 000 000 Gulden ersparen konnte. Stolz berichtete Klenze, daß die Hauptkuppel, schon 4 Wochen nach dem Schließen der Gewölbe ausgeschalt, sich nicht um Haaresbreite gesenkt habe.

Als der greise Monarch den vollendeten Bau mit Klenze allein betrat, umarmte er ihn und rief unter Tränen: »Klenze, so schön, so schön habe ich mir den Bau nicht geträumt.«

NACHWEISE

Pläne
    Landbauamt Regensburg
    St. M. Maillingersammlung
    Graphische Sammlung München
    Gärtnersammlung der Techn. Hochschule München

Akten
    Staatsarchiv von Oberbayern

Briefe
    Ludwig an Klenze vom 27. Februar 1849
    Testamentskodizill vom 13. November 1859

Literatur
    Reidelbach H. König Ludwig I. von Bayern und seine Kunstschöpfungen, München 1888

Der Wittelsbacher Palast

Über dem Bau des Wittelsbacher Palastes an der Brienner Straße schwebte kein glücklicher Stern. Schon Gärtner hatte ihn als den »zuwidersten Bau« bezeichnet, den er geführt habe. Nach dessen Tode wurde Klenze 1849 die Inneneinrichtung übertragen, die er für König Ludwig, der sich dort nach seiner Abdankung in stoischer Genügsamkeit einrichtete, auszuführen hatte. Er berichtete darüber an König Maximilian: »Im allgemeinen mußte die Wahrnehmung gemacht werden, daß die günstige Lage, die freie Stellung, die bedeutende Ausdehnung und das dem Architekten ohne Zweifel gegebene Programm der Einteilung in die Lage gesetzt hatte die allgemeine Anordnung und Größe der Räume und einzelnen Wohnungsabteilen sehr günstig gestalten zu können. Leider aber läßt sich gleiches Lob dem konstruktiven Teile des Baues nicht erteilen.« (Klenze an Maximilian 22. März 1849.) Mehrere hunderttausend Gulden mußten nachbewilligt werden.

Der Monopteros im Nymphenburger Park 1864

Das letzte Werk Klenzes in München, das der fast Achtzigjährige entwarf, ist der Rundtempel am See der Badenburg im Nymphenburger Schloßpark. Er ersetzte einen Holzbau Ludwig Sckells. Es ist das letzte Bauwerk im »Stil der Alten«, vielleicht das letzte in Europa überhaupt, das den baugeschichtlichen Untergrund hatte, wie ihn Klenze seinem Bau zur Verfügung stellen konnte. In abgeklärter Einfachheit zeichnete Klenze die Bauglieder dieses Monument und was er vom Lysikratesmonument in Athen gesagt hatte, es sei eine »Perle der Ornament-Architektur«, durfte er für seinen Nymphenburger Bau gelten lassen.

Der Unterschied des Standortes zwischen dem Monopteros im Englischen Garten und dem am Badensee, dort auf einer Hügelspitze aufgerichtet, hier an einem Seeufer hingelagert, und die Wandlung der in den Jahren weitergereiften Anschauung Klenzes zeigt sich in den Baugliedern.

Hier wie dort ein zehnsäuliger Rundtempel mit Krepidoma, Säulen, Kuppel und Zirbelknauf. In Nymphenburg ist der Stylobat einschichtig, eine Euthynterie nicht beabsichtigt, die korinthischen Säulen kanneliert mit Basis, Schaft und Kapitell, ohne Entasis und nicht geneigt. Reinhold Wierl, der den Tempel genau vermessen hat, kommt zu der Ansicht, daß Klenze auf die Betrachtung aus der Nähe Rücksicht genommen habe: »Alle Ansichtsflächen wie Architrav, Fries und Geisonstirn sind um Millimeterbeträge nach außen, zum Beschauer geneigt, ebenso die Zahnschnittstirn. Die Zahnschnittuntersicht zieht sich nach oben an, um die Horizontale gegen die für den Eindruck wichtigere Vertikale nicht übermächtig werden zu lassen. Die Antefixe neigen sich nach außen, die Profilkurven richten sich, weit in die Horizontale ausladend, nach der Blickrichtung von unten . . . «

221 Monopteros, Nymphenburg (Apollotempel)

222 Baden-Baden, Stourdza-Kapelle

Die Stourdza-Kapelle, Baden-Baden 1864.

Der letzte Bau Klenzes wurde die Kapelle für den in Baden-Baden gestorbenen Fürsten Stourdza. Klenze sandte wenige Tage vor seinem Tod die Pläne dazu ab. Sie zeigen einen achteckigen Zentralbau hinter einem viersäuligen Portikus, in der Kuppel eine große Laterne, reichen Freskenschmuck und eine für den byzantinischen Ritus vorgesehene Ikonostas.

222a   Entwurf für die Staatsbibliothek

PROJEKTE

Im Gegensatz zu vielen Architekten, etwa Friedrich Gilly, ist die Zahl der unausgeführten Projekte bei Klenze verhältnismäßig gering. Seine Stellung im Dienst des baufreudigsten Monarchen seiner Zeit hat bei ihm fruchtlose Bemühungen nach 1816 nahezu ausgeschaltet. Seine gezielte, auf das Ausführbare beschränkte Arbeitsweise hat ihm unnötige Projektierungsarbeit erspart. Klenze war im Entwerfen sparsam. Ehe er sich ans Reißbrett setzte, waren seine Projekte in seiner Vorstellung ausgereift. Es gibt kaum »Schmierskizzen«, in denen man sieht, wie er sich an eine Lösung herantastete. Radiergummi und Ölpauspapier brauchte er wenig. Er zeichnete sofort mit der Reißschiene und trug auch sogleich die Maße ein. Erst beim Entwurf der Dekorationen, und dies erst für einen sicheren oder ausgeführten Bau, ließ er seiner Zeichenfeder freien Lauf. In einer unermeßlichen Fülle konnte er die Wandflächen mit seinen Ornamenten vom einfachen Palmettenfries bis zu den verschlungensten Grotesken überspielen. Wenige Projekte blieben liegen, und wiederholt ließ er sich vom König lange bitten. Wenn er dann für ein Vorhaben mehrere Varianten vorlegte, geschah es aus Diplomatie, die Eigenheit Ludwigs kennend, der wählen und entscheiden wollte, damit es von ihm ausginge und er nicht etwas von einem anderen Vorgelegtes genehmigen wollte, abgesehen davon, daß das Schwanken über die Stilform überhaupt in der Zeit lag, wie z. B. bei der Ruhmeshalle, wo vier Architekten die Wahl zwischen griechischem, Spitzbogen- oder Rundbogenstil gestellt war.

Nur in der Frühzeit, solange Klenze noch nicht von der Auftragsflut Ludwigs I. verschlungen war, blieben viele Projekte unausgeführt. Zuerst in der Kasseler Zeit: 1809 bis 1813 Pläne für ein neues Schloß des Königs, ein Jagdschloß auf dem Lande, Pläne für das Schlößchen Katharinental und Schönfeld, Inneneinrichtungen im Schloß Wilhelmshöhe, für das Schlafzimmer Jérômes, für die Familiengalerie, für einen Konzertsaal und ein Mausoleum. In Kassel selbst projektierte er eine öffentliche Badeanstalt und eine gedeckte

Reithalle. Dann taucht wieder der Plan zu einem Podiumtempel auf, wie ihn Gilly mit seinem Denkmal Friedrichs des Großen in Berlin gegeben hatte, und schließlich noch der Entwurf für den Sarkophag des Herzogs Ducondras.

Nach dem Zusammenbruch des Kaiserreiches trat Klenze 1815 mit einem Vorschlag für ein Befreiungsdenkmal Deutschlands hervor, mit dem er sich an den europäischen Höfen um eine Stellung bewarb. In die gleiche Zeit fiel der Entwurf zu einem Denkmal für die Befreiung Spaniens.

Als Projekte blieben auch die ersten Vorschläge für die Glyptothek liegen, bis der Plan in engem Kontakt mit Ludwig und unter Zuhilfenahme der Pläne Hallersteins und Karl von Fischers feste Gestalt gewann.

Um die Gestalt der Walhalla wurde viele Jahre in vielen Briefen gerungen — Klenze war zunächst der Ansicht, für den »Zentralbau des deutschen Gedächtnisses« einen Rundbau, ähnlich dem Pantheon, anzuordnen —. Schließlich forderte Ludwig Klenze auf, nicht zu reden, sondern zu zeichnen. Es blieb bei der Darstellung des dorischen Tempels in Form der Walhalla. Für die Propyläen bestand im wesentlichen nur ein Vorprojekt vor dem Ausführungsentwurf, das sich mit niederen Seitenbauten dem Vorbild der Akropolis in Athen anschloß.

Die Festdekoration bei der Vermählung der Prinzessin Charlotte von Bayern

Als ersten Auftrag empfing Klenze von Kurfürst Max Joseph zur Vermählung von dessen Tochter Charlotte mit dem Kaiser von Österreich am 29. 10. 1816 die Aufgabe, dafür am Max-Joseph-Platz eine Festdekoration zu gestalten. In diesem Auftrag sollte er sich bewähren.

Der im Grunde noch barocke Aufbau mit Arkaden, die in der Mitte eine Gloriette umschließen, läßt an der Glätte des Gebälkes, der Präzision und linearen Korrektheit aller Konturen die klassizistische Form deutlich erkennen. Klenze hat seinem Dekorationsentwurf eine Beschreibung mitgegeben, die über seine Planungsweise Aufschluß gibt.

Zur Abrundung des Königsplatzes zeichnete Klenze 1818 ein schönes Projekt für die von ihm an Stelle des heutigen Kunstausstellungsgebäudes gedachte Apostelkirche, eine nach dem Vorbild von San Paolo fuori le mure in Rom dreischiffige Basilika mit einem achtsäuligen Portikus.

Das Denkmal für Ludwig I.

Schon 1841 bestand unter den Münchner Künstlern der Plan, König Ludwig ein Denkmal zu errichten. Thorwaldsen, der damals in München weilte, erbot sich, das Modell einer Reiterstatue umsonst zu liefern. Sein Tod vereitelte die Ausführung. Nun regte der Erzgießereiinspektor Ferdinand von Miller im Jahre 1856 im Gemeindekollegium an, König Ludwig zu Ehren seines 70. Geburtstages ein Denkmal aufzustellen. Für den Aufstellungsplatz und die Ausführung wurde der Rat Klenzes eingeholt und freudig eine Summe von 100 000 Gulden sogleich zur Verfügung gestellt. Klenze schlug den Odeonsplatz zur Aufstellung vor und zur Ausführung eine von Schwanthaler hinterlassene Skizze zu einem Denkmal für den König Stephan von Ungarn, das den König zu Pferd in einem Krönungsmantel zwischen zwei Pagen vorstellte. »Es wären nun die Inschriften auf den Tafeln der beiden Pagen durch die Worte des so wahren Denkspruches seiner Majestät des Königs ›Gerecht und beharrlich‹ zu setzen, an den vier Seiten des Marmorsockels sollten noch vier symbolische Figuren angebracht werden, welche Tugenden und Bestrebungen seiner Majestät des Königs andeuten: Religion, Poesie, Kunst und Wissenschaft oder Industrie.« (Brief Klenzes an den Stadtmagistrat 1856.) Mit Signat vom 23. Februar 1857 teilte König Ludwig, dem man die Skizzen vorlegte, dem Magistrat und dem Gemeindekollegium mit, daß er dem Vorschlag von Widnmann gegenüber dem von Brugger den Vorzug gäbe. Von Widnmann wurde das Denkmal dann auch ausgeführt, dessen Sockel auf der Rückseite die Inschrift trug: »Errichtet aus Dankbarkeit von der Stadt München am XXV. Aug. MDCCCLXII.«

Die Hofgartenkaserne

Die Ostseite des Hofgartens nahm bis 1908 die 1803 von dem Stadtbaumeister Schedel von Greifenstein erbaute alte Hofgartenkaserne ein, ein Übergangsbau vom späten Barock zum Klassizismus: Barock waren das Schema der Komposition mit Mittelbau und Seitenflügeln und die Hauptpunkte der Ausführung. Das gewaltig überhöhte Mansarddach des Mittelbaues ließ in den niedrigen Dreiecksgiebeln das Kommen der neuen Zeit erkennen.

Klenze plante 1818 diesen Teil nach klassizistischen Grundsätzen um: Der Mittelbau bleibt bestehen, wird aber auf drei Geschosse erhöht, die Seitenflügel mit zwei Geschossen haben je sechs Achsen. Im Erdgeschoß sind offene Bögen, die die Hofgartenarkaden nun auch für die Ostseite durchführen.

Das Pantechnion für Athen

Die unsicheren und durch das Vordringen Gärtners verlagerten Verhältnisse am griechischen Hofe ließen eigene Pläne Klenzes für Athen unausgeführt. So das Projekt von 1836 für ein Museum, »Pantechnion« genannt, auf das Klenze viel Mühe verwandte und das er stolz in seinem Stichwerk veröffentlichte. Dieser Bau ist für den Entwurfsvorgang des späteren Klenze aufschlußreich:

»Wir haben an einem andern Orte [1] die Grundsätze ausgesprochen, wonach die griechischen Architekten sowohl bei der Anlage des Ganzen ihrer Städte als bei der Zusammensetzung einzelner architektonischer Gruppen verfuhren.

Wenn ihre einzelnen Formen, als aus gleichmäßigen konstruktiven und statischen Prinzipien entsprungen, einfach sein mußten, und somit der Phantasie gegen jede Ausartung und wilde Formenbilderei Grenzen vorschrieben und feststellten, so war dieser Phantasie dagegen das schöne Feld freier und mannigfaltiger architektonischer Gruppierungen eröffnet. Dieses Feld ward aber von den griechischen Architekten sowohl in der Anordnung ganzer Stadtanlagen als einzelner Gebäudeteile und Gruppen mit dem feinsten Sinne für Schönheit und Verhältnis angebaut. Der Reiz dieser Anlagen würde im Gegensatz zu den trockenen, akademischen, gleichsam wie mit der Maschine gemachten monotonen Gebäuden und Gebäudegruppen moderner Architekten allgemeines Erstaunen erregen, wenn die wenigen Spuren und unscheinbaren Ruinen, welche noch vorhanden sind, hinreichten, um auch die stumpferen Sinne derer zu überzeugen, welche nicht fähig sind von dem Wenigen, was noch ist, auf das Viele, was einst war, zurückzuschließen.

Diese Behandlungsart architektonischer Anlagen hat mehrere Grade:

Die Anlage ganzer Städte; die malerische Zusammenstellung mehrerer verschieden-

[1] Aphoristische Bemerkungen, gesammelt auf einer Reise in Griechenland von L. v. Klenze, Berlin, 1838.

223 Athen, Pantechnion, Ansicht von Nordwesten

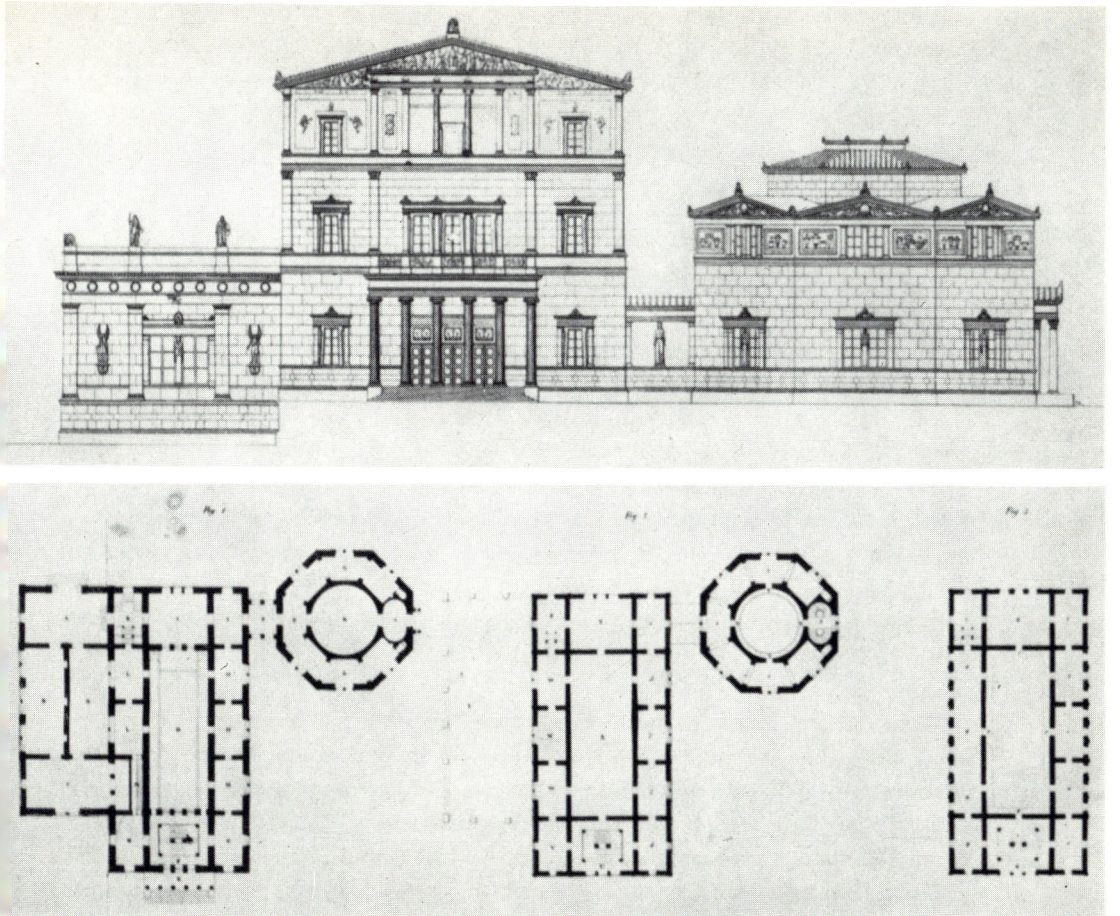

224 Athen, Pantechnion, Entwurf Klenzes, 1835

artiger Gebäude zu einer malerischen Gruppe, und die Gestaltung und Aneinanderfügung einzelner Teile und Massen eines und desselben Gebäudes nach malerischen Grundsätzen.

Wenn die malerische Schönheit griechischer Städte gewissermaßen nur zufällig und durch sinnige Benützung des Terrains und seiner Gestaltung entstand, so ist es auch kaum möglich, bestimmte Regeln dafür zu geben, oder diese in einen Musterentwurf zusammen zu fassen. Die heutigen italischen Bergstädte aber sind immer noch das, was uns davon den klarsten Begriff und die beste Anleitung dazu geben kann.

Von der Art, wie verschiedenartige Gebäude bei den Griechen behandelt wurden, zeigen die Ruinen der Akropolis von Athen, Eleusis, Sunion, Priene usw. noch Spuren, und wir suchten unsere Gedanken darüber in der Hauptansicht des von uns für Athen entworfenen Residenzschlosses darzulegen, wobei aber die uns durch Umstände aufgedrungene Regelmäßigkeit des ganzen Stadtplanes noch immer größeren Einfluß üben mußte, als erwünscht war.

Die Aneinanderfügung einzelner Gebäudeteile zu einer malerischen Gruppe, wovon wir in den Propyläen der Akropolis und besonders im Erechteion fast nur die einzigen echt griechischen Vorbilder besitzen, ist gewiß sowohl rücksichtlich der Schwierigkeiten als des Erfolgs die höchste Aufgabe, welche sich der Architekt stellen kann.

Der von S. M. dem König von Griechenland erhaltene Auftrag, einen Entwurf zu einem, die Kunstsammlungen des jungen griechischen Staates enthaltenden Gebäude für Athen zu machen, schien uns nun die willkommene Gelegenheit darzubieten, eine solche Zusammenstellung zu versuchen. Wenn wir hier aber den dreifachen Bestrebungen der Griechen bei ihren architektonischen Anlagen einen gleichmäßigen malerischen Zweck zu Grunde legten, so fürchten wir deshalb keinen Widerspruch von irgend einem Gebildeten oder Unterrichteten. Es muß aber auffallen, wie man die nicht gekannte oder nicht erkannte griechische Architektonik, aus Unwissenheit oder Unaufrichtigkeit mit der trockenen Maschinenkunst unserer modernen Schulen und Meister identifizierend oder verwechselnd, noch immer die romantischen Bauarten im Gegensatze mit der griechischen Architektur die malerischen nennen mag, während diese letzte doch gewiß diejenige ist, bei welcher das malerische Prinzip ohne Ausnahme am konsequentesten und glücklichsten durchgeführt ist.

Wenn aber, wie gesagt, eine ganz freie Zusammensetzung einzelner Massen eines Gebäudes zu einem malerischen Ganzen an und für sich schon als der höchste artistische Vorwurf der Architektur erscheint, so muß sie ihr Wert in den Augen des Architekten, welcher jedes Motiv individueller Ansichten, Lieblings-Ideen, Modebegriffe und erzwungene Effekte haßt, um so mehr steigern, als die Lokalitäten und Erfordernisse, sowie die speziellen Umstände, welche sich einem Bauentwurfe zur Seite stellen, imperiöser eine Anordnung der bezeichneten Art verlangen.

Dieses war aber bei dem Entwurfe, welcher von uns für Athen verlangt wurde, im höchsten Grade der Fall.

Griechenland ist seit seiner politischen Palingenesie zwar wieder ein Staat der Gegenwart geworden, allein die Umstände geben bei seiner Entwicklung der Macht der Zeit einen so bedeutenden Anteil, daß dieses Griechenland vielleicht mehr als ein anderes ein Staat der Zukunft genannt werden muß.

Dieses muß aber so wie bei allen auch bei dessen architektonischen Schöpfungen berücksichtigt und es muß auf successive Vergrößerung derselben Bedacht genommen werden. Diese Notwendigkeit trat aber bei einem für die Kunstsammlungen des jungen Staates bestimmten Gebäude um so mehr hervor, als der Boden Griechenlands selbst noch für eine lange Reihe von Jahren die successive Vermehrung eines Teils dieser Sammlungen ge-

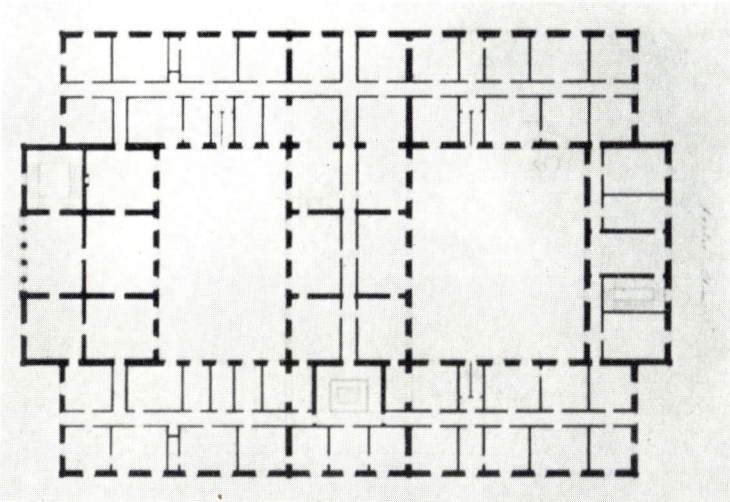

225 Athen, Ministerialgebäude an der Piräusstraße, Grundriß und Ansicht 1834

währen wird; als andere Teile derselben sich erst später und nur nach und nach bilden können; und als endlich die finanziellen Kräfte des jungen Staates nur jedesmal gestatten werden, für das Bedürfnis der Gegenwart, nicht aber für das der Zukunft zu sorgen und zu bauen.

Das Ganze desselben besteht aus drei Hauptteilen, deren erster die eigentliche Agalmatothek, der zweite die Räume für Grabmonumente, Inschriften, gebrannte Erden und Vasen enthält. Der mittlere Hauptbau endlich umfaßt die Örtlichkeiten der Kunstschule und der Sammlungen, deren Ausbildung erst der Zukunft anheimfallen wird.

Als S. M. der König von Griechenland uns den Auftrag zu diesem Entwurf erteilte, war dafür die nördliche Felsenspitze Akropolis bestimmt, und unser Entwurf würde dort auch Raum finden. Allein diese Wahl scheint vieles gegen sich zu haben. Nebst der unbequemen Lage auf einem steilen wasserlosen Felsen scheint es auch vermessen, in solche Nähe der hehren, aber zertrümmerten und unscheinbaren Ruinen hellenischer Kunstblüte ein seiner Natur nach größeres Bauwerk in ungeschmälerter Vollständigkeit zu errichten.

Es ist aber in alter und neuer Zeit allgemein anerkannt worden, daß der Platz im inneren Kerameikos, welchen S. M. der König Otto von Griechenland für den Bau seines Schlosses gewählt hatte, der schönste ist, welchen Athen für eine Bauanlage darbietet. Es ist jetzt auch durch die Erfahrung klar bewiesen, was bei genauer Lokalkenntnis vorauszusagen war, daß der Verdacht der Ungesundheit dieses Platzes völlig unbegründet und nur ein Vorwand ausgedehnter Intrige war.

Die große Zweckmäßigkeit, die Ruhe, Sicherheit vor Feuer, Staub- und Reflexlicht; die herrliche Ansicht und Aussicht, die, ich möchte sagen, poetische schöne Lage desselben, veranlaßte uns jetzt die Wahl dieses Platzes für den Bau des Pantechnions zu beantragen.«

226 Berlin, Dom, Fassadenentwurf

Der Dom in Berlin

Mit den Entwürfen für den Dom in Berlin 1843 auf der Spreeinsel kehrte Klenze zu seiner Studienzeit zurück, da er in die Nähe die Börse nach den Plänen Gillys gezeichnet hatte. Er geriet damit in eine durch Jahre währende Konkurrenz. Ausgeführt wurde der Dom später nach den reichen Zeichnungen Raschdorffs.

227 Berlin, Entwürfe zum Dom

228 Athenäum, Fassade des Hauptgebäudes

Das Athenäum in München

Ein großes Projekt, das Klenze unausgeführt hinterließ, waren die Pläne zum Athenäum von 1854, ein Sport- und Erziehungsforum auf dem Haidhauser Feld hinter dem heutigen Maximilianeum, das schon in die Maximilianszeit fällt und durch Pläne Fr. Bürckleins verdrängt wurde. Auf dem weiten Campus ist eine gedrängte Fülle von 23 Gebäuden entworfen, in römischen Ausmaßen, das spätere Maximilianeum weit übertreffend. Eine kleine Skizze, Schnitt und Ansicht des Stadions und der Festhalle zeigen die sichere Entwurfshand Klenzes, der stets in wohlgeordneten Proportionen dachte (Abb. 232).

Die Zeichnungen der Innenräume zeigen den sogenannten Altersstil Klenzes, der nicht mehr in der plastisch festen Klarheit seiner früheren Werke steht, sondern — von der Gedankenblässe der Maximilianszeit angekränkelt — starre rechteckige Räume durch schematisch aufgesetzte Dekorationen lebendig zu machen suchte. Von großem Reiz ist der Einblick in eine Freibadeanstalt, die, wie Schinkels berühmtes »Projekt zu einem Kaufhaus«, sich zu einer offenen, gelösten, von Stilelementen freien Architektur aufschwingt. Das neue Bauelement des Gußeisens ist mit Freude angewandt und wenig verziert, wie es die Zeit den Baugliedern noch schuldig zu sein glaubte. Lange Zeit hat sich diese Art an Bahnhofsbauten gehalten: dünne Säulen mit angegossenen korinthischen Kapitellen.

Die Villa der Königin in Schloss Berg

Von erschreckender Wahllosigkeit sind die sechs Entwürfe von 1854 für »die Villa der Königin«, ein Umbau von Schloß Berg am Starnberger See. In ihnen spiegeln sich die Zeit und die Unsicherheit des Auftraggebers, des Königs Maximilian, in die Klenze hineingezogen worden war. Es sind spielerische Versuche, dem gesunden Baukörper durch romanische Verzierungen oder gotische Ecktürmchen »einen malerischen Charakter« zu geben.

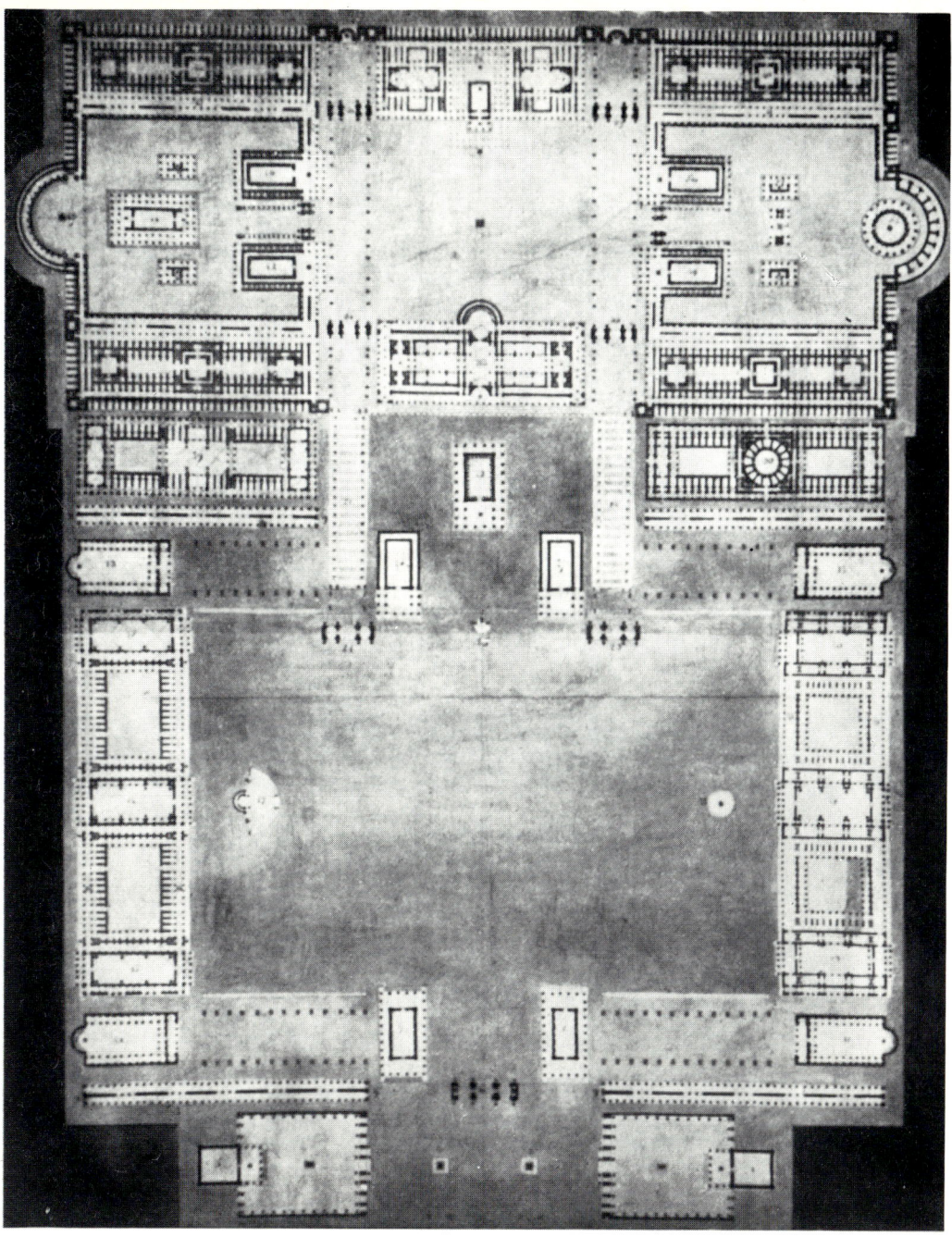

229 Athenäum, München, Grundrißplan der Gesamtanlage, 1854

230 Athenäum, Schwimmanstalt

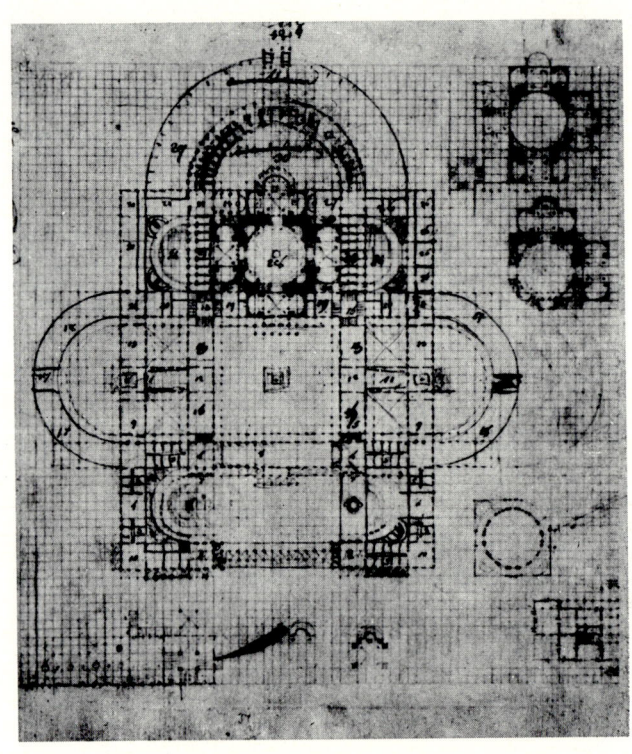

231 Athenäum, Grundriß auf einem Raster, 1854

232 Athenäum München, Grundriß der Sportanlage, 1854

Das Nationalmuseum und die Kunstakademie in Budapest

Noch 1861 wurde der 77jährige Klenze aufgefordert, sich an dem Wettbewerb für ein Nationalmuseum in Budapest zu beteiligen. Sein Ruf als Erbauer der Pinakothek in München und der Eremitage in Petersburg veranlaßte dazu. »Klenze und Stühler, zwei berühmte in derartigen Bauten höchst erfahrene Baukünstler wurden mit den Plänen von Ibel in Triest und Häuselmann und Ferstl in Wien ausgestellt.« Die Entscheidungen waren schwankend, Klenze weigerte sich in seinem Brief vom 8. Juni 1861, Abänderungen zu machen. Der Budapester »Courier« bemängelte »die kalte und zu strenge Fassade, die im römischen Renaissancestil weder den hier-ortigen Verhältnissen, noch dem hiesigen Geschmack entspricht, scheint nicht so großartig gedacht und durchgeführt, als man nach den anerkannten Leistungen dieses Meisters erwarten konnte«. — Die kurze sechswöchige Frist der Bearbeitung trug hieran wohl Schuld. »Zur Ausarbeitung kamen die Pläne von Häuselmann und Ferstl in Wien. Das Nationalmuseum wurde im gotischen Spitzbogenstil ausgeführt. Die Pläne wurden durch Geldmangel, nachdem sie wiederholt zur Diskussion gestanden, um die Hälfte reduziert.« (Klenze 11. Januar 1862.)

233   Athenäum, Innenansicht des Festsaals

234 Denkmal Max Josephs I., Entwurf

Das Denkmal für Max Joseph I.

Für seinen ersten Bauherrn in München durfte Klenze das Denkmal am Max-Joseph-Platz entwerfen. Dies geschah bereits 1823 in Rom, gemeinschaftlich mit Johann Martin von Wagner, der den König in sitzender Stellung darstellte. Doch König Max wollte nicht in dieser Stellung dargestellt sein, weshalb Klenze eine zweite Skizze mit dem Standbild des Königs zu entwerfen hatte. Als König Max Joseph bald darauf starb, griff König Ludwig auf den ersten Plan Klenzes zurück, und dieser hat dem Sockel nochmal eine reichere Ausstattung gegeben. Nach diesem Entwurf sollte der Bildhauer Rauch das Standbild ausführen. »Rauch, welchen seine Majestät der König, wie Sie wissen«, schrieb Klenze am 15. Mai 1826 an Wagner, »berufen hat, das Modell zur kolossalen Statue des Königs zu machen, war 16 Tage hier und ist gestern nach Paris abgereist. Seine Skizze hat alle Erwartungen übertroffen und ist wirklich vortrefflich.«

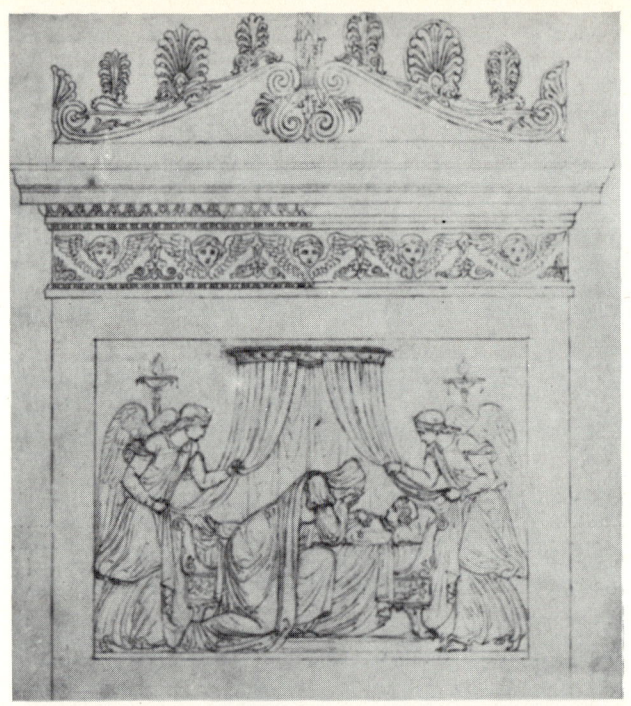

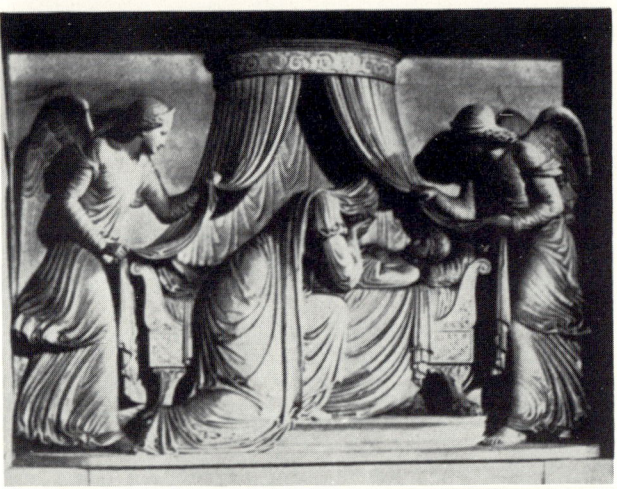

235 Grabdenkmal für die Prinzessin Maximiliana in der Theatinerkirche
Oben Zeichnung Klenzes. Unten Ausführung von B. Eberhard

Das Grabdenkmal der Prinzessin Maximiliana Josefa Carolina

Bei dem Grabdenkmal für die am 4. Februar 1821 gestorbene bayerische Prinzessin in der Theatinerkirche zu München ahmte Klenze das Schema des florentinischen Wandgrabes nach und hat dabei dem Bildhauer Eberhard in einer Zeichnung sehr genaue Vorschriften für die Ausführungen gemacht. Es ist eine flache, weiße Marmorplatte, deren Sockel verschiedene Ornamente und Palmettenverzierungen trägt und in der Mitte eine Reliefdarstellung, wie sich die trauernde Mutter über das Totenbett der Prinzessin beugt, während zu beiden Seiten Engelfiguren die Vorhänge halten.

Die neue Isarbrücke in München

Bei dem Bau der von Baurat Probst neu aufgeführten Ludwigsbrücke (1822—1828) hatte Klenze neben der Oberleitung auch die Ornamente der Brüstungsfüllungen übernommen. Sie sind in den Zeichnungen der Graphischen Sammlung Nr. 26680 enthalten. Die Kandelaber in der Zeichnung 26687 sind von Klenze signiert. Die Ornamente waren in Eisenguß ausgeführt.

Die Denkmalsentwürfe für Adolf von Nassau und Rudolf von Habsburg 1820

Die beiden Denkmäler von 1820 sind die einzigen gotischen Entwürfe Klenzes. Er fügte sich hier dem Wunsch seiner hohen Auftraggeber und entschuldigte sich mit der Rücksicht auf den mittelalterlichen Stilcharakter des Aufstellungsortes im Speyerer Dom. »Von mehreren dazu vorgelegten Entwürfen in einer der Zeit und dem Gebäude, welche sie aufnehmen sollte, entsprechenden Gestaltung kam leider nur ein kleineres Denkmal für den ritterlichen Kaiser Adolf zustande und der kaiserlich österreichische Hof trat endlich ganz von dem Vorsatz der Wiederherstellung des Denkmals für den ersten Kaiser aus der in ihrem Mannesstamm erloschenen Habsburger-Dynastie zurück.« (Arch. Entwürfe.) Das Denkmal für Kaiser Adolf von Nassau zeigte die aufrechtstehende Figur des Kaisers in einer gotischen Umrahmung, die der Bildhauer L. Ohnmacht ausführte.

Bei dem Denkmal für Rudolf von Habsburg sollte der Grabstein, welcher in Speyer vorhanden und worauf der Kaiser dargestellt war, als Sarkophagdeckel unter einem viersäuligen, in Gestalt eines halben Oktogons aus der Wand hervorspringenden Baldachins aufgestellt werden. Die Mutter Gottes darüber war auf Goldgrund an der Wand gemalt gedacht, der Baldachin aus verschiedenen Marmorarten zusammengesetzt und die obere Reihe der Statue des Kaisers aus Erz. (Klenze-Sammlung architektonischer Entwürfe 6.)

Das Nationalmuseum für London

Auch in England wurde Klenze als Museumsfachmann anerkannt, und man lud ihn zu Plänen für ein Nationalmuseum in London ein. Der Krimkrieg verhinderte ihre Ausführung.

236 Entwurf für ein Denkmal der Republik

DAS GRABMAL DES HERZOGS VON LEUCHTENBERG IN DER ST.-MICHAELS-KIRCHE

Nach dem Tode des Herzogs von Leuchtenberg, »in dessen Leben sich ein Feldzug und eine große Tat auf die andere drängte«, wie Goethe von ihm 1824 beim Eintreffen der Todesnachricht sagte, ergab sich die Möglichkeit eines fürstlichen Auftrages an Thorwaldsen, den Ludwig vergeblich nach München zu binden suchte. Klenze, der Familie des Herzogs befreundet, entwarf das Grabmal, das der Bildhauer mit seinen Statuen besetzen sollte. Thorwaldsen fühlte sich durch den Münchner Architekten, der auch den skulpturalen Teil genau vorzeichnete, bevormundet und lehnte ab. Der Kronprinz mußte vermitteln, Klenze trat zurück, übernahm aber später doch wieder die Aufstellung der Figuren in dem von ihm entworfenen architektonischen Gerüst.

Auf einem erhöhten Marmorsockel wird das Portal von korinthischen Pilastern gerahmt, das Gesims wird von Ornamenten im klenzischen Stil abgeschlossen und von den Initialen des Fürsten gekrönt. Die Gestalt Eugen Beauharnais', des ehemaligen Vizekönigs von Italien, tritt vor das Tor, allen irdischen Schmuckes entledigt bis auf das Schwert, zu seinen Füßen der Kommandostab, der mit der eisernen Krone geschmückte Helm und

237 Das Friedensdenkmal 1815

tiefer die Königskrone. Zu der Linken Klio, die Muse der Geschichte, die Taten des Fürsten in die Weltgeschichte einschreibend, zur Rechten die beiden Genien des Lebens und des Todes. Während der größere und stärkere Bruder mit der Rechten die erlöschende Fackel nach unten hält, wendet der andere, schöngelockte sein mit Mohn umkränztes Haupt nach oben und trägt in der Linken die aufwärtsgewendete Fackel. Diese Gruppe und die Figur des Herzogs gehören zu den schönsten Schöpfungen Thorwaldsens.

Apostelkirche

Lange vor Klenzes Ankunft in München war im Zuge der von Sckell und Fischer angelegten Fürstenstraße nach Nymphenburg, der heutigen Brienner Straße, nach dem kreisrunden Platz ein großer rechteckiger Platz ausgespart worden. Er sollte nach dem Willen des Kronprinzen das Forum seiner Stadt nach dem antiken Idealbilde werden.

An seiner Südseite und als erstes Bauwerk war die Glyptothek geplant. Karl von Fischer hatte sein Wohnhaus an der Einmündung der Straße, an der Südostecke, errichtet. Als Klenze die Glyptothek übertragen erhielt, wurde er auch mit den anderen dort vom Kronprinzen geplanten Bauten befaßt: der Apostelkirche, dem Kadettenkorps und den Propyläen.

238 Apostelkirche, Projekt

Er berichtet dazu 1819: »Es war die Idee aufgetaucht, an dem Platz der Glyptothek ein Kadettenkorps-Gebäude zu errichten, und der Kronprinz interessierte sich sehr lebhaft dafür. Im oben erwähnten Brief schrieb er mir darüber: ›Wird das Geld für den Cadettenbau hinreichen, eine facciata zu errichten, welche würdig seyn wird, an demselben Platze zu stehen wie die Glyptothek und die Apostelkirche? Dieser Königsplatz (so heißt derselbe) muß der König der Plätze werden durch den Einklang (nicht Einförmigkeit) seiner schönen Gebäude ...‹«

Über die Fassade, die der Apostelkirche zu geben sei, stellte Klenze nachstehende Erwägungen an:

»Wegen der Glyptothekfassade bleibt noch ein in dem gnädigsten Schreiben Ew. Königlichen Hoheit enthaltener Punkt zu erörtern, nämlich die Ähnlichkeit derselben mit der *Apostelkirche.*

Da die beiden Fassaden allerdings zugleich, und zwar am Eintritt aus der Königsstraße auf den Platz übersehen werden können, so schien es mir gleichfalls nöthig, in denselben ungefähr dieselben Maße zu beobachten. Was aber die Ähnlichkeit der Gebäude selbst anbelangt, und zwar im einzelnen, so deucht mich, daß die Verschiedenheit so groß sein muß und auch ist als der Abstand zwischen dem Tempel Gottes und dem Tempel der Kunst; jener ist das Höchste im abstrakten Sinne, diese wenigstens das Höchste irdische. Die Verschiedenheit, der Charakter der Ordnungen (Säulen) allein würde hier im griechischen Sinne schon entscheiden und hinreichen. Bei ihnen plagte man sich wenig, neue und abwechslungsreiche Zusammensetzungen zu machen; höchst einfach und gleichartig waren sie hierin, aber höchst verschieden und charakteristisch in dem Verhältnis, der Form und Zierde der Säulenordnungen, und diesen Weg wünschte auch ich besonders auf dem Königsplatze zu gehen. Die ionische Glyptothek, die korinthische Kirche und das dorische

Stadtthor würden auf einem Punkte ein Bild des reinen *Hellenismus* in unsere Welt verpflanzt geben; aber nicht dahin *gezwungen sollen* diese griechischen Werke aussehen, sondern gleichsam wie höchstkultivierte Kolonisten ihrer höheren Bildung und Vortrefflichkeit noch willig das Gute hinzufügen, welches sie an dem Volke, unter welchem sie sich niederlassen, wahrnehmen und so sich ihm lieb, werth und einheimisch machen. Dieses Bildes Bedeutung erfüllt meine Seele, und so hoffe ich, was mir Noth ist zu erringen, o möge mich E.W. Königliche Hoheit Beystimmung auf dem schwierigen Wege begleiten und unterstützen und zurechtweisen, wenn ich irregehe!«

Die Propyläen waren als Abschluß der Stadtgründung Ludwigs I. gedacht.

Im Juli 1817 sollen die Propyläen auf die Seite der Stadtausfahrt nach Nymphenburg, über die die Stadt nie hinauswachsen wird, kommen, ein Effekt wie an der Piazza del Popolo, wie am Brandenburger und am Potsdamer Tore, nämlich man würde in die Stadt selbst eintreten, »gleich den vollen Effekt ihrer Pracht und Schönheit umfassend«.

Glaspalast

Kurz, ehe Voit den Glaspalast in München errichtete, hatte Klenze den Kristallpalast von Paxton auf der Londoner Weltausstellung 1852 zu begutachten. »Paxton hat seine Aufgabe als Gärtner aufgefaßt, mit dem Resultat eines großen freien Raumes mit Licht von allen Seiten. Paxton war sicherlich selber erstaunt, vor so vielen Architekten den Preis als Gärtner bekommen zu haben, deshalb wählte man auch zu dieser Industrieausstellung den Entwurf, der den freiesten Raum enthielt, ohne auf andere Punkte Rücksicht zu nehmen, und nun ist aus Paxtons Praxis in Treibhaus- und Mistbeetbau, die Gewohnheit in Eisen und Glas zu bauen, schon so tief verwurzelt, daß er hier gar nicht anders konnte.«

239/240   Der Glaspalast, 1854

»Neues zu bauen, Altes zu erhalten ist meine Aufgabe«, schrieb Ludwig I. anläßlich der Wiederherstellung des Isartores, und als Klenze darauf anspielte, das Cuvilliès-Theater abzureißen, entgegnete ihm Ludwig am 21. Januar 1823 energisch, »so wäre es mir sehr leid, wenn das alte Theater abgebrochen würde. In München fehlt es ohnedies an Räumen. Einreißen solcher Gebäude widerstrebt mir. Daß man doch immer bei uns so bereit ist, einzureißen, und so bereitlos zum Bauen ist.«

Klenze war meist in der glücklichen Lage, auf freiem Felde neu bauen zu können. Nur an wenigen Stellen und bei wenig Gelegenheiten mußte er alten Bestand angreifen oder verändern. In seiner Abneigung gegen die vorausgegangene Stilepoche, vor allem seine wütende Ablehnung des Barock und Rokoko, ließ er einige Lastwagen voll Originalzeichnungen seiner Vorgänger Cuvilliès, Gunetzrhainer, Asam, Johann Michael Fischer usw. ins Dachauer Moos zur Vernichtung schaffen, »damit man niemehr in Versuchung geriete, in derartigen Ungeschmack zurückzufallen«.

Welch ein Verlust, welche Verblendung! Bei dieser Einstellung konnte man eine Denkmalspflege in unserem Sinne nicht erwarten. Sie war entsprechend der damaligen Einstellung immer doktrinär, übersah bei komplexeren Gebäuden die Linien der Geschichte und hat in fanatischer Weise radikal oder falsch stilisiert, wie bei der Renovierung der großen Dome in Speyer und Bamberg.

Bei der Wiederherstellung des Schleißheimer Schlosses hat die heute vorgenommene Wiederherstellung gezeigt, wie Klenze damals den Effner-Bau im Sinne klassizistischer Prinzipien umzuformen strebte. Bei vielen anderen Aufgaben, z. B. am Isartor, der Tegernseer Schloßkirche, der Kapelle in St. Quirin, dem Törring-Palais (der Hauptpost), der Hofgartenkaserne ist die Befangenheit Klenzes zu spüren, die nicht in Demut sich vor dem geschichtlichen Wuchs beugte, sondern in doktrinärer Weise vorging. Zum Glück haben die großen Neubauten an der Residenz Klenze vor der Umgestaltung der herrlichen Altbauten, der Reichen Zimmer, der Päpstlichen Zimmer, der Ahnengalerie oder der Grünen Galerie abgehalten. Seine Abneigung gegen das Cuvilliès-Theater ist bekannt und hätte fast nach dem Brande des Nationaltheaters 1823 zu dessen Abbruch geführt. Die Einstellung Ludwigs I. hat auch hier den Bau bewahrt.

In München war manches bedroht, die Stadtmauer fiel Zug um Zug, die Stadttore sollten, wie das Schwabinger Tor, abgebrochen, in der Salvatorkirche sollte ein Fechtboden eingerichtet werden, die Augustinerkirche war ein Getreidemagazin. Bei aller Bauleidenschaft und dem Ehrgeiz, München über alle Städte Deutschlands strahlen zu lassen, besaß Ludwig eine geschichtsgebundene konservative Neigung. »Altes erhalten, Neues erbauen ist mein Ihnen wohl bekannter Grundsatz«, schrieb er im Juli 1823 an Klenze. »In meiner Natur ist dieses, von Neuem lege ich Ihnen aufs Herz bewirken Sie, daß garnichts von dem Isarthor niedergerissen wird. Es wäre mir gar zu leid, wenn mir das mindeste daran weg-

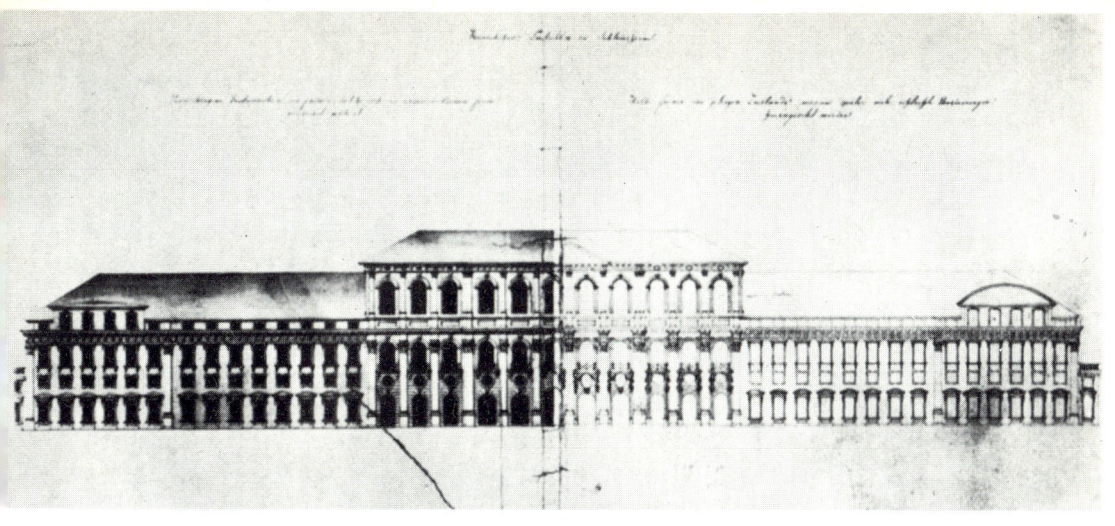

241 Plan zur »Restaurierung« des Schlosses in Schleißheim, 1818

käme«, oder im Juli 1828 erhält Klenze die Weisung: »dem Bürgermeister Klar zu sagen, daß des Königs lebhafter Wunsch sei, daß wenn die Peterskirche nicht übertüncht ist, sie unberührt bleiben soll oder so viel wie nur immer möglich die altertümliche Farbe des noch unberührten Teiles zu geben getrachtet werden soll, mit allem Fleiße.«

Bei Anlage der Ludwigstraße waren Eingriffe unvermeidlich. Das Alte Schwabinger Tor mußte fallen, ebenso das reizvolle Café Tambosi, das Turniergebäude oder die neugebauten Häuser an der Schwabinger Landstraße, die von der neuen Trasse beiseitegeschoben und überrollt wurden. Hier hat Klenze an Stelle der verzettelten, vom Zufall planlos verstreuten Bauten etwas Größeres gesetzt. Der übergeordnete Stadtgedanke durfte den geschichtlichen Bestand Münchens antasten, um den alten eingeschnürten Bauleib der Stadt in einen vom Leben und der Zukunft durchpulsten Organismus überzuführen.

Ganz anders war es in Athen und Griechenland, dessen Denkmalspflege Klenze im Jahre 1834 unterstellt wurde. Hier war ihm alles heilig. Jeder Tempel, jedes Bruchstück war ihm Beweis seiner Theorie. Als Archäologe hat er die Akropolis und den Parthenon wiederherzustellen versucht, die athenischen Denkmale inventarisiert und die ihm bekannten Grabungsfelder in ganz Griechenland dem staatlichen Schutz empfohlen. Hier suchte er auch richtig zu ergänzen, nicht nach einer Vorstellung, sondern im Sinne des Bauwerks, eine Säule nur aufzurichten, wenn ihre Gestalt gesichert war. Den Plan Fr. Schinkels für die Akropolis empfand er als Bedrohung des echten Bestandes.

242 St. Petersburg (Leningrad), Eremitage, Wanddekoration

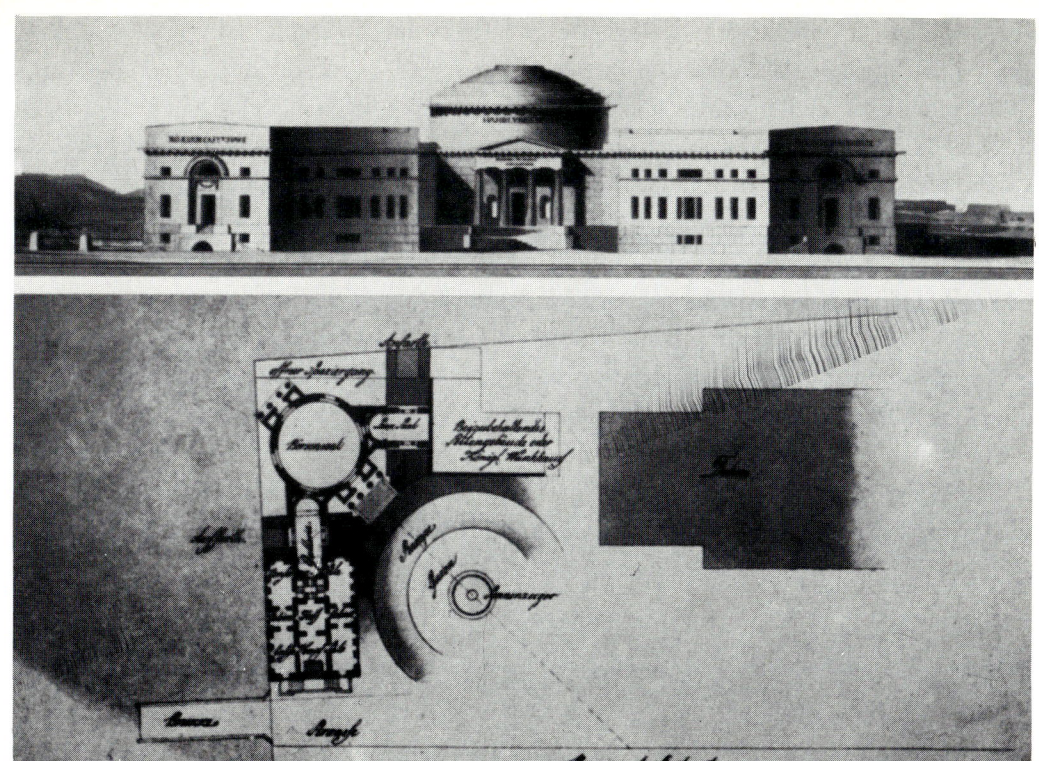

243 Studienarbeit für die Börse in Berlin, 1802

Die Zeichnungen

Zu den Zeugnissen reinen, unreflektierten Schauens zählen Klenzes Reiseskizzen, seine Landschafts- und Architekturzeichnungen. Hier schiebt sich nichts dazwischen. Freudig greift er zum Stift und verbindet sich zeichnend dem Gegenstand. Am unmittelbarsten wirken seine Landschaftsdarstellungen, die Größe der Alpenlandschaft, die der Nordländer staunend erblickt, die Konturen der sich staffelnden und überschneidenden Berge, wie zwischen den Felsen die Etsch zu Tale rauscht und über den fernen Zügen das südliche Licht spielt oder ein weiter Blick über Küsten und Meer, Hügel im Apennin, Städteansichten der Toskana, Skizzen aus der Umgebung Roms, Frascati und Tivoli, Bilder der Fahrt nach Neapel, der Blick vom Posilipp, Pozzuola, Atrani, Capri.

Raum- und Architekturbilder begeistern ihn in den Städten selbst: Verona, Brescia, Como, Lugano, Florenz, Avignon, S. Gimignano, Pisa, Prato.

Treulich sucht sein Stift die Ansichten der Ruinenstädte festzuhalten, das Forum in Rom, in Pompeji den Marktplatz, in Paestum den Cerestempel oder den Blick vom Poseidontempel auf die Basilika. Dabei ist der Archäologe in ihm wach, wie besonders bei den

Reiseskizzen der sizilianischen Kampagne: in Segesta und Selinunt, den Tempeln in Agrigent, Juno Lacinia, Concordia und Jupiter Olympios.

Zuweilen sind in den Zeichnungen Farbtöne eingetragen, die der Wiedergabe zuhause in Ölfarbe dienten, zumal wenn er ein Bild einem Gönner widmete oder jemand gewinnen wollte, wie die Skizzen der Ölbilder für Goethe, die bayerische Königin, Graf Armannsperg usw. (s. Anhang).

Zu anderem Gebrauch sind die Maßaufnahmen der sizilischen Skizzenbücher gedacht, genaue Eintragungen mit Zahlen und Maßangaben der Tempel in Selinunt und Agrigent, die seinen archäologischen Forschungen dienten.

Aus den ersten Alpenüberquerungen stammen die großen Gebirgsansichten wie auf dem Wege über den Großglockner das obere Naßfeld, Panoramagemälde in Deckfarben, die heute leider verloren sind.

Schließlich die zarten Blätter der Spätzeit, eine Agave oder Efeugerank, deren verschlungene und verdrehte Blätter wiederzugeben ihn reizt und worin er sich durch seinen Stift mit der Natur ausspricht.

244   St. Petersburg (Leningrad), Museum, Saal der Statuen

245 Pisa, Kreuzgang am Campo Santo

DIE GEMÄLDE

Die großen Gemälde Klenzes, Architekturdarstellungen und Stadtansichten, die von ihm nach 1824 gemalt werden, haben den Weg in große Sammlungen gefunden. Mit dem berühmtesten Gemälde, dem 1828 nach einer Zeichnung seiner Sizilienreise von 1824 gemalten Ansicht des Jupiter-Tempels in Girgenti, hat er bei Goethe Zutritt gefunden. Das Goethehaus in Weimar bewahrt noch heute dieses Bild Klenzes aus seiner ersten Zeit.

Die bayerischen Staatsgemäldesammlungen besitzen seine Ansicht von Atrani 1834, den Palazzo Rufalo in Ravello 1861, den Campo santo in Pisa 1859. Im Besitz der Städtischen Galerie München ist das Capribild, das Klenze für den Bildhauer Rauch 1833 gemalt hatte, und im Besitz des Stadtmuseums das Capribild von 1860. Manches Bild Klenzes ist im Privatbesitz geblieben, manches hat den Besitz gewechselt. Im Besitz des Ururenkels Herbert von Klenze ist die schöne Campagnalandschaft, im Besitz der Familie von Miller das Bild von Paestum, im Besitz der Familie Hunglinger das Walhallabild und im Besitz von Dr. Hartlaub die Ansicht des Forums in Rom. Nicht zu ermitteln sind der Verbleib der Bilder von Capo d'orso und eines weiteren Capribildes, ebenso das für

Graf Mejean gemalte Capuabild und das für Schinkel von Montselice. Unbekannt sind auch die Bilder, für die sich nur die Vorzeichnungen finden, wie S. Gimignano, Lucera und Bajä (s. Anhang).

Klenze hielt sich auf dem Gebiet der Landschaftsmalerei seinen Zeitgenossen ebenbürtig. Seine private Sammlung, die nur Künstler seiner Zeit beherbergte, wurde nach seinem Tode versteigert, nachdem König Ludwig 1845 einen guten Teil für die Neue Pinakothek erworben hatte.

Die Schriften

Klenze hat für einen Architekten ungewöhnlich viel geschrieben. Es sind Erinnerungen, Reiseberichte, Ergebnisse seiner Forschungen, baugeschichtliche Untersuchungen, Anweisungen für das Verständnis des Baustils und Erläuterungen seiner Bauten. Die gedruckten Schriften haben alle einen wissenschaftlichen Grund, selbst der Bericht über seine Reise nach Griechenland mündet in eine Unterweisung und eine Rechtfertigung; auch die Memorabilien, die er vom Jahre 1816 bis 1859 in sieben Erinnerungsbüchern führt, haben das geschichtliche Ziel: »Farben zum Bilde, welche sich die Nachwelt von König Ludwig I. machen soll.«

Diese Erinnerungsbücher der Klenzeana der Handschriftenabteilung der Staatsbibliothek München sind mit den Briefen an König Ludwig I. des geheimen Hausarchivs München ein durch 42 Jahre geführter Bericht über die Bauleistungen für Ludwig I., die persönliche Auseinandersetzung mit seinem Bauherrn, die Spannungen im Münchner Kreis, Entfremdung und Wiederversöhnung mit seinem Souverän.

Von gleichem Wert, aber schon der wissenschaftlichen Forschung dienend, sind seine Reiseberichte über die sizilische Reise 1823/24, die von den Briefen an seine Gattin ergänzt werden, worin er die Erlebnisse und Ergebnisse seiner Winterkampagne, vor allem in Agrigent und Selinunt, niederlegt, die mit den Maßaufnahmen seiner Skizzenbücher neue Erkenntnisse über den Aufbau des griechischen Tempels ergaben.

Im Jahre 1838 folgen die »Aphoristischen Bemerkungen, gesammelt auf einer Reise nach Griechenland«, die seine Bemühungen um die Erhaltung der griechischen Altertümer, die Rettung der Akropolis und die Inventarisation der athenischen Denkmale enthalten. Im Jahre 1839 wird über die »Reise nach Rußland« vor allem durch den Sohn Hippolyt berichtet.

In einer Zeit, da die archäologische Forschung am Beginn stand und alles noch offen war, hat Klenze durch seine Schriften das Interesse für die Ausgrabungstätigkeit in Griechenland zu wecken, die Forschung vor privater Willkür zu sichern und die Ausgrabungsstätten in staatlichen Schutz und Förderung überzuführen gesucht. Er war sich seiner Verantwortung bewußt. »Eine Angelegenheit in Athen ist eine Angelegenheit Europas.« Diesem Ziele dienten seine von der Bayerischen Akademie der Wissenschaften veröffentlichten Reden »Über das Hinwegführen plastischer Kunstwerke aus Griechenland und die neuesten Unternehmungen dieser Art« (München 1821) und »Versuch einer Wiederherstellung des toskanischen Tempels nach seiner historischen und technischen Analogie« (München 1822). Bei diesen grundlegenden Forschungen war es ein Glück, daß die literarischen Zeugnisse der handwerkskundige Architekt korrigierte.

Forschungsberichte seiner Ausgrabungskampagne in Sizilien waren die Veröffentlichungen über »Tempelskulpturen von Selinunt« im Kunstblatt Schorn 1824 und »Der Tempel des olympischen Jupiter von Agrigent«, Stuttgart 1827.

Der Zeit und sich selbst Rechenschaft über die Entwicklung der Bauformen zu geben war das Anliegen einer weitausholenden, stilgeschichtlichen Untersuchung, die bei den Nubiern und Ägyptern begann und über die Antike, das alte Rom, Byzanz, Gotik, Renaissance bis zur Gegenwart, bis zu den gleichgerichteten Bemühungen Schinkels geführt war. Es ist die »Anweisung der Architektur des christlichen Kultes Münchens 1833«, die als Einleitung zu eigenen Mustervorschlägen für Kirchenbauten gedacht war.

Unveröffentlicht blieb ein über tausend engbeschriebene Seiten langes Manuskript: »Architektonische Erwiderungen und Erörterungen über Griechisches und Nichtgriechisches eines Architekten.« (1—3.) Klenze spürte die Bedrohung seiner Zeit und suchte in der Geschichte Halt — den in der Kunst allein der schöpferische Akt geben kann.

Vorzüglich mit dem Renaissancebau befaßte sich sein »Venezianisches Tagebuch« 1823.

Mit seiner Zeit und neueren Fragen setzten sich die »Notizen über Kanal- und Schleusenbau« 1839, der Bericht über den Ludwig-Donau-Main-Kanal 1844, das Gutachten über die Rheinregulierung 1836, das Gutachten über den Donau-Theiss-Kanal 1839«, »Die Kunst im Kristallpalast in London« 1852 und »Zum neuen Baustil Maximilians des II. 1854« auseinander (s. Anhang).

Der Anweisung, seine eigenen Bauten zu verstehen, dienten:
»Die Beschreibung der Glyptothek« 1834,
»Bericht über die Befestigungsanlagen von Ingolstadt« 1839,
»Die Walhalla in artistischer und technischer Beziehung zu München« 1843,
»Das Deutsche Befreiungsdenkmal München« 1863,
»Das kaiserliche Museum der schönen Künste in St. Petersburg« 1850.
»Entwurf zu einem Denkmal für Dr. Martin Luther« 1805 und
»Projekt des Friedensdenkmals in Europa« Wien 1814,
»Die Dekoration der Innenräume des Königsbaues zu München« Wien 1842.

Die Briefe

Ein bedeutendes Gewicht haben im Lebenswerk Klenzes seine Briefe, die in die Tausende gehen. Sie sind aufschlußreich, nicht nur über die wichtigsten Ereignisse der Bauten und Reisen, sondern auch über sein Verhältnis zu einer Bauaufgabe und zu seinem Bauherrn, seine Beziehungen zu europäischen Persönlichkeiten und seine Stellung zu den Stilfragen.

An erster Stelle stehen die Briefe an Ludwig I., aufbewahrt im Geheimen Hausarchiv in München, und die Fragen und Antworten Ludwigs in der Klenzeana der Handschriftenabteilung der Staatsbibliothek. Aus den seitenlangen Ausführungen erfahren wir immer wieder von der leidenschaftlichen Verteidigung der Antike, von der sicheren Vorstellung zur Ausführung eines Bauwerkes, zäh verteidigt gegen den schwankenden, von dritter Seite beeinflußten Sinn des Kronprinzen. Wir sehen ihn die schwierigen Entscheidungen des Königs fordern und die sparsamen Vorschläge der letzten Pläne des abgedankten Monarchen unterstützen.

Die Briefe Klenzes enthalten die Unterweisungen für einen in Kunstsachen unerfahrenen und durch falsche Erziehung verbildeten Bauherrn, dann heftige, nach allen Seiten sich wehrende Verteidigungen seiner Ansichten, Rechtfertigung seiner Bauten gegen erklärte und vermutete Gegner, gegen Wagner, Ringseis, Gärtner, Cornelius. Die Briefe locken, drohen und beschwören, stets so abgefaßt und klug berechnet, daß Ludwig darauf einging und Zug um Zug antwortete, so wie Klenze es auf die seinen tat. Pausenlos gingen die Briefe hin und her, zuerst, als der Kronprinz sich der Residenz fernhielt, aus Aschaffenburg, Würzburg, Bad Brückenau, später aus Italien und Rom; ja, in München selbst ist mancher schriftliche Bericht gewechselt. »Schon wieder Zeilen von mir«, schrieb Ludwig I. am 20. Januar 1821 aus Rom an Klenze, »Geht das nicht als wenn es ein Liebesbriefwechsel wäre? aber lieben wir nicht auch die Kunst.« Was alles in den oft täglich gelungenen Begegnungen, Spaziergängen, gemeinsamen Besuchen der Baustellen diskutiert wurde, erfahren wir nur zwischen den Zeilen, soweit es Klenze nicht den Tagebüchern anvertraut hat.

An Umfang geringer, aber nicht an Intensität, zeugen die Briefe an seine Zeitgenossen von einer vielfältigen und klug verwalteten Fähigkeit, mit der Welt und den Besten in Verbindung zu sein. So mit König Otto von Griechenland, König Max II. von Bayern, Eugen Beauharnais, Peter Cornelius, Georg von Dillis, Goethe, Humboldt, Thiersch, Schinkel, Rauch, Rottmann, Justus von Liebig, Kobell, Stüler u. a. m. (Klenzeana Kasten 9.)

Töne des Herzens und Beweise innigen Familiensinns sprechen aus den Briefen an die Gattin und die Söhne Hippolyt, Ludwig und den Schwiegersohn Graf Otting (Klenzeana II 11 und XXI).

Zahlreich sind die Briefe in den Staatsbehörden verstreut, um den Fortschritt so manchen Baues besorgt, an die leitenden Staatsminister: Montgelas, Armannsperg, Schenk, Lerchenfeld usw. (s. Anhang).

246 Wittelsbacherplatz mit dem Denkmal des Kurfürsten Maximilian I. von Thorwaldsen auf dem von Klenze entworfenen Sockel

247 Kandelaber vor dem Nationaltheater

ANHANG

248 Athen, Residenz

ANHANG

Der Nachlaß Klenzes, seine Zeichnungen, Gemälde, Schriften und Briefe, ist heute an verschiedenen Orten aufbewahrt.

Den Hauptteil des schriftlichen Nachlasses enthält die *Klenzeana* der Handschriftenabteilung der Münchner Staatsbibliothek.

Den Hauptteil seiner Zeichnungen und Aquarelle bewahrt die *Graphische Sammlung* München.

Wesentliche Ergänzungen finden sich im *Münchner Stadtmuseum* (Maillinger- und Lang-Sammlung).

Einen großen Teil der Zeichnungen Klenzes zur Neuen Eremitage in St. Petersburg verwahrt das *Zentrale Historische Staatsarchiv* der UdSSR.

Nahezu alle Briefe an König Ludwig I., im ganzen mehrere Hundert, sind im *Geheimen Hausarchiv* München.

Die Briefe Ludwigs I. an Klenze, ebenfalls mehrere Hundert, nach Jahren geordnet von 1816 bis 1863, finden sich in der *Klenzeana* der Staatsbibliothek München.

Weitere Zeichnungen zu den Briefen sind beim *Landbauamt*, der *Verwaltung der bayerischen Schlösser, Gärten und Seen* und dem *Kriegsarchiv*.

Die Briefe Klenzes an Joh. Martin v. Wagner mit wesentlichen Hinweisen zum Bau der Glyptothek, Walhalla, des Marstalls usw. bewahrt die *Joh.-M.-Wagner-Sammlung der Universität Würzburg*.

Die Akten zu den Bauten sind in der Hauptsache im *Staatsarchiv für Oberbayern* und dem *Hauptstaatsarchiv* München zu finden.

Einige Briefe und ein Tagebuch der Enkelin bewahrt die *Monacensiasammlung* der Stadtbibliothek München.

Weitere Briefe sind auch noch im Besitz des Ururenkels, Herbert von Klenze, Ellendorf/Schlei (Schlesw.-Holst.).

DER NACHLASS: KLENZEANA

Vorbemerkung
 I—XII der Bayer. Hof- und Staatsbibliothek am 31. 1. 1912 von Max von Klenze geschenkt.
XIII—XX im Februar 1956 von Gabrielle von Klenze gekauft.
XXI im Februar 1956 von Franz Graf Otting gekauft.
Bei Revision vom 25. 1. 61 als fehlend festgestellt (Hornsteiner):
Kasten IV. 1—3
 VIII. nur 46a vorhanden
Mappe IX. 1/2, 3, 5, 6
Mappe IX. 2/1
Mappe IX. 3/7
Mappe IX. 11/17
Kasten XI. a
Mappe XII. bei der numerierten Reihe nur 11 Blatt vorhanden und die Tabelle.
Als Mehrbestand festgestellt:
XII. 11/32 (2 ×) statt 1 × und 79/90.

Kasten I:
1 Erinnerungsbuch (Memorabilien) I. 1816—1825, beiliegt die Vorrede 1814—1816.
2 Erinnerungsbuch (Memorabilien) II. 1833—1836,
3 Erinnerungsbuch (Memorabilien) III. 1836—1838,
4 Erinnerungsbuch (Memorabilien) IV. 1841—1846,
5 Erinnerungsbuch (Memorabilien) V. 1846,
6 Erinnerungsbuch (Memorabilien) VI. 1847—1858,
7 Erinnerungsbuch (Memorabilien) VII. 1858—1859.
I. 1—7 sowie II. 9, 11 und 16 sind von jeder Benutzung ausgeschlossen. (Nur die männlichen Erben Klenzes haben das Recht der Einsichtnahme, sowie sie über 30 Jahre alt sind.)
8 Reise nach Rußland im Jahre 1839 von Klenzes Sohn, (unvollendet).
9 Architektonische Erwiderungen und Erörterungen über Griechisches und Nichtgriechisches von einem Architekten (Manuskript von Leo von Klenze).
 I. Abteilung.
10 Dasselbe II. Abtlg.
11 Dasselbe III. Abtlg.
12 Zusätze zur I. Abtlg.
13 Exzerpte dazu.

Kasten II:
1 Skizzenbuch von Leo von Klenze ⎫
2 Skizzenbuch von Leo von Klenze ⎬ ausführlich im Anhang II
3 Skizzenbuch von Leo von Klenze ⎭

4 Studien und Exzerpte als Gedanken über Entstehen, Geschichte und Regeln der Architektur — äthiopische, indische, altitalienische, tyrrhenische Architektur (teilweise nach englischen Texten) (1809).
5 Architektonisches Geschäftsnotizbuch 1847—1848.
6 Taschenbuch: Notizen über Kanal- und Schleusenbau. 485 Seiten mit Zeichnungen.
7 Venetianisches Taschenbuch mit Bleistifteinträgen: Venedig 1823. Ausführlich im Anhang.
8 Aufzeichnungen zur Philosophie, Kassel 1809.
9 Aufzeichnungen zur Politik, Schleswig-Holstein, Paris, 1848, Lola Montez, (dabei 1 L. a. s. von König Ludwig I.).
10 Personalia (Gesundheit, Urlaub und dgl., dabei mehrere L. s. von König Max II.).
11 Briefe Klenzes an seine Gattin, Personalia.
12 Personalia, Ordensauszeichnungen aus 12 verschiedenen Ländern (Dekrete und Briefe darüber, u. a. von Gise, Schrenk, von der Pfordten, Pelkoven, Mittermayer, König Otto von Griechenland, von Kobell, Heideck).
13 Personalia, Vermögensangelegenheiten, wichtige Übersicht über Ausgaben und Einnahmen 1816 bis 1852. Ausführlich im Anhang II.
14 Abrechnungen über Kunstankäufe für den Kronprinzen Ludwig, dabei 1 Doc. s. von Graf Montgelas, König Georg und Ernst August von Hannover, Malortin, Brühl, Savigny, Friedrich Wilhelm IV., Knesebeck, Hoppenstedt, Nikolaus I., Molé.
15 Abrechnungen, Dekrete und Belege für Klenzes Erben; dabei verschiedene Doc. s. von Max Joseph I., Ludwig I., Abel, Armansperg, Öttingen-Wallerstein, Schenk, Thürheim, beginnend mit Kassel 1812.
16 Forderungen von Leo von Klenze an König Ludwig I. mit den Belegen, auch 5 Briefen vom König, 1 Brief von Karl Graf Rechberg.
17 Arbeiten Klenzes in Kassel (Hoftheater) — ausführlich im Anhang II.
18 Architektonische Aufzeichnungen von Karl Baron Haller von Hallerstein aus Nürnberg zum Preisausschreiben des Kronprinzen für die Glyptothek, u. a. 1815, vgl. Cod. icon. 207 und die im Repertorium der cadd. icon. angegebene Literatur. Ausführlich im Anhang II.
19 Einzelne Briefe an Klenze von Stüler, Rauch, Ludwig I., Schelling. Ausführlich im Anhang II.
20 Einzelne Zeitungsnummern und Drucksachen. Ausführlich im Anhang II.

Kasten III:
1. Schriftstücke der K. B. Hofkommission in München.
2. Schriftstücke der K. B. Hofbau-Intendanz (dabei 1 Doc. s. von Gärtner).
3. Schriftstücke der K. B. Hofbau-Intendanz (dabei L. s. v. der Pfordten, B. a. s. von Ludwig I.)
4. Schriftstücke zum neuen Baustil des Königs Maximilian II. mit Briefen des Königs u. Doc. s. von Kaulbach und Marggraff.
5. Schriftstücke die Walhalla betreffend.
6. Schriftstücke die Glyptothek betreffend.
6a) Eigenhändige Beschreibung der Glyptothek, 2 Seiten, erworben am 2. April 1935, Div. 1188.
7. Schriftstücke das Herzog-Max-Palais betreffend.
8. Schriftstücke das K. Odeon betreffend.
9. Schriftstücke die Propyläen betreffend (m. 1 L. s. des Königs Ludwig I.)
10. Schriftstücke einen Brunnen im Brunntal betreffend.
11. Die Kunst im Kristallpalast Ms.
12. Divers papiers relatifs à mes études. Ausführlich im Anhang.
13. Schriftstücke Ingolstadt betreffend, Bericht vom 14. Mai 1828.
14. Schriftstücke betreffend Versuche Josef von Baaders mit der Eisenbahn in Nymphenburg (Gutachten vom 7. Mai 1829).
15. Bericht von 44 Seiten über den Ludwigs-Donau-Main-Kanal, 15. April 1842.
16. Die Rheinrektifikation betreffend, u. a. Briefwechsel mit Schinkel und Freiherrn von Gise, u. Doc. s. von Öttingen, Gise, Kobell, Ming, Schenk. (6. April 1831 Reise nach Berlin).
17. Schriftstücke den Donau--Theiss-Kanal betreffend mit 2 Briefen von Georg Freiherr von Sima.
18. Schriftstücke die Akademie in Budapest betreffend mit 2 Briefen von Stüler und 4 Briefen von Graf Dessewffy.
19. Briefe aus der Lombardei, Herbst 1848; Reinschrift von Klenzes Sohn.
20. Denkschrift über die Verhältnisse der Regentschaft in Griechenland bis Juli 1834 (autographiert).
21. Dokumente und Briefe zur Reise Klenzes nach Griechenland; dabei Doc. s. von König Ludwig I., Freiherr von Gise, 1 Brief von Abel, Doc. s. von Max Joseph I., Thürheim.
22. Artistische Belege zum Neubau der Stadt Athen, mit Briefen von Heideck, Armansperg, Kobell, Gise, Kleanthes, Vlachos und Doc. s. von denselben.
23. Dokumente und Briefe zum Bau einer katholischen Kirche in Athen, darunter solche von König Otto, Kobell, Ludwig Thiersch, General Feder u.a.
24. Aufzeichnungen und Dokumente zu Klenzes Bauten in St. Petersburg: Museum und Isaakskirche, Briefe und Dokumente s. von Kaiser Nikolaus I., König Ludwig I., Fürst Volkonsky, Hess, Montferrand, Kleinmichel, Benekendorff, Bolsinsky, Schuwaloff, Isfimoff.

Kasten IV:
Mappe mit Diplomen Klenzes von Akademien, künstlerischen und gelehrten Gesellschaften und dgl. (1—5 fehlt).
Dabei Doc. s. von Abel, Beyer, Buchhorn, Canova, Döhling, Donaldson, Friedländer, Grey, Heideloff, Hummel, Kretschmar, Landi, Langer, Magnussen, Metternich, Nikolai, Niedlich, Öttingen-Wallerstein, Pacca, von der Pfordten, Pienemann, Pocci, Pückler, Rauch, Rechberg, Remy, Rochette, Salvandy, Schadow, Schelling, Schinkel, Schlichtegroll, Schrenk, Seinsheim, Stieglitz, Thiersch, Tieck, Toelken, Wach, zu Rhein.

Kasten V:
Ehrenbürgerrechtsurkunde von München.

Kasten VI:
Ehrenbürgerrechtsurkunde von Regensburg.

Kasten VII:
Ehrendiplom für Max von Klenze als Ehrenmitglied der K. Priv. Feuerschützengesellschaft »Der Bund«.

Mappe VIII größten Formates. (nur 46a vorhanden)
Inhalt:
1—2 2 Lithographien nach Schinkel und Schnorr von Carolsfeld.
3—6 4 Holzschnitte nach Poussin.
7 Stüler, der neue Dom in Berlin. Farbige Lithographie.
8—11 4 franz. Lithographien (Architekturen).
12—14 3 Photographien (Architekturen).
15 Pergamo sculto da Nicola Pisano (Stich).
16—24 9 Karten und Pläne von Athen, Forum Romanum etc.
25 Photographie des Bildes von Franz Catel: Kronprinz Ludwig im Künstlerkreise zu Rom 1824.
26 Photographie des deutschen Fürstenkongresses 1863.
27—31 5 Photographien von historischen Gemälden (für das Maximilianeum).
32 1 Bleistiftentwurf eines historischen Gemäldes (für das Maximilianeum).

33—42 10 Blatt Lithographien und Photographien nach Gebäuden Klenzes: Walhalla, Propyläen, Kirche in Athen, Ruhmeshalle.

43 Antike Fragmente von Leo von Klenze, München 1885, (unvollständig).

44 Das Museum der schönen Künste in St. Petersburg von Leo von Klenze, München 1858 (Stichwerk).

45—46 Das deutsche Befreiungsdenkmal von Leo von Klenze, München 1863, beiliegend 2 Photographien.

46a Das Befreiungsdenkmal bei Kelheim von Leo von Klenze, mit 6 Bl. Zeichnungen, Wien 1863 (die 6 Bl. fehlen) vgl. auch Klenze XII.

47 Projet de Monument à la Pacification de l'Europe, par Léon Klenze, Vienne 1814, Text und 4 Tafeln.

48—54 7 große Aquarelle Klenzes, eines davon eine Landschaft (1803), die anderen in der Hauptsache Architekturen.

55—56 2 Stücke aus einem Almanach.

57 Stich nach Luinos Kreuzigung in Lugano.

Mappe IX größten Formates

Inhalt:

Bleistift-, Feder- und Tuschezeichnungen, Studien und Entwürfe von Leo von Klenze, großenteils von seinen Reisen nach Italien, Südfrankreich, Griechenland.

1 Architektonische Entwürfe, 6 Blätter (Nr. 2, 3, 5, 6 fehlen).

2 Zeichnungen von der Reise nach Neapel (1830), 30 Bl. (Nr. 1 fehlt). Ausführlich im Anhang II.

3 Zeichnungen von der Reise nach Lugano (1854), 9 Bl. (7).

3a Zeichnungen von der Reise nach Zante (1834), (4 Bl. fehlen).

4 Zeichnungen von der Reise nach dem Lago Maggiore (1838), 2 Bl.

5 Zeichnungen von der Reise nach Zürich, Bellinzona, Como, Bergamo, Verona (1843), 4 Bl.

6 Zeichnungen von der Reise nach Rom, San Miniato al Monte (1845), (1 Bl. fehlt).

7 Zeichnungen von der Reise nach Venedig (1864), 51 Bl.

8 Zeichnungen von der Reise nach Luzern, Riva und Trient (1851), 6 Bl.

9 Zeichnungen von der Reise nach Südfrankreich und Italien (1852), 18 Bl.

10 Zeichnungen von der Reise nach Nizza (1854 und 1860), 7 Bl.

11 Tusche- und Federzeichnungen, 38 Bl. (Nr. 17 fehlt). Kopien nach Gilly: Theater, Marienburg,

Gut Engelthal, Paestum Poseidontempel, (1855) 12 Bl. (5).

12 Architektonische Zeichnungen, 59 Bl.

13 Blumen- und Landschaftszeichnungen, 79 Bl.

14 Studien, 81 Bl.

15 Skizzen von L. Schwanthaler, 7 Bl. mit 6 Schriftstücken.

16 Tuschezeichnungen von Domenico Serradifalco, 2 Bl.

Kasten X:

Originalzeichnungen von L. Schwanthaler in Rollen:

1 Friedrich Barbarossas Kreuzzug, 2 Rollen a u. b.

2 Leben der Venus.

3 Odysseus, Zeichnungen.

4 Hesiods Theogonie, Aquarell, 2 Rollen a u. b.

5 Argonautenzug, 2 Rollen a u. b.

6 Entwurf einer Giebelgruppe, Bavaria als Schützerin von Kunst und Handwerk.

7 Entwurf einer Giebelgruppe, Christen und heidnische Krieger vor einem römischen Kaiser, 2 Bl. a und b.

Kasten XI:

Urgeschichte der Deutschen, Entwurf eines Frieses in der Walhalla von Martin von Wagner, 4 Rollen a—d mit Bleistiftzeichnungen.

Mappe XII größten Formates: (nicht bei Kiener)

Originalpläne zur Befreiungshalle:

1 Umschlag mit Nr. 1—5, 5a, 6, 7, 12—16, 19, 21, 22, 24 (2), 25 (2), 26, 32—34, 36 (2), 37 (2), 38 (2), 42—45, 47—49, 51—53, 55, 56, 59—60, 62, 64, 66, 67, 69, 71, 72, 74—76, 84, 86, 88, 89, 91, 96, 99, 102—109, (11 Blatt) bei Revision vom 25. 1. 61 (Hornsteiner) als fehlend festgestellt.

2 Umschlag mit 14 unnumerierten Plänen, 1 Karte, 1 Tabelle.

Kasten XIII, von der Hand Klenzes

1 Tagebuchunterlagen (35 Bl.)

2 Briefe Klenzes an Ludwig I.:

12. 11. 29, München, Gesuch um Honorar für Arbeit bei Festungsbau bei Ingolstadt.

6. 12. 30, München, Brand in der Residenz.

12. 4. 40, München, Pläne für Germersheim.

Briefentwürfe (XIII 3a).

ohne Datum, München, Staatshaushalt.

16. 3. 24, München, Constitutionsfragen für das Land Bayern (27 S.).

10. 11. 25, Mainz, Über höhere Staatsverwaltung.

1826, München, Rechtfertigung Cornelius.

1827, **München, Kosten Glyptothek.**

1827, München, Rechtfertigung wegen Mängelrüge Glyptothek.
17. 1. 27, München, Verlegung der Dult in die Ludwigstraße.
1. 12. 28, Bitte um Rückgabe der Pläne für protest. Kirche.
3 Briefentwürfe Klenzes
   a) an Ludwig I. (17)
   b) an Graf L. Armansperg (1)
   c) an Peter von Cornelius (1)
   d) an W. v. Kaulbach (1)
   e) an Friedr. Thiersch (1)
   f) an Bert Thorwaldsen (1)
   g) an den Magistrat der Stadt München vom 12. 4. 1824 wegen Max-Joseph-Denkmal
   h) an den Vorstand des Handelsstandes Bamberg T. Beil
   i) an Unbekannt (2) vom 9. 3. 1831.
4 Gedichte (8).
5 Über Organisation des Bauwesens in Bayern (20) (wichtig).
6 Kirchenbau in der Vorstadt Au.
7 Skizze zur Walhalla, März 1821.
8 Entwurf zur Denkschrift zur Grundsteinlegung des Königsbaues (1) vom 15. 6. 1826.
9 Handzettel, staatspolitischen Inhalts.

Kasten XIV, von der Hand Ludwigs I.
1 Briefe und Handzettel von Ludwig an Klenze. Aus den Jahren 1816—1864. (Für jedes Jahr eigene Mappe. 581 Briefe und 9 Handzettel.) Ergänzung siehe Anhang (sehr wichtig).
2 Brief an Fürst Öttingen-Wallerstein (1).
3 Gedichte (3).
4 Gedanken zum Aufruf zur Gründung des Bayer. Griechenvereins (1).
5 Verzeichnis der Walhalla-Genossen (1).
6 Zwei Entwürfe für Residenz, Anbau Max-Josephs-Platz, Würzburg, 18. 8. 1823.

Kasten XV:
Briefe verschiedener Verfasser, u. a. von:
Adamowitz
König Otto von Griechenland
König Max II. von Bayern
Eugène Beauharnais   Justus von Liebig
Caftangioglu, Lis.   Christ. Dan. Rauch
Peter von Cornelius   Karl Rottmann
Georg von Dillis   K. F. Schinkel
Thos. Arch. Donaldson   L. Schwanthaler
Goethe   F. A. Stüler
Alexander von Humboldt   F. Thiersch
Aeg. von Kobell

Kasten XVI:
Amtliche Schreiben an Klenze:
1 vom Staatsministerium des Innern des Königreichs Bayern (2) mit Beilagen.
2 Vom Bayer. Konsulat in Venedig (3).

Kasten XVII:
Korrespondenz verschiedener Autoren, nicht von und an Klenze.
1 an Ludwig I.
   von Peter von Cornelius, 1829 (1)
   von Georg von Dillis, 1828 (1)
   von Lützow, 1820 (1)
   von Graf Thürheim, 1823 (1)
   noch nicht entziffert, 1835 (1)
2 an Cochrane
   von Unbekannt, 1835 (1)
3 an von Schlichtegroll
   von Aeg. von Kobell, 1835 (1)
4 an Unbekannt
   von Aeg. von Kobell, 1835 (1).

Kasten XVIII:
1 Ludwig Ross: »Entwurf zu der Arbeit auf der Akropolis« auf das Ministerialrescript Nr. 5202 Athen, 19. 10. 1834 (3 Bl.) (wichtig).
2 Rede General von Wrangels bei der Eröffnung der Befreiungshalle in Kehlheim, 18. 10. 63 (1).
3 Gedichte zum Maskenball, 12. 2. 1827.

Kasten XIX:
1 Rede von Graf Thürheim bei der Grundsteinlegung des neuen Residenzgebäudes, 18. 6. 1826 (8 Seiten).
2 Thronrede S. M. des Königs bei Eröffnung der Ständeversammlung, 1. 3. 31 (5 Seiten).
3 »Auf meinen Reisen im Königreiche«, Gedichte von König Ludwig I. (1 Seite).
4 Nr. 13—15, Jahrg. 1834, griech. Zeitschrift (3 Bl.).

Kasten XX:
Bilder:
Aquarell der Akropolis
Bleistiftzeichnung zur gedachten Restaurierung der Akropolis, 14. 11. 1834.

Kasten XXI:
Im Februar 1956 von Graf Otting erworben.
Briefe von Leo von Klenze an seinen Schwiegersohn Graf Otting 1850—1860 (31).

STADTMUSEUM MÜNCHEN

Das Stadtmuseum beherbergt sowohl in der Maillinger- als auch in der Lang-Sammlung eine große Zahl Originalzeichnungen zur Klenzearbeit, wie Residenz, Königsbau, Propyläen, Ruhmeshalle, Herzog-Max-Palais, Befreiungshalle usw.

Dazu Landschaftsaquarelle seiner Reisen, Portraits, Stichwerke und Schriften.

MAILLINGERSAMMLUNG BAND VIII

3 *1696. Nationaltheater*
 1 Situationsplan nach dem Brande von Klenze mit umliegenden Häusern, 1823.
 2 3 4 Keller-, Erd- und Obergeschoß.
 5 Konstruktionsplan zum Dachgeschoß.
 6 Detailzeichnung.
 7 Drei Plafondzeichnungen.
 8 33 Bl. Entwürfe dekorativen Inhalts. Logen und Brüstungen.
 9 Ansicht der Hauptfassade von A. Kurz.

1701. Glyptothek. Originalplan   MS I Ka 2b
von L. v. Klenze   Sondermappe
A Originalpläne, von L. v. Klenze   Schrank 8
selbst gezeichnet mit Angabe:
 1 Grundplan, mit der Feder gezeichnet und rot getuscht.
 2 Grundplan, verkleinert, mit Entwürfen zu Haupt- und Nebenfassaden. Feder- und Tuschzeichnungen auf Pauspapier.
 Die malerische Ausschmückung im Inneren siehe Band II und Cornelius.
 3 Grundplan der Vorhalle und des Vestibüls, des ägyptischen Saales links und des Saales der Neueren rechts, mit der Feder gezeichnet und rötlich getuscht.
 4 Grundriß des linken Flügels mit dem ägyptischen, dem Inkunabeln-, dem Aegineten-, Apollo- und Bacchussaal. Ebenso.
 5 Grundplan des rechten Flügels mit dem Saal der Neueren (vom Vestibül aus), dem Saal der Bronzen und dem großen Saal der Römer; daneben Plan des Ofenkellers nebst Durchschnitt.
 6 Oben: der innere Längendurchschnitt des linken Flügels (Westwand) und unten: der innere Längendurchschnitt der Vorderseite mit dem Vestibül.
 7 Unten: der innere Längendurchschnitt des linken Flügels (Ostwand); darüber die Wände mit den Durchgängen vom Inkunabelnsaal in den der Aegineten, dann von letzterem in den Apollosaal und von diesem in den Bacchussaal.
 8 Durchschnitt und Kuppelkonstruktion des Inkunabeln-Ecksaales mit der Türe in den Aeginetensaal und des anstoßenden Ägyptischen Saales mit dem halbrunden Fenster in den Hof.
 9 Durchschnitt des vorderen Ecksaales im rechten Flügel (für Bronzen und farbige Bildwerke) mit kassettierter Kuppel.
10 und 11 Ornamententwürfe zum Aeginetensaal (Tympanon).
12 Das Hauptgesimse im runden Saal der Inkunabeln.
13 Entwurf zum (Marmor-) Fußboden im Ägyptischen Saal, in Farben.
14 Entwurf zum Fußboden des Durchgangssaales rückwärts und des anstoßenden Freskosaales.
15 Der Fußboden des Heroensaales (in der Ecke rechts an der hinteren Front); dabei ein Entwurf, mit der Feder auf Pauspapier gezeichnet.
16 Der Fußboden in dem langen (Römer-) Saal des rechten Flügels.
17 Der Fußboden im Saale der Neueren, im Frontbau rechts vom Portal.
18 Aufriß der Porticusfassade, zur Hälfte im Durchschnitt; Federzeichnung.
19 Die ganze Frontfassade mit je drei Nischen auf den Seiten; zum Teil ganz ausgeführte Tuschzeichnungen.
20 Detail-Aufriß des rechten Flügels der Vorderseite und eines Teiles der Seitenfassade.

B. Pläne, gezeichnet von Ziebland,
der unter Klenze beim Bau beschäftigt war; zum Teil nach den Entwürfen Klenzes gepaust und mit Maßangaben versehen, die bei einigen Blatt teilweise von Klenzes Hand herrühren:
21 Grundplan mit Angabe der Hauptmaße, wonach die Breite des Gebäudes 224'0"10''', die Tiefe 226' beträgt.
22 Derselbe Plan, kleiner, mit teilweiser Angabe der aufgestellten Statuen, dabei 2 Skizzen von Vermessungen.
23 Grundrißplan des Porticus (die linke Hälfte).
24 Hauptgesimse im Inkunabelnsaal (nach Nr. 12).
25 Tympanon im Aeginetensaal über der Türe und jenes dem Fenster gegenüber (Nr. 11).
26 Decken- und Wandornamente im Saal der Muse (Apollo).

27—31 Ornamente in beiden Ecksälen, an der Rückfront des Gebäudes gelegen: Gewölbeverzierung; zwei Ornamente in den Nischenbogen; Ornament im Tympanon des Kreuzgewölbes; Ornament im Giebelfeld über den zwei Bogenfenstern.

32 und 33 Verzierung der Kassetten und Gurtgewölbe, Fries des großen Römersaals im östlichen Flügel.

34 Kassettierte Kuppel des vorderen Ecksaales im rechten Flügel (Nr. 9).

35—45 Verschiedene Ornamente: Fries im Bacchussaal; Wandverzierung im Apollosaal; Zapfen an dem Bronzetor; Gesimse im Bacchussaal; Lünette im Apollosaal; Deckenverzierung; Steigendes Frontgesims am Porticus; Dreifuß- und Kandelaberentwurf; Rosette und Kassettenverzierung; Ornamentbogen-Konstruktion; Soffitte und Kassetten im Grunde.

46 Konstruktion des Dachgewölbes über dem Porticus und Bundgesperr einer Kuppel.

47 Äußere Ansicht des rechten Flügels bis zum Porticus, die Seitenfassade durch Bäume und ein Haus gedeckt.

48 Aufriß des Porticus, die rechte Hälfte im Durchschnitt.

49 Grundriß- und Durchschnitt-Detail des Porticus.

50 Konstruktion des Treppenaufganges am Porticus.

51 Durchschnitt der Soffite und Kassetten am Giebel.

52 Durchschnitt des Säulenkapitells am Porticus.

53 Ornament am Halse des Säulenkapitells.

54—59 Fries-Konstruktion am Giebel des Porticus nebst Ornament-Details der First- und Stirnziegel.

60—62 Ornamente am Pilaster-Kapitell und an der Haupttüre des Porticus.

63 Die Giebelgruppe mit der Figur der Pallas, in der Mitte, komponiert von Wagner in Rom und ausgeführt von Haller, Bandel, Mayer und anderen.

C. *Ansicht der Glyptothek von Südost.* L. v. Klenze erex. et del. — Lith. von Carl Heinzmann.

D. *Grundplan* der Glyptothek, darüber ein *Situationsplan* (Projekt), wonach auf den heutigen Königsplatz sechs Gebäude, ein Tor und an der Front der Arcisstraße zwei Statuen zu stehen gekommen wären (Tuschezeichnung).

1702. Leuchtenbergpalais. Originalpläne von L. v. Klenze 1817.

1 Grundplan (Erdgeschoß) mit der Feder gezeichnet und rot getuscht. Fol.

2—4 Die Grundpläne des Erdgeschosses, des ersten und zweiten Stocks. Schwarz getuscht. Gr. Fol.

5 Die Hauptfassade gegen das Odeon; ausgeführte Tuschezeichnung. Gr. qu. Fol.

6 Aufriß der Hälfte dieser Fassade mit Maßangaben. Federzeichnung auf Pauspapier. Gr. Fol.

7 Durchschnitt eines Saales mit Oberlicht. Pause. Qu. Fol.

8 Aufriß eines Ofens mit dem Init. A. (Zimmer der Herzogin).

9 Durchschnittzeichnung eines offenen Kamins nebst Seitenansicht. Pause. Fol.

1705. Hofgartentor und Arkaden. Von L. v. Klenze, 1818 erbaut.

Grundplan und Fassade. Federzeichnung auf Pauszeichnung auf Pauspapier. Schmal Roy. qu. Fol.

1711. II. Leuchtenbergschloß zu Ismaning. Erbaut von L. v. Klenze, 1820.

Grundplan des Erdgeschosses und des ersten Stockes. Auf der Rückseite des zweiten Planes, der von Klenze mit seinem Namen bezeichnet ist, ein Dachstuhlplan zur Walhalla. Tuschzeichnung. Gr. qu. Fol.

1712. Grabdenkmal der Maximiliana Josepha Carolina, der am 21. Juli 1810 geborenen und am 4. Februar 1821 gestorbenen jüngsten und letzten Tochter Max I., entworfen von L. v. Klenze (dessen Initialen unten rechts) mit einem Basrelief, den Abschied der Mutter von der Sterbenden darstellend; ausgeführt in carrarischem Marmor von C. Eberhard, in der Theatinerkirche. Ausgeführte Tuschezeichnung von Klenze, links daneben die Seitenansicht des Postamentes mit dem Sarkophag in Umrissen.

1715. Reitschule. Erbaut von 1818—1822 durch L. v. Klenze.

1 Grundplan des Erdgeschosses.

2 Grundplan des ersten Stockes (d. h. Durchschnitt der halben Höhe im Niveau der Tribüne).

3 Fassade gegen die Residenz. Gr. qu. Fol. Federzeichnung von L. v. Klenze auf Pauspapier.

1716. K. Reitschule. Fassade gegen die Residenz zu. Schmal. qu. Fol. Sehr fein ausgeführte Federzeichnung von Fr. Bürklein.

1718. Bazargebäude nebst Arkaden des Hofgartens. Von 1822—1826 von Klenze erbaut.

1 Grundriß und Fassade (zur Hälfte) des Hofgartentores. Kl. 4.

2 Fassade (rechte Hälfte) des Bazars nach dem Platze zu gesehen. Schmal. gr. qu. Fol.

3 Ansicht eines Teils des Seitenflügels mit drei Bögen. Gr. qu. Fol.

4 Seitenfassade der Flügelgebäude. Gr. Fol.

1719. Bazar. Geometrischer Aufriß.
Gesehen von der Ludwigstraße aus. Qu. Fol. Federzeichnung von F. Bürklein.

1726. Gampenriedersches Haus am Wittelsbacher Platz. (Heute Graf Arco gehörig). Grundpläne, Fassaden, Durchschnitte, Details etc. Der Entwurf der Fassade von Klenze. Baumeister war der erste Eigentümer Zimmermeister Röschenauer. 8 Bl. Lithographien. Qu. Fol.

1727. Fassade desselben Hauses. Lith. von L. Gerum 1825. Qu. Fol.

1728. Fassade des von Kobellschen Hauses. (Ecke der Ludwigstraße am Leuchtenberg-Palais angebaut). Lith. von F. Hundsdorfer. Qu. Fol.

1729. Fassade des Mejan-Hauses am Wittelsbacherplatz. Lith. wie oben von Heinr. Lange. Qu. Fol.

Maillinger-Katalog VIII. I. Bd.

1730. Rietzlerisches Haus an der Brienner Straße (heute Nr. 52, Eichthal gehörig) — *Fassade.* Lith. wie oben von J. Sappl. Qu. Fol.

1734. Anatomiegebäude von Klenze 1825 erbaut in der Sing-, heute Schillerstraße.
1 Grundplan des Erdgeschosses und des ersten Stokkes.
2 Fassade und Durchschnitt. Tuschezeichnung von Ziebland. Gr. Fol.

1735. Dasselbe:
1 Die Grundpläne, Fassade und Durchschnitt.
2 Dachstuhlkonstruktion nebst Details. — Lith. von M. Ritter und H. Pape. Qu. Fol.

1736. Die Grundpläne und die Fassade des Bayersdorf-Palais in der Brienner Straße. Qu. Fol. Lith. von G. Zeh.

1737. Die Fassade desselben Palais. Federzeichnung von Rausch. Gr. qu. Fol.

1738. Fassade des Klenzehauses in der Fürstenstraße 1 Gr. qu. 4. Bleistiftzeichnung von L. v. Klenze.

1739. Dieselbe Fassade: Kl. qu. Fol. Lith. von Ph. Jacobi.

MAILLINGER-SAMMLUNG IX. II. Bd.

61. Plan des Erdgeschosses der Pinakothek. Grundsteinlegung 7. April 1826, vollendet 1836, gezeichnet von F. Bürklein. Qu. Fol.

63. Tribüne zur Grundsteinlegung der Residenz. 18. Juni 1826. Original von Klenze. Federzeichnung.

67. Odeon. Erbaut 1826—1828. Plan Erdgeschoß, erster und zweiter Stock. Federzeichnung auf Pauspapier von Ziebland und Klenze.

68. Die Allerheiligen Hofkirche. Erbaut von Klenze 1826—1837. Grundsteinlegung 2. November 1826. Pläne gezeichnet von Ziebland nach den Entwürfen Klenzes.
1 Plan 2 Erdgeschoß.
2 Erster Stock mit Querschnitt.
3 Aufriß der westlichen Wand mit Choraltar.
4 und 5 Skizze zum Grundriß und Hälfte des Querschnitts. Original von Klenze.
8—18 Verschiedene Details und Ornamente auf Pauspapier.
19 Ansicht und Fassade gegen Osten.
20 Das Portal von der Ostseite mit Grundriß (nicht so ausgeführt).

69. Die Freskogemälde der Allerheiligen Hofkirche von H. Hess. Lith. von Koch, Engelmann und Schreiner.
1—12 Erste Kuppel. Jehova umgeben von Seraphinen, Pfeiler Patriarchen, Noah, Abraham, Isaac und Jacob.
13—14 Zweite Kuppel. Christus umgeben von Aposteln und Evangelisten.
25—33 Chornische. Kirchenväter und Sakramente.
34 Seitenaltarnische. St. Ludwig und Therese.
35 Musikchor. Heilige Caecilia.

70. Teil eines Bandgewölbes nach Kartons von Hess.

71. Pläne. Durchschnitte und Innenansicht der Allerheiligen Hofkirche. 4 Stahlstiche von Poppel.

72. Front der Allerheiligen Hofkirche. Lith.

73. Grabmal Eugens von Leuchtenberg. 1826 in der Michaelskirche, Architektur von Klenze, Figuren von Thorwaldsen.

74. Dasselbe in Umrissen gestochen von Mayer.

99. Festsaalbau. Fassade des Festsaalbaues (nördlicher Flügel der Residenz gegen den Hofgarten zu) gebaut von Klenze in den Jahren 1832—1842. (Grundsteinlegung 1831.) Federzeichnung von Ziebland auf Pauspapier. Gr. qu. Fol.

100. Grundplan der Einfahrt mit dem Vestibül vor der Kaisertreppe im Festsaalbau. Qu. Fol.

101. Ansicht des Thronsaales im Festsaalbau. Kl. qu. 4. Aquar.

102. Standbilder
der Ahnen des Königs-Hauses von Bayern im Thronsaale des Saalbaues der königl. Residenz zu München, modelliert von L. Schwanthaler, in Erz gegossen und vergoldet von J. B. Stiglmair. München 1842. Fol. — Enthält folgende 12 Bl. gezeichnet von R. Seemann, lith. von Th. Hellmuth:
1 Otto der Erlauchte.
2 Ludwig der Bayer.
3 Kaiser Rupprecht, Kurfürst von der Pfalz.
4 Ludwig der Reiche von Bayern-Landshut.
5 Friedrich der Siegreiche, Kurfürst von der Pfalz.
6 Albrecht der Weise.
7 Friedrich der Weise, Kurfürst von der Pfalz.
8 Albrecht der Großmütige.
9 Maximilian I.
10 Carl X., König von Schweden, Herzog von Zweibrücken.
11 Johann Wilhelm, Kurfürst von der Pfalz.
12 Carl XII., König von Schweden, Herzog von Zweibrücken.

110. Herzog-Max-Palais in der Ludwigstraße von Klenze in den Jahren 1833—1835 (Grundsteinlegung 28. 4. 1828) gebaut:
1 Grundplan des ganzen Gebäudes.
2 Plan des ersten und zweiten Stockes vom Hauptgebäude.
3 Hauptfassade und Querdurchschnitt des vorderen Flügels.
4 Fassade eines Seitenflügels.
5 und 6 Fronten und Durchschnitte gegen den Hof zu.
7 Wand- und Deckendekoration im Salon Seiner Kgl. Hoheit.
8 Durchschnitte und Wanddekorationen eines zweiten Saales. Gr. qu. Fol. Federzeichnungen auf Pauspapier von Ziebland.
Nr. 7 aquarellierte Federzeichnung von Klenze.

111. Herzog-Max-Palais — Fassade des Stallgebäudes
nebst Situationsplan. Federzeichnung von L. v. Klenze. Gr. Fol.

112. Herzog-Max-Palais - Grundplan, Ansicht und Durchschnitt des Circus im Hofraume. (Herzog Max, ein Liebhaber der höheren Reitkunst ließ in demselben seine Bereiter Vorstellungen geben.) Gr. qu. Fol. Feder- und Tuschezeichnungen.

113. Herzog-Max-Palais — Innere Ansicht des Circus mit Produktion. Tuschezeichnung von H. v. Mayer. Gr. qu. Fol.

114. Eine andere Innenansicht desselben. Qu. Fol.

115. Entwurf zum Obelisk am Karolinenplatz (den 30000 Bayern, die im Russischen Kriege den Tod fanden, errichtet von Ludwig I., vollendet 18. Oktober 1833), Grundriß desselben nebst Situationsplan, wonach derselbe in die Ludwigstraße vor die Mitte des heutigen Bazars hätte kommen sollen und wozu der Untergrund schon gemauert war. 2 Bl. Federzeichnungen von L. v. Klenze. Fol.

116. Obelisk — Ansicht mit dem Karolinenplatz, im Hintergrund das Lotzbecksche- (ehedem Asbeck-Palais), in den Lüften in einer Glorie: Nach der feierlichen Enthüllung des Obelisken am 18. Oktober 1833. Aquarelle von Jacob. Gr. qu. Fol.

119. Die Fassade des in den Jahren 1835—1836 durch Ankauf des Palastes Törring-Seefeld und nach Plänen Klenzes hergestellten *Postgebäudes*. Federzeichnung auf Pauspapier von Ziebland. Gr. qu. Fol.

132. Ruhmeshalle. Pläne L. v. Klenzes zum Bau der Ruhmeshalle und des Unterbaues zum Standbild der Bavaria auf der Theresienwiese, begonnen 1843, vollendet 1853. Feder- und Tuschzeichnungen von Klenze als:
1 und 2 Situationspläne, eingezeichnet in lithograph. Pläne.
3 Entwurf zu den Tribünen bei der Grundsteinlegung (15. Oktober).
4—7 Grundpläne und Querschnitte der Halle.
8—16 Detailpläne für den Unterbau in seinen verschiedenen Lagen in der Erdschichte und darüber, mit Abzugskanälen usw.
17—27 Steinkonstruktionen des Unterbaues, der Wände, der Eckpfeiler, der geschlossenen Räume, der Säulen, der Pilaster, der Kapitäle usw.
28—30 Konstruktionspläne für die Treppen.
31—34 Steinteilung der Architrave; Konstruktion der Decken und der Kassetten-Plafonds und des Eisengerippes in der Decke.
35 und 36 Entwürfe zum Fußboden.
37 Details der Fassade.
38 Sohle für das Fundament der Bavaria.
39 und 40 Fuß- und Krönungsgesimse zum Piedestal der Bavaria.
41 und 42 Gebälk-Konstruktionen zum Aufstellen der Bavaria.
43 und 44 Zeichnungen der Klammern, Flaschenzüge und Zugmaschinen zum Aufziehen der Steine, gezeichnet und getuscht vom Bauführer Estner mit Maßangaben von Klenzes Hand.

45 Balkenkonstruktion der Gartenwärter-Wohnung.

46 Die Steinbestellungslisten (25) geführt vom Bauführer Estner, einige mit Bemerkungen von Klenzes Hand und dessen Kontra-Signatur.

47 Bestellungslisten des zur Decken-Konstruktion erforderlichen Lärchenholzes und des zur Eindeckung des Daches nötigen Kupferbedarfs.

133. Büsten der Ruhmeshalle in 72 Bl. Als Titel Totalansicht der Ruhmeshalle mit der Bavaria, lith. von Kohler. Darunter:
20 Leonhardt von Eck, Kanzler, 27 Wolfgang Miller, Baumeister der Michaelskirche, 28 Orlando di Lasso, Tondichter, 29 Christian Schwarz, Maler, 31 Alexander von Haslang, Feldherr, 32 J. G. von Herwarth, Kanzler, 33 Peter de Wit, Maler, 34 Tilly, 36 Preysing, Staatsmann, 40 von Mandl, Staatsmann, 41 Balde, Dichter, 43 Caspar Freiherr von Schmitt, Staatsmann, 44 Andreas Wolf, Maler, 49 Fr. Beich, 52 Kreitmayer, Kanzler, 53 Graf von Haimhausen, 57 Graf von Rumford, 59 G. von Reichenbach, 60 Fraunhofer, 61 Westenrieder, 63 Senefelder, 64 Platen, 65 Schranck, 66 Wrede, 67 Ohlmüller, 68 Simon Schmitt, 69 Edmund von Schenck, 70 Gärtner, 71 Schwanthaler, 72 Rottmann.

184. Monument Max-Josephs I. Architektonisch angeordnet von Klenze. 1833.

233. Ansicht des Max-Joseph-Platzes.

1615. Portrait von Klenze. Brustbild en face im Mantel; Köchel lith. 1839 Fol.

1616. Portrait von Klenze. Halbfigur, an einem Tische sitzend und zeichnend; gemalt von Couter, lith. von J. Fertig. Gr. Fol.

1617. Portrait von Klenze. Dasselbe, gestochen von A. Duncan. Kl. Fol.

1618. 2 Bl. Landschaften mit römischen Wasserleitungen, bez. Schmal qu. Fol. Aquarell.

1619. Ansicht einer italienischen Stadt am Fuße eines Gebirges. L. Klenze 1807. Gr. qu. Fol. Sepiazeichnung.

1620. Felsstudie an der griechischen Küste. Kl. qu. 4. Bleistiftzeichnung.

1621. Partie an der griechischen Küste mit Benützung der vorigen Skizze. Kl. qu. Fol. Tuschezeichnung.

1622. Ansicht einer griechischen Stadt, im Vordergrund ein Hof mit Kamelen und Pferden, im Hintergrunde Tempelruinen auf einem Berge. Gr. qu. Fol. Bleistiftzeichnung.

1623. Hof eines Hauses in Chalchis. 1835. Gr. qu. Fol. Ausgeführte Bleistiftzeichnung.

1624. Dieselbe Ansicht. Gr. qu. Fol. Unvollendete Aquarelle.

1625. Ansicht einer italienischen Villa an einem Kanal, im Hintergrund Gebirge. L. v. Kl. 1814. Kl. qu. Fol. Tuschezeichnung.

1626. Ansicht von Rom, in der Mitte das Forum romanum. Gr. qu. Fol. Aquarelle.

1627. 2 Bl. Entwürfe zu Wandgemälden im pompejanischen Stil. Sehr gr. qu. Fol. Aquarelle und Gouache.

1628. Plan zu der Neustadt Athen (Ottonopolis) nach vielfach bedingter Beibehaltung früher bestimmter Straßenzüge etc., entworfen von L. v. Klenze den 7. September 1834. Roy. qu. Fol. Aquarelle und Federzeichnungen.

1629. 3 Bl. Pläne zum Befreiungsdenkmal bei Kelheim:
1 Konstruktion der Kettengewölbe über den Arkaden-Nischen im Inneren.
2 Konstruktion der Kuppelwölbung.
3 Vertikal-Uhr für die fünfte Polygonwand. Gr. Fol. Tusche-, Feder- und Bleistiftzeichnungen.

1630. 2 Bl. Pläne zu einer Kirche (in Kelheim?):
1 Seitenansicht, bez. L. v. Klenze.
2 Konstruktion der Turmspitze. Gr. Fol. Feder- und Tuschezeichnungen.

1632. 195 Bl. Pläne zur Walhalla bei Regensburg. (Dieselbe ist an der Polygon-Mauer des Unterbaues 228' breit und von Süden nach Norden 438' lang; die Höhe vom Fuße der ersten Terrasse bis zu den Sockelstufen des Tempels beträgt 128', jene des Tempels selbst 69'. Gesamthöhe 197'.) — Die Pläne sind fast alle von Klenzes Hand gezeichnet und fast ohne Ausnahme mit den Maßangaben von seiner Hand versehen; sie dienten den Bauführern unmittelbar als Vorlagen und tragen deshalb sehr oft instruktive Vorschriften und Bemerkungen des Baumeisters; sie sind teils mit Bleistift, teils mit der Feder gezeichnet, viele teilweise und viele andere vollständig koloriert und verschiedenen Formates:

1 und 2 Zeichnungen zu Hammer und Kelle für die Grundsteinlegung, welche am Jahrestage der Schlacht bei Leipzig den 18. Oktober 1830 stattfand.
3 und 4 Situationspläne.
5—9 Hauptgrundrisse des ganzen Baues.
10 u. 11 Totalgrundrisse für den Ober- und Unterbau.
12—14 Aufrisse der Hauptfassade.
15 und 16 Seitenfassade und Höhennivellement dazu.
17—36 Detailgrundpläne und Durchschnitte des Unterbaues.
37—41 Durchschnitte des Oberbaues.
42—105 Steinkonstruktionen und Versetzungen für den Vorbau (Treppe) sowie für den Unter- und Oberbau, sowohl für ganze Wände und Lagen als auch für einzelne Teile.
106—126 Eisenkonstruktionen für die einzelnen Steinverbindungen, für die Dachsprengung, für die Wasserleitung, für die Heizvorrichtung usw.
127—138 Entwürfe für die Fenster und Türen.
139 Zeichnungen des Mosaikbodens mit drei Inschriften: Beschlossen im Januar 1807. — Begonnen den 18. Oktober 1830. - Vollendet den 18. Oktober 1842. Vollständig in Aquarell ausgeführt.
140 Detail der Schrifttafel mit der Inschrift: Beschlossen im Januar 1807. Ebenso.
141—164 Entwürfe für die Bildhauerarbeiten zur Ausschmückung des Baues, als Wandfüllungen, Säulenkapitelle, Giebelaufsätze usw.
165—172 Pläne und Details zum Wächterhaus bei der Walhalla.
173—175 Konstruktionen und Entwürfe für die anzubringende Sonnenuhr.
176—191 Zeichnungen und Entwürfe der verschiedenen Holzgerüste, welche zum Aufbau hergestellt werden mußten, meist von Bauführer Estner gezeichnet und zum Teil von Klenzes Hand mit Maßangaben und Bemerkungen versehen.
192—195 Pläne für die Werkhütte. Ebenso.
196 Steinbestellungslisten, geführt von Estner.

1633. Schwellungslinie an den Säulen der Walhalla, in einem Brief an den Bezirksingenieur Nadler in Regensburg, konstruiert und erläutert von L. v. Klenze. Fol.

1634. Théâtre de Napoleonshöhe; L. Klenze fec. Qu. Fol. Radierung.

Nach ihm

1635. Ansicht der Walhalla bei Donaustauf, Tuschezeichnung von Rohbock. Qu. 8.

1636. 2 Bl. Grundplan und Durchschnitt der Walhalla, nach Klenzes Zeichnung lith. von Unger. Gr. Fol.

1637. 3 Bl. Grundriß, Außen- und Innenansicht der Walhalla, gezeichnet von Gruber. Kl. Fol. Stahlstiche.

1638. Innere Ansicht der Befreiungshalle. Kl. Fol. Holzschnitt.

Druckwerke

1639. Anweisung zur Architektur des christlichen Kultus, herausgegeben von L. v. Klenze. München 1822. Fol. Enthält 39 von Unger lith. Tafeln, nach Zeichnungen Klenzes. In. Fol. Geb.

1640. Sammlung architektonischer Entwürfe von L. v. Klenze:
1 Die Glyptothek. Grundriß, Fassaden, Ornamentdetails, etc. in 10 Bl.
2 Die Pinakothek, ebenso in 5 Bl.
3 Der Bazar, 2 Bl.
4 Konstitutionssäule in Gaibach. — Lith. von Kramer, Unger und Ziebland. München 1830. Roy. Fol.

1641. Dasselbe Werk, zweite Ausgabe. München 1847. Gr. Roy. qu. Fol.

4391. Tempel des Zeus in Selinunt. Lithographie von Klenze.

LANG-SAMMLUNG

von Hofbaukonduktor Anton Lang durchgezeichnet. Sammlung von Kopien königlicher Neubauten 1817-1837. In dünnem Pauspapier, sehr gut erhalten. 178 Pausen, 19 Originale, 2 Stiche, 1 Lithographie.

Mappe I
Sammlung von Kopien des Königsbaues der Residenz. 166 Bl. Schenkung des Enkels Coloman Karl Lang, 28. Sept. 1912.

1	Fassade
2	Übersichtsplan
3—7	Grundrisse
9—11	Vestibül
21	Küche
23	Konditorei
28—42	Östliches Treppenhaus
43—48	Vorzimmer des Königs
49—58	Dienstzimmer
59—73	Thronsaal
75—79	Speisesaal
80—82	Empfangskabinett
83—86	Arbeitskabinett

87—92	Ankleidezimmer	
93—95	Schlafsaal	
96—97	Bibliothek der Königin	
98—100	Schreibkabinett	
101—105	Schlafsaal der Königin	
111—119	Thronsaal	
120—124	Dienstzimmer	
125—132	Vorzimmer	
133—139	Rundes Treppenhaus	
140—145	Mittlere Haupttreppe	
146—156	Spielsaal	
157—160	Tanzsaal	
161—163	Blumensaal	
164—166	Reservespeisesaal	

Mappe II
84 Pausen zum königlichen Hoftheater
Grundriß, Konstruktionsteil, Ornament.
Nr. 6, 7, 8, 9, 10, 11, 32 fehlen.

Mappe III
1	Glyptothek
2—13	Leuchtenberg-Palais, Detail
14 ff.	Marstall
30—31	Erzgießerei
32—33	Anatomie
34 ff.	Hofgartenarkaden, Lith.
46—47	Protestantische Kirche (Matthäus?)
50—60	Odeon
61—66	Detail dazu
67	Pinakothek
80—104	Allerheiligenhofkirche
105 ff.	Herzog-Max-Palais
146	Obelisk

149—156	Walhalla	
157—168	Residenz Festsaalbau	

Mappe IV
1   Anweisungen zur Architektur des christl. Kultus. 32 Blatt nach dem Stichwerk.

Mappe V
1	Walhalla
3	Max-Joseph-Denkmal
4—5	Grabdenkmal Eugens von Leuchtenberg

Mappe VI
34—35	Fassade des Törring-Palais, jetzt Hauptpost
36—38	Wichtige Grundrisse davon
51—52	Generalsekretariat des Staatsrates L. v. Kobell, Ludwigstraße, Grundriß und Fassade.

Lang-Sammlung x^h *170*
Skizzenbuch (Lindau/Chiavenna) 1827.
Originalzeichnungen u. a.
1	Skizze, Schloß von Vincennes
2	Skizze zur Pinakothek ohne vorgezogene Flügel
3	Bemerkungen zu Bauten in Paris
4	Haus Marchese Canaris, Como
5	Treppe der Kirche Maria del Carignano
6	Ölbaum, Riva 24. Mai 1827
7	Bauernhaus, Sestri di Levante
8	Gorzona bei Spezia, 26. Mai 1827
9	Sarzana, 27. Mai 1827
10	La Rocca, 28. Mai 1827
11	Insel Elba (Reisenotizen) 1. Juni 1827.

KRIEGSARCHIV MÜNCHEN

Mz b 1 (blau)	9	*Kriegsministerium*	Grundriß 1. Stock. Schönfeldstraße sign. Klenze	Mz b 1 (rot)	1	*Kriegsministerium*	Ludwigstraße Fassade lav. sign. 1. Nov. 1827 Klenze sehr schönes Blatt.
Mz b 1 (blau)	7	*Kriegsministerium*	Grundriß Erdgesch. Schönfeldstraße sign. Klenze Schnitte, sign. Häring	Mz b 1 (rot)	2	*Kriegsministerium*	Ludwigstraße Schnitte, sign. Klenze
Mz b 1 (rot)	4	*Kriegsministerium*	Kellergeschoß sign. Klenze	Mz b 1 (rot)	3	*Kriegsministerium*	Grundriß Erdgesch. sign. Klenze
Mz b 1 (rot)	9	*Kriegsministerium*	Ludwigstr., Balkenlage 1. Stock Ludwigstraße sign. Spiess	Mz b 2	25	*Kriegsministerium*	Arkaden sign. Spiess
				b 1 (gelb)	7	*Kriegsministerium*	Schönfeldstraße Ansicht. sign. Klenze

20 *Kriegsministerium* Schönfeldstraße
Eingangstor
sign. Spiess
29 *Kriegsministerium* Schönfeldstraße
Hauptgesims
sign. Klenze
15 *Kriegsministerium* Schönfeldstraße
Fassade
sign. Spiess
8 *Kriegsministerium* Ludwigstraße
Ansicht
sign. Klenze

10 *Kriegsministerium* Ludwigstraße
Hauptgesims
sign. Klenze 1827
24 *Kriegsministerium* Ludwigstraße
Archivolte
sign. Klenze
25 *Kriegsministerium* Ludwigstraße
Schnitte
sign. Klenze

LANDBAUAMT MÜNCHEN

Das Landbauamt betreut die Hauptwerke Klenzes in München außer der Residenz, die der Schlösserverwaltung untersteht.
Im Landbauamt befinden sich Zeichnungen neuerer Zeit der Bauten Klenzes u. a. Odeon, Leuchtenbergpalais, Marstall, Glyptothek, Propyläen. Nationaltheater hat eigene Bauleitung.

XXVII C/20   *Pinakothek*. Deckenfeld. Bleistift Original Klenze oder Bühlmann.
XXVII   *Pinakothek*. Friesdekoration Original Bühlmann.
XXVII C 1   *Pinakothek*. Deckenkalotte. Bleistift
Odeon   Saaldecke farb. Zeichg.

VERWALTUNG DER STAATL. SCHLÖSSER, GÄRTEN UND SEEN

Die Verwaltung der bayer. Schlösser, Gärten und Seen (Bauleitung Residenz) enthält in 3 großen Mappen eine große Zahl von *Originalplänen* Klenzes. Hervorzuheben sind die Blätter:

Mappe I Hofgarten, Festsaal und Königsbau

Hofgartenarkaden und Bazargebäude Westseite, Ansicht innen und außen
Hofgartentor und Arkaden von Ost und West
Umbauplan für Erhöhung der Bögen
Bazar, Aufriß Westseite, sign.
Odeonsplatz, Situationsplan 1823
Plan zur Fortsetzung der Ludwigstraße nach der Von-der-Tann-Straße
Thronsaal (Nordwand und Stirnwand West)
Königsbau, Hofseite (Projekt)
Arkaden und Eckpavillon Nord- und Westseite des Festsaalbaus
Fassade an der Residenzstraße, Westseite
Fassade Festsaalbau, 5 Achsen, Norden

Königsbau, Witwenstock, Verbindungsbau
Königsbau, 2. Obergeschoß (Tanzsaal).

Mappe II Königsbau

Wanddekoration Kleines Kabinett Königsbau
Schlafzimmer des Königs, Farbzeichnung
Königsbau-Aufriß (Rückseite)
Wandaufriß und Decke sowie Profile
Gebälkprofile
Königsbautreppe, Schnitt
Bibliothek der Königin
2 Palmetten
Korinth. Kapitell im Kleinen Thronsaal
Thronsaal, Gebälkschnitt
2. Vorzimmer des Königs, Deckendetail und Gesims
Servicesaal, Decke
Kleiner Wohnraum
Schlafzimmer Königin, Profile
Vorzimmer des Königs, Profile
Ankleidezimmer
Vestibül   A VII

Mappe II h 44

Kassettendecke (und -Ausschnitt)
Bad im Zwischengeschoß
Empfangs- und Arbeitskabinett des Königs
Thronsaal der Königin
Eßsaal (Wand und Decke)
Farbige Wanddekoration mit antiken Sagen
Königsbau-Aufriß (großes Blatt, wichtig)
Dachstuhl, Königsbau
Königsbau, Hofseite
Königsbau, Grundrisse (Erdg., rot)
Königsbau, Zwischengeschoß
Königsbau, Zwischengeschoß, 3. Stock

Mappe III Festsaalbau

Grundriß Nord- und Ostseite und
Allerheiligen-Hofkirche

Grundriß (Kellergeschoß)
Eckpavillon Odeonsplatz
(Grundrisse der einzelnen Geschosse) Umbau Klenzes
Thronsaal, Schnitt Portikustrakt
Aufriß Hofseite (Küchenhof)
Dachstuhl über Thronsaal
Festsaalbautreppe, Schnitt
Kloster bei Amalfi (Nonnen), auf Rückseite eines Planes
Grundriß Residenz mit Einzeichnung der von Klenze
neu- und umgebauten Teile.

Verwaltung der staatlichen Schlösser, Seen und Gärten in Schloß Nymphenburg

Ständesaal: Mappe Kgl. Landständehaus A XIV.
5 Originalzeichnungen Klenzes d/1—11
Wohnhaus Mappe 86 Original Klenzes 1820
Leuchtenbergpalais Original Klenzes, 1817 Ansicht

ANHANG II
DIE ZEICHNUNGEN
DER STAATLICHEN GRAPHISCHEN SAMMLUNG

Die Staatliche Graphische Sammlung beherbergt den Hauptteil der Zeichnungen und Aquarelle, Baupläne und Entwürfe, Reisestudien und Skizzen Leo von Klenzes.

Im nachstehenden Verzeichnis sind die *wesentlichsten* Blätter der Bauten und Reisestudien aufgeführt.

Die *Bauten* sind in alphabetischer Reihenfolge gebracht, die außerhalb Münchens liegenden nach der Reihenfolge der Ortsnamen.

Die *Reisestudien* sind gesondert in zeitlicher Reihenfolge geordnet.

		Inv.-Nr.			Inv.-Nr.
Allerheiligenhofkirche	Grundriß	26609	Allerheiligenhofkirche	Längsschnitt, Ausführungsentwurf	26619
Allerheiligenhofkirche	Grundriß	26610	Allerheiligenhofkirche	Schnitt, Ausführungsentwurf	26620
Allerheiligenhofkirche	Grundriß und Schnitt	26611-13	Allerheiligenhofkirche	Ansicht, Ausführungsentwurf	26621
Allerheiligenhofkirche	Leuchterentwurf	26614	Allerheiligenhofkirche	Leuchter, korinth. Form, Ausführungsentwurf	22000
Allerheiligenhofkirche	Grundriß, Vorentwurf Basilika	26615	Allerheiligenhofkirche	Grundriß, Ausführungsentwurf	27012
Allerheiligenhofkirche	Grundriß, Ausführungsentwurf	26616	Allerheiligenhofkirche	Fuß- und Hängeleuchter	27514
Allerheiligenhofkirche	Schnitt, Ausführungsentwurf	26617	Allerheiligenhofkirche	Grundriß, Vorentwurf	27012
Allerheiligenhofkirche	Längsschnitt, Ausführungsentwurf	26618	Apostelkirche, München	Ansicht	26985
Allerheiligenhofkirche	Südfassade	26619			

Athen, Akropolis		27725
Athen, Akropolis		26838
Athen, Dionysoskirche	Grundriß	27081
Athen, Dionysoskirche	Schnitt	27079
Athen, Stadtplan		27119
Athen, Pantechnion	Perspektive	27125
Athen, Residenz	Entwurf	23050
Athen, Ministerialgebäude	Grundriß	25045
Athen, Ministerialgebäude	Ansicht	25046
Athen, Dionysoskirche	Vorentwurf	26964
Athen, Dionysoskirche	Grundriß	27113
Athen, Dionysoskirche	Fassade	27093
Athen, Dionysoskirche	Fassade	27097
Athen, Dionysoskirche	Schnitt	27079
Athen, Dionysoskirche	Projekt II, Ansicht	27126
Athenäum, München	Grundriß	27010
Athenäum, München	Grundriß der Sportanlage	27603
Athenäum, München	Grundriß auf Raster	27572
Athenäum, München	Fassade, Hauptgebäude	26983
Athenäum, München	Festsaal, Innenansicht	26588
Athenäum, München	Übungssaal, Innenansicht	27332
Athenäum, München	Schwimmanstalt, Innenansicht	27388
Athenäum, München	Fassade	35063
Athenäum, München	Fassade	35021
Athenäum, München	Fassade	35058
Athenäum, München	Hauptgebäude, Schnitt	26984
Athenäum, München	Entwurf, Hauptgebäude	27443
Athenäum, München	Entwurf, Nebengebäude	27006
Ausstellungsgebäude gegenüber der Glyptothek		26473
Ausstellungsgebäude, vergl. Ziebland		27220
Baden-Baden, Stourdzakapelle	Fassade	36246
Baden-Baden, Stourdzakapelle	Perspektive	36278
Baden-Baden, Stourdzakapelle	Schnitt	36252
Bank im Engl. Garten (an Stelle des Apollotempels)	Entwurf	26656
Befreiungshalle, siehe Kelheim		
Berg, Schloß	Lageplan	26698
Berg, Schloß	Ansicht	26702
Berg, Schloß	Ansicht	26701
Berg, Schloß	Grundriß	26698 a
Berg, Schloß	Ansicht	26703
Berg, Schloß	Ansicht	26694
Berlin, Börse	Studienarbeit 1802 Tusche lav.	27559
Berlin, Dom	Entwurf, Konsolen	26901
Berlin, Schauspielhaus	Studienarbeit 1800 Tusche lav.	27562
Berlin, Denkmal Friedrichs des Großen (nach Gilly)	Studienarbeit 1802 Tusche lav.	27563
Berlin, Dom	Entwürfe	26911
Berlin, Dom	Fassadenentwurf 1842	26975
Berlin, Dom	Entwurf	26988
Berlin, Dom	Fassadenentwurf	26921
Denkmal für die gefallenen Bayern in Griechenland		36280
Denkmal für Ludwig I.	Stirnseite	26980
Denkmal für Ludwig I.	Perspektive	26978
Denkmal für Ludwig I. in der Feldherrnhalle		
Denkmal für Ludwig I. 1856		26980
Denkmal für Ludwig I. 1856		27169
Denkmal für die Republik		27154
Denkmal für die Republik 1815		27000
Denkmal für Ludwig I. mit Brunnenanlage		27155
Denkmal für den Spanischen Befreiungskrieg		26982
Denkmal für die Befreiungskriege 1815		26981
Denkmal für Max Joseph	Entwurf	21708
Denkmal für Max Joseph	Entwurf	21707
Denkmal für Max Joseph	Entwurf	27160
Feldherrnhalle	Ansicht, Entwurf	27361
Feldherrnhalle	Schnitt, Entwurf	27371
Feldherrnhalle	Ansicht, Entwurf	27379
Feldherrnhalle	Ansicht, Entwurf	26842
Feldherrnhalle	Ansicht, Entwurf	26658
Gaibach, Konstitutionsdenkmal		26979
Gaibach, Konstitutionsdenkmal		27131
Grabdenkmal für Gräfin von Staufenberg		27135
Grabdenkmal für die Großherzogin von Hessen-Darmstadt 1869		36298
Grabdenkmal für Regina Lang		36282
Grabstelen	Entwürfe ohne Namen	27390
Grabdenkmal für den Herzog von Leuchtenberg (nicht ausgeführt)		36295
Glyptothek		26484
Glyptothek		27400
Glyptothek	Nordseite	27550
Glyptothek	Projekt II	26807
Glyptothek		27387
Glyptothek		27393
Glyptothek		27308
Glyptothek	Mosaikfußboden	26479-81
Glyptothek	Mosaikfußboden 1822	27405
Glyptothek	Dekoration	26475, 27324
Glyptothek	Dekoration	27323, 26474
Glyptothek	Rekonstruktion des Aeginatempels	26472

Glyptothek	Stuckornamente	26476		Kassel, Theater	Ansicht	27050
Glyptothek	Decke, Aeginetensaal	26477		Kassel, Mausoleum	Ansicht	27049
Glyptothek	Entwurf, Zentralbau	26455		Kassel, Entwurf Landschlößchen 1810		26926
Glyptothek	Pariser Entwurf; Grundriß, Ansicht, Schnitt	26833/34		Kassel, Entwurf Landschlößchen 1810		26925
				Kassel, Gartenkolonnade 1810		27158
				Kassel, Entwurf für Landschloß 1811		27024
Glyptothek	Zweiter Pariser Entwurf, Grundriß	27387		Kassel, Entwurf für Landhaus 1810		27020
				Kassel, Entwurf für Königsschloß		26972
Glyptothek	Zweiter Pariser Entwurf, Ansicht Projekt 2	26485		Katzberg, Kirche	Ansicht, Grundriß	27333
				Kelheim, Befreiungshalle	Statuenaufstellung	26847
Glyptothek	Zweiter Pariser Entwurf, Ansicht Projekt 3	26484		Kelheim, Befreiungshalle	Ausführung	26880
				Kelheim, Befreiungshalle	Entwurf	26850
				Kelheim, Befreiungshalle	Grundriß, Schnitt	26887
				Kelheim, Befreiungshalle	Grundriß	26868
Hauptpost	Ansicht 1834	26622		Kelheim, Befreiungshalle	Ansicht	26853
Hauptpost	Grundriß und Ansichtsskizze	26623		Kelheim, Befreiungshalle	Grundriß, Ausführungsentwurf	26883
Hofgartentor	Ansicht	26626		Kelheim, Befreiungshalle	Kandelaber	28854
Hofgartentor	Ansicht	22066		Kelheim, Befreiungshalle	Entwurf	26870
				Kelheim, Befreiungshalle	Entwurf II	26879
				Kelheim, Befreiungshalle	Entwurf III	26680
Ingolstadt, Reduit Tilly	Fassade	35030		Kirchheimbolanden, Schloß		
Ingolstadt, Reduit Tilly	Fassade	35031			Entwurf	27184
Ismaning, Schloß	Grundriß, Ansicht	27188		Klenze, Bleistiftzeichnung von Kaulbach		32480
Isarbrücke	1 Bogenfeld	26678		Königsplatz, Umbauung mit Apostelkirche und		26499
Jugendarbeiten				Konstitutionsdenkmal, siehe Gaibach		26979
Badehaus (nach Friedrich Gilly)		27565		Kriegsministerium	Ansicht	26639
Schloß zu Rath		27599				
Schloß zu Heydau		27600				
Schloß Vechelde		27601				
Schloß Sababourg		27629		Leuchtenbergpalais	Grundriß mit Variante	26997
Schloß Lahneck		27597		Leuchtenbergpalais	Ansicht	27404
Schloß Herrenbreitungen		27595		Leuchtenbergpalais	Ansicht	27804
Schloß Fürstenberg		27597		Ludwigstraße Nr. 12, Eckhaus		
Entwürfe auf Raster		27584			Grundriß, Ansicht	27189
Entwürfe auf Raster, Wohnbauten		27573		Ludwigstraße Nr. 13, Wohnhaus		
Bauernhütte, 1803		27596			Grundriß, Fassade	27190
				Ludwigstraße, Wohnhaus		26994
				Ludwigstraße, Wohnhaus		26992
				Ludwig-Donau-Main-Kanal		
Kassel, Wilhelmshöhe	Pyloneneingang	27042			Brückenentwürfe	35052
Kassel, Reithalle	Schnitt	27019		Ludwig-Donau-Main-Kanal		
Kassel, Schloß Catharinenthal		27569			Gedächtnisstätte	36584
Kassel, Schloß Catharinenthal	Schlafzimmer des Königs	27034		Ludwig-Donau-Main-Kanal	Brückenentwürfe	35055
Kassel, Schloß Catharinenthal	Ahnengalerie	27032				
Kassel, Schloß Catharinenthal	Toilettenzimmer der Königin	27029		Marstallgebäude	Wanddekoration	26651
				Maxpalais	Schnitt	26995
				Maxpalais	Fußbodenmuster	27401
Kassel, Schloß Catharinenthal	Ofenzimmer	27337		Monopteros	Entwurf	26677
Kassel, Theater	Grundriß	27067		Monopteros, Nymphenburg		56299

Pappenheim, Schloß	Hauptfassade, Schnitt	26993	Pinakothek, Vasensammlung			
Pest, Nationalmuseum	Entwurf	26935		Decke mit Fresken	26463	
Pest, Nationalmuseum	Grundriß, Erdgeschoß	26946	Propyläen, München	Grundriß, Projekt 2	26491	
Pest, Nationalmuseum	Grundriß, Obergeschoß	26947	Propyläen, München	Schnitt, Projekt 2	26487	
St. Petersburg, Eremitage	Entwurf für Tisch und Stuhl, grün	27526	Propyläen, München	Ansicht, Projekt 2	26489	
			Propyläen, München	Detail, Projekt 2	26492/93	
St. Petersburg, Eremitage	Entwurf für Tisch und Stuhl, rot	27527	Propyläen, München	Detail, Projekt 2	26496/97	
			Propyläen, München	Grundriß	26498	
St. Petersburg, Eremitage	Kaminkonsole	27158	Propyläen, München	Details	26504-07	
St. Petersburg, Eremitage	Fensterwand Saal H I. Stock	36229	Propyläen, München	Kapitelle	26514	
St. Petersburg, Eremitage	Saal der Statuen	26231	Propyläen, München	Perspektive	26516	
St. Petersburg, Eremitage	Inkunabelnsaal	26214	Propyläen, München	Schnitt	26512	
St. Petersburg, Eremitage	Antikensaal	36220	Propyläen, München	Ansicht	26513	
St. Petersburg, Eremitage	Pinakothek	36216	Propyläen, München	Detail	26511	
St. Petersburg, Eremitage	Fassade	26976	Propyläen, München	Ansicht	26845	
St. Petersburg, Eremitage	Längsschnitt	26973	Propyläen, München	Schnitt	26849	
St. Petersburg, Eremitage	Saal, Ansicht	36221	Propyläen, München	ion. Säulenkapitell	26503	
St. Petersburg, Eremitage	Kamindetail	36226	Propyläen, München	Vorentwurf ohne Säulen mit 3 Toren	26519	
St. Petersburg, Eremitage	Seitenfassade	26963				
St. Petersburg, Eremitage	Kamindetail	27482				
St. Petersburg, Eremitage	Fassade 1837	55059	St. Quirin, Tegernsee	Umbau der Kapelle, Entwurf (1824)	27214	
St. Petersburg, Isaakskathedrale						
St. Petersburg, Isaakskathedrale	Grundriß	35012	Regensburg, Bethalle für den Friedhof		27211	
St. Petersburg, Isaakskathedrale			Reiseskizzen, siehe eigenes Verzeichnis			
	Altarwand	26974	Residenz, München, Festsaalbau			
	Seitenwand innen	35016		Decke	26569	
Pinakothek, München	Ansicht		Residenz, München, Festsaalbau			
Pinakothek, München	Lageplan	26451		Wandfeld	26570	
Pinakothek, München	Ansicht	26469, 26455	Residenz, München, Festsaalbau			
Pinakothek, München	Schnitt AB	26446		Empfangszimmer des Königs	26445	
	Schnitt CD	26449				
Pinakothek, München	Längsschnitt	26470	Residenz, München, Festsaalbau			
Pinakothek, München	Ansicht, Westseite	26455		Wandfeld	26518	
Pinakothek, München	Grundriß, Entwurf	26466	Residenz, München, Festsaalbau			
Pinakothek, München	Obergeschoß (Attikageschoß)	26465		Decke	26519	
Pinakothek, München	Grundriß I. Stock	26467	Residenz, München, Festsaalbau			
Pinakothek, München	Grundriß II. Geschoß	26468		Wanddekoration	26534	
Pinakothek, München	Ansicht, Westseite	26471	Residenz, München, Festsaalbau			
Pinakothek, München	Innenansicht	26460		Wanddekoration	27392	
Pinakothek, München	Innenansicht, Decke	26459	Residenz, München, Festsaalbau			
Pinakothek, München	perspektivische Ansicht von Leop. Rottmann	213667		Perspekt. Ansicht	26564	
			Residenz, München, Festsaalbau			
Pinakothek, München	Details der Steinlagen, Gesimse, Kapitelle, Portale, 1826	26448		Schnitt	26561	
			Residenz, München, Festsaalbau			
Pinakothek, Vasensammlung				Wanddekoration	27003	
	Seitenwand mit Fresken	26461	Residenz, München, Festsaalbau			
Pinakothek, Vasensammlung				Siegessaal, Wandansicht	26539	
	Stirnwand mit Fresken	26462	Residenz, München, Festsaalbau			
				Ballsaal, Wandansicht	26535	

Residenz, München, Festsaalbau	Rotes Kabinett, Wandansicht	26534	Tegernsee, Klosterkirche	Fassadenänderung	27557
			Tivoli	Bleistift	27657
			Torcello, Santa Fosca	Bleistift	27770
Residenz, München, Festsaalbau	Felderteilung Decke 1842	26536			
Residenz, München, Festsaalbau	Wandabwicklung	26592	Venedig, Frari-Kirche		27707
			Villen, Jugendarbeiten	Entwürfe	27553
Residenz, München, Festsaalbau	Wandabwicklung	26574	Villen, Jugendarbeiten	Entwürfe	27554
Residenz, München, Festsaalbau	Thronsaal, Detail eines Leuchters	21944	Villen in München (Spätstil)	Entwürfe	27025
Residenz, München, Festsaalbau	Wanddekoration	26533	Walhalla	Schnitt	26813
			Walhalla	Schnitt	26812
Residenz, München, Festsaalbau	Möbelentwürfe	27515	Walhalla	Schnitt	26814
			Walhalla	Kapitell	27308
Residenz, München, Festsaalbau	Schnitt	26560	Walhalla	Entwurf, Zentralbau	27455
			Walhalla	Ansicht	26810
Residenz, München, Festsaalbau	Wanddekoration	26538	Walhalla	Ansicht	26843
			Walhalla	Grundriß	27472
Residenz, München, Königsbau	Perspektive der Fassade	26517	Walhalla	Vorzeichnung für Gemälde und Stiche mit Raster	26841
Residenz, München, Königsbau	Grundriß, wichtig	26568			
Residenz, München, Königsbau	Grundriß	26590			
Residenz, München, Königsbau	Entwurf 1826	26563	**Reisestudien 1806 bis 1860**		
Residenz, München, Königsbau	Schreibkabinett, Wandabwicklung	26604		Rom, Forum Aquarell	27628
				Rom, Forum gegen Senatorenpalast, 1806	27622
Residenz, München, Königsbau	Fassade, Projekt	26562		Rom, San Giovanni et Paolo, 1806	27618
Residenz, München, Königsbau	Treppenhaus, Schnitt	26844	1806	Rom, Saturntempel, 1806	27681
			1806	Rom, Faustinatempel	27621
Residenz, München, Königsbau	Projekt	27003	1806	Rom, Ponte molle	27627
			1806	Rom, Forum Romanum	27626
Residenz, München, Königsbau	Wanddekoration	26589	1806	Rom, Aqua acetosa	27617
			1807	Lago d'Averno	27633
Residenz, München, Königsbau	Fußbodenmuster	26587	1807	Rom, Villa Borghese	27634
			1807	Paestum, Stadttor	27635
Residenz, München, Königsbau	Schnitt und Hofansicht (wichtiges Blatt)	26576	1830 10. April	Rom, Horti farnesi	27667
			15. April	Santi quatri	27660
			17. April	Tivoli	27657
Residenz, München, Königsbau	mit Arkadenflügel zum Nationaltheater	26603	5. Mai	Neapel	27664
			10. Mai	Amalfi	27654
			12. Mai	Atrani	27653
Residenztheater	Fassadengestaltung	26582	13. Mai	Conga	27661
Ruhmeshalle	Konsole	35048	21. Mai	Pozzuoli, S. Francesco	27662
Ruhmeshalle	Grundriß, Ansicht	26666	25. Mai	Capri	27663
Ruhmeshalle	Grundriß, Detail	26665	1. Juni	Fondi	27663
Ruhmeshalle	Projekt	26988	3. Juni	Terracina	27661
Ruhmeshalle	Projekt, Perspektive	26667	12. Juni	Rom, Villa Malta	27697

	13. Juni	Civita Castellana	27663		2. Sept.	Menaggio	27779
	15. Juni	Papini bei Torni	27671	1843		Brescia	
		Capri, gemalt für		1845	27. Okt.	Florenz, San Miniato	27782
		Königin Caroline	27665		29. Okt.	Florenz, Fiesole Kreuzgang	27781
		Capri, gemalt für Prof. Rauch		1851	27. Juli	Trento	27818
		Palermo, Staufenpalast	27706	1852	11. Mai	Nizza	27791
		Venedig, Frari	27707		27. Mai	Florenz	27790
		Prato, Dom	27719		4. Juni	Florenz	27790
		Carrara	27711		17. Juni	Genua	
		Rom, Villa Malta, Agave	27697			Avignon	27734
1854	15. Okt.	Korfu	27726	1854	7. Mai	Pozzuoli	27808
		Zante	27723		10. Mai	Neapel, Posilipp	
1841		Meran, Schloß Forst	27764		22. Mai	Sorrent	
	12. Sept.	Vinsova	27748		7. Juni	Avignon	
	14. Sept.	Schloß (In tormentis pinxit)	27762	1855		Pompeji, Forum	27811
	18. Sept.	Sebenico	27748			Amalfi	27814
	30. Sept.	Girgi	27748	1855		Palazzo Rufolo Ravello,	
		Monselice für Schinkel gemalt	27793			Vorzeichnung für das Bild in	
1842	10. Sept.	Verona				der Schackgalerie, München	27813
		Venedig		1860		Marseille, St. Victor	27831
		Torcello S. Fosca	27770				
		Capua für Graf Mejean gemalt	27326				

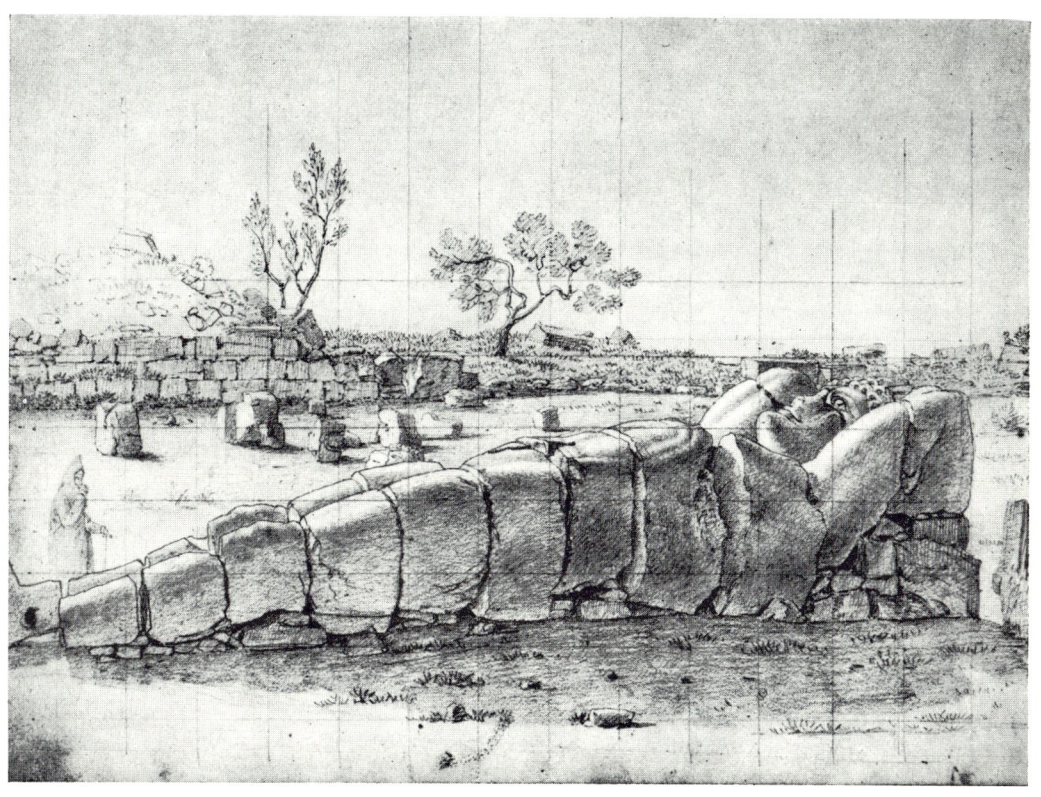

249   Agrigent, Tempel Zeus Olympios, Zeichnung des Giganten

411

ANHANG II
DIE ZEICHNUNGEN DER KLENZEANA

Reiseskizzen

ohne Jahreszahl		Haus in gotischem Stil (Schülerzeichnung)
ohne Jahreszahl		Baumstudie
Schülerarbeiten		Marienburg
Schülerarbeiten		Theater nach Gilly
Schülerarbeiten		Iburg
Schülerarbeiten		Neundorf
Schülerarbeiten		Ziegenhain
Schülerarbeiten		Blankenburg
Schülerarbeiten		Marburg
Schülerarbeiten		Marburg, Kirche
Schülerarbeiten		Antoniettenruhe
1806		Meeresstudie
1807		Salerno
1819		Großglockner Naßfeld für Professor Zimmermann gemalt
1824		Agrigent, Zeustempel für Goethe gemalt
1830	24. März	Golf von Bajä
1830	16. April	Tivoli
1830	2. Mai	Gaëta
1830	26. Mai	Capri
1830	26. Mai	Amalfi
1830	2. Juni	Terracina
1830	14. Juni	Narni
1830		Paestum
1830		Pompeji
1832	13. Mai	Florenz, Porta Romana
1834	28. Sept.	Mykene, Löwentor
		Bucht von Salamis
		Zante
1837	13. Sept.	Isola Bella
1842		Spalato
1843	29. Aug.	Bellinzona Castell Schwyz
		Taufkapelle Pisa
		Campo Santo Pisa
		Wegstudie in den Alpen
1845	4. Okt.	Forum Romanum
1852	18. Mai	Avignon
		Gut Engelthal
1852	28. Mai	Pirano Markt
1852	5. Juni	S. Gimignano
1855	1. Mai	Posilipp/Neapel
1855	10. Mai	Lago d'Averno
	15. Mai	Paestum, Poseidontempel
1860	16. Sept.	Nizza, Agave

Klenzeana II/1

Skizzenbuch 1 Sizilienreise 1823/24

Seite

1	Baumstudien
2	Baumstudien
3	Haus am Bach mit eisernem Steg
4	Meran, Gotischer Turm
5	Etschtal
6	Schloß Tyrol
7	Monte Pellegrino
8	Grundriß und Detail des Stufenbaus des Tempels in Segesta
8	Rückseite und Giebelaufbau
9	Tempel Segesta, Giebel, Steinlagen und Beschreibung
9	Rückseite Tempel Segesta, Giebel, Fortsetzung der Beschreibung
10	Tempel Segesta Perspektive. Ansicht von innen gegen Osten
10	Rückseite Tempel Segesta. Theater
11	Rückseite Tempel Segesta. Maßaufnahme Kapitell des Tempels
12	Rückseite Selinunt. Mittlerer Tempel. Maßaufnahme Kapitell und Stufen
13	Rückseite Agrigent, Stadtmauer, Gräber und Tempel Juno Lacinia
14	Rückseite Agrigent, Apollotempel, Säulen
15	Rückseite Agrigent, Zeustempel mit Bäumen
16	Rückseite Agrigent, Zeustempel Gigant
17	Agrigent, Zeichnung einer Nase, datiert 31. Dezember 1823
18	Rückseite Agrigent, Zeustempel von Westen
19	Rückseite Agrigent, Heroon mit Blick auf das Meer
20	Rückseite Agrigent, Apollotempel, Aufgang mit Säulen
21	Rückseite Agrigent, Stadttor
22	Rückseite Agrigent, Tempeldetail
23	Rückseite Agrigent, Kloster
24	Rückseite Agrigent, Tempel des Vulkans
25	Rückseite Agrigent, Stadtansicht
26	Rückseite Agrigent, Tempel Juno Lacinia mit Ansicht zum Meer
27	Rückseite Agrigent, Tempel Juno Lacinia
27	Rückseite Agrigent, Tempel Ceres und Proserpina 16. Januar 1824
28	Rückseite Agrigent, antikes Stadttor
29	Rückseite Agrigent, Stadtmauer
30	Rückseite Agrigent, Tempel Juno Lacinia gegen Südwest, 30. Januar 1824

31	Rückseite Agrigent, Tempel Concordia	12	Agrigent, Tempel Concordia. Grundriß und Maßaufnahme einer Säule und Plan der Treppe
32	Rückseite		
33	Rückseite Agrigent, Tempel Juno Lacinia		
36	Rückseite Vasenzeichnung	12	Rückseite Agrigent, Concordia-Tempel, Ansicht der Cella gegen Osten, daneben Rekonstruktion der Terrasse des Tempels
37	Rückseite Rom, Jupitertempel		
38	Agrigent, Zeustempel, Kapitell		
	Agrigent, Tempel Castor und Pollux	13	Agrigent, Tempel Concordia. Maßaufnahme, Schnitt durch den Giebel, Giebelgesims. Unten Bemerkung Klenzes »letzte sicherste Messung«
39	Agrigent, Tempel Juno Lacinia (Detail)		
40	Agrigent, Innenseite Deckel weitere Detailzeichnung		
		13	Rückseite Agrigent, Zeustempel. Maßzeichnung des Giganten

Skizzenbuch 2
lose Blätter

Maße der Tempel in Agrigent
    Concordia   112″ — 21¹/₂
    Juno Lacinia   93¹/₂ — 12¹/₂
    Jupiter Olympios   268″ — 46″
    Aesculap   73¹/₂ — 15¹/₂

Kannelierung Walhalla
am oberen Teil des ersten Tambours hat sie
    Breite von 127   Linien
    Tiefe von 22¹/₃ Linien
nach Verhältnis des Tempels der
Concordia in Agrigent
Jupiter Olympios in Agrigent
Aesculap
Metapont
Theseus Athen
Parthenon in Athen
Bassae
Olympia
Propyläen
Eleusis

		14	Agrigent, Zeustempel. Maßtabelle, Profilschnitte des Giganten
		14	Rückseite Agrigent, Tempel Juno Lacinia. Maßaufnahme, Grundriß
		15	Agrigent, Tempel Juno Lacinia. Maßaufnahme, Terrasse und Stufenunterbau
		15	Rückseite Agrigent, Tempel Concordia. Bemerkung Klenzes »lächerlicher Name für griechischen Tempel«. Maßaufnahme eines Kapitells mit *Abakus*, der Kannelierung am Astragal, Schnitt Triglyphen, Unteransicht des Architravs mit Tropfen, Ecktriglyphen und Metope an Südostecke. Schnitt des Hauptgesimses
		16	Agrigent, Tempel Concordia. Maßaufnahme der Hängeplatte des Hauptgesimses der Mitteltriglyphe und Metope
		16	Rückseite Agrigent, Tempel Concordia. Maßaufnahme von Antengebälk, der Antentriglyphe und Metope, obere Kannelierung der Antensäule, Parastasis unter der Kapitellplatte
		17	Agrigent, Tempel Juno Lacinia. Maßaufnahme Kapitelle, Architrav und einige Bruchstücke. Konstruktion der Entasis
		17	Rückseite Agrigent, Tempel des Zeus Olympios. Maßaufnahme, Kapitelle, Architrav und einige Fragmente: Löwenkopf, Wasserspeier
		18	Agrigent, Tempel Zeus Olympios. Maßaufnahme des Bruchstückes eines Atlanten, einer Triglyphe, Fragment eines Säulentambours
		18	Rückseite Agrigent, Tempel des Zeus. Maßaufnahme einiger Fragmente
		19	Agrigent, Tempel des Zeus Olympios. Rekonstruktion des Grundrisses. Maßaufnahme Stufenunterbau und Wandstück Krepidoma
		19	Rückseite Agrigent, Tempel des Zeus. Maßaufnahme eines Pfeilers
		20	Agrigent, Zeustempel. Maßaufnahme des Kapitells, Kannelierung
		20	Rückseite Agrigent, Zeustempel. Maßaufnahme des Kapitells, Kannelierung

Klenze-Skizzenbuch II/2

Seite

1—7 Skizzen und Maßaufnahmen antiker und Renaissance-Gebäude
8 Skizze eines alten Gebäudes mit Ausblick auf das Meer
9 Fassade S. Carlo-Theater, Neapel
9 Rückseite Ballsaal im Schloß zu Neapel
10 Paradebett der Madame Murat, Neapel (sehr schön)
10 Rückseite Maßaufnahme Tempel Concordia, Agrigent, Pronaos und äußere Cellamauer Profilaufnahme am Inneren der Cella
11 Skizze eines antiken Rundbaues
11 Rückseite Agrigent, Tempel Concordia. Maßaufnahme des Giebels

21 Agrigent, Zeustempel.
Maßaufnahme Gesims und Triglyphe
21 Rückseite Agrigent, Zeustempel.
Maßaufnahme Kapitell
22 Rückseite Agrigent, Tempel des Aesculap.
Maßaufnahme Grundriß, Aufmaß der Säule und
des Pilasters
23 Agrigent, Tempel Aesculap.
Maßaufnahme Portikus
23 Rückseite Agrigent.
Maßaufnahme Heroon mit Kapitelldetail
24 leer
24 Rückseite Capella der Palaris.
Maßaufnahme (Prostylos)
25 leer
25—29 Rückseite
Skizzen vom Grundriß, Ansichten und
Innendekoration italienischer Paläste der
Renaissance
30 Rückseite Agrigent, Tempel des Herkules.
Maßaufnahme der Antenmauer.

Skizzenbuch 3
Seite

1 Pompeji, Wanddekoration (sehr schön)
2 Pompeji, Wanddekoration mit Farbangaben
3 Pompeji, Zeichnung eines Marmortisches
4—8 Pompeji, Wanddekoration
9 Landschaftsskizze
10 Landschaftsskizze mit genauen Farbangaben.
Vorlage zum Ölbild
11 Pompeji
12 Berglandschaft bei Molo, 1. Juni 1830, Abb.
13 Kanone der Batteria Moresca Monte circello,
3. Juni 1830
14 Plafondzeichnung
15 Landschaft
16 Spoleto, Steinlage
17 Spoleto, Steinlage
18 Florenz, Profilzeichnung
19 Florenz, Saaldekoration
20 Bleistiftzeichnung d. Badia in Fiesole,
21 Ansicht eines Landhauses bei Fiesole
20. Juni 1830
22 Steinlage, Pietra serena bei Fiesole
23 Bauerntypen
23 Rückseite Hütte
24 Hof mit Säulengang
25 Zeichnung des Dachsteins (Österreich)
25 Rückseite Maßzeichnung, Grundriß und Schnitt
der Architrav und Gesims des Parthenon

Klenzeana II/7
Venezianisches Tagebuch 1823
begonnen 14. July (108 Seiten mit vielen Zeichnungen).
Venedig
San Marco. Über das Dekorationssystem. Vorhalle.
Markusturm
S. Giorgio maggiore, Il redentore, Chiesa greca,
Marcuspl. Procuratien
S. Maria d. Salute (Skizze zu Marmorfußboden).
Zecca, Pal. ducale. Gesuiti. S. Giovanni et Paolo. Frari,
San Simeone piccolo. Pal. Vendramin.
Vicenza
Porta Barbarano. Theatro olimpico (alles herrlich)
Pal. Cordelino. Valmarana. Pal. Losti. Thiene
Palladiobauten Pal. Caldonio v. Scamozzi.
Verona
(30. July). Pal. della Bra, Porta stupa,
Pal. Canossa, Bevilacqua Porta dei Borsari Seminario.
Parma
S. Francesco Duomo, Pal. Farnese, Battistero
Pinakothek.
Mailand
Arena, Dom (Fassade nicht schön, der lange Giebel nicht
spitz). S. Maria. Lazarett (Ospedale).
Como Dom.

BAYERISCHES HAUPTSTAATSARCHIV:

Plan 8713 Kornhalle Maximiliansplatz 1816
8714/1—8 Kornhalle, Grundriß, Fassaden, Detailpläne.

ZENTRALES HISTORISCHES STAATSARCHIV der U.d.S.S.R.

163 Originalzeichnungen Klenzes aus den Jahren 1840 bis
1850 für die »Neue Eremitage«,
darunter Grundriß Erdgeschoß 1843,
Grundriß erster Stock, Saal der Vasen,
Ansicht zweiter Stock, Galerie der alten Meister.
Schnitt zweiter Stock; Rubenssaal

DIE ÖLGEMÄLDE
Chronologisch geordnet nach H. Decker. Maße in cm

1. *Pästum*, Poseidontempel.
   Näheres nicht zu ermitteln. Zuletzt nachweisbar im Besitz von Dr. Eckhart von Pütz, heutiger Standort unbekannt. Koopmann bezeichnet das Bild als das erste von Klenze gemalte Ölbild. Es müßte 1824 entstanden sein.

2. *Südöstliche Ecke des Jupitertempels von Girgenti*.
   Öl auf Kupfer   H 29,5 B 37,5
   Weimar, Goethehaus.
   Christian Schuchhardt, Goethes Kunstsammlungen, Jena 1848, Teil I S. 330 Nr. 23.
   Am 5. April 1828 kündigte Klenze mit einem Brief dem Kanzler von Müller an, daß er ein für Goethe bestimmtes Bild an von Müllers Adresse abgeschickt habe. Einen unmittelbar an Goethe gerichteten Brief, ebenfalls vom 5. April 1828 datiert, übergab der Kanzler Goethe am 10. April 1828.

3. *Concordiatempel zu Agrigent (Girgenti)*.
   Näheres nicht zu ermitteln.
   Nach Schottky 1835 in der Sammlung Klenze. Schottky schreibt auf Seite 251: »Wir nennen ... Klenzes erstes und dennoch ausgezeichnetes Ölgemälde den Tempel der Concordia zu Agrigent.«
   Zeichnung Klenzeana IX, 11

4. *Pästum*, Poseidontempel,
   Öl auf Leinwand   H 50 B 75
   Niederpöcking, Familie Oskar von Miller.
   Nach Mitteilung von Herrn Dipl.-Ing. Rudolf von Miller ein Geschenk König Ludwigs I. an den Erzgießer Ferdinand von Miller. Der diesbezügliche Brief ist verloren.
   Zeichnung dazu Klenzeana IX, 11

5. *Ansicht von Capo d'Orso bei Amalfi*.
   Näheres nicht zu ermitteln.
   Nach Schottky S. 247 in der Sammlung Klenze. Vielleicht identisch mit dem von Dr. Söltl S. 64 erwähnten Bilde »Aussicht bei Amalfi«.
   Verbleib unbekannt.

6. *Capri*.
   Öl auf Leinwand   H 74 B 99 rentoiliert
   Bezeichnet: L v Kl 33
   München, Städtische Galerie, Nr. 12175
   Ausstellung Klenzejubiläum 1884, München.
   Aus dem Besitz des Bildhauers Christian Rauch stammend, 1957 von der Städtischen Galerie erworben.
   Die Vorzeichnung zu dem Bilde, Graphische Sammlung Nr. 27677 ist l.o. bezeichnet: »Capri für Professor Rauch gemalt«.

7. *Ansicht von Atrani*.
   Öl auf Leinwand   H 75 B 100
   r. u. bezeichnet: L. v. Kl. 34
   München, Staatsgemäldesammlungen, Inv.-Nr. 13077
   Erworben 1960, Geschenk der Gräfin Courten.
   Abb. Die Weltkunst, XXX. Jhg. 1960 Nr. 13 S. 8.
   Vorzeichnung dazu Graphische Sammlung Nr. 27653
   l. u. bezeichnet: »Atrani 12. Mai 30« später hinzugefügt »gemalt«. Der Vordergrund ist im Ölbild durch Hinzufügen einer Straße und von Baumgruppen stark verändert.

8. *Campagnalandschaft*.
   Öl auf Leinwand   H 82 B 106
   l. u. bezeichnet: »v. Kl.«
   Ellenberg/Schlei, Herbert M. von Klenze.
   Das Bild ist seit je im Besitze der Familie Klenze.

9. *Walhalla*.
   Öl auf Leinwand   H 80 B 125
   Wildenroth, Schloß Höhenroth, Max Hunglinger.

10. *Akropolis*.
    Öl auf Leinwand   H 101 B 146
    l. u. bezeichnet: »L. Klenze 1846«
    München, Staatsgemäldesammlungen, Inv.-Nr. 9463
    Erworben durch Tausch vom Wittelsbacher Ausgleichsfond.

11. *Forum Romanum*.
    vgl. Rom, Forum Romanum. G. S.
    Öl
    Besitz Dr. H. Hartlaub, München
    Vorzeichnung Graphische Sammlung
    Öl auf Pappe   H 41 B 30
    bezeichnet: »L. v. Klenze 57«
    München, Galerie Wimmer.
    Abb. Katalog der 37. Auktion Gerd Rosen, Berlin, Nr. 107, 11.–13. Oktober 1961.

12. *Blick in den Campo Santo in Pisa*.
    Öl auf Leinwand   H 103,5 B 130,5
    l. u. bezeichnet: »L. v. Klenze 1858«
    München, Staatsgemäldesammlungen, Inv.-Nr. 13078
    Erworben 1960, Geschenk der Gräfin Courten.
    Vorzeichnung Kl. IX.

13. *Der Domplatz von Amalfi*.
    Öl auf Leinwand   H 84 B 114
    r. u. bezeichnet: »L. v. Klenze 1859 Febr.«
    Bundesrepublik Deutschland,
    Bundesschatzministerium.
    1954 in der Architekturausstellung der Staatsgemäldesammlungen in der Technischen Hochschule, München.

Vorzeichnung Graphische Sammlung Nr. 27814
r. u. bezeichnet: »Amalfi 17. Mai 1855«.

14. *Zante.*
Öl auf Leinwand   H 78 B 114
l. u. bezeichnet: »L. v. Klz. 1860«
Schladen, Walter Elbel.
Die Naturaufnahme zu diesem Bilde, eine Federzeichnung von 1834 liegt bei der Klenzeana der Bayer. Staatsbibliothek, Mappe IX 3 a.
Abb. bei Hans Hermann Russack, Deutsche bauen in Athen, Berlin 1942, S. 69.

15. *Capri.*
Öl auf Leinwand   H 82 B 108
l. u. bezeichnet: »L. Klze 60«
München, Historisches Stadtmuseum, 2 d 208.
Ausstellung der Städtischen Galerie, München »Deutsche Romantiker in Italien« 1950, Kat.-Nr. 177.
Vorzeichnung dazu von einem etwas anderen Standpunkt. Graphische Sammlung Nr. 27633.

16. *Capri.*
Öl auf Leinwand   H 76 B 110
München, Bankhaus Merck, Fink & Co.
Ausstellung der Städtischen Galerie München, wie 15. Nr. 176.
Abb. R. Oldenbourg, Die Münchner Malerei im 19. Jahrhundert, Bd. 1, Mchn., 1922, S. 239, sowie A. Weinmüller, Kat. der Auktion XXXXV, 23./24. 4. 1952, Nr. 824 mit dem Vermerk: »Eines der wenigen Werke aus der Spätzeit des Künstlers, Bestätigung des Urenkels, aus dessen Besitz es stammt.«

17. *Palazzo Rufolo in Ravello.*
Öl auf Leinwand   H 96,5 B 83
bezeichnet: »L. v. Klenze 61«
München, Staatsgemäldesammlungen, Inv.-Nr. 11474.
Aus dem Bestand der Schackgalerie und wohl vom Grafen Schack unmittelbar von Klenze erworben.
Vorzeichnung Graphische Sammlung Nr. 27813
l. u. bezeichnet: »Hof im Pallaste Ruffollo zu Ravello 15. Mai 55«.

18. *Athen im Altertum.*
Öl auf Leinwand   H 104,5 B 131,5
Nach brieflicher Mitteilung des Bundesschatzministeriums 1862 entstanden.
Bundesrepublik Deutschland,
Bundesschatzministerium.

19. *Italienischer Klosterhof.*
Öl auf Leinwand   H 23 B 29
München, Staatsgemäldesammlungen, Inv.-Nr. 8016.
1897 aus dem Vermächtnis des Malers Anton Höchl erworben, zur Zeit nicht auffindbar.

Auf die folgenden Bilder weisen Vermerke Klenzes hin, ihr Vorhandensein ist aber derzeit nicht nachweisbar:

1. *Italienische Küstenlandschaft.*
Graphische Sammlung Nr. 27678, Bleistiftzeichnung, italienische Häusergruppen mit Aussicht auf das Meer.
l. o. bezeichnet: »Für Gräfin Pappenheim gemalt«.

2. *Capua.*
Graphische Sammlung Nr. 27326, Bleistiftzeichnung, Rundtempelruine oder Untergeschoß eines Turmes mit italienischen Staffagefiguren.
l. u. bezeichnet: »Capua«, später hinzugefügt »für Graf Mejan gemalt«.

3. *Monselice.*
Graphische Sammlung Nr. 27793, Blick in einen Torweg
l. u. bezeichnet: »Monselice«,
r. u.: »Monselice gemalt für Schinkel«.
Im Katalog des Schinkelmuseums nicht aufgeführt.

4. *Amalfi.*
Graphische Sammlung Nr. 27654, Bleistiftzeichnung, Blick durch eine Säulenpergola auf Amalfi
l. o. längerer unleserlicher Vermerk
l. u. »Amalfi 10. Mai«, später hinzugefügt: »gemalt nach Hannover«.

5. *Capri.*
Graphische Sammlung Nr. 27665, Bleistiftzeichnung, entspricht nicht den Ölbildern 6., 15. und 16
bezeichnet: »Capri gemalt für die Königin Caroline«.

6. *Komposition.*
Graphische Sammlung Nr. 27648, braune Tusche über Bleistift, Burgruine auf steilem Fels, Ausblick auf das Meer.
r. u. »Compos. 5. Aug. 29«
r. o. »Für Baron Sternberg gemalt«.

Skizzenbuch, Kl. IX

7. Vermerk für Graf von Rechberg gemalt.
Im Familienbesitz Graf von Rechberg nicht nachweisbar.

Skizzenbuch, Kl. IX

8. Vermerk: für Graf Armansperg gemalt.
In Deutschland nicht nachweisbar, vielleicht mit der Erbschaft Armanspergs nach Griechenland gegangen. Die Blätter Nr. 27745 (Palamedes bei Nauplia), Nr. 27720 (Berglandschaft), Nr. 27659 (Tivoli), Nr. 27753 (Gebirgslandschaft) und Nr. 27644 (Pinie) sind mit Raster versehen und damit zur Vergrößerung auf Bildformat vorbereitet.

Andere Vorzeichnungen mit Farbangaben für spätere Ölbilder sind:

S. Gimignano, Kl. IX
Lucera
Bajä
Florenz, Porta Romana (Bes. H. Komossa, Berchtesgaden)
Paestum Pronaos des Poseidontempels mit Durchblick zur Basilika, 12. Mai 1855, Kl. IX.

Dr. Söltl führt noch folgende, derzeit nicht nachweisbare Ölbilder Klenzes auf:
Porto Venere
Palermo im Morgenlicht
Burg Massa di Carrara
Mykenä
Sarcana
Zitadelle von Portoferrajo auf Elba.

DIE SCHRIFTEN · HANDSCHRIFTLICH

Memorabilien 1—7 1816—1859

Reise nach Rußland 1839
Venezianisches Taschenbuch 1823
Architektonisches Geschäftsnotizbuch 1847
Briefe aus der Lombardei 1848
Architektonische Erwiderungen und Erörterungen über Griechisches und Nichtgriechisches eines Architekten I—III mit Zusätzen und Exzerpten 1809
Studien und Exzerpte über Entstehen
Geschichte und Regel der Architektur 1809
Notizen über Kanal- und Schleusenbau

Aufzeichnungen zur Philosophie 1809
Aufzeichnungen zur Politik 1848
Zum neuen Baustil König Maximilian II. 1852
Beschreibung der Glyptothek 1834
Die Kunst im Kristallpalast London 1852
Bericht über die Befestigungsanlagen von Ingolstadt 1836
Bericht über den Ludwigs-Donau-Main-Kanal 1844
Gutachten über die Rheinregulierung
Gutachten über den Donau-Theiss-Kanal
Die Denkschrift über die Regentschaft in Griechenland 1834 (autogr.)

DIE SCHRIFTEN · GEDRUCKT

Entwurf zu einem Denkmal für Dr. Martin Luther, Braunschweig 1805.
Projet de monument à la pacification de l'Europe, Vienne 1814.
Über das Hinwegführen plastischer Kunstwerke aus Griechenland und die neuesten Unternehmungen dieser Art, München 1821. (Eine Vorlesung gehalten in der öffentlichen Versammlung der K. B. Akademie der Wissenschaften am 31. 3. 1821.)
Versuch einer Wiederherstellung des toskanischen Tempels nach seiner historischen und technischen Analogie, München 1822.
Die schönsten Überbleibsel griechischer Ornamentik der Glyptik, der Plastik und Malerei. 8 Hefte, München 1825.
Briefe aus Italien an seine Frau 1823/24. Aus dem Französischen übersetzt von E. v. Pütz geb. v. Klenze und E. H. v. Pütz in: Haus und Welt, 1900.
Tempelskulpturen von Selinunt. In: Kunstblatt 1824 Nr. 2. (Herausg. von L. Schorn.)
Reise in Sizilien. In: Kunstblatt (von L. Schorn) Stuttgart und Tübingen 1824 Nr. 36.

Thiersch, L. Schorn, W. Gerhardt, Reisen in Italien, I. Teil, Leipzig 1826.
Der Tempel des olympischen Jupiter von Agrigent, Stuttgart und Tübingen 1827.
Sammlung architektonischer Entwürfe, I. Ausgabe Heft 1—8. München 1830. II. Ausgabe München 1850 (V. Heft der II. Ausgabe = 9. und 10. Heft der I. Ausgabe.)
Anweisung zur Architektur des christlichen Kultus. München 1833.
L. Schorn, Beschreibung der Glyptothek S. M. König Ludwig I. von Bayern. München 1837.
Aphoristische Bemerkungen, gesammelt auf einer Reise nach Griechenland. Mit Atlas. Berlin 1838.
Die Dekoration der inneren Räume des Königsbaues zu München. Wien 1842. (Besonderer Abdruck aus der Allgemeinen Bauzeitung mit 21 zinkographischen Tafeln in Plano.)
Die Walhalla in artistischer und technischer Beziehung. München 1843.
Das deutsche Befreiungsdenkmal. München 1863.

DIE BRIEFE

Geheimes Hausarchiv

Briefe Klenzes an Ludwig I.

IA 36 I	Nov. 1815—31. Dez. 1820	Nr. 1—100
IA 36 II	Jan. 1821—Sept. 1825	Nr. 101—232
IIA 31	8. Juli 1826—1829	
IIA 32	1830—1838	
C 18	1839—1841	
C 19	1842—1846	
C 20	1847—1849	
C 21	1850—1854	
C 22	1854—1856	
C 23/1	1856—1857	
C 23/2	1858—1861	
C 24	1862—1863	

Klenzeana

An die Gattin Kl II/11
An Ludwig I. Kl XIII/2 und G. H. 36 Ia
Briefentwürfe Kl XIII/3a—i
An Grafen Otting Kl XXI
An den Sohn Hippolyt (Nachlaß Herbert von Klenze)
An europäische Persönlichkeiten. Kl II, III.
Von Ludwig I., Kl. XIV / 1. 581 Briefe und 9 Handzettel
Briefentwürfe XIII
Regentschaft Griechenland 1834 III/21
Dokumente, Abel, Friedländer, Metternich, Öttingen usw. IV

BRIEFE IM GEHEIMEN HAUSARCHIV MÜNCHEN

1. Personalakt Ks. K 51, L 3 Nr. 3.
2. Korrespondenz Klenzes mit Ludwig I. A. I 36.
3. Briefe Ludwigs I. an Klenze aus dem Besitz des Major von Klenze, erworben von der Akademie der Wissenschaften.
4. St. 4831 Verz. der unter 19. I. 1864 an das Hofsekretariat entnommenen Akten aus der Registratur Ludwigs I.: Pagerie betr., Königsbau betr., Saalbau betr., Glyptothek, Hochbauintendanz, Odeon und Hoftheater.
6. Die Originalpläne Klenzes zum Monopteros in Nymphenburg K 51. L 1 Nr. 5.
7. Briefe des Kronprinzen an Ringseis K 54 L 4 Nr. 1.
8. Korrespondenz des Kronprinzen Ludwig mit dem Hofsekretär Kreuzer 1811 bis Ende Sept. 1817, K 54 L 1 Nr. 2.

Briefwechsel Leo von Klenzes mit Kronprinz Ludwig

Im losen Umschlag: I A 36.
Aufsatz Klenzes: »Über die Auferstehung von Antiken«.
1. Mappe: Nr. 1—100, Nov. 1815 bis Dez. 1820.
Ohne Nr. 25. 4. 16 München
  Verkauf von Kunstschätzen an den König von Württemberg.
Ohne Nr. 21. 9. 15 Paris
  Unterlagen zu seiner Stellung in München.
9. 10. 15 Paris
  Bemerkungen zum sogen. Barbarossa-Manuskript.
Nr. 1 12. 11. 15 Paris
  Sammlung Fesch betr.
Nr. 2 21. 11. 15 Paris
  Ankunft des Bildes der Königin Elisabeth.
Nr. 3 3. 5. 16 München
  Glyptothek, Marmorlieferungen, Anlage Schönfeldvorstadt.
Nr. 4 8. 5. 16 München
  Glyptothek, Marmorkapitell, Albani-Sammlung.
Nr. 5 22. 5. 16 München
  Glypt. Ziegelbedarf, Anlage vor dem Schwabinger Tor — Asbeckliegenschaft.
Nr. 6 25. 5. 16 München
  Aufstellung der Fesch-Sammlung.
Nr. 7 26. 5. 16 München
  Katalog der Fesch-Sammlung.
Nr. 8 27. 5. 16 München
  Katalog der Fesch-Sammlung.
Nr. 9 4. 6. 16 München
  Glypt. Einzäunung, Arbeitermangel, Erwerb der Fesch-Sammlung.
Nr. 10 8. 6. 16 München
  Glypt. Marmorkapitell, Albani-Sammlung.
Nr. 11 9. 6. 16 Augsburg
  Ankunft. Fesch-Sammlung.
Nr. 12 13. 6. 16 Paris
  Sammlung Albani, Sammlung Fesch.

Nr. 13 ohne Datum Paris
zw. 13.—29. 6. 16 Glyptothek.
Nr. 14 21. 6. 16 Paris
Sammlung Fesch, Albani.
Nr. 15 3. 7. 16 Paris
Sammlung Fesch, Glyptothek.
Nr. 16 11. 7. 16 Paris
Verpackung und Absendung Fesch.
Nr. 17 20. 7. 16 München
Abrechnung Sammlung Fesch, Anlage vor dem Schwabinger Tor.
Nr. 18 25. 7. 16 München
Sammlung Albani, Generalplan Schwabinger Tor.
Nr. 19 27. 7. 16 München
Anlage Schwabinger Tor, Antrag auf Ernennung zum Oberbaurat.
Nr. 20 4. 8. 16 München
Anlage zum Schwabinger Tor.
Nr. 21 7. 8. 16 München
Anlage zum Schwabinger Tor.
Nr. 22 13. 8. 16 München
Anlage zum Schwabinger Tor.
Fesch-Sammlung.
Nr. 23 17. 8. 16 München
Fesch-Sammlung, Erwerb des Grundstücks von Kobell.
Nr. 24 23. 8. 16 München
Gutachten zu den Kunstwerken aus Rom von Johann Martin von Wagner, Schwabinger Tor.
Nr. 25 1. 9. 16 München
Generalplan Schwabinger Tor, Steinlieferung Glypt., Kornhalle, mit dem Memoire der Plan- und Kostenaufstellung der Anlage vor dem Schwabinger Tor.
Nr. 26 19. 9. 16 München
Schwabinger Tor, Fesch-Sammlung.
Nr. 27 30. 9. 16 München
Schwabinger Tor, Grundstücksankäufe, Marmorlieferung Glyptothek, Kapitell Glyptothek.
Nr. 28 6. 10. 16 München
Entwürfe Gesellschaftszimmer (Beilage, ein Plan ist handschriftlich L.), Schwabinger Tor.
Nr. 29 15. 11. 16 München
Gesellschaftszimmer. Deckenzeichnung.
Nr. 30 23. 11. 16 München
Schwabinger Tor, Statuen außen an der Glyptothek.
Nr. 31 4. 12. 16 München
Statue für Glypt., Tuffstein und Eisendach Glypt.
Ohne Nr. 25. 12. 16 München
Schwabinger Tor.
Nr. 32 6. 2. 17 München
Organisation Bauwesen, Intendantenstelle.
Nr. 33 26. 2. 17 München
Abreisemitteilung.

Nr. 34 10. 5. 17 München
Glyptothek, Leuchtenberg-Palais, Bekanntschaft mit Cockerell.
Nr. 35 20. 5. 17 München
Schwabinger Tor genehmigt, Marmorlieferung Glyptothek.
Nr. 33a 2. 6. 17 München
Antwort auf Brief Nr. 25 und 26 des Kronprinzen, Aufstellung der Aegineten, Leuchtenberg-Palais, Baulinien vor dem Schwabinger Tor.
Nr. 34a 7. 7. 17 München
Antwort auf Nr. 27, Marmorlieferung Glyptothek, Schwabinger Tor, Reise Salzburg.
Nr. 35a 10. 7. 17 München
Schwabinger Tor, Glyptothek Bericht, Marmor von Salzburg.
Nr. 36 30. 7. 17 München
Reisebericht Salzburg, Regensburg, Glyptothek.
Nr. 37 16. 8. 17 München
Glyptothek, Versuche mit Gaslicht von Jos. von Baader, Wohnhaus Asbeck, Verleumdung Kapfer.
Nr. 38 23. 8. 17 München
Schwabinger Tor, Einnahmen und Ausgaben des Unternehmers, Glyptothek Beilage Baubeschreibung und Kostenvoranschlag Schwabinger Tor.
Nr. 39 26. 8. 17 München
Königsplatz, Glypt.: Giebelskulptur mit Schelling besprochen, Strafe des Prometheus, Geburt der Athene, Götterköpfe u. a.
Nr. 40 2. 9. 17 München
Propyläen am Königsplatz, nicht an der Ludwigstr., Glypt. Marmorlieferung, Bild Maler Klotze, Schwabinger Tor, Stellung Herigoyens soll unbesetzt bleiben, Terrain gegenüber der Glyptothek.
Nr. 41 12. 9. 17 München
Antwort auf Nr. 33 und 34, 15 Seiten, Streit mit Joh. M. von Wagner, Glyptothek-Fassade.
Nr. 42 13. 9. 17 München
Kostenabrechnung Glyptothek mit 16seitiger Kostenaufstellung für Innen- und Außenbau Glyptothek
Nr. 43 27. 9. 17 München
12seitiger Bericht, Stadtverwaltung, Maxtor, Königsplatz, Steinlieferungen Hoegler Salzburg für Glyptothek, Hofbaumeistertitel, »In den Gefilden zwischen Lech, Isar und Inn bin ich leider nicht geboren«.
Ohne Nr. 10. 10. 17 München
Titelbeanspruchung Hofbaudirektor.
Nr. 44 6. 11. 17 München
Terrainkonfiszierung Königsplatz, Ziegellieferung Glyptothek.
Nr. 45 2. 12. 17 München
Glyptothek, Schloß Pappenheim, Aufstellung, Gutachten Hirt und Cockerell, Reise nach Griechenland.

419

Nr. 45a 27. 12. 17 München
Glyptothek, Schwabinger Tor.

Nr. 46 9. 1. 18 München
Plan der Reise nach Griechenland, Glyptothek, Aufstellung, Brief Hirt, 23. 12. 17.

Nr. 47 fehlt.

Nr. 48 21. 1. 18 München
Plan der Reise nach Griechenland, Stellung Hofbauintendant, Bau Marstallgebäude.

Nr. 49 26. 1. 18 München
Glyptothek, Unterschleif Högler, Reiseurlaub.

Nr. 50 5. 2. 18 München
Antwort auf Nr. 40, Urlaub genehmigt, Friedhofsverlegung, Plan von Vorherr, Propyläen, Grundstück Königsplatz.

Nr. 51 14. 2. 18 München
Glyptothek, Statuen, Odysseus von Thorwaldsen für Residenz, Glyptothek Eingang, Beilage: Plan Königsplatz mit den zu erwerbenden Grundstücken.

7. 3. 18 Rom
Kostenvoranschlag für hinteres Vestibül Glyptothek.

Nr. 52 2. 6. 18 München
Mitteilung Herzog von Leuchtenberg, Arbeiten am Palais eingestellt am 1. 6. 18.

Nr. 53 14. 6. 18 München
Krankheitsbericht, Obelisk, Glyptothek mit Grundriß-Skizze, mit Vorschlag der Beheizung und dgl.

Nr. 54 20. 6. 18 München
Hofeinfassung Residenz Würzburg, Arbeiten am Leuchtenberg-Palais wieder aufgenommen.

Nr. 55 8. 7. 18 München
Genesung, Glyptothek.

Nr. 56 15. 7. 18 München
Glyptothek Marmorarbeiten, Anstellung Ohlmüller, Angriff: Berliner Journal mit Goethezitat, Schwabinger Tor, Königsplatz, Beilage: aus den Freimüthigen Nr. 125/1818.

Nr. 57 25. 7. 18 München
Leuchtenberg-Palais, Plätze, Königsplatz, Glyptothek, Portal.

Nr. 58 7. 8. 18 München
Glyptothek Fußboden Römersaal, Stuckarbeiten, Vestibül.

Nr. 59 20. 8. 18 Ellingen
Heeresdenkmal, Glyptothek Marmorarbeiten, Organisation Hofbauintendanz.

Nr. 60 4. 9. 18 München
Armeedenkmal, Anstellung Ohlmüller, Glyptothek, Aufsatz Pratolino, Schwabinger Tor.

Nr. 61 23. 9. 18 München
Glyptothek Aufstellung Marmorlieferung, Ernennung zum Oberbaurat.

Nr. 62 29. 9. 18 München
Ernennung zum Hofbauintendanten.

Nr. 63 6. 10. 18 München
Bestellung von Eichstätter Marmor für die Glyptothek, Bericht.

Nr. 63a 27. 6. 19 München
Glyptothek, unzufrieden mit Arbeit von Cornelius.

Nr. 64 20. 7. 19 München
Drovettinische Sammlung.

Nr. 65 6. 8. 19 München
Glyptothek Ausgabenstand, Schwabinger Tor, Besuch Thorwaldsen, Restaurierung Dom zu Speyer.

Nr. 66 14. 8. 19 München
Glyptothek Ausgabenplan, Reise nach Speyer, Plan zur Reitschule.

Nr. 67 16. 8. 19 München
Glyptothek Kartons für Kulissenmalerei.

Nr. 68 31. 8. 19 München
Glyptothek Abrechnung.

Nr. 69 8. 9. 19 München
Glyptothek Kartons, Kosten für Vollendung, Reise Aschaffenburg und Würzburg.

Nr. 70 11. 9. 19 München
Glyptothek, Cornelius Kartons, beiliegend Reiseplan: München 11. ab, Paris vom 16.—28., Köln 2. 10., Frankfurt 8. 10., Aschaffenburg 11. 10., Rückkehr 18. 10.
Adresse Paris: M. T. Blangini, rue des petites écurées.

Nr. 71 8. 11. 19 München
Walhalla Platzfrage, Isartor, Marmorwerk in Athen.

Nr. 72 18. 11. 19 München
Walhalla Donauberg bei Regensburg, Transport Barberinischer Faun.

Nr. 73 27. 11. 19 München
Bau der Kadettenanstalt, Apostelkirche, Walhalla-Vorschlag: Rundtempel statt Parthenon, Erinnerung an den Gedanken der Propyläen am Königsplatz.

Nr. 74 5. 12. 19 München
Kadettenanstalt, Isartor.

Nr. 75 21. 12. 19 München
Walhallaplatz, Marstallgebäude, Glyptothek.

Nr. 76 26. 12. 19 München
Kauf Dodwells, griechische Bronze, Walhalla.

Nr. 77 16. 4. 20 München
Reise in den Süden für nächsten Winter geplant, Peter Hess, Ruf nach Dresden.

Nr. 78 20. 4. 20 München
Glasmalerei in Unserer Lieben Frau, Architekt Gau begleitet ägyptische Sammlung Drovette von Alexandrien nach Livorno.

Nr. 79 2. 5. 20 München

Tod der Tochter, Glyptothek Marmor der Wände innen, Glasfenster der Frauenkirche

Nr. 80   15. 5. 20   München
Antwort auf Nr. 70 und 71, Brunnenwasser für München über Aquädukte Hachingerbach, vom Reichenbach Nivellement, Kauf der Güter des Fürsten Schwarzenberg, Reitschule, Erdarbeiten, Glyptothek- und Walhalla-Berechnungen.

Nr. 81   30. 5. 20   München
Reitschule, Dom zu Speyer, Wasserleitung, Glyptothek Marmorbekleidung.

Nr. 82   5. 6. 20   München
Modell Walhalla, Vorschlag Wagner Basreliefs, Cornelius beginnt Fresko.

Nr. 83   11. 6. 20   München
Schwabinger Tor, Grabdenkmal Rudolf von Habsburg, Glyptothek, Monument für Max-Joseph.

Nr. 84   17. 6. 20   München
Glyptothek-Wandbekleidung, Wasserleitung projektiert von Reichenbach und von Baader, Arbeit Cornelius, Kupferdach, Palais Leuchtenberg, Apostelkirche, Tor Haus Schloß Meyer, Ludwigstraße, Max-Joseph-Denkmal.

Nr. 85   26. 6. 20   München
Glyptothek Marmorarbeiten, Skizze u. Beschreibung, Max-Joseph-Platz und -Denkmal, Wasserleitung Reichenbach, Schwabinger Tor, Grundstücksverkäufe, Walhalla-Modell und Preis, Zitat Plato: daß der vollkommene Architekt, wenn es ihn gäbe, die höchste Stufe der Menschheit sei.

Nr. 86   2. 7. 20   München
Glyptothek Einrichtung, Schwabinger Tor, Walhalla Marmorarbeiten.

Nr. 87   10. 7. 20   Baaden
Wasserleitung, Schreiben Herzog von Nassau, Glyptothek Sammlung.

Nr. 88   23. 7. 20   Baaden
Walhalla-Berechnung, Reise Speyer, Heidelberg, Frankfurt, Würzburg, Marmorlieferung Salzburg.

Nr. 89   16. 8. 20   München
Unruhen in Palermo, Bauten Bad Brückenau, Glyptothek Innenausstattung

Nr. 90   27. 8. 20   München
Glyptothek, Verhältnis zu Cornelius, Scholl und Schlotthauer, Belege mit Zeit- und Kostenplan.

Nr. 91   18. 9. 20   München
Glyptothek Einrichtung, Eisenplatten, Bauzaun erforderlich, Schwabinger Tor Bepflanzungsplan, Walhalla Marmorarbeiten aus Schlanders.

Nr. 92   24. 9. 20   München
Schwabinger Tor Kosten, Glyptothek Wandbekleidung, Antwort auf Nr. 84, Reise nach Rom.

Nr. 93   27. 9. 20   München
Glyptothek Ausstattung Römersaal, Bildhauerarbeiten, Haus Schloß Meyer, Ludwigstraße.

Nr. 94   1. 10. 20   München
Glyptothek Abrechnung, Künstlerfeste dort.

Nr. 95   15. 11. 20   München
Besuch Thorwaldsen, Italienreise.

Nr. 96   24. 11. 20   Pappenheim
Antwort auf Nr. 91 und 92, Schloßbau Pappenheim, Zeichnung Bad Brückenau.

Nr. 97   3. 12. 20   München
Glyptothek Befestigung der Skulpturen, Dodwellsche Bronzen, Aufstellung Aegineten, Römersaal, Beilage: Schloß Pappenheim ? (Bleistift).

Nr. 98
Glyptothek Ausstattung, Wiederaufbau Isarbrücke (nach dem Einsturz der Steine und Hölzer), Spiel und Martius Sammlung mexikanischer Altertümer.

Nr. 99
Glyptothek Giebelfiguren, Brückenau.

Nr. 100   31. 12. 20   München
Neujahrswünsche, Glyptothek Ergänzungen, Walhalla Rundbau oder Parthenon, Brückenau, Einrichtung der Universität, Verlegung von Landshut nach München in das Damenstift.

2. Umschlag: Nr. 101—132. Januar 1821 bis Sept. 1825.

Nr. 101   12. 1. 21   München
Thorwaldsens Statue für den Herzog von Leuchtenberg, Glyptothek Ausrüstung, zwei Säle, Reitschule, Mitglied der Akademie der Wissenschaften der historischen Klasse.

Nr. 102   15. 1. 21   München
Reitschule, Bildhauerarbeiten von J. M. von Wagner.

Nr. 103   25. 1. 21   München
Antwort auf Nr. 99 und 100, Nachbildung des Lateranpalastes, Marmorpreis Schlanders 7—8 Gulden pro Zentner, Carrara 180—200 Gulden pro Zentner, Glyptothek Marmortafeln, Walhalla und Propyläen ausstatten, (siehe Brief Nr. 98 L Rom 23. 12. 20), Restaurierung Schloß Hannover, Glyptothek Erzfigur nach Vorschlag Hallers, Denkmal Winckelmann.

Nr. 104   6. 2. 21   München
Antwort auf Nr. 101 und 102, Walhalla Rundbau oder Tempel, Marmorbedarf? Kosten 6½ Millionen, Glyptothek Ausstattung, Brückenau, Umbau Residenz.

Nr. 105   18. 2. 21   München
Glyptothek, Walhalla, Fundament des Portikus, Antwort auf Nr. 104, Residenzpläne von Seiner Majestät angenommen, Beilage: Schönbornsche Konstitutionssäule Gaybach.

Nr. 106   1. 3. 21   München
Residenzbau (Nordwestecke) dieses Jahr anfangen, Grabmal Rudolf von Habsburg.

Nr. 107 8. 3. 21 München
Walhalla Skizzen, Parthenonforum mit Propyläen, »Niemand darf diese Kritzeleyen zu sehen bekommen!«

Nr. 108 10. 3. 21 München
Antwort auf Nr. 106, Walhalla, »Das innere Oval ist unausführbar und unerlaubt«. Residenz, Konstruktion Heinloth.

Nr. 109 23. 3. 21 München
Schwabinger Tor, Haus von Kobell, Fassade, Bad Brückenau, Glyptothek, Besuch Prinz von Hessen-Darmstadt.

Nr. 110 4. 4. 21 München
Glyptothek, Konstitutionsdenkmal und Grundsteinlegung Walhalla, Brückenau.

Nr. 111 7. 4. 21 München
Walhalla, Dodwellsche Bronzen, Apostelkirche, Residenzumbau.

Nr. 112 20. 6. 21 München
Glyptothek, ägyptischer Saal, Bepflanzung Kastanien- und Lindenbäume, Bauverzögerung durch schlechtes Wetter.

Nr. 113 28. 6. 21 München
Glyptothek, Schwabinger Tor, Bemalung der Häuser, Dom zu Speyer, Wiederherstellung nach 30jährigen Unbilden.

Nr. 114 5. 7. 21 München
Schloßtor Würzburg, Denkmal Rudolf von Habsburg, Glyptothek.

Nr. 114a 7. 7. 21 München
Glückwünsche zur »Heilung« der Fürstin Hohenlohe.

Nr. 115 19. 7. 21 München
Brückenau, Glyptothek, Ammerkanal, Eisenziegel, Würzburg Schloßgarten, Glyptothek Römersaal.

Nr. 116 1. 8. 21 München
Ägyptische Statue aus Paris, Zeichnung zur Kapelle Scheichach, Glyptothek Säulen am Portikus.

Nr. 117 7. 8. 21 München
Kapelle Scheichach, Glyptothek.

Nr. 118 14. 8. 21 München
Venus von Milo (mit Zeichnung), Bericht: (beigelegt), von Gau aus Paris, 29. 8. 21, Anteil Hallers.

Nr. 119 1. 9. 21 München
Glyptothek, Ohlmüller, Brückenau, Befreiung Griechenlands, Aufruf Thierschs, Dom zu Speyer.

Nr. 120 6. 9. 21 München
Walhalla, Reise Bozen — Schlanders mit Bruder, Deutsche Legion in Griechenland unter Friedrich von Thiersch.

Nr. 121 7. 9. 21 München
Venus von Milo, Bericht Gaus über Anspruch des Kronprinzen.

Nr. 122 8. 9. 21 München
Kronprinz kommt zur Tegernseer Jagd, Dom zu Speyer, Ohlmüller.

Nr. 123 25. 10. 21 München
Marmor Schlanders, Glyptothek Marmorfußboden in den Corneliussälen.
2 Briefe wegen Pensionierung Schlotthauer.

Nr. 124 4. 11. 21 München
Ammerkanal, Glyptothek, Kettenentwurf.

Nr. 125 19. 11. 21 München
Glyptothek mit Plan der Umgebung.

Nr. 126 28. 11. 21 München
Ammerkanal, Brückenau, Glyptothek.

Nr. 127 10. 12. 21 München
Plan für Anlage Königsplatz, Glyptothek, Denkmal Kaiser Rudolphs.

Nr. 128 23. 12. 21 München
Antwort auf Nr. 127, Glyptothek. Zur Architektur des christlichen Kultus. Brief Schadow (26. 3. 1822) Berlin.

Nr. 129 16. 6. 22 München
Glyptothek, Kostenbericht

Nr. 130 20. 6. 22 München
Glyptothek, Anstriche, Stucco lustro usw. Besuch des Herzog von Weimar.

Nr. 131 1. 7. 22 München
Glyptothek, Einwände Wagners, Unterschied von Scajola, Marmor und Stucco lustro.

Nr. 132 6. 7. 22 München
Schwabinger Tor, Bau Schlosser, Ludwigstraße.

Nr. 133 12. 7. 22 München
Glyptothek, Ausstattung des Cornelius.

Nr. 134 20. 7. 22 München
Tod des Sohnes, Galeriebau, Glyptothek, Steinlieferung Abrechnung.

Nr. 135 28. 7. 22 München
Ammerkanal, Isarbrücke, Stadterweiterungsplan, Walhalla.

Ohne Nr. 29. 7. 22 München
Aufsatz J. M. von Wagner über Walhalla-Fries.

Nr. 136 2. 8. 22 München
Kauf Rechberggarten, Glyptothek Kupferdach.

Nr. 137 12. 8. 22 München
Antwort auf Nr. 134—137, Walhalla-Fries, Glyptothek Kostenaufstellung, Kündigung Maurerpolier, Walhalla Unterbau, Tegernseer Schloß Fußbodenrechnung.

Nr. 138 19. 8. 22 München
Pinakothek Finanzierung.

Nr. 139 25. 8. 22 München
Antwort auf Nr. 138, Kampf der Griechen, Das Kreuz des Erlösers, Glyptothek Sparmaßnahmen, Schloß Tegernsee Fußbodenrechnung, Ohlmüller Bauleitung

Glyptothek, Reiseweg nach Rom: Splügen, Como, Mailand, Pavia, Genua, Pisa, Siena (ohne Florenz).

Nr. 140 1. 9. 22 München
Antwort auf Nr. 138, Galeriebau, Fassade evang. Kirche, ab Schwabinger Tor Benennung als Ludwigstraße, ab 9. 8. erfolgt Walhalla Steinlieferung.

Ohne Nr. 3. 9. 22 München
Verleihung Civildienstorden.

Nr. 141 5. 9. 22 München
Walhalla.

Ohne Nr. München
Civildienstorden.

Nr. 142 8. 9. 22 München
Gemäldegalerie, Schwabinger Tor, Fries von Wagner.

Nr. 143 12. 9. 22 München
Civilorden, Staatsbibliothek, Ludwigstraße, Förderung Ziegelei, Walhalla.

Nr. 144 17. 9. 22 München
Antwort auf Nr. 143, Galerie und Kirche Walhalla, Lichteinfall.

Fortsetzung der Briefe Klenzes an Kronprinz Ludwig bis zur Thronbesteigung

	Nr.	Antwort auf	Datum	Gegenstand
36/II	145	144	20. September 1822	Figur Schadow, Königsplatz.
	146	146	10. Oktober 1822	Glyptothek, Basrelief, Kostenübers.
	147		11. Oktober 1822	Glyptothek, Kostenübers., Innendekoration.
	148	147	28. Oktober 1822	Walhalla, Fries Wagner, Glyptothek-Kosten, Ludwigstraße, Grundstückeverkauf, Nachricht aus St. Petersburg, Absetzung General Betancourts wegen Isaakskathedrale, Übertragung an Montferrand.
	149		3. November 1822	Glyptothek, Wagner und Fußböden.
	150	148	10. November 1822	Protestantische Kirche, Walhalla, Bericht Hallerstein, Walhalla Steinbestellung in Eichstätt.
	151	149	10. November 1822	Zeichnung Gärtners für Vase, Cartons Schlotthauer.
	152	150	16. November 1822	Glyptothek-Kosten, Deutsche Baumeister: Schlüter, Steinbach, *Neumann* »absolut trefflich zu werden waren alle durch ihre Zeit gehindert«.
	153	150/152	22. November 1822	Walhalla, Bestellung Salzburg, Protestantische Kirche, Rentabilität, Ziegelbez.
	154	153	27. November 1822	Glyptothek, Boisserée-Sammlung, Vase Gärtner.
	155		2. Dezember 1822	Glyptothek-Säulen, Salzburg und Eichstätt, Marmor.
	156	155/156	10. Dezember 1822	Walhalla, Glyptothek, Organisation des Bauwesens in Bayern, Nationaltheater (Arbeit an den Marmorsäulen).
	157	157	20. Dezember 1822	Herzog von Leuchtenberg, Tegernsee Fußboden und Vestibül, Entwurf Erzgießerei. Pilotage der Isarbrücke gearbeitet.
	158		22. Dezember 1822	Dillis, Herzog von Leuchtenberg.
	159	159/160	31. Dezember 1822	Walhalla-Kosten, Cornelius, Fresken, die für Büsten von Thorwaldsen vorgeschlagenen Namen, Graf Pappenheim, Seinsheim, Lerchenfeld, Ringseis, *Heydeck, Hess.*
	232	241/242	27. September 1825	Gasbeleuchtung, transportable Beleuchtung mit Gasflaschen ohne Leitung, Residenz, Berufung Schorn, Entasis der Säulen für Walhalla, »obwohl beim Parthenon noch nicht bewiesen, obwohl ich es nach der Analogie von Paestum und Sizilien glaube«. Frage 16: Steinlieferung für Walhalla, Salvatorkirche. Frage 20: Entscheidung des Ministeriums über Pinakothekbau.
	ohne Nr. erster Brief nach der Thronbesteigung.		11. Januar 1826	Allerdurchlauchtigster Großmächtiger König, Allergnädigster König und Herr! Bildankauf Trautmann, Cornelius.

Briefe Klenzes an seine Gattin, 1823/24,

aus dem Französischen übersetzt und herausgegeben von seiner Enkelin Everilda von Pütz,
abgedruckt in Haus und Welt, 1900, mit Einleitung, Seite 397.
Klenze berichtet darin über seine anstrengende Kampagne zu den Tempelstätten Siziliens.
Während seiner Abwesenheit starb sein vierjähriges Töchterchen, Grund um so öfter trostreich nach Hause zu schreiben.

I	Palermo	12. Dez. 1823
II	Palermo	18. Dez. 1823
III	Palermo	20. Dez. 1823
IV	Alcamo	21. Dez. 1823
V	Calatafimi	22. Dez. 1823
VI	Castelvetrano	24. Dez. 1823
VII	Siacca	26. Dez. 1823
VIII	Girgenti	27. Dez. 1823
IX	Girgenti	28. Dez. 1823
X	Girgenti	29. Dez. 1823
XI	Villa di San Nicola	6. Jan. 1824
XII	Girgenti	7. Jan. 1824
XIII	Palermo	22. Jan. 1824
XIV	Palermo	28. Jan. 1824
XV	Palermo	3. Feb. 1824
XVI	Palermo	5. Feb. 1824
XVII	Rom	12. Feb. 1824
XVIII	Rom	12. Feb. 1824
XIX	Rom	20. Feb. 1824

Briefe Klenzes an J. M. v. Wagner

Bildhauer und Kunstexperte Ludwigs I. in Rom
Joh. M. v. Wagner-Stiftung der Universität Würzburg

Fasc. V. enthält auch die Briefe des Kronprinzen Ludwig (Nr. 77—88) und des Kabinettsekretärs Kreutzer.
In diesem Briefwechsel suchte Klenze Wagner vor allem für seine Ideen beim Bau der Glyptothek zu gewinnen.
Er beginnt, nach zwei Empfehlungen für H. v. Wolff und Oberst Heydecker, mit dem

8. Mai 1816	Erläuterungen des Glyptothekplans, Güsse von Thorwaldsen

Die wichtigsten sind folgende:

19. Februar 1817	Auftrag an Wagner für die Glyptothek
8. September 1817	Kein Wald und Bäume im Hof der Glyptothek
17. November 1817	Empfehlung für A. Haller von Hallerstein
15. Juli 1818	Bericht über die Münchner Gesellschaft
30. Juli 1819	Über die Aufstellung der Aegineten
16. Juni 1820	Wie vor. Zu Hallersteins Nachlaß
28. Juni 1821	Aufforderung für Reliefs im Marstallgebäude
25. September 1822	Walhallafries
22. März 1823	Bericht über Bauten, Pinakothek, Königsbau, Odeon, Schloßkapelle

Monacensia-Sammlung Stadtbibliothek München

Seite

1	Brief Klenzes wegen Ankauf eines Bildes vom 27. 5. 1862
2	Brief Klenzes an Sohn Hippolyt vom 11. 3. 1857
3	Brief Klenzes an Everilda von Klenze
4	Brief Klenzes an Eugenie von Klenze (Enkelin)
15	Brief Klenzes an Architekt Kreutzer

Gutachten über Ankauf der Bauplätze in der Maximilianstraße, Gedichtfragmente.
Tagebuch Everilda von Pütz, geb. Klenze, 1862—63 und 1. Januar 1870—74.
Tagebuch Marie von Klenze 1863—66.

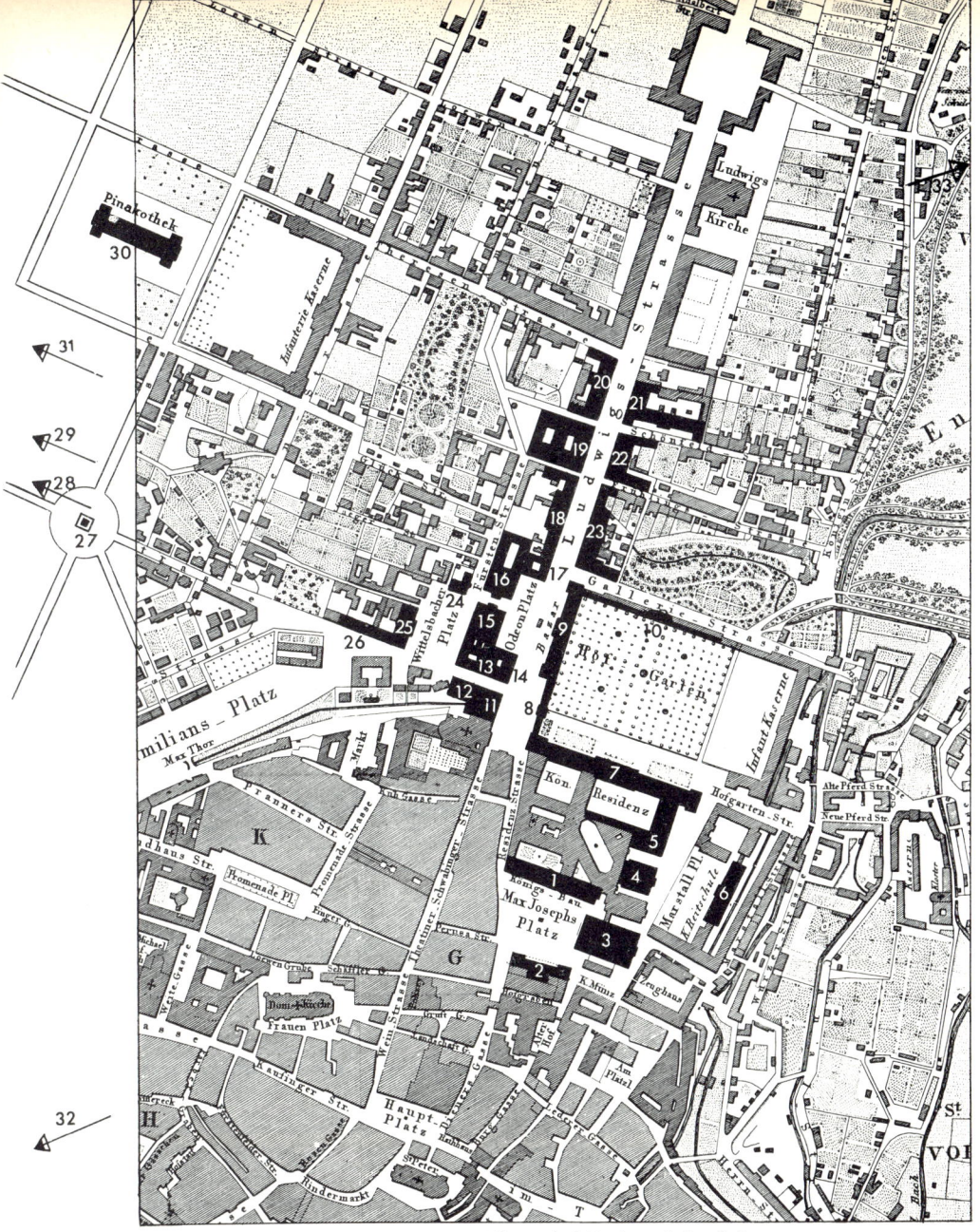

250 Die Bauten Klenzes in München 1816 - 1848

1 Residenz Königsbau	12 Brienner Straße Nr. 1-9	23 Ludwigstraße Nr. 2-4
2 Hauptpost	13 Brienner Straße Nr. 2-4	24 Wittelsbacherplatz Nr. 3
3 Nationaltheater	14 Odeonsplatz Nr. 1 und 2	25 Arcopalais
4 Allerheiligenhofkirche	15 Odeon	26 Brienner Straße Nr. 10 und 12
5 Residenz Apothekenflügel	16 Leuchtenbergpalais	27 Obelisk
6 Marstall	17 Ludwigstraße Nr. 1	28 Glyptothek
7 Residenz Festsaalbau	18 Ludwigstraße Nr. 3-7	29 Propyläen
8 Hofgartentor	19 Maxpalais	30 Pinakothek
9 Bazargebäude Odeonspl. Nr. 8-18	20 Ludwigstraße Nr. 15-19	31 Erzgießerei
10 Hofgartenarkaden	21 Kriegsministerium	32 Ruhmeshalle
11 Moypalais Theatinerstraße	22 Ludwigstraße Nr. 6-10	33 Monopteros

ZEITTAFEL

Jahr:	Bau mit Ortsangabe, wenn nicht in München

BAUTEN

1784		*Klenze in Bockela geboren am 29. Februar*
1812/13	Theater, Schloß Wilhelmshöhe/Kassel	
1816/31	Glyptothek	*Beginn in München Aufenthalt in Paris*
1816	Festdekoration Max-Joseph-Platz	
1816/21	Leuchtenbergpalais	
1816	Schloß Irlbach	
1817	Haus Kobell, Ludwigstraße 2 (Finanzministerium)	
1817/22	Marstallgebäude	
1817/24	Haus Metivier, Ludwigstraße, und die übrigen Häuser Ludwigstraße 1–7	
1818	Brienner Straße Nr. 10 und 12	*Romreise mit Kronprinz Ludwig*
1818	Schloß Ismaning	
1818	Schloß Pappenheim	
1819	Konstitutionssäule Gaibach	
1820	Arcopalais, Wittelsbacherplatz	
1822	Ludwigsbrücke	
1823/25	Wiederaufbau Nationaltheater	
1823/24	Hofgartentor	*Sizilienreise mit Kronprinz Ludwig*
1824	Umbau Klosterkirche und Schloß Tegernsee	
1824/26	Bazargebäude	
1824	Anatomiegebäude	
1824/30	Kriegsministerium	*Thronbesteigung Ludwigs I.*
1825	Hasslauerhäuser, Ludwigstraße Nr. 25—27	
1825	Ludwig-Ferdinand-Palais, Wittelsbacherplatz	
1826	Erzgießerei	
1826	Odeonsplatz 2	
1826/28	Odeon	
1826/31	Arkaden Hofgarten	
1826/35	Königsbau der Residenz	
1826/36	Pinakothek	
1826/37	Allerheiligen-Hofkirche	
1827	Schloß Biederstein	
1828/30	Herzog-Max-Palais	

1829	Fortsetzung Ludwigstraße
1830	Festungsbauten Ingolstadt
1830/42	Walhalla
1832/42	Residenz, Festsaalbau und Apothekenflügel
1833	Obelisk Karolinenplatz
1833/37	Reihenhaus Ludwigstraße 9—11
1833/38	Monopteros Engl. Garten
1834	*Griechenlandreise*
1835	Architektonische Gestaltung des Denkmals für Max Joseph
1836	Hauptpostamt
1839	Ministerium Athen
1839	*Erste Rußlandreise*
1839/51	Museum der schönen Künste St. Petersburg
1840	Brunnenhaus Hofgarten
1841	Bahnhöfe Bamberg, Kirchheimbolanden usw.
1843/54	Ruhmeshalle
1846/60	Propyläen
1849/63	Befreiungshalle Kelheim *Abdankung Ludwigs I.*
1853	Dionysoskirche Athen
1862	Denkmal für Ludwig I. Odeonsplatz
1864	Monopteros Nymphenburg
1864	Stourdzakapelle Baden-Baden
1864	Assyr. Anbau Glyptothek
1864	*27. Januar Klenze gestorben*

Entwürfe

1802	Börse Berlin nach Gilly
1809	Schlößchen Katharinenthal bei Kassel
1809	Schlößchen Schönfeld bei Kassel
1810	Wohnbauten Kassel
1810	Villa am Wasser
1815	Friedensdenkmal
1816	Festdekoration
1816	Apostelkirche Königsplatz
1817	Neue Hofgartenkaserne
1820	Grabstein Prinzessin Maximiliana und C. M. Klenze
1826	Denkmal Adolf v. Nassau im Dom zu Speyer

Jahr:	Bau mit Ortsangabe, wenn nicht in München
1826	Denkmal Rudolf v. Habsburgs im Dom zu Speyer
1826	Denkmal Eugène Beauharnais
1826	Entwürfe für den Grafen Schönborn
1830	3 Entwürfe antiker Rundbauten
1834	Entwürfe für Kirchen und Denkmäler in »Anweisungen zur Architektur des christlichen Kultus«
1836	Stadtplan Athen
1836	Schloß Athen
1836	Pantechnion Athen
1836	Ministerium Athen, Piräusstraße
1840	Nationalmuseum Budapest
1841	Feldherrnhalle München
1843	Dom Berlin
1850	Schloß Berg/Starnberger See
1851	Athenäum
1854	Nationalmuseum London

LITERATURVERZEICHNIS

Ausführliche Literaturangaben über Klenze und den Klassizismus bei Hans Kiener. Preisschrift 1924. S. d.

Adalbert, Prinz von Bayern: Eugen Beauharnais, München 1940
Adalbert, Prinz von Bayern: Max I. Joseph, München 1956
Beenken H.: Das allgemeine Gestaltungsproblem in der Baukunst des Klassizismus, München 1920
Berve/Gruben/Hirmer: Griechische Tempel und Heiligtümer, München 1962
Biri Kosta J.: Die Kirchen der alten Athener, Athen 1940
Biri Kosta J.: Die ersten Bauten der Athener, Athen 1933
Bulle H.: Zur Geschichte des Königsplatzes, München 1902
Burckhardt J.: Briefe an einen Architekten. München 1913
Dinsmore W. B.: The architecture of ancient Greece, London 1950
Doeberl M.: Entwicklungsgeschichte Bayerns, Bd. II-III, München 1928

Durand J. N. L.: Recueil et parallèle des édifices de tous genres, anciens et modernes, remarquables, — par leur beauté, par leur grandeur ou par leur singularité, Bruxelles 1842
Escher K.: Barock und Klassizismus, Leipzig 1910
Flachs, Fr.: Auszüge aus den Manuskripten und Tagebüchern Klenzes. Manuskript.
Franz E.: Bayerische Verfassungskämpfe, München 1926
Fürst M.: König Ludwig I. und seine Bauwerke, München 1918
Furtwängler: Beschreibung der Glyptothek, 1. Auflage 1900, 2. Auflage 1910
Griesebach A.: Baukunst des 19. Jahrhunderts, Handbuch
Gruben/Berve: Griechische Tempel und Heiligtümer. München 1962
Gruppe O. F.: C. F. Schinkel und der neue Berliner Dom
Gurlitt E.: Die deutsche Kunst des 19. Jahrhunderts, Berlin 1924
Hahn G.: Der Maximiliansstil, München 1952
Hase H.: Josef Thürmer in architektonischen Entwürfen

und Details, herausgegeben von Künstlern in Dresden
Hausenstein W.: Liebe zu München, München 1958
Hauttmann/Karlinger: München, München 1922
Hederer O.: Die Ludwigstraße in München, 1942
Hederer O.: Karl von Fischer, München 1961
Heigel C.: Ludwig I., Leipzig 1872
Heilmann: München in seiner baulichen Entwicklung
Hirt A.: Die Baukunst nach den Grundsätzen der Alten, Berlin 1809
Hirth S. J.: Topograph. historische Nachschlagebücher, München 1903
Hittorf J.: Restitution du Temple d'Empedocle à Sélinonte, Paris 1851
Holland H.: Lebenserinnerungen eines 90jährigen Altmünchners, München 1921
Holtmeyer: Bau- und Kunstdenkmäler im Regierungsbezirk Kassel, Marburg 1910
Justi C.: Winckelmann, Leipzig 1866
Kiener H.: Leo v. Klenze, Preisschrift der Universität München 1924
Klopfer P.: Von Palladio bis Schinkel, Eßlingen 1911
Kobell L.: Unter den 4 ersten Königen Bayerns, München 1894
Krauss Fr.: Paestum, Berlin 1941
Lecke R.: Die Ruhmeshalle, München 1850
Leidinger G.: Über die Klenzeana der Münchner Staatsbibliothek, Jahrbuch der bildenden Künste, München 1912
Leitenstorfer H.: Leo v. Klenze, Festvortrag der Obersten Baubehörde 1955
Lieb N.: Münchner Barockbaumeister, München 1941
Lützow: Leo v. Klenze und sein Verhältnis zum Kirchenbau. Jahrbuch der illustrierten deutschen Monatshefte (Westermanns Monatshefte) 18. Bd., Braunschweig 1865
Marggraff H.: Das Schwanthalermuseum in München, Katalog 1884
Maurer G. L.: Das griechische Volk, Heidelberg 1834
Moninger H.: Friedrich v. Gärtner, München 1882
Müller M. S.: Nachruf an Leo v. Klenze in der Sitzung der bayerischen Akademie der Wissenschaften, 25. Juli 1864
Neezer Ch.: Erinnerungen an Griechenland, Konstantinopel 1883
Oncken A.: Friedrich Gilly, Berlin 1935
Pecht Fr.: Aus meiner Zeit, München 1894
Pölnitz W.: Ludwig I. und sein Kunstexperte Joh. M. v. Wagner, München 1929
Quast, Fr. v.: Mitteilungen in Alt- und Neuathen, Berlin 1834
Rave O.: Friedrich Schinkel, Bd. 1—11 1935 ff.
Reber F.: Bautechnischer Führer, München 1876

Reber F.: Gedächtnisrede auf Leo v. Klenze, gehalten im Münchener Architekten- und Ingenieurverein, 28. Februar 1884
Regnet C. A.: Münchener Künstlerbilder, Leipzig 1871
Reichardt F.: Kunstepoche unter Ludwig I. in München, München 1888
Reber F.: Baukunst des 19. Jahrhunderts in Bayern, München 1888
Reidelbach H.: König Ludwig I. von Bayern und seine Kunstschöpfungen, München 1888
Ringseis N.: Erinnerungen, 4 Bd., Regensburg 1886
Rose H.: Spätbarock, München 1922
Ross L., Schaubert E. und Hansen Chr.: Die Akropolis von Athen nach neuesten Ausgrabungen, Berlin 1839
Ross L.: Erinnerungen aus Griechenland, Berlin 1863
Russack: Deutsche bauen in Athen, Berlin 1942
Schaden A. v.: Artistisches München im Jahre 1835, München 1836
Schinkel C. F.: Entwurf zu einem Königspalast auf der Akropolis zu Athen. Neue Ausgabe 1861
Schmidt F. F.: Klassizismus in: Zeitschrift für Ästhetik und allgemeine Kunstwissenschaft, 13. Bd., Stuttgart 1919
Schmidt F. F.: Pseudoklassizismus des 18. Jahrhunderts
Semper G.: Der Stil der technischen und tektonischen Künste, Frankfurt 1860
Sepp J. N.: Ludwig Augustus, Regensburg 1903
Söltl J. M.: Die bildende Kunst in München, München 1842
Spindler M.: König Ludwig als Bauherr. Vortrag vor der Bayer. Akademie der Wissenschaften, München 1958
Stöcker H.: Zur Kunstanschauung des 18. Jahrhunderts von Winckelmann bis Wackenroder, Berlin 1904
Streiter R.: Carl Böttchers Tektonik der Hellenen, Leipzig 1896
Stuart und Revett: Griechische Ausgrabungen, London 1802
Thiersch A.: Die Klenzeausstellung, Zeitschrift Baukunde 1884, S. 224
Trautmann/Willich: München und seine Bauten, hrsg. vom Bayer. Archit.- u. Ingenieurverein, München 1912
Travlos J.: Baugeschichtliche Entwicklung von Athen, 1960
Travlos J.: Amer. Zeitschrift: Hesperia, Suppl. 8, S. 382
Urlichs L. v.: Johann M. v. Wagner, Würzburg 1866
Valdenaire A.: Friedrich Weinbrenner, Karlsruhe 1919
Weese A.: München, Leipzig 1925
Weinbrenner F.: Ideen zu einem deutschen Nationaldenkmal des entscheidenden Sieges bei Leipzig mit Grund- und Aufrissen, Karlsruhe 1814
Wiebeking C. F.: Theoretische, praktische, bürgerliche Baukunde, 8 Bde., München 1821

Wiedenhofer J.: Bauliche Entwicklung Münchens, München 1916

Wiederaufbau der Residenz. Festschrift der Schlösserverwaltung, München 1959

Wierl R.: Maßuntersuchungen an Bauten Klenzes, Manuskript

Winckelmann J.: Geschichte der Kunst des Altertums, Teil I, 2, Dresden 1764

Wölfflin H.: Klassische Kunst, München 1904

Wölfflin H.: Prolegomena zu einer Psychologie der Architektur, München 1886

Wölfflin H.: Probleme und Stile in der bildenden Kunst. Sitzungsbericht der Preußischen Akademie d. Wissenschaften, XXXI 1912, Seite 572 ff

Wolzogen A.: Aus Schinkels Nachlaß, Berlin 1862

Zahn W.: Ornamente und Gemälde aus Pompeji, Herkulanum und Stabiae, Berlin 1829/59

NEUERE LITERATUR BIS NOVEMBER 1980

Die Ergebnisse der neueren Forschungen, in denen vor allem die jüngere Generation sich zu Wort meldet, beziehen sich zumeist auf einzelne Objekte Klenzes. Daher sind diese jeweils bei der Literatur mit angeführt.

Bankel H.: Leo von Klenzes Verteidigung der jonischen Ordnung für die Hauptfassade der Glyptothek. Ausstellungskatalog zum Jubiläum der Glyptothek, München 1980

Bauer H.: Kunstanschauung und Kunstpflege von Karl Theodor bis Ludwig I. in »Krone und Verfassung«. Katalog Wittelsbacher Ausstellung III, München 1980

Bergmann E.: Der Königsplatz — Forum und Denkmal. Katalog Jubiläumsausstellung Glyptothek, München 1980

Betz W.: Die Wallbefestigung von München, München o. J.

Bierhaus-Rödiger E.: Carl Rottmann, München 1978

Böttger P.: Die Alte Pinakothek in München mit ausführlichem Verzeichnis der wichtigsten Literatur zur Klenzezeit, München 1972

Bringmann M.: Das Siegestor als Ruhmesmal der Ludwigstraße, München 1972

Corti C.: Ludwig I., München 1968

Dirrigl M.: Ludwig I., München 1980

Dischinger G.: Kirchenbau in der Zeit von 1775—1825. Planung der Apostelkirche am Königsplatz. Kat. Ausst. Klassizismus in Bayern, Schwaben und Franken. Architekturzeichnungen 1775—1825. Stadtmuseum, München 1980

Eggert K.: Die Hauptbauten Friedrich Gärtners, München 1963

Evers H. G.: Historismus in »Historismus und bildende Kunst«, München 1965

Fischer M. F.: Befreiungshalle in Kelheim, München 1971

Frässle K.: Haller von Hallerstein, Diss., Heidelberg 1971

Grobe P.: Die Entfestigung Münchens, München 1970

Gruben G.: Die Tempel der Griechen, München 1966

Habel H.: Das Odeon in München und die Frühentwicklung des öffentlichen Konzertsaalbaues, Berlin 1967

Habel H.: Architektur des 19. und 20. Jahrhunderts. Kat. Ausst. »Bayern Kunst und Kultur«, München 1972

Habel H.: Zur Sozialgeschichte und Typologie der Münchner Privathäuser in »Münchener Fassaden«, München 1974

Habel H.: Der Münchner Kirchenbau im 19. und 20. Jahrhundert, München 1972

Habermann S.: Vorprojekt für St. Matthäus. Der Marstall. Kat. Ausst. Klassizismus ... Stadtmuseum, München 1980

Hart F.: Fischer–Klenze–Gärtner. In: Schönere Heimat, München 1977

Hederer O.: Das Bild der Antike in den Augen Klenzes. Koldewey-Ges., Hildesheim 1965

Hederer O.: Bayern in Griechenland. Kat. Ausst., München 1967

Hederer O.: Das Skizzenbuch Karl von Fischers. Münchner Jahrbuch der bildenden Kunst, Band XX, München 1969

Hederer O.: Klassizismus Tb., München 1976

Hederer O.: Friedrich von Gärtner. Leben, Werk, Schüler, München 1976

Hederer O.: Leo von Klenze. Werke, Projekte, Zeichnungen. Kat. Dortmunder Architekturausstellung, Dortmund 1977

Hederer O.: Bauten und Plätze in München, München 1979

Heid H.: Vorschläge zur Neugestaltung des Königsplatzes. Südd. Zeitung, München 1979/80

Hofmann W.: Das neue München in »Krone und Verfassung«. Kat. Wittelsbacher Ausstellung, München 1980

Hohoff C.: München 1970, München 1975

Hojer G.: Maximilianstraße und Maximilianstil, München 1979

Hollweck L.: Die Schwabinger Landstraße wird zur Ludwigstraße, München 1966

Hubensteiner B.: Bayrische Geschichte, München 1979

Hufnagel F.: Gottfried Neureuther, München 1979

Hufnagel F.: Beobachtungen zur Komposition und historischen Perspektive in Klenzes Bildkunst und Katalog der Zeichnungen. In: Leo von Klenze »Gemälde und Zeichnungen«, München 1979; dazu Kat. Ausst. der Akademie der Schönen Künste, München 1977

Kalnein W.: Architecture in age of classicisme. 14th exhibition of council of Europe, London 1972

Karlinger H.: München und die deutsche Kunst des 19. Jahrhunderts, München 1966

Karnapp B. V.: Georg Friedrich Ziebland, München 1980

Karnapp B. V.: Ludwig-Ferdinand-Palais, Arco-Palais am Wittelsbacherplatz, Redoutensaal und Ständehaus, Prannerstraße. Kat. Ausst. Klassizismus... Stadtmuseum, München 1980

Kotzur J.: Forschungen zu Leben und Werk des Architekten August von Voit, Heidelberg 1978

Lampl S.: Die Klosterkirche Tegernsee, München 1975

Leinz N.: Baugeschichte der Glyptothek zwischen 1830 und 1948. Kat. Jubiläumsausstellung Glyptothek, München 1980

Lembruch H.: Aspekte der Stadterweiterung Münchens 1775—1825. Kat. Ausst. Klassizismus... Stadtmuseum, München 1980

Lembruch H.: Die Planungen für das Isartor und seine Umgebung. Die Planungen vor dem Schwabingertor, Hofgartentor. Bazargebäude. Die Wohnbauten Klenzes am Odeonsplatz und in der südlichen Ludwigstraße. Das Leuchtenberg-Palais am Odeonsplatz. Haus Ludwigstraße 1, 3, 5. Haus Röschenauer und Haus Mayer. Markthallenprojekte für den Maximiliansplatz. Der Königsplatz. Kat. Ausst. Klassizismus... Stadtmuseum, München 1980

Lieb N.: München. Die Geschichte seiner Kunst, München 1977

Lieb N.: Klenze und die Künstler Ludwigs I. Festschrift für M. Spindler, München 1969

Lieb N.: Klenze als Maler und Zeichner, Katalog der Gemälde. Ausstellungskatalog der Akademie der Schönen Künste, München 1977

Lieb N.: Leo von Klenze. Gemälde und Zeichnungen, München 1979

Messerer R.: Briefwechsel zwischen Georg von Dillis und Ludwig I., München 1966

Messerer R.: Kunstpflege und Baukunst unter Ludwig I. In: M. Spindler, Bayerische Geschichte im 19. und 20. Jahrhundert, München 1975

Nerdinger W.: Wohnhaus Kirchmaier Karolinenplatz 5, Walhalla Entwürfe, Palais Montgelas Karolinenplatz 2. Forum Max-Joseph-Platz. Kat. Ausst. Klassizismus... Stadtmuseum, München 1980

Petzet M.: Historismus und bildende Kunst, München 1965

Pevsner N.: Europäische Architektur, München 1957

Pfeiffer-Belli E.: Ein Rundgang durch die Alte Pinakothek, München 1969

Pfisterer H.: Polytechnischer Verein 1815—1830, München 1973

Plagemann V.: Das deutsche Kunstmuseum 1790—1870, München 1967

Potts, A.: Die Skulpturenaufstellung in der Glyptothek. Katalog Jubiläumsausstellung Glyptothek, München 1980

Rattelmüller P. E.: Der Marstall zu München, München 1967

Rehfus B.: Die Erzgießerei an der Sandstraße. Kat. Ausst. Klassizismus... Stadtmuseum, München 1980

Reitzenstein A.: Die Festung Ingolstadt unter König Ludwig I., Ingolstadt 1974

Schepe M.: Alte Anatomie. Kat. Ausst. Klassizismus... Stadtmuseum, München 1980

Schindler H.: Karl von Fischer, Diss., München 1951

Schleich E.: Die zweite Zerstörung Münchens, Stuttgart 1978

Schmidt D.: Das »Leonische« Zeitalter. Notizen zur zeitgenössischen Kritik an Leo von Klenze. Kat. Jubiläumsausstellung Glyptothek, München 1980

Schwahn Br.: Die Glyptothek in München. Baugeschichte und Ikonologie, München 1980

Schwahn Br.: Glyptothek. Kat. Ausst. Klassizismus... Stadtmuseum, München 1980

Seling H.: Die Entwicklung des Museumsbaues, Diss., Freiburg 1953

Toppenburg E.: Die Innenausstattung der Glyptothek durch Leo von Klenze. Kat. Jubiläumsausstellung Glyptothek, München 1980

Travlos I.: Baugeschichtliche Entwicklung von Athen, Athen 1960

Vierneisl K.: Ein neues Antikenmuseum. Du-Heft, Zürich 1976

Wanetschek M.: Die Grünanlagen in der Stadtplanung Münchens, München 1971

Wiedemann J.: Der Innenausbau der Glyptothek nach der Zerstörung. Kat. Jubiläumsausstellung Glyptothek, München 1980

Wolff G. J.: Ein Jahrhundert München, München 1980

Wünsche R.: Zur Geschichte der Glyptothek zwischen 1830 und 1948. Kat. Jubiläumsausstellung Glyptothek, München 1980

Wünsche R.: Ludwigs Skulpturenerwerbungen für die Glyptothek, ebenda

Zeitler R.: Die Kunst des 19. Jahrhunderts. Propyläen-Kunstgeschichte, Berlin 1966

Zimmermann F.: Monturmagazin und Kriegsministerium an der Ludwig-Schönfeldstraße. Wohnhaus Glückstraße 6. Wohnhaus Frühlingsstraße 28. Kat. Ausst. Klassizismus ... Stadtmuseum, München 1980

BILDNACHWEISE

Abkürzungen

G. S.	Staatl. Graphische Sammlung
S. M.	Stadtmuseum München
Mai. S.	Maillingersammlung
Stichwerk T. H.	Architektursammlung der Technischen Hochschule München. Sammlung architektonischer Entwürfe Klenzes in Stahlstichen, 6 Hefte
Kla	Handschriftenabteilung der Staatsbibliothek München Klenzeana

1 Leo von Klenze. Bleistiftzeichnung von Wilhelm v. Kaulbach. G. S. Nr. 32 480

1a Leo von Klenze, photographische Aufnahme von Fr. Hanfstaengl

2 Blick auf das Mittelmeer. Lavierte Federzeichnung von Klenze. Klenzeana Kast. IX

3 Hofgarten, Residenz, Theatinerkirche, Schwabinger Tor. Stich von Wening 1701, Stadtmuseum

4 Glyptothek. Längsschnitt des Entwurfes von Karl v. Fischer. Architektursammlung der Techn. Hochschule, München, Fischermappe Nr. 64

5 Der Obelisk am Karolinenplatz. Aquarell von Heinzmann. Stadtmuseum

6 Der Beginn der Ludwigstraße 1822. Federzeichnung von Gustav Kraus, Stadtmuseum Zettlerslg.

7 Das Schwabinger Tor. Lavierte Federzeichnung von Dillis 1788. G. S.

7a In der Spanischen Schenke zu Rom mit Kronprinz Ludwig, Thorwaldsen, Klenze, Ringseis, Wagner, v. Gumppenberg, Catel. Ölgemälde von Catel (Ausschnitt). Staatsgemäldesammlung

8 Forum in Rom. Lavierte Federzeichnung von Klenze 1806. G. S. Nr. 27628

9 Forum in Rom. Aquarell von Leo v. Klenze 1818. Maillingersammlung II/1626

11 Paestum. Pronaos des Poseidontempels mit Durchblick zur Basilika. Bleistiftzeichnung mit Farbangaben von Klenze 1855. Klenzeana IX

12 Agrigent, Zeustempel Südostecke. Federzeichnung 1824 (für Goethe gemalt). Klenzeana VIII/11

13 Reiseskizze. Farnesische Gärten. Bleistiftzeichnung Klenzes, 1839. G. S.

14 Residenz, Königsbau. Stich von Müller. S. M. Mai. S. III/155/15

15 Oberpostdirektion (Hauptpost). Aquarell von Adam. S. M. Mai. S. II/233

16 Klenze wird Intendant aller königlichen Bauten. Karikatur von Solomé 1818. S. M. Mai S. 1827

17 München, Residenz Festsaalbau. Aquarell von Adam, S. M. Mai. S. II/234

18 Residenz, Allerheiligenhofkirche, Apothekerflügel. Aquarell von Adam. S. M. Mai. S. II/285

19 Athen, Ansicht der Akropolis von Norden. Bleistiftzeichnung von Klenze 1834. Graph. Slg. 27725

20 Akropolis Athen. Federzeich. Leo v. Klenze 1854 G. S.

21 Empfang König Ottos vor dem Theseion in Athen 1834. Ölgemälde von H. Hess. Staatsgem. Slg. München

22 St. Petersburg, Isaakskathedrale. Zeichnung Leo v. Klenzes für den Innenraum. G. S. Nr. 35016

23 Reiseskizze, Udine. Bleistiftzeichnung Leo v. Klenzes. Klenzeana IX

24 Stadttor von San Gimignano. Federzeichnung Leo v. Klenzes 1852

25 Reiseskizze. Porto Venere. Leo v. Klenze 1852

26 Avignon. Reiseskizze. Federzeichnung Leo v. Klenzes mit Farbangabe, Klenzeana IX

27/28 Avignon. Reiseskizze. Federzeichnung Leo v. Klenzes. Klenzeana IX

29 Die Gattin Klenzes Felicitas/Familienarchiv

30 Das Familienbild von L. Schwanthaler, Kla IX

31 Mittelknauf und Seitenornament auf dem Dach des Lysikratesdenkmals in Athen. Überbleibsel griechischer Werke der Glyptik, Plastik und Malerei, Heft 2. München 1866

32 Entwurf einer Kirchenanlage. Musterblatt aus der »Anweisung zur Architektur des christlichen Kultus« München 1833

33 Entwurf einer runden Kapelle. Musterblatt aus der Leo v. Klenzeschen »Anweisung zur Architektur des christlichen Kultus« München 1833

34 Zeichnung des Heroon bei Agrigent. Aus dem

Skizzenbuch der Sizilianischen Reise 1823/24 Klenzeana, Kast II

35 Musterblatt der Römischen Baukunst I Mü. 1884
36 Musterblatt der Römischen Baukunst II Mü. 1884
37 Maßaufnahme des Olympieion bei Agrigent. Aus dem Skizzenbuch der Sizilianischen Reise 1823/24. Klenzeana II
38 Maßaufnahme des Kapitells vom Olympieion bei Agrigent. Aus dem Skizzenbuch der Sizilianischen Reise 1823/24. Klenzeana II
39 Der Concordiatempel bei Agrigent. Aus dem Skizzenbuch der Sizilianischen Reise 1823/24. Klenzeana II
40 Ostansicht des Tempels der Juno Lacinia bei Agrigent. Aus dem Skizzenbuch der Sizilianischen Reise 1823/24 Kla II
41 Der Concordiatempel bei Agrigent, heutiger Zustand. Aufnahme des Verfassers
42 Der Tempel der Juno Lacinia. Aufnahme des Verfassers
43 Maßaufnahme des Concordiatempels bei Agrigent. Aus dem Skizzenbuch der Sizilianischen Reise 1823. Klenzeana II
44 Maßaufnahme von Kapitell, Triglyphe und Gesims am Concordiatempel bei Agrigent. Aus dem Skizzenbuch der Sizilianischen Reise 1823/24. Klenzeana II
45 Zeichnung zum Bericht über seine Arbeiten am Parthenon in Athen. Beilage zur »Griechischen Reise« 1834
46 Die von Klenze gestalteten Plätze: Max-Joseph-Platz, Marstall-, Odeons-, Wittelsbacher-, Karolinen- und Königsplatz. Modell v. L. Seitz, Nationalmuseum München
47 Der Odeonsplatz. Bleistiftzeichnung von unbekannter Hand. S. M., Inv. Nr. II h 706
48 Der Plan Ludwig von Sckells für die Anlage vor dem Schwabinger Tor 1815, Akt. L. B. K.
49 Plan Klenzes für die Anlage vor dem Schwabinger Tor 1816. G. S.
50 Die Ludwigstraße. Ausschnitt aus dem Modell von L. Seitz. Nationalmuseum München
51 Die Ludwigstraße nach Süden. Aufnahme Stadtmuseum München
52 Entwurf Fr. Bürckleins für die Maximilianstraße mit den Querachsen Prinz-Karl-Palais—Ludwigsbrücke und Isartor—Bogenhauser Brücke. S. M.
53 Plan für eine neue Stadtzufahrt vom Gasteig. Zeichnung von Vorherr 1820. S. M.
54 Der Stadtplan von Athen nach dem Vorschlag von Schaubert 1834. Griechisch-Archäolog. Institut, Athen
55 Gegenvorschlag Klenzes für die Stadtplanung von Athen 1834. S. M.

55a Die Situation vor dem Schwabinger Tor. Ölgemälde von D. Quaglio. Staatsgemäldesammlung
56 Konstruktionszeichnung des eisernen Dachstuhles der Walhalla. Erläuterungen zur Walhalla, München 1843
57 Die Eisenbahn München—Augsburg, 1840. Farbige Lithographie. S. M.
58 Das Dampfschiff auf der Donau bei Regensburg, 1840. Farbige Lithographie. S. M.
59 Brückenentwurf für den Ludwig-Donau-Main-Kanal, 1837. Entwurf Klenzes 1837. G. S. 35052
60 Der Ludwig-Donau-Main-Kanal bei Kelheim mit der Befreiungshalle. Bleistiftzeichnung Klenzes. Klenzeana IX
61 Festung Ingolstadt, Turm Triva. Grundriß und Ansicht. Heeresarchiv
62 Rom/Forum. Ölgemälde von Leo v. Klenze. Im Besitz von Dr. H. Hartlaub, München
63 Capri. Bleistiftzeichnung Klenzes. Kla
64 Capri. Ölgemälde von Leo v. Klenze. S. M.
65 Rom. An der Cestiuspyramide. Lavierte Tuschzeichnung. Im Besitz von Dr. Hartlaub, München
66 Reiseskizze. Spalato. Bleistiftzeichnung Klenzes, 1842. Kla IX
67 Forum in Pompeji. Federzeichnung von Klenze 1855. G. S. Nr. 27811
68 Zeichnung Klenzes für das Bogenfeld im Römersaal der Glyptothek. Federzeichnung. G. S.
69 Zeichnung Klenzes in den Farben Schwarz, Blau und Rot für die Deckenwölbung im Erdgeschoß der Pinakothek. Vasensammlung. Zeichnung in Deckfarben. G. S.
70 Die Akropolis in Athen. Ölgemälde, 1862. Staatsgemäldesammlung München
71 Entwurf für das Theater Wilhelmshöhe. Innenansicht gegen die Bühne. Kupferstich. S. M. Mai. S. II 1634 (K 41)
72/73 Entwurf zur Glyptothek von Haller von Hallerstein. G. S.
74 S. 187. Entwurf zur Glyptothek. Grundriß und Ansicht. Farbige Zeichnung. G. S. 26485
74a/75 S. 189. Glyptothek. Der zweite Entwurf, 1815. Tusche lv. Grundriß und Perspektive. G. S. 27393 und 26807
76 Glyptothek. Schnitt Ost-West. Stichwerk T. H.
76a Glyptothek. Schnitt Nord-Süd. Stahlstich. Stichwerk T. H.
77 Glyptothek. Ansicht und Längsschnitt. Stahlstich. Stichwerk T. H.
78 Glyptothek. Schnitt Römersaal. Stichwerk T. H.
79 Glyptothek. Grundriß des ausgeführten Baues. Originalzeich. G. S.
80 Glyptothek. Der Portikus. Aufnahme des Verfassers

81 Glyptothek. Südostecke. Aufnahme des Verfassers
82 Kuppel über dem Eingangsraum. Foto Kiener
83 S. 199. Glyptothek. Vestibül. Foto Kiener
83 S. 200. Glyptothek. Reste der Stuckornamente über dem Türsturz des Äginetensaals. Bildarchiv. Foto Marburg 202177
85 Glyptothek. Äginetensaal. Stahlstich. Stichwerk T. H.
86 Glyptothek. Fresko von Cornelius: Die Befreiung des Prometheus. Staatsgemäldesammlung
87 Glyptothek. Blick vom Römer- in den Heroensaal. Stahlstich. Stichwerk T. H.
88 Glyptothek. Römersaal. Aufnahme Kiener
89 Glyptothek. Römersaal nach dem Krieg. Bildarchiv. Foto Marburg 202492
90/91 Glyptothek. Stuckornamente aus dem Römersaal. Foto Antikensammlung
92 Glyptothek. Herabgestürzte Friesplatte aus dem Saal der farbigen Steine. Bildarchiv Foto Marburg Nr. 202492
93 Leuchtenbergpalais. Grundriß und Ansicht. Ansicht: Lavierte Federzeichnung 1816. G. S. 27804. Grundriß: S. M. Mai. S. I/1702/1
94 Die Ludwigstraße. Fotografische Aufnahme 1884
95 Die Ludwigstraße. Aufnahme des Verfassers 1963
96 Ludwigstraße/Ecke Galeriestraße. Aufnahme Kiener
97 Odeonsplatz. Entwurf für das Armeedenkmal. Aquarell, Leo v. Klenze, 1818. G. S. 27166
98 Odeonsplatz. Aufnahme des Verfassers
99 Odeonsplatz von der Fürstenstraße mit Denkmal Ludwigs I. Aufnahme des Verfassers
100 Odeon, heute. Innenministerium, Nord- und Ostseite. Aufnahme des Verfassers
102 Odeon. Saaldecke, farbige Zeichnung, Landbauamt
102a Odeon, Grundriß 1. und 2. Stock. Tuschzeichnung von Klenze, 1825.
103 Odeon, Konzertsaalwand. Aquarell. Landbauamt München
104 Odeon, Grundriß Erdgeschoß. Tuschzeichnung von Klenze, 1825.
105 Odeon, Perspektive des Konzertsaales vom Podium aus. S. M.
106 Marstallgebäude mit anschließendem Forum. Zeichnung von Klenze 1817—46. G. S. 26615/Z III D 19
107 Marstallgebäude, Portal. Foto Silchmüller
108 Marstallgebäude. Federzeichnung von Klenze, 1817. S. M. Mai. S. I/1716
109 Marstallgebäude, Innenraum. Federzeichnung von Klenze, 1817. S. M. Mai. S.
110 Marstallgebäude, Westfront. Zeichnung von Klenze, 1818. S. M. Mai. S. I/1715/3
111 Hofgartentor. Aufnahme des Verfassers
112 Schloß Ismaning, Grundriß und Ansicht. Zeichnung von Klenze, 1818, nicht ausgeführt. G. S. 27188
113 Schloß Ismaning, Festsaal. Dekoration von Klenze. Foto Kiener
114 Schloß Pappenheim, Musikzimmer. Foto Kiener
115 Schloß Pappenheim, Haupteingang. Foto Kiener
116 Arco-Palais, Ansicht gegen Wittelsbacherplatz. Stichwerk T. H.
117 Arco-Palais, Wittelsbacherplatz, Grundriß. Stichwerk T. H.
118 Arco-Palais. Aufnahme Kiener
119 Alfons- oder Prinz-Ludwig-Ferdinand-Palais, Südfassade mit Denkmal Kurfürst Maximilians von Thorwaldsen. Aufnahme des Verfassers
120 Alfons-Palais, Ostfassade gegen Odeonsplatz, Schnitt und Grundriß. Stich nach dem Entwurf von Klenze. Stichwerk T. H.
121 Haus Brienner Straße 12. Aufnahme des Verfassers
122 Die Konstitutionssäule in Gaibach. Foto Kiener
123 Bazargebäude, Grundriß, Ansicht gegen den Hofgarten und Dekoration der Arkaden mit den Rottmannfresken und des Gewölbes. Stichwerk T. H. Architektslg.
124 Bazargebäude, Westfront. Aufnahme des Verfassers
125 Tegernsee, Pfarrkirche, Entwurf zur Umgestaltung der Fassade. G. S. 27557
126 Nationaltheater nach dem Umbau durch Klenze. Grundriß und Ansicht S. M. Mai. S. I/VIII
127 Nationaltheater, Entlastungsbogen über dem Bühnenportal. Stichwerk T. H.
128 Kriegsministerium, Ansicht an der Ludwigstraße. Stichwerk T. H.
129 Kriegsministerium, Ansicht an der Schönfeldstraße. Stichwerk T. H.
130 Kriegsministerium, Relief im Bogenwickel an der Ludwigstraße. Aufnahme des Verfassers
131 Kriegsministerium, Fassade Ludwigstraße. Aufnahme des Verfassers
132 Max-Palais, Ostansicht von der Ludwigstraße, abgebrochen 1936. Foto Kiener
133 Palast des Herzogs Max von Bayern-Birkenfeld, Grundriß und Ansicht von Osten, Ludwigstraße. Stichwerk T. H.
134 Max-Palais, Innendekoration Festsaal, Wand, Decke und Fußboden. Stichwerk T. H.
135 Max-Palais, Festsaal. Foto Zentralinstitut für Kunstgeschichte München
136/137 Max-Palais, Ballsaal und Audienzsaal. Foto Kiener
138/139 Max-Palais, Heroensaal und Pompejanischer Saal. Foto Kiener
140 Max-Palais, Geländer der Haupttreppe. Foto Zentralinstitut für Kunstgeschichte, München
141 Max-Palais, Vorsaal. Foto Kiener

142 Residenz, Königsbau Südfassade. Aufnahme des Verfassers
143 Residenz, Königsbau Südfassade. Foto Kiener
144/145 Residenz, Königsbau Thronsaal. Zeichnungen Zieblands nach den Entwürfen von Klenze. S. M. Langslg. I/59—73 / oben Foto Kiener
146 Residenz, Königsbau. Aufnahme des Verfassers
147 Residenz, Königsbau, Zimmer der Königin. Foto Wiedemann
148 Residenz, Königsbau, Schreibzimmer. Foto Kiener
149 Residenz, Königsbau, Wanddekoration. Stichwerk T. H.
150 Residenz, Möbelentwürfe. G. S. 27515
151 Residenz, Detailzeichnung zu einem Kronleuchter im Thronsaal. Tuschzeichnung von Klenze, 1836. G. S. 21944
152 Residenz, Erdgeschoß. Die von Klenze erbauten Teile sind schraffiert. Aus dem amtlichen Führer des Residenzmuseums, hrsgb. von H. Kreisel 1937
153 Residenz, Hauptgeschoß. Die von Klenze erbauten Teile sind schraffiert. Aus dem amtlichen Führer, hrsgb. 1937 von H. Kreisel
154 Residenz, Fassadenentwurf Klenzes, 1826. S. M. I/1
155 Residenz, Festsaalbau. Aufnahme des Verfassers
156 Residenz, Nordwestecke. Aufnahme des Verfassers
157 Residenz, Festsaalbau, Treppe. Foto Kiener
158 Residenz, Festsaalbau, Ballsaal. Farbige Zeichnung von Klenze. G. S. 26534
159 Residenz, Festsaalbau, Thronsaal, Westwand. Federzeichnung von Ziebland. S. M.
160 Residenz, Festsaalbau, Wandabwicklung. G. S. 26563
161 Residenz, Festsaalbau, Thronsaal. Aufnahme Kiener
162 Residenz, Festsaalbau, der Thronsaal nach dem Kriege. Bildarchiv Foto Marburg Nr. 202106
163 Allerheiligenhofkirche. Zeichnung von Klenze für den Längsschnitt. G. S. 26618
164 Allerheiligenhofkirche, Grundriß. S. M. Mai. S. II/681
165 Allerheiligenhofkirche, Der Innenraum. Stich von Poppel. S. M.
166 Hofgartenarkaden. Foto Kiener
167 Pinakothek, Ansicht von Südosten. Stichwerk T. H.
168 Pinakothek, Grundriß, Erdgeschoß. G. S. 26467
169 Pinakothek, Grundriß, Kellergeschoß. G. S. 26466
170 Pinakothek, Grundriß, Obergeschoß. G. S. 26468
171 Pinakothek, Ostseite und Querschnitt. Stichwerk T. H.
172 Pinakothek, Südseite. Foto Kiener
173 Pinakothek, Loggia gegen Osten. Foto Kiener
174 Pinakothek, Loggia, Dekoration einer der kleinen Kuppeln mit den Gemälden von Zimmermann. Foto Kiener
175 Pinakothek. Farbige Zeichnung Klenzes für die Wand- und Deckenbemalung der Vasensammlung. G. S. 26460
176 Pinakothek, Ansicht der Nordseite. Foto Kiener
177 Pinakothek, Westseite nach dem Kriege. Aufnahme Bildarchiv Foto Marburg Nr. 202577
177a Pinakothek. Der Rubenssaal vor dem Kriege. Foto Kiener
178 Walhalla, Südansicht nach dem Gemälde von Klenze. Stichwerk T. H.
179 Walhalla, Grundriß und Südansicht mit dem Aufgang. Zeichnung von Klenze. S. M. Langslg. 83/9
180 Walhalla, Schnitte. Zeichnung Klenzes. S. M. Mai. S. II/1632
181 Walhalla, Innenraum. Foto Kiener
182 Walhalla, Ansicht des Innenraums. Tuschzeichnung Klenzes. G. S. 26813
183 Walhalla. Aufnahme des Verfassers
184 Die Festungswerke um Ingolstadt, von Klenze eingezeichnet in den Stadtplan
185 Ingolstadt, Turm Triva. Aufnahme Donaukurier
186 Ingolstadt, Reduit Tilly. Aufnahme Donaukurier
187 Der Monopteros im Englischen Garten. Aufnahme des Verfassers
188 Wange der Rundbank im Englischen Garten. Aufnahme des Verfassers
189 Hauptpost, Nordfassade. Aufnahme des Verfassers
190 Hauptpost, Die Nordfassade mit der Bogenhalle. Zeichnung von Klenze, 1834. G. S. 26622
191 St. Petersburg (Leningrad) Eremitage. Ansicht gegen die Millionstraße. Stichwerk T. H.
192 St. Petersburg (Leningrad) Eremitage, Grundriß. Stichwerk T. H.
193 St. Petersburg (Leningrad) Eremitage, Fassade. Stichwerk T. H.
194 St. Petersburg (Leningrad), Museum, Eremitage, Ansicht
195 St. Petersburg (Leningrad), Eremitage, Saal des Münzkabinetts. Stich T. H.
196 St. Petersburg (Leningrad), Museum, Eremitage, Ansicht. Foto Kiener
197 St. Petersburg (Leningrad), Museum, Innenansicht der Pinakothek. Farbige Zeichnung Klenzes. G. S. 36216
198/199 St. Petersburg (Leningrad), Haupttreppe. Zeichnung Klenzes. Stichwerk T. H.
200 St. Petersburg (Leningrad), Haupttreppe. Aufnahme Prof. Joh. Ludwig, 1963
201 St. Petersburg (Leningrad), Museum, Antikensaal. Farbige Zeichnung Klenzes, 1842. G. S. 36220
202 Athen, Kirche des heiligen Dionysius, Vorhalle. Foto Kiener
203 Ruhmeshalle, Grundplan Boden und Decke. Stichwerk T. H.

204 Ruhmeshalle, Ostseite des Nordflügels. Aufnahme des Verfassers
205 Ruhmeshalle, Schnitt Ost-West. Stichwerk T. H.
206 Ruhmeshalle, Südflügel. Aufnahme des Verfassers
207 Propyläen, Ansicht von Westen. Stich S. M. Mai. S. II/77/3
208 Propyläen, Ostseite. Aufnahme des Verfassers
209 Propyläen, Entwurf Klenzes mit seitlichen Anbauten. G. S. 26496
210 Propyläen, Schnitt durch den Mittelbau und den Turm. Stichwerk T. H.
211 Propyläen, Grundriß. Stichwerk T. H.
212 Propyläen im Bau, 1849. Foto S. M.
213 Propyläen, Westseite. Aufnahme des Verfassers
214 Befreiungshalle, Entwurf Klenzes, Ansicht. G. S. 26868
215 Befreiungshalle, Kandelaber am äußeren Umgang. Aufnahme des Verfassers
216 Befreiungshalle, Der Entwurf Friedrich Gärtners. Stichwerk T. H.
217 Befreiungshalle, Schnitt des von Klenze ausgeführten Baues. Stichwerk T. H.
218 Befreiungshalle, Der Grundplan. G. S. 26883
219 Befreiungshalle, Ansicht. Aufnahme des Verfassers
220 Befreiungshalle, Innenraum. Aufnahme des Verfassers
221 Monopteros, Nymphenburg (Apollotempel). Zeichnung Klenzes 1865. G. S. 36299
222 Baden-Baden, Stourdzakapelle. Tuschzeichnung Klenzes, 1864. G. S. 36246
222a Entwurf für die Staatsbibliothek. München G. S.
223 Athen, Pantechnion, Ansicht von Nordwesten. Stichwerk T. H.
224 Athen, Pantechnion, Entwurf Klenzes, 1835. Ansicht und Grundrisse. G. S.
225 Athen, Ministerialgebäude an der Piräusstraße, Grundriß und Ansicht 1834. G. S. 25045—25046
226 Berlin, Dom, Fassadenentwurf. Farbige Zeichnung Klenzes, 1842. G. S. 26975
227 Berlin, Entwürfe zum Dom. Bleistiftzeichnung, G. S. 26911
228 Athenäum, Fassade des Hauptgebäudes. Tuschzeichnung Klenzes 1854. G. S. 26983
229 Athenäum, München, Grundrißplan der Gesamtanlage, 1854. G. S. 27010
230 Athenäum, Schwimmanstalt. Zeichnung Klenzes, 1854. G. S. 27388
231 Athenäum, Grundriß auf einem Raster, 1854. G. S. 27572
232 Athenäum, München, Grundriß der Sportanlage, 1854. G. S. 27603
233 Athenäum, Innenansicht des Festsaals. Zeichnung Klenzes, 1854. G. S. 26332
234 Denkmal Max Josephs I., Entwurf. Zeichnung Klenzes, 1826. G. S. 21707
235 Grabdenkmal für die Prinzessin Maximiliana in der Theatinerkirche. Oben Zeichnung Klenzes. Unten Ausführung von K. Eberhard Foto Karlinger. Zeichnung Graphische Sammlung
236 Entwurf für ein Denkmal der Republik. Tusche, farbig. G. S. 27000
237 Das Friedensdenkmal. Farbige Zeichnung Klenzes, 1815. Klenzeana VIII
238 Apostelkirche, Projekt. Tusche lav. G. S. 26985
239 Der Glaspalast, 1854. Stich S. M.
240/241 Plan zur »Restaurierung« des Schlosses in Schleißheim, 1818. Verwaltung der Staatlichen Schlösser, Seen und Gärten
242 St. Petersburg (Leningrad), Eremitage, Wanddekoration. G. S.
243 Studienarbeit für die Börse in Berlin, 1802. Tusche lav. G. S. 27559
244 St. Petersburg (Leningrad), Museum, Saal der Statuen. G. S. 26231
245 Pisa, Kreuzgang am Campo Santo. Vorzeichnung zu dem Gemälde der Staatsgemäldesammlung. G. S.
246 Wittelsbacherplatz mit dem Denkmal des Kurfürsten Maximilians I. von Thorwaldsen auf dem von Klenze entworfenen Sockel. Aufnahme des Verfassers
247 Kandelaber. Zeichnung Klenzes. G. S.
248 Athen, Residenz, Entwurf Klenzes, 1834. G. S. 23050
249 Agrigent, Tempel Zeus Olympios, Maßaufnahme des Giganten. Tuschzeichnung 1824. Skizzenbuch Klenzeana III/1
250 Die Bauten Klenzes in München. Zeichnung des Verfassers

Seite 165 Palazzo Rufolo in Ravello bei Amalfi. Ölgemälde Leo von Klenzes. Staatsgemäldesammlung München, Schackgalerie